Psicologia Cognitiva Para leigos

A psicologia cognitiva é o estudo de tudo relacionado ao pensamento. É a parte da psicologia que engloba percepção, atenção, memória, conhecimento, pensamento, razão, tomada de decisão e linguagem. Para compreendê-la, os psicólogos cognitivos desenvolveram experimentos inovadores que manipulam uma pequena parte do sistema cognitivo.

ENTENDENDO O MODELO DO PROCESSAMENTO DA INFORMAÇÃO PARA A PSICOLOGIA COGNITIVA

Os psicólogos cognitivos utilizam o modelo do processamento da informação para explicar a cognição. Esse modelo presume que a cognição humana é parecida com um computador. O cérebro humano processa as informações por meio de uma série de etapas:

1. Percepção: Etapa de entrada.

    As pessoas precisam codificar as informações oferecidas pelo mundo a fim de processá-las e, então, reagir adequadamente. Em parte, a percepção é guiada pela experiência, mudando a forma que as pessoas veem o mundo. Se a informação for valiosa, é transferida da percepção para a memória.

2. Memória: Centro de armazenamento.

    A informação é armazenada na memória de longo prazo e processada e utilizada pela de curto prazo. Todo o conhecimento é armazenado na memória de longo prazo.

3. Raciocínio: Função cognitiva de alto nível.

    A informação de percepção e memória é usada para tomar decisões, racionalizar e fazer deduções.

4. Linguagem: Etapa de saída da cognição de alto nível.

    Com frequência, os resultados do pensamento precisam agir de acordo com a fala ou a escrita.

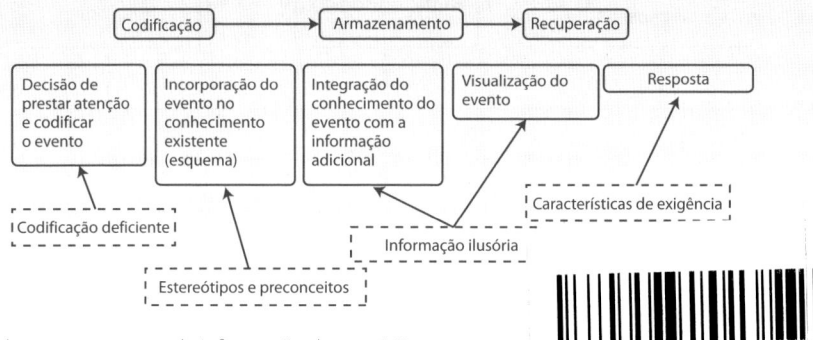

O modelo de processamento de informação da cognição mostra com

PSICOLOGIA COGNITIVA: TRABALHANDO COM A MEMÓRIA DE CURTO PRAZO

A memória de curto prazo é a memória para coisas que estão naquele instante na mente. É o estado ativo da memória na psicologia cognitiva, como uma memória RAM em um computador. De acordo com o modelo de memória de trabalho dos psicólogos britânicos Alan Baddeley e Graham Hitch, existem diferentes tipos de memória de curto prazo:

- **Ciclo fonológico:** A orelha interna. Esse sistema contém o armazenamento fonológico, um pequeno espaço para os sons, e o mecanismo de ensaio articulatório, em que os sons são repetidos por um período de tempo para mantê-los ativos na memória.
- **Bloco de notas visual-espacial:** O olho interno. Esse sistema contém o cache visual, um armazenamento para imagens mentais, e uma escrita interna, um mecanismo que planeja a sequência de ações.
- **Buffer episódico:** Esse sistema conecta e integra informações em pequenos pedaços. O cérebro armazena novas descobertas e informações ligando tudo ao que se parece com outras informações sensoriais e qualquer outra informação análoga.
- **Executivo central:** É como a unidade de processamento central de um computador. Ele conecta os recursos das partes remanescentes da memória funcional. Ele leva o foco para uma tarefa específica, alternando e dividindo-o entre tarefas.

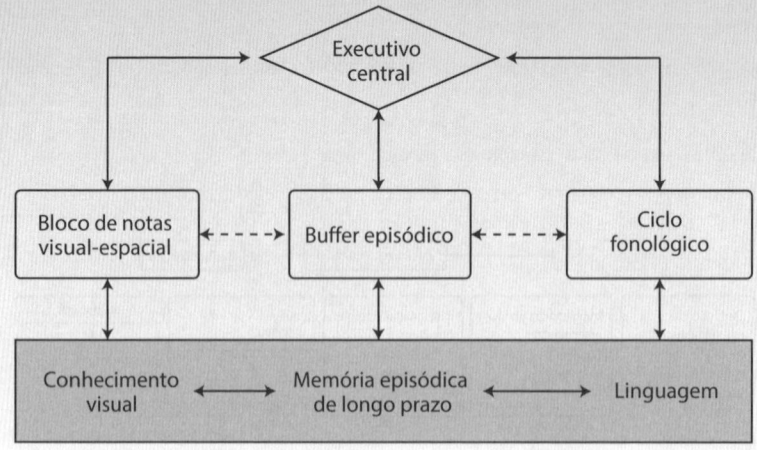

O modelo da memória de trabalho de curto prazo.

Psicologia Cognitiva

para leigos

Psicologia Cognitiva
Para leigos

Dr. Peter J. Hills
Dr. J. Michael Pake

ALTA BOOKS
EDITORA
Rio de Janeiro, 2018

Psicologia Cognitiva Para Leigos®
Copyright © 2018 da Starlin Alta Editora e Consultoria Eireli. ISBN: 978-85-508-0235-0

Translated from original Cognitive Psychology For Dummies®. Copyright © 2016 by John Wiley & Sons, Ltd. ISBN 978-1-119-95321-0. This translation is published and sold by permission of John Wiley & Sons, Inc., the owner of all rights to publish and sell the same. PORTUGUESE language edition published by Starlin Alta Editora e Consultoria Eireli, Copyright © 2018 by Starlin Alta Editora e Consultoria Eireli.

Todos os direitos estão reservados e protegidos por Lei. Nenhuma parte deste livro, sem autorização prévia por escrito da editora, poderá ser reproduzida ou transmitida. A violação dos Direitos Autorais é crime estabelecido na Lei nº 9.610/98 e com punição de acordo com o artigo 184 do Código Penal.

A editora não se responsabiliza pelo conteúdo da obra, formulada exclusivamente pelo(s) autor(es).

Marcas Registradas: Todos os termos mencionados e reconhecidos como Marca Registrada e/ou Comercial são de responsabilidade de seus proprietários. A editora informa não estar associada a nenhum produto e/ou fornecedor apresentado no livro.

Impresso no Brasil — 2018 — Edição revisada conforme o Acordo Ortográfico da Língua Portuguesa de 2009.

Publique seu livro com a Alta Books. Para mais informações envie um e-mail para autoria@altabooks.com.br

Obra disponível para venda corporativa e/ou personalizada. Para mais informações, fale com projetos@altabooks.com.br

Produção Editorial Editora Alta Books **Gerência Editorial** Anderson Vieira	**Produtor Editorial** Thiê Alves	**Produtor Editorial (Design)** Aurélio Corrêa	**Marketing Editorial** Silas Amaro marketing@altabooks.com.br **Ouvidoria** ouvidoria@altabooks.com.br	**Vendas Atacado e Varejo** Daniele Fonseca Viviane Paiva comercial@altabooks.com.br
Equipe Editorial	Adriano Barros Aline Vieira Bianca Teodoro	Ian Verçosa Illysabelle Trajano Juliana de Oliveira	Kelry Oliveira Paulo Gomes Thales Silva	Viviane Rodrigues
Tradução Wellington Nascimento	**Copidesque** Wendy Campos	**Revisão Gramatical** Carolina Gaio Thamiris Leiroza	**Revisão Técnica** Daniela Sopezki Psicóloga, instrutora de yoga e mindfulness	**Diagramação** Luisa Maria Gomes

Erratas e arquivos de apoio: No site da editora relatamos, com a devida correção, qualquer erro encontrado em nossos livros, bem como disponibilizamos arquivos de apoio se aplicáveis à obra em questão.

Acesse o site www.altabooks.com.br e procure pelo título do livro desejado para ter acesso às erratas, aos arquivos de apoio e/ou a outros conteúdos aplicáveis à obra.

Suporte Técnico: A obra é comercializada na forma em que está, sem direito a suporte técnico ou orientação pessoal/exclusiva ao leitor.

A editora não se responsabiliza pela manutenção, atualização e idioma dos sites referidos pelos autores nesta obra.

Dados Internacionais de Catalogação na Publicação (CIP) de acordo com ISBD

H655p   Hills, Dr. Peter J.
           Psicologia cognitiva para leigos / Dr. Peter J. Hills, Dr. J. Michael Pake ; traduzido por Wellington Nascimento. - Rio de Janeiro : Alta Books, 2018.
           368 p. ; 17cm x 24cm. - (For Dummies)

           Tradução de: Cognitive Psychology For Dummies
           Inclui índice.
           ISBN: 978-85-508-0235-0

           1. Psicologia. 2. Psicologia cognitiva. I. Pake, Dr. J. Michael. II. Nascimento, Wellington. III. Título. IV. Coleção.

2018-995   CDD 153
                                            CDU 159.822

Elaborado por Odilio Hilario Moreira Junior - CRB-8/9949

Rua Viúva Cláudio, 291 — Bairro Industrial do Jacaré
CEP: 20.970-031 — Rio de Janeiro (RJ)
Tels.: (21) 3278-8069 / 3278-8419
www.altabooks.com.br — altabooks@altabooks.com.br
www.facebook.com/altabooks — www.instagram.com/altabooks

Sobre os Autores

Dr. Peter J. Hills completou seu doutorado em desenvolvimento de reconhecimento facial na Universidade de Cardiff em 2007. Desde então, tem ensinado jovens mentes ansiosas pelas maravilhas da psicologia cognitiva na Anglia Ruskin University (onde conheceu seu coautor, com quem passou muitas horas bebendo no bar local) e mais recentemente na Universidade de Bournemouth. Além de ensinar psicologia cognitiva, realiza pesquisas sobre reconhecimento facial, percepção de cores e atenção.

Dr. J. Michael Pake estudou psicologia na Universidade de Stirling antes de ir para o Departamento de Inteligência Artificial e o Centro de Ciência Cognitiva da Universidade de Edinburgh, onde cursou mestrado e doutorado. Agora no Departamento de Psicologia na Anglia Ruskin University em Cambridge, ensina psicologia e usa modelos computacionais para ajudar a entender aquisição da linguagem humana e atenção visual. Realizou muito mais trabalhos depois que seu coautor partiu para Bournemouth.

Dedicatória

Para todos os grandes psicólogos que nos precederam, cujos trabalhos foram mencionados aqui, e para todos os futuros psicólogos, incluindo muitos leitores deste livro.

Mais importante, para minha esposa, sem a qual eu não finalizaria este ou qualquer outro trabalho.

— PJH

Para os meu pais, que me trouxeram aqui. Meu pai sem dúvidas teria pensado que isso tudo era um monte de besteira e minha mãe, encontrado todos os erros gramaticais.

E para Middle J. e Little J., por sempre estarem por perto.

— MP

Agradecimentos dos Autores

Gostaríamos de agradecer à infinidade de editores que ajudaram a transformar nossas reflexões em um livro preciso e propriamente organizado: Michelle Hacker, por comunicar-se tão efetivamente e assegurar que cumpríssemos o prazo (na medida do possível!); Andy Finch e Kerry Laundon, por garantirem que nossa escrita fizesse sentido; e o "seminal" Graham Hole, por verificar os aspectos técnicos e gentilmente nos informar quando estávamos errados!

Sumário Resumido

Introdução 1

Parte 1: Introdução à Psicologia Cognitiva 5
CAPÍTULO 1: Compreendendo a Cognição: Como Você Pensa, Vê, Fala e É! 7
CAPÍTULO 2: Estudar Psicologia Cognitiva Significa Estudar o Cotidiano 19
CAPÍTULO 3: Melhorando o Desempenho Acadêmico com a Psicologia Cognitiva 27

Parte 2: Acompanhando as Sutilezas da Percepção 41
CAPÍTULO 4: Percebendo o Mundo a Seu Redor 43
CAPÍTULO 5: Vendo como as Pessoas Enxergam Profundidade e Cor 63
CAPÍTULO 6: Reconhecendo Objetos e Pessoas.................................. 81
CAPÍTULO 7: Sentido! Prestando Atenção à Atenção.............................. 99

Parte 3: Cuidando da Sua Memória 115
CAPÍTULO 8: Onde Deixei Minhas Chaves? Memória de Curto Prazo 117
CAPÍTULO 9: Você Não Lembra o Dia do Nosso Casamento? Memória de Longo Prazo 135
CAPÍTULO 10: Compreendendo o Conhecimento................................. 153
CAPÍTULO 11: Descobrindo por que Você Esquece as Coisas 167
CAPÍTULO 12: Memorizando o Mundo Real...................................... 179

Parte 4: Comunicando o que Seu Cérebro Pensa sobre Linguagem 191
CAPÍTULO 13: Comunicando a Natureza Extraordinária da Linguagem.......... 193
CAPÍTULO 14: Estudando a Estrutura da Língua 211
CAPÍTULO 15: Falando sobre Percepção e Produção de Linguagem 227
CAPÍTULO 16: Descobrindo as Ligações entre Linguagem e Pensamento 241

Parte 5: Refletindo sobre o Pensamento 255
CAPÍTULO 17: Descobrindo como as Pessoas Resolvem Problemas 257
CAPÍTULO 18: Pensando Logicamente sobre o Raciocínio 269
CAPÍTULO 19: Decida-se: A Tomada de Decisões 283
CAPÍTULO 20: Pensando com Clareza sobre o Papel das Emoções 295

Parte 6: A Parte dos Dez 313
CAPÍTULO 21: Estudando Pacientes com Lesões Cerebrais 315
CAPÍTULO 22: Dez Dicas para Escrever Relatórios de Pesquisa com Sucesso 323
CAPÍTULO 23: Desvendando Dez Mitos da Psicologia Cognitiva 331

Índice 339

Sumário

INTRODUÇÃO 1
    Sobre Este Livro 1
    Convenções Usadas Neste Livro 2
    Penso que.... 2
    Ícones Usados Neste Livro 3
    Além Deste Livro 4
    De Lá para Cá, Daqui para Lá 4

PARTE 1: INTRODUÇÃO À PSICOLOGIA COGNITIVA 5

CAPÍTULO 1: Compreendendo a Cognição: Como Você Pensa, Vê, Fala e É! 7
    Apresentando a Psicologia Cognitiva 8
        Formulando hipóteses sobre a ciência 8
        Descrevendo a ascensão da psicologia cognitiva 9
        Analisando a estrutura da cognição (e deste livro) 10
    Pesquisando Psicologia Cognitiva 13
        Testando em laboratório 13
        Modelando com computadores 15
        Trabalhando com pessoas com lesões cerebrais 16
        Analisando o cérebro 17
    Reconhecendo as Limitações da Psicologia Cognitiva 18

CAPÍTULO 2: Estudar Psicologia Cognitiva Significa Estudar o Cotidiano 19
    Reconhecendo a Relevância da Psicologia Cognitiva 20
        Prestando atenção ao mundo real 20
        Entendendo a memória no mundo real 21
        Lendo sobre linguagem no mundo real 23
        Pensando no mundo real 24
    Estudando Sistemas Cognitivos para Ver o que Dá Certo... e Errado 25
    Aceitando que a Psicologia Cognitiva Não Tem Todas as Respostas 26

CAPÍTULO 3: Melhorando o Desempenho Acadêmico com a Psicologia Cognitiva 27
    Envolvendo Sua Percepção e Atenção 28
        Consolidando sua prática 28
        Capturando a atenção 29
        Focando a atenção 29
        Evitando distrações 30

Aperfeiçoando Seu Aprendizado e Memória 30
  Trabalhando a memória 31
  Armazenando para o longo prazo 31
  Evitando o esquecimento 32
  Recuperando informações rapidamente 32
Melhorando Suas Habilidades Acadêmicas de Leitura e Escrita . . . 33
  Lendo estrategicamente 33
  Aprimorando sua escrita 35
Usando Seus Poderes de Pensamento Efetivamente 37
  Usando lógica racional 37
  Planejando sistematicamente 37
  Criando e usando subtarefas 37
  Automatizando componentes 38
  Trabalhando retroativamente 38
  Desenvolvendo uma mentalidade de crescimento 38

PARTE 2: ACOMPANHANDO AS SUTILEZAS DA PERCEPÇÃO 41

CAPÍTULO 4: Percebendo o Mundo a Seu Redor 43

Analisando Seu Sistema de Percepção 44
Vendo o que Acontece no Mundo 45
  Posicionando os olhos 46
  Fitando os olhos 47
  Organizando o cérebro visual 50
Construindo o que Você Vê no Mundo 53
  Direcionando a percepção 54
  Resolvendo ambiguidades na percepção 54
Seguindo um Mundo em Movimento 55
  Percebendo o movimento 56
  Acompanhando o fluxo óptico 57
  Cronometrar seu movimento é tudo 58
  Mostrando sua natureza animal: O movimento biológico . . . 59
  Ver é crer: Movimento aparente 60

CAPÍTULO 5: Vendo como as Pessoas Enxergam Profundidade e Cor 63

Vendo a Terceira Dimensão 64
  Apresentando a percepção de profundidade 64
  O olho do tigre: Dicas monoculares 65
  Flexionando os músculos do olho: Sugestões psicológicas . . . 68
  Usando os dois olhos: Dicas binoculares 70
  Em movimento: Dicas de movimento 71
  Combinando as dicas de profundidade 72
A Vida em Cores 73
  Definindo cor 73
  Contando as cores: Teoria tricomática 74

Cores em oposição: Adicionando mais cores ao
círculo cromático 75
Constância das cores: Como as cores permanecem
as mesmas... 78
Percepção categórica: Mantenha as cores separadas......... 79

CAPÍTULO 6: Reconhecendo Objetos e Pessoas 81

"Mova-se um Pouco, Não Consigo Ver a Paisagem!"
Separando Figuras do Fundo 82
Usando frequências espaciais 82
Agrupando o mundo: Gestaltismo........................... 83
"O que Isso Significa?" Percebendo Padrões para
Reconhecer Objetos 85
Moldando para reconhecer por componentes............. 86
Desenhando o mundo...................................... 87
Reconhecimentos baseados em visualizações 87
"Ei, Conheço Você!" Identificando Rostos................... 88
Testando a especialidade do reconhecimento facial 89
Modelando o reconhecimento facial....................... 93

CAPÍTULO 7: Sentido! Prestando Atenção à Atenção 99

"Ei, Você!": Chamando a Atenção............................. 100
Preparando a bomba..................................... 100
Deixando de notar o óbvio 101
Busca visual: Procurando uma agulha no palheiro.......... 103
"Agora Concentre-se!": Controlando a Atenção 105
Examinando a atenção seletiva 106
Dividindo sua atenção 108
Forçando as coisas até o limite 108
Funcionando no Piloto Automático 110
Interferindo na atenção.................................. 110
Praticando para aperfeiçoar.............................. 111
Quando as Coisas Dão Errado: Distúrbios de Atenção........ 112
Ignorando a esquerda: Negligência espacial 112
Tendo problemas para prestar atenção: TDAH............. 113

PARTE 3: CUIDANDO DA SUA MEMÓRIA 115

CAPÍTULO 8: Onde Deixei Minhas Chaves? Memória de Curto Prazo........................... 117

Dividindo a Memória 118
Conhecendo o modelo de multiarmazenamento
de memória...118
Caracterizando a MCP 120
Fazendo Sua Memória Trabalhar 121
Armazenando e repetindo sons: A alça fonológica.......... 122
Desenhando e imaginando: O bloco de notas
visuoespacial.. 124

Recordando memória de longo prazo:
O buffer episódico 126
Apresentando o diretor de administração:
O executivo central 126
Calculando sua memória de trabalho 128
Processando Sua Memória — Executivamente 129
Focando sua atenção 130
Alterando a atenção 130
Ignorando o que não é importante 131
Programando e planejando 132
Monitorando a si próprio 132
Vendo onde tudo acontece: Os lóbulos frontais 133

CAPÍTULO 9: Você Não Lembra o Dia do Nosso Casamento? Memória de Longo Prazo 135

Aprofundando: Níveis de Processamento de Memória 136
Classificando Memórias de Longo Prazo 138
"Deixe-me explicar tudo para você!": Memória declarativa 138
"Mas não sei como fazer isso!": Memória não declarativa 140
Armazenando e Relembrando Memórias de Longo Prazo 144
Consolidando memórias 145
Recuperando memórias 146
De volta para o futuro: Memória prospectiva 149
Quando a Memória Não Funciona 150
Falhando em criar novas memórias 151
Perdendo memórias armazenadas 151

CAPÍTULO 10: Compreendendo o Conhecimento 153

Pensando no Conhecimento como Conceitos 154
Apresentando a ideia de conceitos 154
Classificando conceitos: Hierarquias 155
Afastando-se do modelo radial (hub-and-spoke) 157
Organizando o Conhecimento no Seu Cérebro 158
Calculando seu caminho para o conhecimento 158
Roteirizando o conhecimento 160
Encontrando seu caminho com rotas 160
Representando Itens em Sua Cabeça 161
Definindo atributos 161
Comparando à média 162
Examinando a teoria dos exemplares 163
Reservando Conhecimento no Seu Cérebro 163
Armazenando em módulos 164
Distribuindo conhecimento 164

CAPÍTULO 11: Descobrindo por que Você Esquece as Coisas 167

"Está na Ponta da Minha Língua!": Esquecendo as Coisas 168
Prestando atenção insuficiente 168
Fracassando em codificar devidamente 168

    Desaparecendo da memória 170
    Interferindo em memórias armazenadas.................171
    Esquecendo as dicas 172
  Pretendendo Esquecer.............................173
    Esquecendo de propósito.........................173
    Reprimindo memórias 174
  Criando Memórias Falsas 175
    Associando coisas incorretamente 175
    Distorcendo a memória..........................176
    Discutindo as coisas: Ofuscamento verbal...............177

CAPÍTULO 12: Memorizando o Mundo Real 179

  Lembrando-se de Si Mesmo e de Sua Vida................180
    Medindo a precisão de suas memórias autobiográficas......180
    Pensando sobre o que lembrar — E por quê 181
    Analisando se todas as memórias autobiográficas
      são iguais 182
  Voltando no Tempo...............................183
  Testemunhos 184
    Cometendo erros no testemunho ocular...............185
    Aprimorando o testemunho ocular...................188

PARTE 4: COMUNICANDO O QUE SEU CÉREBRO PENSA SOBRE LINGUAGEM............. 191

CAPÍTULO 13: Comunicando a Natureza Extraordinária da Linguagem 193

  O Mundo dos Primatas: Observando a Linguagem no
    Mundo Animal 194
    Investigando como os animais se comunicam 194
    Reconhecendo outras linguagens (no mar e no espaço) 196
    Ensinando línguas para outras espécies 199
  Descobrindo o que Torna a Linguagem Humana Especial.......200
    Especificando o que difere a linguagem humana:
      Características da linguagem de Hockett...............200
    Um sistema de linguagem: De acordo com Noam Chomsky .. 202
    Criatividade infinita: Escrevendo a maior frase do mundo,
      e tornando-a maior............................202
    Relacionando a linguagem com outras competências
      humanas 203
  "Mamãe. Mim Quer Ser Psicólogo!" Desenvolvendo
    Competências Linguísticas..........................204
    Aprimorando competências linguísticas na escola..........205
    Seguindo os passos da aquisição da linguagem
      em crianças 206
    Aprendendo idiomas mais tarde 206
    Falando mais de uma língua.......................207
    Observando o desenvolvimento linguístico em
      circunstâncias extremas.........................207

CAPÍTULO 14: Estudando a Estrutura da Língua........... 211
- Observando as Menores Unidades da Língua 212
- Trabalhando com Palavras..................................212
  - Transformando a língua: Maravilindo!..................213
  - Inventando e aceitando novas palavras 214
  - Aumentando e diminuindo as palavras 215
- Vendo o que as Frases Fazem..............................216
  - Analisando a ambiguidade das frases...................216
  - Escrevendo baboseiras gramaticais!....................219
  - Falando bobagens......................................220
- Construindo Histórias com Significados 223

CAPÍTULO 15: Falando sobre Percepção e Produção de Linguagem 227
- Decodificando a Arte da Leitura 228
  - Lendo de A a Z: Princípio alfabético 229
  - Ensinando a ler 230
  - Analisando como você lê...............................230
  - Procurando palavras no cérebro 232
- Formando Frases Coerentes 234
  - Produzindo uma frase 235
  - Observando os modelos de elaboração de frase..........235
- Reconhecendo a Linguagem como Linguagem 237
  - Distinguindo diferentes significados do mesmo som 237
  - Segmentando o discurso................................237
- Analisando Problemas da Linguagem 238
  - Perdido nas palavras: Afasias 239
  - Sequenciando os genes: Distúrbio específico de linguagem ..239
  - Falando em línguas estrangeiras 240
  - Problemas com a leitura: Dislexia 240

CAPÍTULO 16: Descobrindo as Ligações entre Linguagem e Pensamento 241
- Analisando a Ideia de que Você Precisa de uma Língua para Pensar 242
  - Unindo a linguagem ao pensamento 242
  - Considerando as diferenças interculturais da linguagem 243
  - Diferenciando uma coisa de outra: Percepção categórica 244
  - Apresentando a prova a partir do desenvolvimento infantil...244
  - Abordando outras habilidades cognitivas 245
- Pensar sem a Linguagem: É Possível ou Não? 247
  - Trazendo a consciência ao debate 247
  - Enxergando igual: Percepção universal 248
  - "Bem, eu apenas fiz": Especialização 250
  - Começou com um pensamento: Mentalês 250
  - "Não me lembro de ter feito isso — Sinceramente!" 251
- Comparando Argumentos Opostos 251

PARTE 5: REFLETINDO SOBRE O PENSAMENTO 255

CAPÍTULO 17: Descobrindo como as Pessoas Resolvem Problemas 257

Fazendo Experiências para Revelar Processos do
  Pensamento: Psicologia Gestalt 258
    Definindo o problema 259
    Divertindo-se com a percepção 259
    Ficando preso na rotina: Fixação funcional 260
Assistindo à Ascensão dos Computadores: Abordagens
  de Processamento de Informação 261
    Computadores: Os novos aliados na luta 262
    Analisando a abordagem do espaço de estados 263
    Examinando a análise de protocolo 263
Investigando a Resolução de Problemas Especializada 264
    Analisando as memórias de jogadores profissionais
      de xadrez 264
    Aprendendo para ser um especialista 264
    Imitando os especialistas para aprimorar sua resolução
      de problemas 265
Modelando o Aprendizado Natural com Sistemas Tutores
  Inteligentes 266
    O aprimoramento para a resolução de problemas vem
      com a experiência 267
    Usando analogia na resolução de problemas 267

CAPÍTULO 18: Pensando Logicamente sobre o Raciocínio .. 269

Testando a Lógica Humana 270
    Apresentando o ser humano: Animal racional? 270
    Validando o viés de confirmação com dois problemas ... 270
"É Apenas (Formalmente) Lógico, Capitão" 273
    Identificando os quatro princípios da razão 273
    Entendendo a importância do contexto 274
Argumentando com a Incerteza: Heurísticas e Bases 276
    Pegando um atalho — Para a resposta errada! 276
    Sobrecarregando o pensamento das pessoas: Ancoragem .. 277
    Ignorando a taxa de referência 278
Explicando o Raciocínio com Modelos 278
    Usando probabilidades e raciocínio bayesiano 278
    Resolvendo problemas com estruturas semelhantes 280
    Usando heurísticas com sucesso no mundo real 281
    Criando modelos mentais 282

CAPÍTULO 19: Decida-se: A Tomada de Decisões 283

Analisando Tomadas de Decisão no Mundo Real 284
    Pensando rapidamente 284
    Estudando como as pessoas tomam decisões:
      Teorias normativas 286

Entendendo por que as heurísticas funcionam
quando as teorias normativas falham 287
Enquadrando o problema. 287
Decidindo Olhar Dentro do Seu Cérebro 288
Lidando com questões irritantes: O sistema de
múltipla demanda 288
Analisando como as lesões cerebrais afetam as
tomadas de decisão. 289
Monitorando o desenvolvimento da tomada de decisões 290
Lembrando o papel das experiências. 291
Alterando as Decisões das Pessoas 292
Auxiliando as informações de saúde pública. 292
Lidando com a manipulação no supermercado 293
Deliberando sobre a tomada dedecisões dos júris 294

CAPÍTULO 20: Pensando com Clareza sobre o Papel das Emoções 295

Como Você Se Sente? Apresentando as Emoções 296
Procurando por formas de definir a emoção 297
Ai! Desenvolvendo respostas emocionais 298
Pensando sobre a emoção. 299
Examinando o Alcance da Emoção. 300
Compreendendo emoções e percepção 301
Lembrando-se de incluir a memória e o humor! 302
Falando sobre a língua e a emoção. 305
Achando que você está de mau humor 306
Além da Realidade: Como o Humor Interage com a Cognição . . . 307
Ativando sentimentos: Rede emocional 307
Mantendo o foco: Modelo de alocação de recursos 308
Confiando nos seus sentimentos: Emoções informativas. . . . 308
Escolhendo um tipo de processamento adequado:
O modelo de infusão dos afetos 309
Enfrentando Emoções Desconfortáveis. 311
Estimulando excitação para a memória 311
Preocupando-se com a ansiedade 312

PARTE 6: A PARTE DOS DEZ 313

CAPÍTULO 21: Estudando Pacientes com Lesões Cerebrais. 315

Sentindo Mais Cheiros que o Normal. 316
Perdendo a Noção dos Movimentos 316
Fracassando no Reconhecimento Facial 317
(Quase) Rejeitando o Mundo 317
Esquecendo-se do que Você Aprendeu 318
Descobrindo que o Conhecimento Está Desaparecendo 319
Crescendo sem Linguagem 319
Lendo sem Entender as Palavras 320

　　　　Lutando para Falar Gramaticalmente 320
　　　　Mudança de Personalidade 321

CAPÍTULO 22: Dez Dicas para Escrever Relatórios de Pesquisa com Sucesso 323

　　　　Usando a Formatação Correta 324
　　　　Incluindo Referência Bibliográfica........................325
　　　　Criticando Pesquisas Existentes 325
　　　　Desenvolvendo Testes de Hipóteses 326
　　　　Fornecendo Métodos Detalhados 327
　　　　Apresentando Seus Resultados com Clareza 328
　　　　Interpretando Resultados Dentro das Teorias 328
　　　　Sugerindo Pesquisa Futura 329
　　　　Evitando Criticar a Amostra 329
　　　　Não Critique a Validade Ecológica........................330

CAPÍTULO 23: Desvendando Dez Mitos da Psicologia Cognitiva............................. 331

　　　　Usando Todo o Seu Cérebro 332
　　　　Vendo Profundidade com Dois Olhos 332
　　　　A Incapacidade de Ver Cores, em Homens..................333
　　　　Apaixonando-se por um Rosto Simétrico 333
　　　　Memorizando como um Gravador 334
　　　　Ouvir Mozart o Deixa Mais Inteligente....................334
　　　　Ficando Agressivo com Jogos de Computador 335
　　　　Buscando o Livre-arbítrio................................336
　　　　Comunicando-se Diferente como Homem ou Mulher 336
　　　　Hipnotizando Você para Fazer Qualquer Coisa 337

ÍNDICE.. 339

Introdução

O fato de você estar lendo este livro sugere que possui interesse em psicologia cognitiva ou que está estudando para um curso. Em qualquer um dos casos, você provavelmente pensa que sabe o que a psicologia cognitiva é: o estudo de todas as habilidades e processos mentais sobre o conhecimento. Claramente, o assunto aborda uma enorme gama, cujos conteúdos dificilmente caberiam em 50 livros do tamanho deste — e há muito mais sendo escrito todos os dias!

Achamos que todo mundo deveria se interessar por psicologia cognitiva porque é fascinante. Sabemos que todos os aficionados dizem isso (de jogadores de RPG a colecionadores de porta-copos), mas a psicologia cognitiva realmente é! Estudando cientificamente como as pessoas veem, se lembram, entendem, falam e pensam, você verdadeiramente entende o que significa ser um ser humano e o que torna todos nós especiais.

Sobre Este Livro

Psicologia Cognitiva Para Leigos foi projetado como uma introdução ao tema. Abordamos a perspectiva histórica da psicologia cognitiva, mas também nos valemos de um interessante trabalho mais atual.

Adotamos um estilo de escrita informal, mas que permanece tecnicamente apropriado e cientificamente preciso. Escrevemos em linguagem simples (o que é um pouco delicado, porque psicólogos cognitivos amam jargões!). Onde usamos linguagem técnica, presuma que é a única maneira de expressar certa coisa, mas no geral usamos o tom mais acessível possível. Até incluímos algumas piadas (se não encontrar nenhuma, é porque não foram tão engraçadas!). Em momento algum estamos zombando de alguém (a não ser de nós mesmos).

Nos esforçamos para relacionar tudo neste livro com nossa realidade diária, usando exemplos reais para embasar as informações mais técnicas. Todavia, psicólogos cognitivos gostam de criar experimentos laboratoriais altamente controlados que, superficialmente, têm pouca semelhança com o mundo real. No entanto, não fique com medo; tudo que psicólogos cognitivos estudam possui algum benefício para a humanidade.

A maioria dos capítulos também aborda instâncias de "quando as coisas dão errado". Essas discussões mostram como uma habilidade cognitiva específica pode sair do controle em pessoas saudáveis (como ilusões visuais) ou naquelas com lesões cerebrais.

Este livro se destina a pessoas que precisam e querem saber sobre psicologia cognitiva. Primeiramente, apresentamos as informações ensinadas na escola e no primeiro ano de um curso universitário (em qualquer lugar do mundo) de uma maneira bem tangível. Mapeamos o conteúdo dos cursos mais comuns de psicologia cognitiva. Mesmo que simplesmente apenas deseje saber sobre a psicologia cognitiva, apresentamos algumas das mais interessantes e divertidas psicologias aqui também. O livro está repleto de exemplos e exercícios que pode experimentar e demonstrar para seus amigos e familiares e surpreendê-los.

Convenções Usadas Neste Livro

Usamos convenções para ajudá-lo a encontrar facilmente o que precisa neste livro:

» Textos em *Itálico* realçam termos novos, geralmente técnicos, que sempre definimos nas proximidades. Incluem jargões dos quais não conseguimos nos livrar, mas também utilizamos itálicos para dar ênfase.
» Textos **em Negrito** indicam parte de uma lista ou passos numerados.

Diferente da maioria dos livros didáticos de psicologia, não incluímos referências ou citações no texto. Mencionamos o nome de um pesquisador quando sentimos que seu trabalho é importante e vale a pena ser lembrado.

Algumas vezes, descrevemos alguns dos estudos mais importantes e influentes, mas nem sempre. Entretanto, tenha certeza de que todos os resultados e efeitos que descrevemos neste livro são baseados em pesquisa empírica — simplesmente não queremos nos atolar em tais detalhes com tanta frequência.

Também estabelecemos uma quantidade de boxes, contendo informações adicionais com mais teorias detalhadas, metodologias ou exemplos clínicos. Você pode pular essas partes sem perder qualquer coisa essencial, mas as achamos interessantes e adicionamos muitas ao texto.

Penso que...

Existem centenas de livros sobre psicologia cognitiva. Muitos são técnicos, longos, desinteressantes, especializados ou abordam um área restrita da cognição. Escrevemos *Psicologia Cognitiva Para Leigos* considerando o seguinte:

» Você deseja entender como as pessoas pensam, veem e se lembram das coisas.
» Você tem dúvidas sobre como a mente humana funciona.

- » Está começando um curso de psicologia cognitiva e nunca estudou isso antes.
- » Achou os outros livros muito complicados, desinteressantes ou técnicos.
- » Você simplesmente está interessado em pessoas.
- » Você possui um entendimento básico em psicologia, provavelmente proveniente de um curso introdutório ou de ter lido *Psicologia Para Leigos*.
- » Quer descobrir algumas dicas para melhorar a própria cognição.

Ícones Usados Neste Livro

Ao longo do livro, usamos ícones nas margens para ajudá-lo a encontrar certos tipos de informação. Veja aqui uma lista do que significam.

Quando vir este ícone, estamos lhe dando informações que podem ser úteis algum dia.

Não se esqueça da informação marcada com este ícone! Ele lhe mostra o que precisa entender de um parágrafo em particular.

Como a maioria das ciências, a psicologia cognitiva possui muitos termos e usos específicos. Nós os realçamos com este ícone para que possa participar de conversas com psicólogos cognitivos.

Este ícone sinaliza textos que excedem o que precisa para um entendimento básico sobre o assunto em questão. Você pode pular esses parágrafos se preferir, sem prejudicar sua compreensão do tópico principal. Frequentemente usamos este ícone quando detalhamos estudos ou as regiões do cérebro associadas à cognição.

Usamos este ícone para destacar os usos da informação em discussão ou como se aplica na prática.

Este ícone indica uma tarefa ou exercício para realizar em si próprio ou em alguém que conhece. Os exercícios são baseados em exemplos que disponibilizamos no texto ou online.

Além Deste Livro

A área da psicologia cognitiva é tão vasta que seu conteúdo excede este livro. Além dos capítulo impressos, você encontra a folha de cola online em www.altabooks.com.br, buscando pelo ISBN e nome do livro, onde incluímos um rápido guia com algumas ideias centrais sobre psicologia cognitiva em relação à memória, linguagem e resolução de problemas, entre outros tópicos.

De Lá para Cá, Daqui para Lá

Organizamos este livro como uma representação lógica de como o cérebro humano funciona (a informação entra, é lembrada, falada e analisada), mas cada capítulo é independente para que o leia e folheie no seu ritmo. Com exceção da primeira e última partes, cada uma trata de um elemento diferente da psicologia cognitiva, então você pode escolher as seções que mais lhe interessam ou aquelas em que tem mais dificuldade.

Use o sumário resumido e o índice remissivo para encontrar o que for mais relevante para você. Se for novato no assunto, comece pelo Capítulo 1 e leia o livro em sequência, mas não é preciso lê-lo de cabo a rabo.

Esperamos que ache o livro educativo, informativo e divertido. Acreditamos que gostará dele e aprenderá muito sobre si enquanto o lê. Se isso acontecer, conte para seus amigos sobre o livro!

1 Introdução à Psicologia Cognitiva

NESTA PARTE...

Entenda o que psicologia cognitiva é e por que é tão importante.

Perceba como a psicologia cognitiva influencia cada aspecto da experiência humana que envolve pensar.

Descubra dicas úteis de como a psicologia cognitiva melhora suas competências cognitivas na escola, universidade e em quase tudo na vida.

NESTE CAPÍTULO

» Definindo psicologia cognitiva

» Detalhando os métodos de pesquisa da disciplina

» Observando algumas limitações

Capítulo **1**

Compreendendo a Cognição: Como Você Pensa, Vê, Fala e É!

Como você sabe que o que vê é real? Você perceberia se alguém trocasse de identidade na sua frente? Como pode ter certeza que quando você se lembra de algo que viu, está lembrando daquilo com precisão? Além disso, como pode ter certeza que quando diz algo a alguém essa pessoa entende da mesma maneira que você? O que é mais fascinante do que procurar respostas para essas questões, que constituem o que significa ser... bem... você!

A psicologia cognitiva é o estudo de todas as habilidades e processos mentais sobre conhecimento. Apesar da grande área de interesse que essa descrição sugere, a variedade de foco da matéria ainda surpreende as pessoas. Aqui, apresentamos a psicologia cognitiva, sugerindo ser fundamentalmente uma ciência. Mostramos como psicólogos cognitivos veem o tema a partir de uma resposta do processamento de informações e como usamos essa visão para estruturar este livro.

Também descrevemos a infinidade de métodos de pesquisa que psicólogos utilizam para estudar psicologia cognitiva. O restante deste livro usa filosofias e métodos descritos aqui; assim, este capítulo também funciona como uma apresentação.

Apresentando a Psicologia Cognitiva

LEMBRE-SE

Psicólogos cognitivos, como psicólogos em geral, são cientistas *empíricos* — o que significa que utilizam experimentos cuidadosamente projetados para investigar o pensamento e o conhecimento. Psicólogos cognitivos (incluindo nós mesmos!) se interessam por todas as coisas aparentemente simples as quais as pessoas não dão muito valor no dia a dia: compreender, prestar atenção, se lembrar, raciocinar, resolver problemas, tomar decisões, ler e falar.

Para ajudar a definir a psicologia cognitiva e demonstrar seu "aspecto científico", precisamos delimitar o que queremos dizer com ciência e, em seguida, examinar a história da psicologia cognitiva dentro desse contexto.

Formulando hipóteses sobre a ciência

LEMBRE-SE

Embora muitos filósofos passem horas discutindo sobre a definição de ciência, uma coisa fundamental é o entendimento sistemático de algo para criar uma previsão confiável. O método científico geralmente segue este padrão bem restrito:

1. **Elabore uma hipótese ou teoria verificável que explica algo.**

    Um exemplo é: Como as pessoas armazenam informações na memória? Algumas vezes isso é chamado de modelo (você encontra muitos modelos neste livro).

2. **Crie um experimento ou um método de observação para testar as hipóteses.**

    Crie uma situação para verificar se a hipótese é verdadeira, isto é, manipular algo e ver o que isso afeta.

3. **Compare os resultados obtidos com o que foi previsto.**

4. **Corrija ou expanda a teoria.**

O filósofo Karl Popper sugeriu que a ciência progride mais rápido quando as pessoas elaboram testes para provar que as hipóteses estão erradas: o que é chamado de *refutabilidade* ou *falseabilidade*. Após comprovar a falsidade de todas menos uma hipótese sobre alguma coisa, você obtém a resposta (a abordagem de Sherlock Holmes — ao excluir o impossível, o que permanece deve ser verdadeiro!). Isso também é chamado de *raciocínio dedutivo* (veja o Capítulo 18 para mais informações sobre psicologia da dedução).

O método científico possui algumas limitações óbvias (ou vantagens, dependendo do ponto de vista):

- » **Você pode criar hipóteses e testar apenas coisas observáveis.** Por tal motivo, muitos psicólogos cognitivos não aceitam Sigmund Freud, Carl Rogers e outros como cientistas.
- » **Você deve conduzir experimentos para testar uma teoria.** Você não pode fazer pesquisas apenas para descobrir algo novo.

A psicologia cognitiva utiliza vigorosamente o método científico. Tudo que descrevemos neste livro é proveniente de experiências que foram realizadas seguindo esse método. Embora ele, às vezes, limite as perguntas que podemos fazer, estabelece padrões que toda pesquisa deve seguir.

Descrevendo a ascensão da psicologia cognitiva

Antes da psicologia cognitiva, as pessoas usavam uma variedade de abordagens (ou *paradigmas*) para estudar psicologia, incluindo behaviorismo ou comportamentalismo, psicofísica e psicodinâmica. Contudo, o ano de 1956 viu o início de um renascimento cognitivo, que desafiou, principalmente, o behaviorismo. Para mais da história de como a psicologia cognitiva surgiu a partir de outras disciplinas, sobretudo do behaviorismo, veja o box "1956: O ano em que a psicologia cognitiva nasceu".

Não temos a intenção de minimizar a importância do behaviorismo: ele assegurou que o método científico fosse aplicado à psicologia e que experiências fossem conduzidas de forma controlada. A psicologia cognitiva estendeu essa metodologia a estudos científicos de cognição mais inovadores.

1956: O ANO EM QUE A PSICOLOGIA COGNITIVA NASCEU

A abordagem behaviorista dominou a psicologia até 1956, quando algumas pessoas descobriam que ela não era suficiente para entender o comportamento humano. Especificamente, o behaviorismo não explicava a cognição. Parte do problema era que virtualmente todas as pesquisas behavioristas eram conduzidas em animais (geralmente ratos e pombos, e talvez seres humanos sejam diferentes desses animais). Interesses em novas áreas também se revelaram difíceis para o modelo behaviorista lidar. Imaginação, memória de curto prazo, atenção e a organização do conhecimento não são facilmente interpretadas no modelo behaviorista, porque os behavioristas se interessam apenas por comportamentos observáveis.

A crítica ao behaviorismo se tornou nociva, com o linguista Noam Chomsky liderando o ataque. Ele afirmava que a análise behaviorista do aprendizado de idiomas estava errada (por motivos que abordamos nos capítulos da Parte 4). Seu ataque coincidiu com uma série de outros artigos importantes que mostravam que o behaviorismo estava em declínio e a ciência cognitiva era o caminho a ser seguido: o artigo de George Miller sobre o número mágico 7 (veja o Capítulo 8), o modelo de resolução de problemas de Allen Newell e Herbert Simon (Capítulo 17) e o nascimento da inteligência artificial. Tudo isso aconteceu em 1956. O *renascimento cognitivo* culminou no primeiro livro sobre psicologia cognitiva, em 1967, de Ulric Neisser, um psicólogo cognitivo germano-americano. Ele descreveu tal livro como um ataque ao behaviorismo.

Analisando a estrutura da cognição (e deste livro)

Convenientemente, escrevemos este livro para levar a psicologia cognitiva para um público maior por ocasião do aniversário de 50 anos da publicação do primeiro livro sobre o tema (em 1967).

Aplicações

Na Parte 1, analisamos as aplicações da psicologia cognitiva e a importância de estudá-la. Ela fez algumas descobertas interessantes e empolgantes que mudaram a maneira como as pessoas viam a psicologia e a si mesmas (como você descobre no Capítulo 2). Mas, também, as pessoas aprenderam muito sobre como melhor ensinar, aprender e se aperfeiçoar com a psicologia cognitiva, algo que discutimos no Capítulo 3. Suas aplicações são tão amplas que seus estudos são usados em áreas muito diversas, como computação, serviço social, educação, tecnologias de mídia, recursos humanos e muitas outras.

Estrutura de processamento de informação

LEMBRE-SE

Neste livro, seguimos o modelo do *processamento de informação* da cognição humana. Em muitos aspectos, essa abordagem é baseada na computação. A ideia é que a cognição humana é baseada em uma série de estágios de processamento. Em 1958, Donald Broadbent, psicólogo britânico, alegou que a maior parte da cognição segue os estágios de processamento que descrevemos na Figura 1-1. As caixas representam estágios da cognição e as setas, os processos dentro deles.

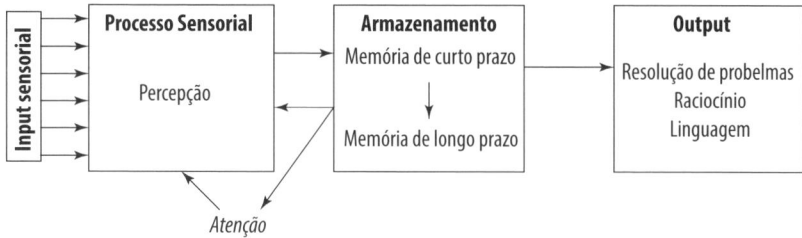

FIGURA 1-1: Processos básicos da cognição de acordo com o processamento de informações.

© John Wiley & Sons, Inc.

Toda cognição se ajusta a essa estrutura. Psicólogos cognitivos pesquisam cada caixa (estágio) e cada seta (processo) da Figura 1-1 em muitos domínios diferentes. Em outras palavras, temos uma boa estrutura de como pensar e aprender sobre psicologia cognitiva (que estranhamente combina com a estrutura deste livro).

LEMBRE-SE

O processamento da informação não é tão simples como na Figura 1-1, progredindo em uma sequência perfeita de input (entrada) sensorial para armazenamento de longo prazo. Conhecimento e experiência prévios causam a inversão de alguns processos. Esses dois padrões de processamento são frequentemente referidos da seguinte forma:

» **Processamento bottom-up (de baixo para cima):** Ambiente físico e sensações conduzem o processamento cerebral.

» **Processamento top-down (de cima para baixo):** Conhecimento existente e habilidades conduzem respostas.

Todas as formas de psicologia cognitiva são baseadas na interação entre os processamentos bottom-up e top-down. Nenhum processamento é estritamente movido por estímulo ou conhecimento.

Psicólogos cognitivos gostam da estrutura de processamento da informação porque as interações das pessoas com o mundo são guiadas por representações mentais (como a linguagem), que são reveladas através da medição do tempo de processamento. Neurocientistas também descobriram as partes do cérebro responsáveis por diferentes comportamentos cognitivos.

O OSSO DA SUA PERNA ESTÁ LIGADO AO DO JOELHO

PAPO DE ESPECIALISTA

A estrutura de processamento de informação favorita da psicologia cognitiva corresponde bem à forma como o cérebro processa informações. O sistema sensorial humano faz as pessoas perceberem o mundo. Ele é conectado a partes do cérebro dedicadas à percepção (no caso da visão, o *lóbulo occipital*, na parte posterior da cabeça). A informação então segue adiante do centro de percepção para os de atenção (o *lóbulo temporal,* no meio da cabeça). Raciocínio de alto nível e pensamento são primeiramente processados nos *lóbulos frontais*, na parte frontal da cabeça. Embora pareça uma simplificação grosseira, essa descrição se encaixa bem com o processamento de informação no âmbito da cognição.

Entrada

Na Parte 2 deste livro, vemos o primeiro estágio da cognição: entrada de informação. Em analogia à computação, isso seria a câmera gravando informações ou o teclado recebendo toques.

ALERTA DE JARGÃO

Psicólogos cognitivos chamam a entrada de informação de *percepção*: como o cérebro interpreta a informação a partir dos sentidos. Percepção é diferente de *sensação*, que é exatamente a informação física que seus sentidos registram. Seu cérebro imediatamente altera e interpreta essa informação para ser fácil de processar. Esse processo realça uma progressão linear de sensação (Capítulo 4) para percepção (Capítulos 5 e 6).

A atenção segue a entrada de informação (veja o Capítulo 7). *Atenção* é o primeiro processo distinto da resposta do processo de informação, e é o que conecta a percepção a um nível mais alto de cognição. Sem isso, as pessoas simplesmente reagiriam ao mundo de maneira involuntária.

Armazenamento

Depois que você presta atenção à informação, ela entra no sistema de armazenamento do seu cérebro (veja os capítulos da Parte 3). O cérebro possui uma variedade de mecanismos para armazenar e usar informações, coletivamente chamados de *memória*. Abordamos memória de curto prazo no Capítulo 8 e de longo prazo no Capítulo 9. Você também possui um armazenamento de conhecimento e competências (Capítulo 10). Embora todo esse conhecimento seja muito útil, não podemos nos esquecer(!) de considerar o esquecimento (Capítulo 11), bem como a forma como a memória funciona no cotidiano e algumas aplicações de pesquisa de memória (Capítulo 12).

Na analogia da cognição com a computação, a memória de curto prazo é a RAM: possui capacidade limitada e simplesmente deixa a informação que estiver usando naquele momento disponível. Sendo assim, não pode haver muitas aplicações ou janelas abertas no computador simultaneamente sem deixá-lo lento, o mesmo se aplica à memória humana de curto prazo. A memória de longo prazo e o conhecimento são o espaço em disco — um grande armazenamento de informação.

Linguagem e pensamento

Sensação e percepção são funções cognitivas de nível bem baixo: são simples processos que muitos animais conseguem executar. Memória é uma função cognitiva de nível ligeiramente alto, mas as funções de níveis mais altos são aquelas que animais irracionais não conseguem realizar, de acordo com alguns psicólogos — linguagem e pensamento (veja as Partes 4 e 5):

» **Linguagem:** O primeiro estágio de saída do processamento de informação. Alguns psicólogos descrevem isso como a forma humana de comunicação, que é tipicamente a forma verbal de trocar ideias com outras pessoas. Descrevemos linguagem e sua relação com outras formas de comunicação no Capítulo 13. Abordamos sua estrutura e os passos necessários para produzi-la nos Capítulos 14 e 15. Discutimos como a linguagem se relaciona com outras partes da cognição e percepção no Capítulo 16.

» **Pensamento:** O segundo estágio de saída do processamento de informação. Resolução de problemas, raciocínio e tomada de decisão (Capítulos 17, 18 e 19, respectivamente) são habilidades complexas altamente evoluídas, que requerem um amplo acúmulo de experiência, conhecimento e competência. Além disso, não esqueça que a cognição é afetada por emoções (Capítulo 20).

Pesquisando Psicologia Cognitiva

As pessoas desenvolveram diversos métodos para fazer pesquisas em psicologia cognitiva. Além disso, os avanços tecnológicos permitem que os psicólogos explorem o funcionamento do cérebro. Nesta seção, descrevemos como experiências, modelos computacionais, trabalhos com pacientes e mapeamento cerebral ajudaram psicólogos a entender como o sistema cognitivo funciona.

Testando em laboratório

Experimentos laboratoriais rigorosamente controlados são uma das técnicas mais usadas para fazer pesquisas em psicologia cognitiva. Psicólogos pegam pessoas normais (como se existissem!) — geralmente estudantes universitários (limitando a definição de normal para aqueles geralmente bem-educados e instruídos) —, colocam esses *participantes* em pequenos cubículos e mostram a eles coisas em um computador. Cada pessoa é testada exatamente da mesma forma e os pesquisadores têm total controle sobre o que a pessoa vê (desde que os computadores sigam as instruções dadas!).

MUNDO REAL

Os participantes geralmente não sabem exatamente o que farão. Recebem instruções para seguir um conjunto de tarefas no computador, normalmente em formato de jogo. (De fato, alguns anos atrás a Nintendo lançou um jogo mental que incluía várias tarefas cognitivas, como a tarefa efeito Stroop sobre a qual falamos no Capítulo 7.) Participantes inserem as respostas no teclado, no mouse ou em outro equipamento especialmente projetado.

Os pesquisadores pegam as respostas dos participantes, normalmente em termos de medidas de velocidade e precisão de resposta, e usam estatísticas para definir se a hipótese ou o modelo cognitivo está correto ou não. Essas estatísticas permitem que os pesquisadores vejam se a amostra testada reflete toda a população de pessoas que não puderam ser testadas. Então os psicólogos contam ao mundo!

LEMBRE-SE

É essencial que os pesquisadores testem muitas pessoas para obter resultados confiáveis. Se você testa apenas algumas pessoas, obtém resultados muito diferentes, porque o mundo está repleto de pessoas estranhas, e elas geralmente aparecem para experiências! Após testar pessoas suficientes, você vê a média de muitas pessoas, que lhe diz se pode confiar em sua hipótese ou não.

SENDO ÉTICO EM PESQUISA

Psicólogos cognitivos devem conduzir suas pesquisas seguindo os padrões éticos apropriados, orientados pela Declaração de Helsinque (um padrão de ética internacionalmente reconhecido). O ponto-chave é obter *consentimento expresso* durante os experimentos: os participantes devem saber o que acontecerá com eles e permitir que isso aconteça. Os pesquisadores não precisam dizer tudo aos participantes (por exemplo, se quiser testar aprendizado implícito ou memória [Capítulo 9], não conte aos participantes sobre a aplicação posterior de um teste de memória), mas eles precisam saber o suficiente para ter noção do que acontecerá.

O consentimento expresso é difícil de obter de crianças e pessoas com lesões cerebrais. Nesses casos, o responsável pelo participante deve dar o consentimento. Os psicólogos então se certificam de que o participante quer colaborar. Se a pessoa não consegue falar, os psicólogos procuram dicas que indiquem se quer participar (digamos, um bebê desviando o olhar de um computador).

Outras preocupações éticas existem (como preservar a saúde e o bem-estar dos participantes), mas surgem com menos frequência em psicologia cognitiva.

Modelando com computadores

ALERTA DE JARGÃO

Uma abordagem para testar a psicologia cognitiva não usa pessoas de modo algum! Alguns pesquisadores usam computadores para imitar a cognição humana, o que é chamado de *modelagem computacional*. Um bom modelo computacional é específico o bastante para prever o comportamento humano. Esse tipo de teoria é mais preciso do que as teorias verbais vagas usadas pelos psicólogos cognitivos de antigamente.

LEMBRE-SE

Modelos computacionais são baseados em diferentes tipos de estruturas (ou *arquitetura*). *Modelos conexionistas* são os cognitivos mais comuns. Trabalham usando camadas de nós conectadas umas às outras por links que impulsionam ou param a atividade. Nós na mesma camada são geralmente *inibidores* uns dos outros (evitam que outros nós na mesma camada sejam ativados). Desenhamos um modelo conexionista simples na Figura 1-2, representando conceitos e conhecimento como um padrão de ativação dentro do modelo. Entramos em mais detalhes no Capítulo 10.

Modelos de produção são baseados em lógica formal (veja o Capítulo 18). Dependem de uma série de declarações "se... então". A ideia é que o conhecimento armazenado existe em termos de "se isso acontece, então isso acontecerá". Outra técnica — *inteligência artificial* — envolve a construção de um computador para produzir resultados inteligentes, embora não reflita o processamento humano.

FIGURA 1-2: Um modelo conexionista básico. Geralmente, a camada superior é o resultado, a intermediária, o processamento oculto e a inferior, a entrada.

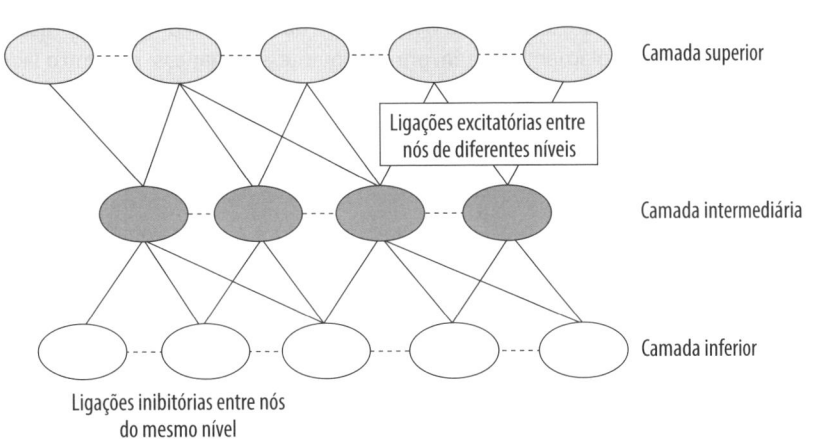

Camada superior

Ligações excitatórias entre nós de diferentes níveis

Camada intermediária

Camada inferior

Ligações inibitórias entre nós do mesmo nível

© John Wiley & Sons, Inc.

DICA

A modelagem computacional é muito satisfatória para explicar o comportamento humano, mas os modelos criados geralmente correm o risco de ser incrivelmente complexos e difíceis de entender. Além disso, são modificados com muita facilidade, levando-se em consideração a quantidade limitada de dados, que os torna pouco úteis.

Trabalhando com pessoas com lesões cerebrais

Neuropsicologia cognitiva é o estudo de pacientes com lesões cerebrais em uma tentativa de entender a cognição normal. Em geral, os estudos inovadores que psicólogos cognitivos criam são feitos em pessoas com vários tipos de lesões cerebrais, para ver se são realizados de maneiras diferentes. O objetivo é identificar quais processos ocorrem em que parte do cérebro, e quais grupos de tarefas se relacionam em termos de funcionamento cognitivo.

A abordagem neuropsicológica existe desde o final do século XIX. Ela possui muitos pressupostos principais, como Max Coltheart, um notório neuropsicólogo australiano, indicou:

» **Modularidade:** O sistema cognitivo contém partes separadas, que operam, em grande parte, sozinhas.

» **Especificidade de domínio:** Os módulos apenas trabalham para um tipo de estímulo.

» **Modularidade anatômica:** Cada módulo cognitivo se localiza em uma parte específica do cérebro.

» **Uniformidade da arquitetura funcional nas pessoas:** Todo cérebro no mundo é igual.

» **Subtratividade:** Danos ao cérebro apenas removem habilidades, mas não lhe acrescentam ou o modificam de forma alguma. Essa presunção está amplamente errada, principalmente em crianças; por outro lado, os outros aspectos são pelo menos fundamentados.

Os neuropsicólogos sempre procuram dissociações ou até duplas dissociações como a melhor evidência:

» **Dissociação:** Quando encontram um grupo de pacientes que realiza mal uma tarefa, mas normalmente outras.

» **Dupla dissociação:** Quando há dois grupos de pacientes que exibem padrões de deficiência complementares (um grupo deficiente na tarefa A, mas não na B, e o outro na tarefa B e não na A). Essa abordagem mostra que duas tarefas são funcionalmente diferentes (e baseadas em estruturas cerebrais diferentes).

Frequentemente, neuropsicólogos usam estudos de caso. Examinam indivíduos com um certo tipo de lesão cerebral para entender quais diferentes partes do cérebro fazem uma ampla série de tarefas. Certas pessoas têm pesquisado bastante e contribuído para o conhecimento do cérebro mais do que muitos pesquisadores! O Capítulo 21 disponibiliza 10 estudos de caso para você.

Analisando o cérebro

Neurociência cognitiva é o método em que os pesquisadores usam equipamentos caros para medir o cérebro quando ele está fazendo algo. O cérebro consiste em 100 bilhões de neurônios, e cada neurônio está conectado a até outros 10 mil neurônios (que belo pedaço complexo de gosma dentro de sua cabeça). Pesquisadores usando neuroimagem têm feito um trabalho excelente em elucidar o funcionamento cerebral.

O neurologista alemão Korbinian Brodmann foi o primeiro a mapear o cérebro diretamente. Ele nomeou 52 áreas distintas, e suas descrições ainda são usadas na atualidade. O pressuposto é que cada área faz uma coisa diferente (baseado na suposição de modularidade dos neuropsicólogos cognitivos que descrevemos na seção anterior).

Neurocientistas têm muitas formas de estudar a psicologia cognitiva:

- **Registro de uma célula individual:** Um eletrodo registra a atividade de células individuais, o que geralmente requer perfurar o crânio e o cérebro (não é algo a ser feito durante um almoço).
- **Eletroencefalograma (EEG):** Eletrodos colocados na superfície do couro cabeludo medem a atividade elétrica do cérebro. Picos elétricos ocorrem devido à apresentação de certos estímulos, chamados de potenciais de eventos relacionados (PER). Essa técnica registra a atividade cerebral rapidamente, mas não é boa para encontrar a fonte da atividade.
- **Tomografia computadorizada por emissão de pósitrons (PET-TC, em inglês):** Substâncias radioativas são absorvidas pelo sangue e um escâner as capta quando o sangue entra no cérebro.
- **Ressonância magnética funcional (fMRI):** Um grande (e barulhento) escâner detecta o nível de oxigênio no sangue quando ele entra no cérebro. Quanto mais sangue em certas áreas, maior a possibilidade de estar ativa. Essa técnica não é boa para medir a velocidade do cérebro em processamento, mas localiza a fonte com precisão.
- **Magnetoencefalografia (MEG):** Similar ao EEG, esse método mede campos magnéticos produzidos pela atividade elétrica do cérebro.
- **Estimulação magnética transcraniana repetitiva (EMTr):** Um grande pulso magnético é enviado para uma parte do cérebro, que para de trabalhar por um breve período.
- **Estimulação transcraniana por corrente contínua (ETCC, também conhecida como tDCS, do nome em inglês):** Esse método envolve enviar uma pequena corrente elétrica por partes do cérebro para ver como a atividade aumentada ou reduzida em uma região em particular afeta o desempenho de certas tarefas cognitivas.

Essas técnicas são úteis para estabelecer qual parte do cérebro é responsável por processar certas coisas, embora nenhuma delas seja totalmente precisa. Para usar técnicas de neuroimagem corretamente, você precisa fazer um teste cognitivo bom e bem controlado que realmente meça apenas uma habilidade (para apontar qual parte do cérebro é responsável por ela — veja a próxima seção).

DICA

Esses métodos também são prejudicados pelo fato de que completar uma pesquisa enquanto seu cérebro é analisado é uma experiência estranha. No caso da fMRI, envolve deitar dentro de um grande tubo magnético — dificilmente a posição normal quando realizamos qualquer forma de atividade cognitiva. Assim, essas técnicas alteram o comportamento dos participantes.

Reconhecendo as Limitações da Psicologia Cognitiva

Os inteligentes experimentos dos psicólogos cognitivos (veja a seção anterior) fizeram grandes descobertas, que ajudam muito a sociedade. Até usamos evidências de pesquisas cognitivas no Capítulo 3 para ajudá-lo em seus estudos!

LEMBRE-SE

Embora a psicologia cognitiva seja, em geral, incrível, precisamos reconhecer dois (pequenos) pontos fracos dessa abordagem:

» **Impureza da tarefa:** Muitas tarefas que psicólogos cognitivos realizam podem não avaliar somente o aspecto pretendido. Por exemplo, um pesquisador pode estar interessado em inibição de resposta e usar o teste Go/No-Go (veja o Capítulo 8), mas essa tarefa também envolve conflito de resposta (um processo cognitivo relacionado, mas totalmente diferente). Os resultados da pesquisa podem, então, refletir dois tipos diferentes de cognição; o que é chamado de impureza da tarefa.

Além disso, os resultados de uma tarefa, às vezes, não são repetidos em uma tarefa parecida. Essa *especificidade de paradigma* reflete o problema de alguns efeitos psicológicos cognitivos serem limitados a procedimentos experimentais muito precisos para encontrá-los.

» **Falta de validade ecológica:** Na tentativa de ser altamente científico, psicólogos tiram as pessoas do mundo real e criam ambientes artificiais em que controlam cada aspecto de seus comportamentos. Isso é irreal, e, por tal razão, os resultados podem não ocorrer no mundo real.

Psicólogos cognitivos têm interesse nos processos mentais internos que ocorrem durante a cognição, mas eles não são diretamente observáveis. Como resultado, a evidência que coletam é apenas indireta. De fato, muitas teorias de psicólogos cognitivos são limitadas em escopo e apenas focam um pequeno aspecto da experiência humana. Sendo assim, muitas áreas da psicologia cognitiva não se relacionam com as outras.

NESTE CAPÍTULO

» Conhecendo as áreas centrais da psicologia cognitiva

» Compreendendo que a cognição pode não funcionar

» Percebendo que o importante é a jornada

Capítulo 2
Estudar Psicologia Cognitiva Significa Estudar o Cotidiano

Quando as pessoas pensam em psicologia, tendem a focar os casos e descobertas mais incomuns, como explicar comportamentos atípicos. Mas a psicologia diz respeito a todo aspecto da vida mental das pessoas, não apenas aos extremos. Os conteúdos da maioria dos livros de psicologia cognitiva apresentam tópicos aparentemente banais — como ver, lembrar, usar linguagem e pensar —, coisas que as pessoas fazem o tempo todo sem refletir.

Esse foco no comportamento cotidiano é útil porque, ao estudar qualquer assunto, você aprende mais quando ele é relevante. Portanto, uma boa maneira de encarar tópicos de psicologia cognitiva é pensar sobre como se relacionam com seu cotidiano e como você pode usar o conhecimento para melhorar a forma como faz as coisas. Felizmente, psicólogos cognitivos fizeram descobertas fascinantes que alteram como as pessoas veem a si mesmas. Neste capítulo, você lê sobre os vários papéis importantes que a psicologia cognitiva desempenha no mundo real — bem como suas limitações.

Reconhecendo a Relevância da Psicologia Cognitiva

Esta seção descreve as quatro áreas principais que a psicologia cognitiva investiga:

» **Percepção:** Como você compreende o mundo à sua volta.
» **Memória:** Como processa e se lembra de eventos e experiências.
» **Linguagem:** Como você entende o que os outros lhe dizem e como se comunica com eles.
» **Pensamento:** Como raciocina e resolve problemas.

Prestando atenção ao mundo real

Estudos sobre como as pessoas percebem e assimilam o mundo enfatizam duas ideias principais sobre a percepção humana — uma boa e uma má.

A boa

A percepção humana é incrível — a habilidade de assimilar uma cena visual parece tão simples que você pode subestimar a dificuldade da tarefa. Mas tentativas de programar computadores para assimilar cenas visuais como os seres humanos aumentaram a apreciação de quão difícil é o processo de percepção.

Estudar como o cérebro humano resolve os problemas da percepção permite que psicólogos descubram como copiar os inteligentes mecanismos no cérebro e então produzir um aprendizado mais eficaz.

MUNDO REAL

Empresas como o Google estão usando técnicas como *deep learning* ou aprendizado estruturado profundo. Essa abordagem visa encontrar *características de ordem superior* (importantes aspectos visuais que definem a imagem — em um rosto, o padrão de dois olhos acima do nariz, acima da boca) em imagens visuais para que possam, por exemplo, identificar imagens que ilustram um conceito específico (como em um gatinho fofo). O *deep learning* surgiu a partir de descobertas feitas em estudos da cognição humana e de como o cérebro humano desenvolve conhecimento perceptivo em resposta à experiência.

A má

A impressionante habilidade humana de assimilar o mundo a seu redor, no entanto, possui limitações. Essas limitações da percepção humana podem causar problemas.

Quando um novo túnel foi inaugurado na Holanda, ligando o aeroporto de Schiphol a Amsterdã, o resultado foi um índice de acidentes de trânsito maior do que o normal. Psicólogos cognitivos identificaram o problema (e o chamaram de problema do Schiphol Tunnel). O túnel tinha um desenho afunilado — as duas extremidades tinham formatos retangulares, mas a entrada do aeroporto era maior e o túnel declinava na direção de uma saída menor. Os sistemas visuais dos motoristas interpretavam o que viam como a saída mais distante (em vez de menor), porque normalmente túneis são do mesmo tamanho em ambas as extremidades, o que os fez pensarem que estavam indo rápido demais, e freavam subitamente. Essa frenagem brusca aumentou a quantidade de acidentes.

Similarmente, a quantidade de acidentes graves foi conectada a sistemas de controle excessivamente complicados. Por exemplo, controles confusos foram um fator importante no desastre da usina nuclear de Three Mile Island, em 1979.

Compreendendo os limites de quanta informação uma pessoa consegue processar de uma vez, e também como atrair a atenção e apresentar informações de uma maneira fácil de assimilar, a psicologia cognitiva teve um grande impacto em como interfaces são projetadas (como a ergonomia). Esse entendimento aplica-se não somente a sistemas críticos, como sistemas de controle de usinas nucleares, mas também a sistemas cotidianos, como telefones móveis e fornos. O psicólogo cognitivo Don Norman escreveu um livro clássico chamado *O Design do Dia a Dia*, em que dedica um tempo considerável indicando designs ruins em objetos do dia a dia, desde portas até fornos!

A psicologia cognitiva mostra que você precisa entender seus limites e reconhecer quando suas habilidades de percepção e atenção estão sobrecarregadas.

Entendendo a memória no mundo real

A psicologia cognitiva oferece muitas ideias relevantes sobre a memória cotidiana, como informações relacionadas ao aprendizado acadêmico. No Capítulo 3, revisamos o que a psicologia cognitiva oferece para aprimorar suas habilidades de estudo, mas o impacto desse assunto vai muito além de sua revisão.

Questionando se você realmente "viu" o que "viu"

Alguns dos estudos de psicologia cognitiva mais famosos são aqueles feitos por Elizabeth Loftus e seus colaboradores, que analisavam como a memória pode ser falha e ilusória, particularmente em testemunhos oculares. Como descrevemos no Capítulo 12, a maneira como as perguntas são formuladas para as testemunhas afeta suas memórias em acidentes de trânsito.

Sob a mesma óptica, os psicólogos cognitivos ajudam a desenvolver uma técnica de entrevista para a polícia chamada de *entrevista cognitiva*. Essa abordagem enfatiza várias descobertas importantes a partir de pesquisa experimental:

» **Evite perguntas dirigidas:** Tais perguntas após o acontecimento podem alterar a memória do evento.

» **Reestabeleça o contexto:** A memória funciona através de associação e contexto. As pessoas tendem a se lembrar de coisas se estiverem no mesmo estado de espírito de quando o evento ocorreu. Então, fazer com que as testemunhas relembrem como estavam se sentindo, o que estavam fazendo, e assim por diante, mesmo que não seja obviamente relevante, ajuda a recordar fatos importantes.

» **Adote diferentes perspectivas e ordens:** Pedir para que testemunhas se lembrem de acontecimentos em ordem inversa ou de uma perspectiva diferente da que possuem provoca uma lembrança adicional.

Lidando com memórias traumáticas

Após vivenciar eventos traumáticos, como ataques terroristas, as pessoas às vezes desenvolvem Transtorno de Estresse Pós-traumático (TEPT). Um importante sintoma de TEPT são as memórias intrusivas, que causam grande angústia e perturbação ao dia a dia de uma pessoa.

Entender como as memórias são armazenadas e modificadas permite que psicólogos cognitivos contribuam para o desenvolvimento de técnicas terapêuticas que reduzem a incidência e o efeito de memórias traumáticas.

A abordagem usa o conhecimento de como o cérebro humano armazena memória de longo prazo, o que se chama *consolidação* (veja o Capítulo 9 para mais informações). Psicólogos sabem que dormir ajuda na consolidação (é por isso que devemos dormir depois de estudar e antes de um teste — veja o Capítulo 3 para mais dicas de prova); mas, por outro lado, a privação do sono interfere no processo. Algumas vezes, como em um evento traumático, as pessoas se beneficiam por não criar memórias duradouras.

Por exemplo, uma pesquisa recente no Reino Unido descobriu que evitar que uma pessoa durma depois da repercussão de um evento traumático reduz os efeitos psicológicos prejudiciais posteriores. Por razões éticas, esse estudo observou eventos traumáticos simulados no lugar de eventos reais, e então nos resta ver se essa descoberta será verdadeira no mundo real, em que os eventos são muitos mais intensos e emocionalmente perturbadores.

Uma descoberta recente intrigante é que toda vez que os seres humanos relembram um evento, ele é armazenado, ou *reconsolidado*, e pode ser alterado. Sendo assim, é possível que uma pessoa relembre um evento traumático e então o modifique de alguma forma para que a versão reconsolidada da memória seja menos perturbadora. Assim como a "memória" da testemunha de um evento pode ser alterada por questionamentos subsequentes, explorando o conhecimento dos processos cognitivos das abordagens clínicas da memória, é possível alterar uma memória traumática após o evento.

Lendo sobre linguagem no mundo real

Psicólogos cognitivos tiveram um grande impacto no sistema educacional através de seus conselhos sobre como ensinar melhor a ler. Pesquisadores, como o recente Keith Rayner, usaram experiências minuciosamente projetadas e tecnologia de rastreio ocular sofisticada para estudar os processos cognitivos que o cérebro emprega quando as pessoas leem. Essas evidências então foram usadas para direcionar políticas educacionais do governo por meio das sugestões dos painéis de especialistas.

Global versus fonética

Dois métodos principais, mas contrastantes, são usados para ensinar a ler:

» **Método global:** Enfatiza o significado ensinando palavras como unidades completas a ser aprendidas em contextos.
» **Método fonético:** Foca o relacionamento entre letras e sons.

A evidência da psicologia cognitiva sugere que o método global é útil para ganhar a atenção e o interesse de crianças, mas o fônico é mais bem-sucedido em ensinar leitura.

Entender como as pessoas leem levou ao aumento do uso de metodologias baseadas em fonética nas escolas. Elas enfatizavam que os professores (pelo menos de idiomas) deveriam focar o *princípio alfabético* — a ideia de que palavras escritas estão associadas a *fonemas* (os sons da língua) falados — e ensinar à criança os necessários *mapeamentos letra-som* (ou *grafema* — a letra que representa um som — para correspondências de fonemas) para a língua: as crianças aprendem a maneira como soletrar corresponde a sons.

Entender a psicologia cognitiva para linguagem é fascinante por si só. As pessoas usam a linguagem constantemente, e muitas não sabem como isso funciona. Saber um pouco mais sobre a mecânica da linguagem as deixa muito mais cientes das dificuldades encontradas quando aprendem a ler e ajuda os outros a entender os padrões da linguagem.

Fale comigo, Siri!

O desenvolvimento de aplicativos para telefones celulares que permitem que usuários façam perguntas em tom de fala normal e recebam respostas é uma conquista impressionante; muitas décadas de pesquisa em ciência da computação, linguística e psicologia cognitiva foram dedicadas a isso. A partir do entendimento básico da fala para a habilidade de fazer inferências pragmáticas (por exemplo, se alguém pergunta: "Você sabe que horas são?", responder "sim" não é apropriado!), esses sistemas usam o conhecimento obtido com experiências de psicologia cognitiva para emular essa maravilhosa habilidade humana.

DEBATENDO PROCESSAMENTO DE LINGUAGEM

Em 2012, ocorreu um debate interessante sobre duas abordagens do processamento de linguagem entre Noam Chomsky, o fundador da então chamada revolução cognitiva nos anos 1950, e Peter Norvig, o chefe de pesquisa da Google. O debate concentrou-se em uma abordagem moderna que enfatiza o aprendizado a partir de experiências, acumulando grandes quantidades de estatísticas sobre relacionamento no mundo contra a abordagem antiga que enfatizava conhecimento inato e sistemas lógicos.

Em suma, Norvig argumenta que as pessoas adquirem línguas simplesmente identificando os relacionamentos estatísticos entre as palavras: algumas surgem mais frequentemente perto de outras, e essa informação é necessária para aprender a língua. Chomsky acredita, no entanto, que as pessoas possuem um grau de conhecimento inato sobre a estrutura da língua, e que detectar padrões estatísticos não captura isso. De forma fascinante, ao longo de uma vida, o argumento se transformou de debate filosófico em debate sobre ciência da computação cotidiana.

Pensando no mundo real

Claramente, como as pessoas pensam, raciocinam e resolvem problemas é uma preocupação central da psicologia cognitiva (dedicamos toda a Parte 4 a isso).

Um estudo feito por duas duplas famosas definiu o tom nessa área, e ambos os pares fizeram contribuições para a psicologia e a economia. Allen Newell e Herbert Simon definiram muito da pesquisa fundamental sobre como as pessoas resolvem problemas e tomam decisões. Foram pioneiros em modelagem computacional de resolução humana de problemas, bem como várias técnicas para entender como as pessoas resolvem problemas. Eles indicaram que, ao solucionar problemas, as pessoas desenvolvem um espaço-problema em que mapeiam seu estado atual, o objetivo e todos os passos do caminho baseados em lógica. Mais tarde, Daniel Kahneman e Amos Tversky realizaram uma série de experiências que demonstravam o uso de *heurísticas* (atalhos mentais, como estereótipos) em tomadas de decisão, e as tendências resultantes que causavam no raciocínio das pessoas.

LEMBRE-SE

Uma pesquisa recente em psicologia cognitiva enfatizou problemas de pensamento, mas os anos atuais tiveram um foco mais positivo: como as pessoas conseguem utilizar conhecimento de psicologia cognitiva para melhorar as tomadas de decisão? Uma pesquisa feita por Gerd Gigerenzer e seus colaboradores mostra que se as pessoas raciocinam usando método mais adequados para o cérebro humano, aprimoram suas tomadas de decisão. Por exemplo, em apenas algumas horas, psicólogos cognitivos podem treinar médicos para fazer interpretações mais eficazes de resultados de testes de pacientes ensinando a eles um método que se adapta à forma "natural" de o cérebro trabalhar.

Pesquisas nessa área da psicologia cognitiva sugerem que você pode melhorar seu pensamento fazendo simples mudanças na maneira como lida com problemas — leia mais sobre como aplicar esse conhecimento a suas competências de estudo no Capítulo 3.

Estudando Sistemas Cognitivos para Ver o que Dá Certo... e Errado

Um tema comum em psicologia cognitiva é a distinção entre funcionamento normal e anormal. Muitos cursos de psicologia cognitiva enfatizam o funcionamento normal dos sistemas cognitivos humanos, mas não porque psicólogos cognitivos não estejam interessados em psicologia anormal. A razão é mais porque para entender como algo dá errado, é preciso entender como dá certo. Às vezes, o estudo de um funcionamento normal ajuda psicólogos a entenderem como um sistema pode dar errado.

Por outro lado, algumas vezes um problema clínico informa as pessoas sobre como um sistema normalmente funciona. Por exemplo, uma condição muito rara chamada *acinetopsia* (também conhecida como cegueira de movimento — veja o Capítulo 21 para um estudo de caso) ajudou psicólogos a compreenderem que uma parte distinta do cérebro lida com a percepção de movimento visual comparada com aquela da forma visual. Em outras palavras, ver e reconhecer um objeto ocorre em uma parte do cérebro, e perceber que ele está se movimentando cabe a outra.

A psicologia cognitiva ajuda as pessoas a entenderem como diferentes funções cognitivas podem dar errado, e também a encontrarem formas de tratar ou melhorar uma condição. Entender processos cognitivos e como podem ter efeitos negativos é a raiz do desenvolvimento da *terapia cognitivo-comportamental* (TCC), que mostra às pessoas como reconhecer padrões de pensamentos negativos ou distorcidos e como modificá-los.

Por exemplo, em casos de *catastrofização* (quando as pessoas transformam pequenos problemas em grandes incidentes) ou a tendência de reviver memórias negativas quando deprimida, a pessoa pode usar TCC para reconhecer um processo de pensamento negativo em desenvolvimento e dar um fim a ele. (Veja *Terapia Cognitivo-comportamental Para Leigos*, de Rhena Branch e Rob Willson [Alta Books].)

Aceitando que a Psicologia Cognitiva Não Tem Todas as Respostas

A breve história da psicologia cognitiva foi firmemente ligada ao desenvolvimento do computador digital. Logo, enquanto a tecnologia avança em um ritmo cada vez mais rápido, a necessidade pela psicologia cognitiva e suas potenciais utilidades para a sociedade aumenta. Esse é um momento empolgante para estar envolvido em um campo em crescimento, e os novos psicólogos (como você?) podem estabelecer e explorar as possibilidades emergentes.

LEMBRE-SE No entanto, uma ressalva. Como outras áreas da psicologia, a psicologia cognitiva é uma ciência empírica: avança através da elaboração de experimentos e obtenção de dados — psicólogos fazem novas descobertas o tempo todo. Estudar não é apenas aprender os "fatos" conhecidos sobre o pensamento humano, mas descobrir os métodos pelos quais as novas descobertas são feitas.

DICA Por esse motivo, ao longo deste livro, a ênfase recai sobre métodos e projetos experimentais usados para apurar os fatos. Sendo assim, adquira o hábito de se perguntar não apenas *o que* psicólogos sabem, mas também *por que* sabem. Os métodos usados são tão importantes quanto as descobertas.

NESTE CAPÍTULO

» Aumentando suas habilidades de atenção

» Usando a psicologia cognitiva para melhorar a memória

» Pensando e raciocinando para ter sucesso em artigos e provas

Capítulo 3
Melhorando o Desempenho Acadêmico com a Psicologia Cognitiva

Com este livro, visamos convencê-lo de que vale a pena descobrir a psicologia cognitiva e que ela possui muitos usos práticos. Neste capítulo, mostramos como a psicologia cognitiva levou a melhorias em como as pessoas ensinam e aprendem. Se usar as competências e os indicadores úteis que descrevemos, você conseguirá trabalhar melhor ao redigir artigos e fazer provas. Apresentamos caminhos para aprimorar os quatro aspectos da cognição (do Capítulo 2): percepção e atenção, memória, linguagem e pensamento e raciocínio.

É verdade! Essas técnicas realmente funcionam. Em outros capítulos, descrevemos as teorias psicológicas e evidências científicas e *por que* funcionam; mas, por agora, simplesmente apresentamos uma série de técnicas para melhorar sua cognição e contribuir com seu progresso acadêmico.

Aqui estão três lições cruciais para aprender neste capítulo: a importância da prática, de reconhecer problemas familiares em formas desconhecidas e de usar suas estratégias de pensar de alto nível para determinar como você aborda seu trabalho, planeja seus estudos e estrutura sua produção escrita.

Envolvendo Sua Percepção e Atenção

O cérebro direciona muitas de suas habilidades para sentir, perceber e observar o mundo, mas você também pode melhorar muitas delas conhecendo a psicologia cognitiva. Aqui lhe damos algumas ideias de como usar o conhecimento sobre percepção e atenção para aprimorar sua performance na escola e faculdade.

Antes de entrar em detalhes específicos, nossa principal regra é estar ciente do próprio *ritmo circadiano* — o ciclo natural do seu corpo. Seu cérebro e corpo trabalham melhor em horários diferentes do dia, mas todo mundo é diferente. Algumas pessoas são melhores pela manhã e outras, à noite. Um dos autores é uma pessoa matinal, o que significa que sua capacidade de atenção é maior por volta de 10:30h. O outro é uma pessoa noturna, e sua capacidade de atenção é maior por volta de 21:30h. Quando você está ciente do próprio ritmo circadiano, consegue estudar quando é melhor para você.

Claro, escolas geralmente realizam provas pela manhã (terrível para pessoas noturnas). Para assegurar que esteja em um estado de espírito favorável para tais testes, você pode alterar seu relógio biológico (de uma maneira similar ao *jet lag*). Basicamente, acorde muito mais cedo, para que a prova de 9h ocorra após você estar acordado por algum tempo e termine dentro dos limites do melhor horário de sua atenção.

Consolidando sua prática

Alguns especialistas são capazes de perceber algo (tipicamente um objeto, como um tabuleiro de xadrez) que têm grande experiência em compreender usando a fixação de um olho, olhando apenas para o centro da imagem. A partir desse exame, eles conseguem lembrar, interpretar e processar mais do que meros novatos. O Capítulo 5 fala muito sobre como melhorar sua percepção.

Esses especialistas possuem essa habilidade por *prática massiva*, quando muito aprendizado acorre em um curto período de tempo. Esse método contrasta com *prática distribuída*, que envolve pequenos intervalos de aprendizado (a seção mais adiante, "Armazenando para o longo prazo", possui mais informações sobre prática distribuída).

Tipicamente, você precisa realizar a prática massiva por aproximadamente seis horas por dia durante semanas, meses ou até anos. Os resultados constantemente mostram que as pessoas que se dedicam à prática massiva realizam tarefas perceptivas e motoras melhor do que as que escolheram outras formas de prática.

Considere este exemplo: se você jogar World of Warcraft durante seis horas por dia por um ano, será melhor do que alguém que joga uma hora seis vezes por dia durante um ano. Em outras palavras, para melhores habilidades perceptivas e motoras, sua prática precisa ser consistente.

Essa técnica funciona para habilidades perceptivas e motoras, como praticar esportes, jogos (inclusive xadrez) e tocar música, mas não para aprender matemática ou assuntos mais intelectuais.

Capturando a atenção

Uma maneira de capturar a atenção no trabalho é desenvolver um roteiro (veja o Capítulo 11) que termine com você estudando.

Um *roteiro* é um bloco de ações que sempre ocorrem juntas. Você pode criar um elaborando uma rotina. Para um dos autores, isso envolve ligar o computador, conectar-se ao Facebook, jogar um jogo bobo por 3 minutos e 30 segundos (nem mais, nem menos), ler as notícias de um site e então começar a trabalhar.

Focando a atenção

Você pode melhorar sua capacidade de atenção e permanecer focado de algumas maneiras simples. Por exemplo, fazer exercícios de leve a moderados 15 minutos antes de tentar estudar e beber água, libera substâncias químicas apropriadas no seu cérebro que ajudam o aprendizado e armazenamento de memória.

Uma ação óbvia é desativar distrações, como telefones celulares e o Facebook. (Embora tenhamos dificuldade com ambos!) Também, lembre que a pessoa comum possui uma capacidade de atenção de aproximadamente 40 minutos (embora esse número dependa da complexidade da tarefa e de como a aprende). Depois desse período, aprender novas informações torna-se mais difícil. Então, tire intervalos de 15 minutos após estudar de 30 a 40 minutos.

Outro ponto essencial, como descrevemos em mais detalhes no Capítulo 7, é a habilidade de ser multitarefas. Se as duas tarefas usam aspectos diferentes de sua memória de trabalho (veja o Capítulo 8), você pode fazer ambas ao mesmo tempo, desde que sejam simples. Mas, na maioria dos casos, a performance nas duas é menor se tentar ser multitarefas do que se fizer uma por vez.

Você pode adquirir muitos aplicativos feitos para "melhorar" sua atenção. Atualmente, a pesquisa sobre se eles funcionam ou não é muito variada. Você descobre se as pessoas que praticam uma tarefa de atenção a executam melhor posteriormente, mas essa habilidade se expande para outras tarefas ou estudos? A resposta é: Provavelmente não.

Evitando distrações

Saber o que o distrai significa que você pode aprender a evitar tais distrações. Uma grande quantidade de pesquisas em ergonomia e fatores humanos têm explorado esses assuntos, e o resultado estrondoso é a fala! Isso mesmo. A fala é a única coisa acima de todas as outras (e, na verdade, pode ser a única) que distrai as pessoas de trabalhar — sejam falas na TV, alguém falando, o rádio, uma pessoa ao telefone ou qualquer outra coisa.

Os pesquisadores chamam isso de *efeito da fala irrelevante*, e até mesmo algo que pareça com a fala pode distraí-lo. A razão é que a fala é um som imprevisível, e ainda assim carrega significado, e possui acesso superior à memória. É por isso que escritórios sem divisórias são péssimos para a produtividade da equipe se ela trabalha com algo que precisa de atenção focada. É também um dos principais motivos de por que falar com alguém ao telefone ao dirigir é tão perigoso.

Para evitar essa distração, a melhor coisa a se fazer é estudar em um ambiente em que se possa evitar a voz de outras pessoas. Isso pode significar silêncio ou criar o próprio som previsível, como tocar uma música. Sim... um mecanismo surpreendente que foca sua atenção é música e/ou barulho em geral. Embora seja contraintuitivo e contrário à opinião de muitas pessoas, você pode filtrar música familiar — e se for mais alta do que qualquer fala distrativa, ela evita a distração.

Siga em frente e aumente o volume, e, se alguém reclamar, diga que os psicólogos recomendaram que fizesse isso. Claro, o silêncio também é efetivo, mas assim que algum som que pareça com fala surgir, ele pode distraí-lo.

Aperfeiçoando Seu Aprendizado e Memória

Um campo inteiro é dedicado a como aprender melhor e se lembrar das coisas: a *psicologia da educação*. Aqui, revisamos algumas das técnicas relacionadas à psicologia cognitiva. Para estudar e revisar, a maioria das habilidades que deseja se refere a lembrar de informações, então é sobre isso que falamos. Veja os capítulos da Parte 3 para saber muito mais sobre processos por trás do aprendizado, memória e esquecimento.

A maioria das técnicas que descrevemos envolve processar ativamente informações ou fazer algo para melhorar sua memória. Aprender é um processo ativo, mas algumas formas de atividade ajudam a memória mais do que outras.

Infelizmente, simplesmente escutar músicas enquanto dorme, ou ler um livro, não lhe proporciona o ambiente apropriado para aprender. Em vez disso, é preciso se dedicar à matéria.

Trabalhando a memória

A maioria das estratégias que auxiliam o aprendizado de informações está conectada à memória de trabalho e envolve uma combinação de conhecimento novo com o já existente. Aqui trazemos três exemplos de como fazer isso para melhorar sua memória:

» **Segmentação:** Você agrupa informações recebidas insignificantes em pequenos pedaços gerenciáveis significativos. Falamos mais sobre o conceito de segmentação no Capítulo 8.

» **Níveis de estrutura de processamento:** Essa técnica vem de como você processa informações e sugere que a informação processada mais profundamente terá maior probabilidade de ser armazenada e, por isso, ser lembrada (veja o Capítulo 9 para mais detalhes).

» **Mnemônicos:** Mecanismos que auxiliam o aprendizado formando conexões entre as listas de informação a aprender com algo que você já sabe. Mnemônicos tornam a informação mais relevante pessoal e significativamente e, assim, elaborada, durante o processamento (veja o tópico anterior). Ao criar mnemônicos, você constrói mais dicas de recuperação e ligações para sua memória. Estudos mostram que pontuações de memória são até 77% maiores em pessoas que usam mnemônicos do que nas que não usam.

Você pode desenvolver vários tipos diferentes de mnemônicos:

- Substitua palavras que estiver tentando aprender por algo mais fácil de assimilar (por exemplo, a frase "Minha Vizinha Tem Muitas Joias, Só Usa Nua" para memorizar os planetas do Sistema Solar).
- Substitua toda a lista de informações a aprender por um nome (por exemplo, SoCiDiVaPlu para decorar os fundamentos da República Federativa do Brasil (artigo 1º da Constituição).
- Coloque as listas para lembrar em um ritmo que forme uma música.
- Use rimas ou desenhe imagens para se lembrar da informação.
- Crie imagens mentais para representar o que precisa lembrar.

Armazenando para o longo prazo

Muitas técnicas afirmam ajudar as pessoas a se lembrarem de informações em longo prazo. Aqui estão duas que pode usar em seus estudos e revisão. Elas foram estudadas usando pesquisas que exploraram a habilidade das pessoas de se lembrarem de coisas seguindo dois tipos diferentes de aprendizado.

Distribuindo prática

Uma descoberta substancial é que a prática leva à perfeição. Você pode aprender as informações de um livro lendo-o inúmeras vezes. Mas não é tão simples assim. Você pode estudar a mesma coisa por horas e horas e então parar. Ou pode estudar em breves imersões. O que é melhor?

DICA

Os resultados claramente mostram que distribuir a prática é benéfico para o aprendizado acadêmico (para o aprendizado perceptivo e motor, a prática massiva é melhor — veja a seção anterior "Consolidando sua prática"). Distribuir o aprendizado funciona melhor quando você estuda em muitas imersões de estudos em menos de uma hora.

Testando o que você sabe

Uma das descobertas mais intrigantes é o *teste de efeito*, quando você estuda por um curto período e então testa a si mesmo sobre o que sabe. Pesquisas mostram que você aprende mais do que simplesmente estudando pelo mesmo período de tempo. Esse teste parece fazê-lo formar novas ligações em sua memória com aquela informação. Trata-se de uma construção de ligações entre a informação e as dicas de recuperação necessárias para acessá-la. Leia o Capítulo 9 para saber mais sobre dicas de recuperação.

DICA

Teste-se sobre o que aprendeu, corrija quaisquer erros e teste-se novamente.

Evitando o esquecimento

ALERTA DE JARGÃO

Interferência é quando alguma coisa que está aprendendo ou aprendeu interfere em seu conhecimento armazenado ou aprendizado atual (abordamos tipos diferentes no Capítulo 11). Um exemplo é o caso de um dos autores que estupidamente tentou aprender dois idiomas ao mesmo tempo. Ele fracassou miseravelmente, confundindo os dois.

DICA

Você consegue facilmente evitar a interferência se certificando de, ao aprender duas coisas similares, utilizar diferentes técnicas para fazê-lo. Não aprenda duas coisas similares no mesmo lugar ou usando o mesmo método.

Recuperando informações rapidamente

Para obter informações de sua cabeça mais rápido e assim auxiliar sua performance no teste, você pode usar técnicas que melhoram seu acesso a sugestões. Duas competências específicas ajudam:

» **Adeque o estado e o ambiente de aprendizado ao do teste:** Evidências sugerem que quando se recuperam informações nas mesmas condições em que as aprendeu, a recuperação é melhor. Essa condição é tão simples quanto estar com o mesmo humor, na mesma sala, sentado na mesma posição, usando as mesmas roupas e canetas (parece um tanto supersticioso, não?). Qualquer coisa que crie uma ligação extra entre a situação de recuperação e a de aprendizado o ajuda a recuperar a informação.

Esse método é menos efetivo para reconhecimento (e por isso não o use em testes de múltipla escolha). Além disso, não dependa apenas dele: você precisa ter a informação armazenada em sua cabeça para conseguir recuperá-la!

» **Relaxe sua mente e pense em outras coisas:** Quando você relaxa, uma solução geralmente aparece. Essa habilidade originou-se de uma pesquisa recente em *terceiro fluxo de consciência*, quando as soluções para os problemas, incluindo recuperar memórias, surgem exatamente quando você tenta não pensar nelas.

Melhorando Suas Habilidades Acadêmicas de Leitura e Escrita

Ser um estudante envolve muita leitura. Muitos adultos pensam que sua habilidade de leitura é algo que adquiriram na infância e que é relativamente permanente. Mas como com outras competências cognitivas, tornar-se um especialista é uma questão de prática.

O primeiro passo é ler o máximo e o mais frequentemente possível.

Lendo estrategicamente

Depois de adquirir as competências básicas de ler palavras impressas, você pode aprimorar ainda mais suas habilidades de leitura usando *estratégias metacognitivas*: elas se referem ao que você lê, a ordem em lê e a atenção durante a leitura. A palavra *cognição* refere-se a pensamento, e, portanto, *metacognição*, a pensar sobre o pensamento. Psicólogos cognitivos fazem isso o tempo todo, mas todos podem se beneficiar da análise do pensamento.

> **PAPO DE ESPECIALISTA**
>
> ## LENDO AS REGRAS
>
> Algumas vezes, adultos têm problemas lendo porque não aprenderam as regras da língua. Uma pesquisa feita pela psicóloga cognitiva Diane McGuinness mostra que adultos com habilidade de leitura fraca geralmente notam uma grande melhora em sua leitura após aprenderem através de um programa intensivo baseado em fonética — que destaca as correspondências entre as letras e os sons de uma língua. O Capítulo 2 explica um pouco mais sobre fonética.
>
> Essa pesquisa sugere que a incapacidade de ler enquanto adulto se dá pelo fato de não se ter aprendido as regras de ortografia e os sons apropriados na infância.

LEMBRE-SE

Ao ler um romance, você começa no início e lê cada palavra até a última página. Mas essa estratégia geralmente não é a melhor para a leitura acadêmica. Em vez disso, use uma série de estratégias metacognitivas para ajudá-lo a obter o máximo de um texto com o mínimo de esforço.

Veja aqui um processo que recomendamos:

1. **Faça uma pré-visualização do texto.**

    Dê uma breve olhada no documento, prestando atenção a qualquer resumo no início, títulos de seções e estrutura geral. Decida antecipadamente quais partes de um documento são as mais importantes, quais pedaços você pode ler superficialmente e quais pode ignorar.

2. **Leia com um propósito.**

    Antes de começar a ler, decida o que quer aprender com aquele texto. Definir objetivos para sua leitura ajuda a ter uma abordagem estratégica do texto.

3. **Torne sua leitura pessoal.**

    Ao ler uma ideia, pergunte-se o que acha dela: você concorda com o autor? O que está lendo corresponde a seu conhecimento existente? Como o material o ajuda em seu objetivo, como escrever uma redação ou fazer uma revisão para um teste?

4. **Faça perguntas.**

    Questione o que está lendo e tente antecipar o que virá em seguida.

DICA

5. **Traduza para sua própria linguagem.**

    Resuma ideias em suas próprias palavras ou explique-as para um amigo. Para fazer isso, você deve processar o material profundamente, pensando mais nos significados do que nas palavras.

6. Torne-a interessante!

Foque as ideias do texto que lhe interessam. Se uma passagem for entediante ou técnica, dê uma olhada rapidamente e volte nela depois, se necessário.

7. Use o contexto para dar sentido às coisas.

Quando as crianças aprendem a falar, usam o contexto para aprender as novas palavras. Se não souber uma palavra ou frase, tente adivinhar o que significa baseando-se nas partes do texto que tiver entendido.

8. Faça uma anotação e retorne a ela.

Se precisa ler rapidamente alguns conceitos, tome nota e pesquise sobre eles depois para não interromper sua leitura.

9. Mantenha o ritmo.

Ler superficialmente algumas partes que não entende é geralmente melhor do que constantemente interromper o ritmo de sua leitura. Se as crianças parassem de ouvir toda vez que escutassem uma palavra que não conhecem, nunca aprenderiam a língua. Você pode se surpreender com quanto se lembra de um texto quando para de tentar entender tudo e apenas aprecia sua leitura.

10. Leia mais!

Praticar leitura estratégica de livros acadêmicos e artigos de pesquisa é a única coisa que pode fazer para melhorar. A maior parte da pesquisa cognitiva é publicada em forma de artigos, que seguem uma estrutura padrão (veja o Capítulo 22). Com a prática, você descobre quais partes focar e quais partes ler superficialmente, dependendo do que quiser saber.

Aprimorando sua escrita

Como um estudante de psicologia cognitiva, você provavelmente precisa fazer dissertações ou relatórios de pesquisa. Ambos possuem as próprias limitações específicas.

A primeira regra para uma boa escrita é entender o formato. Leia quaisquer diretrizes que lhe forem dadas e saiba os limites de palavras. Escrever tem dois estágios básicos: planejar (quando você decide sobre o que escreverá e em qual ordem) e escrever de fato as palavras. Falamos sobre o estágio de planejamento na seção posterior "Planejando sistematicamente"; mas, por agora, consideremos as palavras.

Escrever é um exemplo de produção da linguagem. Como discutimos no Capítulo 15, produzir linguagem envolve que seu cérebro trabalhe por uma sequência de estágios começando pelo nível semântico, em que você desenvolve uma ideia que deseja expressar. Então, identifica os elementos da sequência — como sujeito, ação e objeto — e os traduz em palavras.

> **PENSANDO E FALANDO: É TUDO A MESMA COISA**
>
> **PAPO DE ESPECIALISTA**
>
> Quando você está apenas trabalhando mentalmente em como falar o que quer, pequenos movimentos em sua boca e músculos da garganta refletem os movimentos completos que ocorreriam ao falar. Eletrodos sensíveis detectam essa *fala subvocal*, que foi como a NASA conseguiu desenvolver um software computacional de reconhecimento de fala que lhe permite se comunicar apenas pensando em uma frase em vez de precisar falar.

LEMBRE-SE Para falar uma sentença, você precisa converter a sequência de palavras em uma apresentação de como elas soam e então produzir esses sons usando uma sequência complexa de movimentos com a sua boca e suas cordas vocais — tudo sem esforço consciente. Bom, seu cérebro passa pelo mesmo processo mesmo que você não fale em voz alta.

DICA Se, como a maioria das pessoas, você considera a conversa falada mais fácil do que a escrita, pode ajudar a própria escrita imaginando que está falando e focando como suas palavras "soam". Outra dica útil é imaginar que está explicando suas ideias para uma pessoa específica ou um grupo de pessoas que conhece. Fazer isso lhe permite ativar sua considerável experiência de uso da linguagem. Você pode não ser um escritor experiente, mas é um perito em conversar com amigos e familiares — quando imagina que está fazendo isso, explora um grande reservatório de conhecimento existente no seu cérebro.

Imaginar que está falando com amigos é bom para aprimorar a fluência de sua escrita, mas ao escrever dissertações e relatórios você precisa levar em consideração outros fatores. Um deles é o estilo de linguagem particular da escrita acadêmica, e outro refere-se a regras específicas que precisa seguir, como manter o limite de palavras ou usar uma estrutura determinada de cabeçalho.

LEMBRE-SE Você pode fazer duas coisas para melhorar esses aspectos de sua escrita:

» **Obtenha o máximo de experiência possível no estilo de escrita apropriado.** Leia muitos relatórios de pesquisa e livros didáticos sobre o seu tema para ter uma noção do estilo de escrita. Além disso, acumule uma grande quantidade de "pedaços" de material que possa usar, tal como maneiras específicas de iniciar uma frase.

» **Use sua capacidade existente de modificar o tom e trabalhar com restrições.** Você provavelmente usa linguagens diferentes dependendo da pessoa com quem está falando, um amigo, um avô ou um estranho, então já está acostumado a modificar seu estilo de linguagem para contextos diferentes. Ademais, a maioria das pessoas possui experiência em trabalhar dentro de limites de palavras graças a mensagens de texto ou Twitter.

DICA: A ABNT (Associação Brasileira de Normas Técnicas) é a responsável por estabelecer normas de trabalhos acadêmicos, visite o site www.abnt.com.br e conheça as regras e padrões existentes no Brasil.

Usando Seus Poderes de Pensamento Efetivamente

LEMBRE-SE: As *funções executivas* do cérebro guiam seu comportamento geral, incluindo a habilidade de pensamento de alto nível, como resolução de problemas, raciocínio e tomada de decisões (veja a Parte 5 deste livro para saber mais). Esse pensamento de alto nível é importante para planejar seus estudos e o trabalho que produz.

Usando lógica racional

Ler este livro lhe proporciona um melhor entendimento das regras de lógica e alguns erros lógicos comuns que as pessoas cometem. Esse conhecimento melhora sua habilidade de enxergar falhas nos argumentos de outras pessoas, bem como aumenta sua própria habilidade de construir um argumento racional. Isso também o deixa ciente das etapas que as pessoas percorrem quando fazem ou entendem um argumento, o que auxilia a aprimorar a estrutura de sua escrita acadêmica.

Planejando sistematicamente

Planejar cada estágio de um projeto funciona, como também identificar a quantidade de trabalho que é preciso fazer e quais problemas provavelmente serão enfrentados antes de se iniciar um projeto.

DICA: Os psicólogos cognitivos usam a *abordagem espaço-tempo* para planejar (abordamos isso no Capítulo 17). Nessa abordagem, você planeja uma série de estados antes do atual e o seu estado objetivo, considerando opções alternativas que poderia usar em cada estágio e como isso afeta o resultado. Essa técnica lhe dá uma boa noção de como precisa direcionar sua atenção e usar seu tempo disponível.

Criando e usando subtarefas

Às vezes, os estudantes entram em pânico porque veem uma parte do trabalho como um todo inseparável, grande demais para assimilar.

DICA: Divida a tarefa em subtarefas usando a *decomposição hierárquica*. Aqui, você quebra o problema em pequenos problemas menores e então repete o processo para quebrá-los em partes ainda menores. Consequentemente, você termina com um grupo de problemas gerenciáveis que, quando combinados, resolvem o problema maior. Por exemplo, ao escrever um relatório de pesquisa, você pode quebrar os problemas escrevendo cada seção do relatório e então quebrando-as em parágrafos. Antes que perceba, o trabalho está feito!

Quanto mais experiência tiver com um problema, maior a probabilidade de reconhecer um que saiba como resolver. Além disso, ao ganhar experiência, você reconhece mais das subtarefas de um problema e tem melhores ideias para resolvê-lo. Com o tempo, constrói um depósito desses pedaços de experiência e também aprende como lidar com problemas ainda maiores.

Automatizando componentes

Quanto mais pratica qualquer habilidade, melhor você lida com problemas automaticamente. Ao repetir uma série de ações, o cérebro passa a reconhecer o padrão e cria um novo procedimento para realizar o processo sem que tenha que pensar muito nele.

Com muita prática em escrever dissertações e relatórios, você se torna apto a fazer cada vez mais do processo automaticamente, o que libera seus recursos mentais para lidar com problemas maiores.

Trabalhando retroativamente

Quando lhe perguntaram como criava piadas, o comediante Bill Bailey respondeu: "Começo com uma risada e trabalho de trás para frente." Esse processo não é diferente de como as pessoas geralmente resolvem problemas.

Em um processo chamado *análise de meios e fins*, as pessoas identificam o objetivo e fazem o que podem para alcançá-lo: para obter uma risada, você precisa de uma piada; para obter uma piada, você precisa de uma história, e por aí vai.

Quando estiver planejando seu próximo trabalho acadêmico, comece identificando a parte mais importante e trabalhe retroativamente, encontrando as partes específicas que deve abordar. Fazer isso pode resolver o problema de escrever sua dissertação. Ter um pensamento positivo também o motiva e fixa sua atenção nos aspectos mais importantes do problema.

Desenvolvendo uma mentalidade de crescimento

De acordo com a psicóloga Carol Dweck, da Universidade de Stanford, um dos fatores mais importantes que afetam o desempenho de um aluno é o que ela chama de *mentalidade*. A mentalidade de uma pessoa é outro exemplo de metacognição ou análise do pensamento (falamos sobre isso na seção "Lendo estrategicamente", deste capítulo). Dweck diz que, no geral, as pessoas têm dois tipos principais de mentalidade:

» **Mentalidade fixa:** Esses indivíduos tendem a pensar que as pessoas nascem com certas habilidades que permanecem relativamente estáveis ao longo de suas vidas. Pessoas com esse tipo de mentalidade estão propensas a se apegar a coisas nas quais são boas e evitar desenvolver novas habilidades em áreas que não possuem experiência. Elas colocam as realizações acima do esforço e geralmente apenas gostam de problemas que possam resolver com facilidade.

» **Mentalidade de crescimento:** Essas pessoas revelam o oposto — acreditam que as pessoas podem melhorar com a prática; portanto, valorizam mais o esforço do que as realizações. Elas geralmente são melhores com novos problemas, porque se esforçam e não são desestimuladas por seus erros.

O aspecto interessante sobre o trabalho de Dweck é que lhe mostra que você pode mudar a mentalidade de uma pessoa através de simples intervenções. Mesmo simplesmente saber o conceito tende a aumentar a possibilidade de as pessoas passarem de uma mentalidade fixa para uma de crescimento.

Acompanhando as Sutilezas da Percepção

NESTA PARTE...

Aprecie todos os processos biológicos envolvidos na percepção. Se não recebe a informação correta, você não pode decidir a melhor linha de ação ou razão e argumentar adequadamente.

Veja suas incríveis habilidades visuais em ação — e como podem ser enganadas.

Entenda como percebe objetos de todos os tipos, particularmente o caso especial do reconhecimento de rostos.

Preste atenção ao conceito de atenção, uma das habilidades mais vitais para a sobrevivência humana. Sem ela você estaria constantemente sobrecarregado e distraído.

NESTE CAPÍTULO

» Diferenciando sensação e percepção

» Analisando sua visão do mundo

» Entendendo a visão psicologicamente

Capítulo 4
Percebendo o Mundo a Seu Redor

Antes que possa aprender, memorizar ou estudar qualquer coisa, você precisa percebê-la. Parece simples, mas esse processo envolve uma quantidade de processos biológicos que livros de psicologia frequentemente ignoram, e ainda assim são fundamentais para entender o campo.

Para entender cognição, e certamente para avaliar os modelos da psicologia cognitiva que descrevemos ao longo deste livro, você precisa saber quais informações seu cérebro recebe. Por esse motivo, estudar percepção é vital para entender a psicologia cognitiva.

Embora tenhamos todos os tipos de sentidos, neste capítulo exploramos os olhos e como o cérebro usa as informações que fornecem. Definimos que ver é um processo altamente psicológico e afetado pela cognição. Demonstramos que nem sempre ver é crer, trazendo algumas ilusões visuais muito legais que revelam informações importantes sobre como as pessoas veem e por que veem da forma como o fazem.

Analisando Seu Sistema de Percepção

Todas as pessoas possuem a mesma configuração biológica básica para dar sentido ao mundo: olhos, orelhas, nariz e por aí vai. Mas as pessoas não veem e escutam coisas da mesma forma, devido aos processos psicológicos envolvidos.

Duas correntes de pensamento em psicologia fizeram a seguinte distinção importante entre sensação e percepção (veja o box "Duas abordagens psicológicas divergentes" para mais detalhes):

» **Sensação:** Como os sentidos e o cérebro detectam e transmitem informações sobre o mundo.

» **Percepção:** O que a consciência de cada pessoa "vê" e a que responde.

DUAS ABORDAGENS PSICOLÓGICAS DIVERGENTES

Grande parte do comportamento humano se dá em resposta ao ambiente, e assim a *psicofísica* foi desenvolvida para explorar como exatamente isso ocorre: em outras palavras, para explorar os limites da percepção humana. O proponente principal da pesquisa psicofísica foi Gustav Fechner, físico, psicólogo e filósofo alemão. Sua lógica era encontrar a sensação mínima para observar um estímulo específico ou para distinguir dois estímulos. A abordagem psicofísica tratava seres humanos como organismos físicos e ignorava coisas como livre-arbítrio. Os psicofísicos não estavam interessados em *como* as pessoas interpretavam o que sentiam — só que elas o faziam. Logo, ela é muito objetiva e baseada unicamente em dados.

Uma corrente de pensamento alternativa principalmente interessada na qualidade da percepção das pessoas era chamada de *estruturalismo*, atribuído principalmente a Wilhelm Wundt, médico, psicólogo e filósofo alemão. Wundt sugeria que a mente representa o mundo como elementos individuais com muitos processos cognitivos diferentes que interagem entre si. A mente pega o que o corpo sente e criativamente tenta extrair um sentido com base em sua estrutura interna (veja o Capítulo 10). Os estruturalistas pensavam que a melhor maneira de pesquisar a experiência humana era com a introspecção analítica. Essa abordagem requer uma descrição verbal detalhada do que está sendo visto ou pensado e por que isso está acontecendo. O resultado produzido era altamente subjetivo, baseado inteiramente nas opiniões pessoais dos indivíduos.

A psicofísica ainda é bastante utilizada, enquanto o estruturalismo raramente é levado a sério.

DICA

Seu cérebro vê o mundo diferente de como outra pessoa o vê — e, possivelmente, de uma maneira que não é exatamente correta —, porque está sempre tentando entender o mundo para responder a ele da melhor forma.

Sentir e perceber o mundo é de importância vital: você está constantemente recebendo estimulação sensorial. Sem tais informações sensoriais sendo constantemente transmitidas para seu cérebro, você pode até não ser considerado vivo. Se estiver em uma câmara de privação sensorial (usada para fins de meditação), seu cérebro criará sensações na forma de alucinações. Sem estímulo, os cérebros das pessoas criam as próprias sensações!

MUNDO REAL

Percepção é essencial para a ação. Para fazer alguma coisa, você precisa percebê-la. Quando vê uma barra de chocolate, você precisa usar toda a informação que seus olhos proporcionam para alcançá-la e pegá-la. Então usa uma combinação de informações de olhos e dedos para abri-la para que possa sentir o prazer do sabor.

As pessoas usam muitos sentidos diferentes para entender o mundo: além de visão, audição, tato, paladar e olfato, você também pode detectar muito mais (como equilíbrio e temperatura). Embora neste capítulo consideremos apenas a visão, note que cada sentido lhe proporciona uma informação diferente, com pouquíssima repetição entre eles: a informação geralmente é fornecida por um dos sentidos. No entanto, isso não significa que os sentidos são completamente autônomos: a visão pode afetar o paladar, por exemplo.

Vendo o que Acontece no Mundo

O olho é um dos órgãos mais incríveis do corpo humano. Ele permite que você enxergue em muitas situações: desde a intensa luz do sol no convés de um cruzeiro marítimo até a iluminação fraca de uma casa noturna. Até nesses dois ambientes completamente diferentes, sua visão é suficiente para que se desloque com segurança.

Como esses dois exemplos sugerem, o elemento crucial para ver é a luz: ela carrega a informação que usa para enxergar o mundo e é extremamente útil para as sensações. A luz interage com muitas coisas que toca, refletindo alguns objetos e sendo absorvida por outros; fornecendo, assim, informações sobre o que os objetos são. Felizmente, o mundo tem muita luz: o sol produz uma grande quantidade. Para encontrar mais detalhes, veja o próximo box "Iluminando o mundo", que você pode ler, claro, graças à luz!

Nesta seção, descrevemos a visão em termos físicos: como o cérebro processa o que os olhos veem.

Posicionando os olhos

O olho é um dispositivo que detecta a luz carregando a informação de que precisa, por exemplo, para perceber objetos.

MUNDO REAL

Você já pensou por que seus olhos estão onde estão? Bom, não pense mais. Certos animais têm olhos nas laterais de suas cabeças e outros, na frente, por bons motivos:

» Animais com dois olhos voltados para a frente têm maiores habilidades visuais para coisas na frente deles, porque a luz entra em ambos os olhos. Logo, perseguir outro animal é mais fácil, embora eles não consigam ver muito bem em certos ângulos ou nas laterais da cabeça.

» Animais com olhos nas laterais de suas cabeças (como os coelhos) conseguem ver quase tudo ao redor de seus corpos, menos a parte de trás. Eles possuem bem menos capacidade de ver detalhes à frente. Esses animais geralmente são presas, e precisam estar constantemente alertas para seus predadores.

LEMBRE-SE

Como a maioria dos primatas, os seres humanos possuem olhos na parte frontal da cabeça, ajudando a ver com detalhes para caçar, plantar, ver em três dimensões e para tarefas manuais, como usar ferramentas para abrir caixas de leite impenetráveis.

ILUMINANDO O MUNDO

PAPO DE ESPECIALISTA

A luz é uma forma de radiação eletromagnética, o que inclui ondas de rádio, infravermelho e ultravioleta. A radiação eletromagnética viaja incrivelmente rápido: de fato, na velocidade da luz. Logo, a luz se deslocando dos dentes de um predador que está a alguns metros de distância chega a você quase instantaneamente, restando tempo o bastante para escapar (você espera).

Uma característica importante das ondas de luz é seu *comprimento de onda*, a frequência em que as ondas de luz oscilam (pense em ondas do mar quebrando à beira-mar: se uma quebra contra a margem muito perto de outra, ela tem um comprimento de onda curto). Luzes com comprimentos de ondas diferentes possuem propriedades ligeiramente diferentes. Fundamentalmente, apenas certos comprimentos de onda são visíveis para os seres humanos e fornecem informações sobre cores.

A luz tem outra característica importante: *amplitude* (tamanho da onda). Quanto maior a amplitude, mais energia ela contém. Novamente, pense em ondas do mar. O tamanho da onda é a amplitude. As grandes ondas que os surfistas pegam são muito mais poderosas do que aquelas em que você pega jacaré.

Fitando os olhos

O olho é uma bola gelatinosa, repleta de água, com um buraco negro (na verdade, é apenas um buraco) na frente (a *pupila*), que permite que a luz entre. Atrás da pupila está a lente (como aquelas de óculos), feita para focar a luz entrando na parte traseira do olho (a *retina*), onde os fotorreceptores detectam a luz.

Para deixar mais luz entrar ao adentrar um lugar escuro, a pupila aumenta. Para reduzir a quantidade de luz entrando nos olhos (e evitar danos às suas partes mais delicadas), a pupila se contrai. Claro, o tamanho da pupila também muda em resposta a fatores biológicos (como quando você vê alguém de quem gosta!).

Detectando a luz: Fotorreceptores

Os *fotorreceptores* estão na parte traseira do olho, atrás de camadas de outras coisas. Estão distribuídos por toda a retina, mas com muito mais cones na *fóvea* (centro da visão) do que na *periferia* (arredores da visão):

» **Cones:** Fotorreceptores que respondem à luz intensa e são bons em detecção de cores (veja o Capítulo 5).

» **Bastonetes:** Fotorreceptores que respondem à luz fraca e não são bons em detecção de cores (razão pela qual é mais difícil detectar cores à noite).

Essa distribuição irregular de fotorreceptores significa que a fóvea é o local de resolução máxima. Ver em mínimos detalhes é muito mais fácil (há maior *acuidade visual*) na fóvea, e a periferia parece mais desfocada, motivo pelo qual as pessoas movem seus olhos para ver cenas importantes.

Os músculos dos olhos são os mais ocupados do corpo humano. Eles se movimentam mais de 100 mil vezes por dia. De fato, os movimentos dos olhos são tão importantes que sem eles você fica cego.

Não acredita em nós? Veja a Figura 4-1, que mostra um exemplo do que é chamado de efeito de Troxler. Olhe fixamente para o "+" no centro e observe o sombreado na parte de fora começar a sumir.

Esse efeito acontece porque seu cérebro trabalha comparando uma imagem da retina com a próxima: não havendo diferenças, o cérebro pensa que não há nada. O cérebro "vê" detectando diferenças entre duas cenas e, se você paralisar os músculos dos olhos, não verá nada. Você precisa dos músculos dos olhos para ver, mesmo eles não estando envolvidos na detecção de luz. O box "Movendo os olhos" possui mais informações sobre isso.

Respondendo à luz: Layout central-periférico

ALERTA DE JARGÃO

Em 1962, os neuropsicólogos ganhadores do Prêmio Nobel David Hubel e Torsten Wiesel descobriram o layout interessante das células visuais além da retina (*células ganglionares da retina*). Lançando um pouco de luz em cada célula, e medindo suas respostas, eles descobriram ao que a célula reage (seu *campo receptivo*). Eles descobriram que as células possuem um layout em formato de rosquinha (chamado de *layout central-periférico*). O centro responde à luz acesa, enquanto o redor, à luz apagada (também pode-se ter o layout oposto).

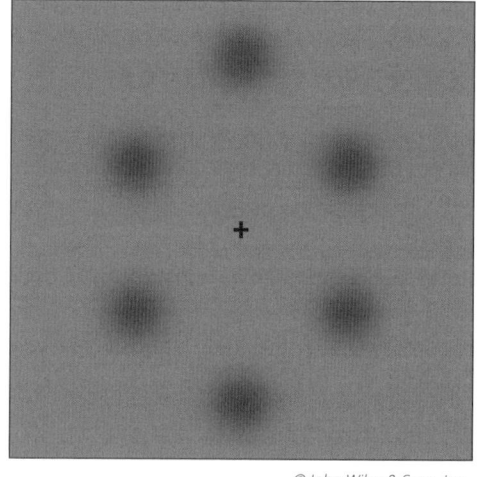

FIGURA 4-1: Efeito de Troxler.

© John Wiley & Sons, Inc.

MOVENDO OS OLHOS

PAPO DE ESPECIALISTA

Um campo inteiro de pesquisa é dedicado a movimentos oculares, porque é um processo cerebral muito complexo. Muitos tipos de movimentos foram descobertos, incluindo:

- **Movimentos oculares conjugados:** Quando ambos os olhos se movem juntos, como quando você segue a bola de um lado para o outro quando assiste a uma partida de futebol.
- **Movimentos oculares de vergência:** Quando os olhos se movem em direções diferentes um do outro, como quando você está assistindo a coisas se moverem mais próximas e mais distantes do seu rosto. Por exemplo, se colocar o seu dedo em frente a seu rosto e levá-lo na direção do seu nariz, seus olhos se encontram e você fica vesgo.

Seus olhos se movem em dois padrões distintos:

- **Movimentos oculares de perseguição suave:** Identificados pelo movimento suave dos olhos, como quando você acompanha um objeto.
- **Movimentos oculares sacádicos:** Esses movimentos rápidos como balas são muito mais comuns, pulando de cena em cena rapidamente entre dois itens separados (como agora, enquanto você lê).

Esses padrões de movimentos oculares revelam muita coisa sobre o que é importante para a percepção. Se algo é importante, as pessoas olham. Se algo atrai a atenção, as pessoas olham. Pacientes com esquizofrenia não realizam tarefas de movimento ocular de perseguição suave muito bem. De fato, essa dificuldade desses pacientes tem relação direta com a severidade de seus sintomas e a probabilidade de reincidência.

O movimento ocular é tão importante que não menos de dez partes distintas do cérebro são dedicadas a ele. A mais importante está localizada nos lóbulos frontais, o mais distante possível do restante do seu processo visual (no lóbulo occipital).

Este layout garante que se consigam ver alterações na iluminação com mais facilidade. Ele também ajuda a ver coisas pequenas. Se um pouco de luz atinge o centro de uma célula central, mas não toca a parte externa, a célula responde muito; entretanto, se uma luz brilha por toda a célula (no centro e nas partes ao redor), a célula não é ativada. A luz se movimentando pela célula causa uma pequena resposta celular, exceto por um breve período, quando há luz apenas no centro.

EXPERIMENTE

Uma das consequências do layout central-periférico é que algumas vezes você vê coisas que não estão lá. Considere a ilusão da grade de Hermann, na Figura 4-2: você deve ver pontos ilusórios cinzas aparecendo na maior parte das interseções brancas. Esse efeito ocorre porque nas interseções há mais luz nos arredores do que no centro do campo receptivo da célula, fazendo toda a região parecer não ter iluminação.

FIGURA 4-2: Ilusão da grade de Hermann.

© John Wiley & Sons, Inc.

O efeito não ocorre na fóvea, porque aqui as células respondem a uma região menor (se levar o livro perto o bastante de sua fóvea, você encontrará pontos ilusórios nas interseções que está olhando também).

Organizando os fotorreceptores: Encontrando o ponto cego

Nas células na fóvea, uma pequena seção em cada olho não tem quaisquer células receptoras, o que significa que ela não pode ver nada. Essa área é chamada de *ponto cego*; embora você não consiga ver um buraco, porque o cérebro preenche os espaços.

Para "ver" seu ponto cego, feche seu olho esquerdo e olhe para o "+" na Figura 4-3. Segure o livro na vertical aproximadamente 50 centímetros à sua frente — você pode precisar movê-lo para frente ou para trás um pouco. Consegue ver qual é a outra letra? Ela desaparece quando está no ponto cego. Seu cérebro não consegue ver a letra, e por isso ele preenche a região com o que estiver ao redor dela.

FIGURA 4-3: Vendo o ponto cego.

+   A

© John Wiley & Sons, Inc.

Esse exemplo demonstra que a visão é um processo ativo e que o cérebro modifica e distorce o que você vê. Como resultado, detectar se temos problemas visuais é difícil, porque o cérebro sempre tenta compensá-los. Esse preenchimento é incrivelmente importante. Se está atravessando a rua, um carro pode estar no ponto cego e você pode não vê-lo. Então, as informações de segurança nas estradas estão corretas: sempre olhe para a frente, para os lados e para a frente novamente.

Organizando o cérebro visual

A informação de cada olho é entregue pelo *nervo óptico* (o ponto cego na seção precedente existe porque a informação deixa o olho e encaminha-se para o cérebro). Danos ao nervo óptico significam que você perde a visão em um olho, pois em algum momento (o *quiasma óptico*) as informações dos dois olhos se misturam. A informação representando a esquerda do que é visto em cada olho é enviada ao trato óptico esquerdo. Se um trato óptico for cortado, você perde a visão de um lado do mundo (o que se chama *hemianopsia*).

As células do trato óptico vão para a parte do cérebro chamada de *núcleo geniculado lateral* (NGL), organizado em seis camadas. Duas camadas são *magnocelulares* e sensíveis a movimentos, e as outras quatro camadas, *parvocelulares*, são sensíveis a cores e demonstram alta acuidade visual.

Explorando a visão primária

Os neurônios levam informações visuais do NGL para o *córtex visual primário* (área V1) do cérebro no lóbulo occipital. Essa é a primeira área do cérebro que gera experiências visuais conscientes, e está localizada na parte traseira da cabeça.

Podemos dizer que esse é o centro da visão, pois se estimularmos as células (usando estímulo cerebral ou uma pancada forte!) dessa parte da cabeça você vê alguma coisa. Ao bater a parte traseira da cabeça com força o bastante, você vê estrelas (como nos desenhos animados), e essa resposta vem da atividade neural no córtex visual (mas não tente fazer isso!).

O córtex visual primário é *mapeado por retinotopia*: como um mapa do mundo visual — algo que está perto de outra coisa no espaço é processado por células próximas umas das outras no cérebro.

Algumas células no córtex visual primário são *células simples* — a construção básica dos blocos de visão. Elas detectam e processam formas simples, como bordas e barras, mas cada célula processa apenas as bordas em uma orientação específica (um detector de barra vertical não "vê" uma barra horizontal).

Células simples existem para muitos tipos de bordas, barras e linhas, com mais células para bordas encontradas com mais frequência. Os seres humanos têm mais células para barras horizontais e verticais do que para ângulos oblíquos. (Os gatos possuem células para todas as orientações; talvez seja por isso que eles olhem para os seres humanos com um ar de superioridade.) Assim, os seres humanos encontram linhas horizontais e verticais com mais facilidade do que aquelas de outros ângulos (o *efeito oblíquo*). Em outras palavras, possuem maior acuidade visual para linhas horizontais e verticais.

O efeito oblíquo mostra como a experiência afeta as células no cérebro. Por exemplo, pessoas que vivem em florestas tropicais ou nas planícies da América do Norte não revelam o mesmo efeito oblíquo: aquelas na floresta tropical possuem menos células horizontais e aquelas nas planícies, menos verticais.

No cérebro, as respostas de várias células simples podem ser combinadas em uma *célula complexa*. Uma célula complexa consegue processar uma barra vertical, mas de qualquer tamanho e em qualquer lugar do mundo visual. Mais distante no cérebro, as respostas de várias células complexas se combinam para formar *células hipercomplexas*, que respondem a conjuntos de padrões ainda mais complicados, como uma barra vertical em movimento.

Com esse simples processo de acrescentar as respostas das células, as pessoas criam o mundo inteiro (essa ideia é a base para alguns modelos psicológicos da percepção; veja o Capítulo 6). Se você combinar uma série de células simples representando curvas de orientações específicas, pode construir uma hiper (ou hiper hiper) célula complexa de rostos. De fato, Dave Perret, neurocientista britânico, e seus colaboradores mostraram que algumas células parecem responder seletivamente a rostos.

Dado esse conhecimento, talvez uma célula hipercomplexa represente tudo que você viu, acrescentando a ativação de muitas células simples e complexas representando as bordas que formam o objeto. Assim, teria uma célula para cada coisa que você já viu — conhecida como o argumento *da célula avó*: para ver sua avó, você precisa de uma célula que represente sua avó. Certamente, pesquisas de visualização do cérebro mostram células que parecem responder apenas à Jennifer Aniston, o que parece indicar que o argumento da célula avó é válido.

Porém se esse fosse o caso, as pessoas precisariam de muito mais neurônios do que têm em seus cérebros. Para abordar essa grande falha no argumento, em vez de cada célula responder a uma única coisa, talvez uma coleção de células juntas respondam, e algumas dessas células se sobreponham a outros objetos.

Vendo mais distante no cérebro

O córtex visual primário está associado com processos visuais básicos e limitados. Processos mais detalhados ocorrem em áreas cerebrais mais à frente. Entretanto, os dois principais caminhos visuais parecem existir depois da área V1:

» **O caminho "o quê":** Feito para estabelecer a identidade do que você vê. É descrito como *fluxo temporal*, porque envolve regiões do cérebro nos lóbulos temporais que processam a memória (veja os capítulos da Parte 3). Também é chamado de *fluxo dorsal*, porque sobe até o topo da cabeça (como a barbatana dorsal de uma baleia). As regiões cerebrais cruciais envolvidas no caminho "o quê" são áreas como V4 e V3, que processam cores e formas, respectivamente. Esse fluxo é considerado a visão da percepção.

» **O caminho "onde":** Projetado para estabelecer onde algo está. É mais básico do que o caminho "o quê": ele simplesmente sinaliza a localização e o movimento de alguma coisa, mas não o que ela é. Esse caminho é descrito como *fluxo parietal*, porque vai para os lóbulos parietais, e, às vezes, como *fluxo ventral*, porque passa pela base do cérebro, mais perto do estômago (*ventral* é estômago em latim). Ele passa pela área V5, que processa o movimento. Esse fluxo é considerado a visão da ação.

A ideia de que o cérebro divide o mundo em propriedades separadas, como cor e forma (conhecida como *especialização funcional*), é assunto de um extenso debate entre psicólogos. Após a informação ser dividida, as áreas mais altas do cérebro *unem* todas elas para formar uma representação completa (veja o Capítulo 6).

Construindo o que Você Vê no Mundo

Na seção anterior, "Organizando os fotorreceptores: Encontrando o ponto cego", mostramos como o cérebro altera o que você vê para o que você percebe (que, com o ponto cego, pode ser muito diferente da realidade). Outro exemplo de como o que você pensa que vê não é necessariamente confiável vem dos *efeitos tardios*: quando o mundo parece diferente após exposição prolongada a um estímulo em particular.

EXPERIMENTE

Olhe fixamente para o ponto entre as grades à esquerda da Figura 4-4 por aproximadamente um minuto. Em seguida, olhe para o ponto de fixação entre as grades à direita. Você deve ter visto um efeito tardio, em que as grades superiores parecem menores do que as inferiores. Espere um minuto e olhe novamente para as grades à direita. Você pode ver que na realidade elas são do mesmo tamanho.

FIGURA 4-4: Demonstração de adaptação de frequência espacial.

© John Wiley & Sons, Inc.

LEMBRE-SE

Esse exercício altera o que você pode perceber por *adaptação*: a exposição prolongada a um estímulo específico afeta a habilidade de ver um estímulo tardio, e está ligada às frequências espaciais que descrevemos no Capítulo 6. Olhar para as grades bem próximas (alta frequência espacial) causa *fadiga* (cansa) nas células do cérebro que respondem a elas. Então, quando você olha para as outras grades, essas células não disparam mais, e você vê o mundo sem essas frequências espaciais. O mesmo efeito existe para cores (veja o Capítulo 5), brilho, inclinação e até identidade facial (veja o Capítulo 6).

Esses exemplos realçam como a percepção é construída junto com seu conhecimento existente. Os psicólogos fizeram algumas tentativas de entender a percepção, e descrevemos as duas principais aqui.

Direcionando a percepção

O psicólogo norte-americano James Gibson acreditava que a percepção tinha sido feita para responder ao mundo visual. Essa abordagem de *percepção direta* é similar à ideia de que o único propósito da percepção é ajudar a iniciar algum tipo de ação.

LEMBRE-SE

Gibson acreditava que quando as pessoas encontram objetos, a forma como são usados é imediatamente transmitida à mente. Usos de objetos são suas *possibilidades*. Então, quando alguém encontra uma maçã, percebe o processo de comer; no entanto, seu estado psicológico afeta a possibilidade. E, se está com raiva, pode perceber a possibilidade de usar a maçã como uma arma e jogá-la.

Resolvendo ambiguidades na percepção

A teoria da percepção direta de Gibson da seção anterior prediz que o conhecimento está disponível instantaneamente ao perceber o mundo: o conhecimento trata de como um objeto pode ser usado. Mas alguns objetos não têm uso, e ainda assim o conhecimento afeta a percepção.

EXPERIMENTE

Um exemplo é a figura ilusória ambígua: veja a Figura 4-5 antes de continuar a leitura.

FIGURA 4-5: A figura ambígua.

Source: My Wife and My MotherInLaw, W. E. Hill, 1915

As pessoas veem uma senhora ou uma mulher jovem. De fato, a percepção das duas se altera diante dos seus olhos — apesar do fato de a entrada visual não ter se alterado. Esse efeito significa que o cérebro deve estar envolvido no primeiro estágio do processo visual.

Se não consegue ver as mulheres na Figura 4-5, a mulher jovem está voltada para a esquerda olhando para cima. Seu queixo é o nariz da senhora idosa, porque ela está olhando para baixo, para a esquerda.

DICA

Ilusões como essa mostram que conhecimento e contexto afetam muito o que as pessoas veem. De fato, conhecimento e experiência têm efeitos muito incríveis na percepção: quanto mais experiência tiver em olhar para algo, menos você precisa olhar para enxergá-lo. Além disso, a experiência em objetos específicos acelera o processamento cerebral deles. Jogadores de xadrez experientes olham para o tabuleiro de xadrez e o veem todo com uma olhada para seu centro, enquanto novatos precisam olhar para cada peça para ter a mesma representação.

Seguindo um Mundo em Movimento

Imaginar o mundo sem movimento é quase impossível. O movimento é uma das definições da vida e certamente também o é *percebê-lo*. A percepção do movimento é fundamentalmente importante para a sobrevivência: imagine tentar atravessar uma rua sem isso! Além disso, muitos outros motivos menos óbvios encontram-se por trás de sua habilidade de perceber movimentos.

Conseguir perceber movimentos ajuda a detectar coisas. Se estiver caçando sua comida em uma floresta, como certamente fazemos todos os dias, o menor movimento atrai sua atenção e ajuda a conseguir a próxima refeição — bem como o faz evitar ser a refeição de alguém.

LEMBRE-SE

A percepção do movimento o ajuda com a segregação figura-fundo (veja o Capítulo 6), e oferece mais informações: se vir algo se mover, você sabe que está separado do fundo, como uma entidade distinta. A percepção do movimento também auxilia na orientação até a fonte do movimento, e permite que você se mova. Finalmente, ela o ajuda a identificar objetos (veja o Capítulo 5). Você sabe que um coelho salta, então ver movimento de salto o ajuda a identificar que um coelho está indo em sua direção, e não um enorme e assustador rato saltitante.

Nesta seção, descrevemos os processos cerebrais intrínsecos envolvidos em detecção de movimento, incluindo o envolvimento de fluxo óptico. Demonstramos a importância de detecção de movimento de tempo, discutimos o papel especial de movimento biológico e mostramos como sua percepção de movimento é facilmente enganada.

Percebendo o movimento

A questão de como percebemos movimentos não é tão simples como parece. Considere estes dois casos distintos:

» **Sistemas de movimento retinal:** Quando você mantém seus olhos parados e alguma coisa se move em frente a eles. Em um segundo, você vê o objeto em um ponto da sua retina. No instante seguinte, o objeto está em outra posição. Como você sabe que não são dois objetos?

» **Sistema de movimento de rastreio ocular:** Quando você movimenta seus olhos para manter um objeto em sua fóvea — em outras palavras, você *rastreia* o objeto usando movimentos oculares de perseguição suave (volte para a seção anterior, "Detectando a luz: Fotorreceptores").

Há um terceiro caso quando você está se movimentando e precisa mover seus olhos para manter o objeto ainda à vista. Mas aqui você não percebe as coisas se movendo, porque conclui que é você que está em movimento.

Os cientistas desenvolveram duas teorias para explicar como as pessoas realizam o incrível feito da detecção do movimento:

» **Teoria do Influxo:** Charles Scott Sherrington, neurocientista britânico, sugeriu que o cérebro mantém um registro de quanto as pessoas movimentam seus olhos. Isto é, o cérebro diz aos olhos ou à cabeça para se movimentarem e então registra a quantidade de movimento ocorridos. Essa informação é comparada às alterações na imagem retinal.

» **Teoria do Fluxo:** Hermann Ludwig Ferdinand von Helmholtz, físico alemão, sugeriu uma abordagem sutilmente diferente. O cérebro planeja movimentar os olhos (criando um *sinal eferente*, que é um sinal representando esse plano) e compara o plano com o que a imagem retinal exibe.

Então, como essas duas teorias lidam com o que foi observado no mundo real? Ambas podem facilmente explicar o *rastreamento suave* (seguir um objeto suavemente com seus olhos). Embora nenhum movimento de retina ocorra, ambas as teorias registram que o objeto está se movendo, porque os músculos dos olhos estão trabalhando (influxo) ou o cérebro, mandando os músculos dos olhos trabalharem (fluxo).

Porém se cutucar seu olho, você vê movimento (não faça isso — confie na nossa palavra). Os músculos se moveram, mas o cérebro não pediu que o fizessem. Então, o mundo deveria permanecer parado de acordo com a teoria de influxo, porque os músculos se moveram e o cérebro deveria registrar a mesma coisa ao rastrear. A teoria do fluxo sugere que o cérebro não teve intenção de se movimentar, e por isso você não viu movimento, os olhos se moveram (que é o que acontece).

Baseada nessa e em outra evidência, a teoria do fluxo é mais válida para explicar como as pessoas detectam movimentos. Mas embora ela mostre por que seu cérebro pode perceber o movimento, não explica como as células na retina respondem. Para entender esse aspecto, você precisa de alguma forma de sistema detector de movimento.

Um detector de movimento funciona comparando o sinal de dois receptores diferentes. Ele requer dois campos receptivos, uma célula comparadora e um atraso de tempo. Um estímulo é capturado no receptor A e então se move para o receptor B. A célula comparadora é ativada apenas se a ativação no receptor B estiver atrasada após a ativação no receptor A por pouco tempo. Esse modelo é conhecido como *detector de atraso e comparação* ou *detectores Reichardt*.

A detecção de velocidade é possível fazendo duas células comparadoras responderem a diferentes níveis de atraso: um mais curto significa que algo está se movendo mais rápido; um mais longo, mais devagar.

Evidências sugerem que a detecção de movimento ocorre na área V5 (antes conhecida como MT) no córtex visual. As células dessa parte do cérebro processam movimentos em todas as direções — isto é, cada célula responde a movimentos em uma direção particular.

Acompanhando o fluxo óptico

Quando você caminha, geralmente foca um ponto específico (seu destino). Esse *foco de expansão* parece imóvel. O campo visual ao redor daquele ponto, no entanto, parece se expandir ao redor dele (aumentar). Esse padrão ocorre durante o *fluxo óptico*, que é muito útil para determinar a direção da viagem. Em média, o erro na direção pretendida baseada em fluxo óptico é muito pequeno. Embora o fluxo óptico seja útil, seu funcionamento não é muito claro.

Em 1950, James Gibson sugeriu que as pessoas de alguma forma usam todo seu campo visual para decidir uma direção a partir do fluxo óptico. Em contrapartida, outra teoria diz que você precisa apenas focar um único elemento local no campo visual que estiver imóvel. As evidências apontam para o fato de que decisões de direção são feitas baseadas em fluxo óptico quando nenhum objeto estacionário existe, sugerindo que a teoria local é menos válida do que a teoria global de Gibson.

Quando está olhando pela janela de um trem, e um trem na plataforma ao lado começa a se mover, normalmente você pensa que seu trem está se movendo (possivelmente na esperança vã de que seu trem realmente o deixe em casa a tempo!). Este efeito é um exemplo de algo chamado de *movimento induzido*, mais especificamente, um automovimento.

Uma maneira de mostrar o automovimento é usar um *tambor optocinético* (uma sala rotatória). Os participantes são alocados dentro da sala rotatória, e começam a perceber que a sala está girando, mas por algum motivo erroneamente acreditam que são eles que estão girando, e não a sala. A razão é que o *sistema vestibular* (que sinaliza equilíbrio) apenas sinaliza alterações. Você está acostumado a receber um sinal apenas no início do movimento. Então, se vê a sala se mover, mas não recebe um sinal, seu cérebro fica confuso, mas percebe que a sala está se movendo. Após alguns segundos, seu cérebro não está mais confuso (está errado), porque ele não recebe entrada do sistema vestibular, e então a sala não pode estar se movendo, mas *você* pode!

O automovimento tem sido vinculado à causa de vômitos, por conta da incompatibilidade entre o que vê e o que realmente acontece.

Em 1976, os psicólogos britânicos David Lee e JR Lishman usaram o automovimento para mostrar como os movimentos do ambiente afetam o equilíbrio. Eles colocaram bebês (que tinham acabado de aprender a se levantar) em uma sala e esperaram até ficarem de pé. Então eles movimentaram ligeiramente as paredes. O efeito fez os bebês caírem. Se movessem uma parede em frente a um bebê, o bebê caía para trás. Os bebês equivocadamente acreditavam que a parece estava se movendo, porque eles estavam se movendo, e assim tentavam compensar isso. Um efeito parecido é usado em cinemas IMAX.

Cronometrar seu movimento é tudo

Um dos aspectos importantes da percepção de movimento é conseguir estimar se você pode bater em algum lugar ou pegar uma bola na partida anual de futebol entre universidades. A hora do contato (ou de pegar a bola) é calculada pela taxa de expansão do objeto na retina — conforme a bola vem em sua direção, se torna maior em sua retina. Calculando essa taxa, você calcula o tempo de ela chegar até você. *Tau* (τ) é a medida do tempo de contato; é igual a 1 dividido pela taxa de expansão.

Seu cérebro usa esse cálculo simples quando você se aproxima de um objeto ou quando um objeto se aproxima de você. É preciso saber o tamanho final do objeto, entretanto, antes que se estime o tempo de contato: você não pode se preparar para pegar algo que não sabe o tamanho, porque não sabe o tamanho que terá na retina quando estiver em suas mãos.

Além disso, a experiência diz que você aproveita a velocidade de aproximação ou a informação de distância. Esportistas, que são mais experientes em julgar a aproximação de objetos, tendem a prestar mais atenção na informação de distância do que na de velocidade.

As coisas ficam mais complicadas quando você considera que as pessoas geralmente se movem ao mesmo tempo que os objetos com os quais farão contato. Por exemplo, ao fazer uma jogada extra durante um jogo de futebol, você corre para pegar a bola, e a informação que tem é uma estimativa da *trajetória óptica* da bola.

Um resultado interessante é que pegar a bola correndo é mais fácil do que esperar que chegue a você. Pessoas correndo em direção a uma bola no meio de um lançamento estimam sua "capturabilidade" com mais precisão do que aquelas esperando a bolar chegar até elas. Ao se moverem em direção à bola durante um lançamento, jogadores precisos correm em uma velocidade que permite que o índice de altura da bola para a distância permaneça zero. Dessa forma, o jogador sempre chega ao mesmo tempo que a bola.

Porém essa estratégia funciona apenas quando a bola está se movendo em sua direção. Quando, no caso mais comum, ela não está indo em sua direção, os jogadores correm em um percurso curvo para manter a trajetória da bola parecendo reta. Todavia, eles ainda chegam ao ponto de captura junto com a bola, em vez de chegar antes e esperar.

Mostrando sua natureza animal: O movimento biológico

O movimento ajuda a extrair informações tridimensionais de um objeto. Se ele se move, seu tamanho se altera em sua retina e você percebe sua distância — o que é conhecido como *estrutura do movimento adquirido*.

Um exemplo é quando você consegue interpretar uma imagem estática de várias formas. Digamos que uma sombra de uma linha reta — o objeto fazendo a sombra pode ser um pedaço de corda ou um bastão. Se o objeto for movido, você obterá informações relacionadas à sua estrutura (você veria um bastão se mover de formas rígidas, enquanto uma corda oscilaria).

Uma forma especial de obter a estrutura do movimento é a habilidade de obter informações sobre o *movimento biológico*: movimento de uma criatura viva. Ele se diferencia do movimento mecânico, que é rígido e marcado (tipo a dança do robô!). O movimento biológico é mais fluido.

O movimento biológico é muito importante para os seres humanos detectarem, fornecendo informações sobre predadores (ou perigos) ou presas. Essa importância significa que os seres humanos são peritos em ler o movimento biológico.

As pessoas frequentemente reconhecem amigos próximos simplesmente pela forma como andam. O movimento biológico também fornece informações sobre a idade de uma pessoa, gênero e, até mesmo, sexualidade.

A natureza específica do movimento biológico é realçada pelo fato de se você reduzir a quantidade de informação para o mínimo possível, as pessoas ainda poderem reconhecer o movimento biológico. Em 1975, Gunnar Johansson, psicofísico sueco, usou pontos de luz ligados às juntas de algumas pessoas. Então ele pediu que elas se movimentassem de determinadas formas. As pessoas foram filmadas usando preto em um fundo preto, deixando apenas o *movimento dos pontos de luz* visível. Sem movimento, as pessoas não poderiam identificar os estímulos do objeto com pontos de luz; mas assim que a pessoa se movia, os participantes facilmente identificavam o estímulo.

O EFEITO AUTOCINÉTICO

Um efeito relacionado, embora tecnicamente não faça parte dele, ao movimento biológico é quando um único ponto-luz é apresentado a participantes em uma sala completamente escura. Os participantes frequentemente relatam ver o ponto-luz se movendo sozinho. Esse *efeito autocinético* é causado por desvio nos olhos e falta de contexto para comparar a posição da luz.

De fato, as pessoas facilmente reconhecem diferentes tipos de movimentos, desde exibições de ponto de luz, pinturas, fazer flexões, andar de bicicleta e ler lábios. Os participantes identificam seus amigos, familiares e até cães e gatos, com essa informação mínima.

Além disso, eles extraem essa informação rapidamente do movimento de pontos de luz; os participantes fazem esses julgamentos em menos de 200 milissegundos, sugerindo que o processo seja quase automático. Os seres humanos não são as únicas criaturas aptas a fazer isso — os gatos conseguem identificar outros gatos a partir de imagens de pontos de luz.

MUNDO REAL

Imagens de pontos de luz são muito usadas em filmes. Muitos personagens gerados por computação (como o Gollum, de *O Senhor dos Anéis*) foram filmados com pontos de luz. Essa técnica permite que animadores digitais se certifiquem de que o personagem gerado por computação se movimentará de uma maneira realista.

PAPO DE ESPECIALISTA

A informação biológica é tão importante que regiões cerebrais especializadas são dedicadas a processá-la. Os pesquisadores identificaram grupos de células no sulco temporal superior que parecem ser especialmente recrutadas quando processamos movimentos biológicos.

Ver é crer: Movimento aparente

MUNDO REAL

A forma como os cinemas exibem os filmes é similar à forma como o sistema visual humano codifica o movimento. No cinema, uma série de imagens estáticas é apresentada a precisamente 24 imagens por segundo. A velocidade de cada quadro significa que a audiência percebe um movimento aparente suave. Isso pode parecer estranho, porque o sistema visual humano detecta vibrações nessa velocidade. Mas os projetores de filmes possuem disparadores que se abrem três vezes por quadro, criando uma taxa de oscilação que o sistema visual não consegue detectar (perto de 75 quadros por segundo).

Imagens são apresentadas nessa taxa porque, se os quadros fossem apresentados mais lentamente, você não perceberia movimento, apenas uma série de imagens estáticas. Se os quadros fossem apresentados em uma taxa muito maior, você não veria o movimento, mas sim tudo simultaneamente.

VIVENCIANDO O PÓS-EFEITO DO MOVIMENTO

A fixação prolongada de um movimento específico faz objetos estáticos parecerem se mover na direção oposta. Esse pós-efeito é uma ilusão divertida, às vezes chamada de *ilusão da cachoeira*, porque Robert Addams primeiro a descreveu enquanto olhava para uma cachoeira na Escócia. Após olhar fixamente para a cachoeira por um minuto ou mais, e então olhar para as pedras, ele relatou que as pedras pareciam se mover na direção oposta.

Você vê esse efeito em `https://www.youtube.com/watch?v=OAVXHzAWS60` (fique ciente, ele realmente funciona!). Olhe fixamente para o movimento por um minuto, e em seguida olhe para sua própria mão (ou ainda melhor, o rosto de alguém perto de você). O pós-efeito geralmente dura apenas alguns segundos, mas é muito desafiador para seu cérebro interpretar. Nossos alunos relataram coisas estranhas como "alguém rastejando sob a minha pele". O cérebro interpreta movimento onde não há. De fato, as coisas para onde você olha não mudam de posição: permanecem no mesmo lugar, mas estão se movendo. Esse paradoxo só pode ser explicado como o cérebro interpretando movimento de maneira diferente de como processa posição.

Esse efeito é facilmente explicado (para variar!). Quando você olha para alguma coisa estática (as pedras), seus detectores de movimento estão todos ativos no mesmo grau (disparando em um nível de base baixo). Como todos os detectores de movimento (para todas as direções) disparam igualmente, você não vê movimento. Quando olha para o movimento (a cachoeira), os detectores que respondem àquele movimento (para baixo) estão mais ativos do que todas as outras direções (faz sentido: você está olhando para algo se movendo para baixo, então as células inferiores estão ativas). Quando volta a olhar para as pedras, as células inferiores estão cansadas e então não disparam (disparando menos do que a taxa de base). Assim, você parece ver movimento na direção oposta, porque as células processando a direção oposta estão relativamente mais ativas do que as processando movimento.

Essa ilusão revela uma quantidade importante de coisas sobre o sistema visual. Como as cores, as pessoas processam coisas em oposição. Mais precisamente, processam direção relativa a outras direções. Elas também sugerem que a atividade de base do sistema visual não é zero, que é importante e sugere que seu cérebro está sempre ativo. Esse sistema sempre ligado pode parecer um desperdício de energia, mas psicólogos sugeriram que a adaptação é adaptável! Em outras palavras, o processo de adaptação ajuda seu cérebro a funcionar melhor, auxiliando a notar alterações entre estados diferentes.

Dado que a área V5 do cérebro está ativa para processar movimento, você pode presumir que essa área está ativa para processar o pós-efeito (afinal, é movimento!). De fato, alguns pesquisadores descobriram exatamente isso quando vivenciamos o pós-efeito. Outros descobriram que a ativação em V5 é reduzida seguindo a adaptação ao movimento. Então, como sempre na psicologia, ainda não há certeza em relação a qual parte do cérebro é responsável pelo pós-efeito.

DICA Você descobre o que determina o quão rápido as pessoas detectam uma taxa de cadência com o detector de atraso e comparação que descrevemos na seção anterior, "Percebendo o movimento". Se a imagem aparece no receptor B antes do atraso do receptor A, é interpretada como simultânea. Se a imagem aparece no receptor B muito depois do atraso, você vê suas imagens estáticas separadas. Dessa forma, a taxa de cadência que as pessoas detectam como movimento é a mesma que o atraso em seus detectores de movimento.

EXPERIMENTE Outras formas de movimento aparente são bem fascinantes. Se olhar para as calotas de certos carros em movimento, elas parecem rodar na direção que o carro se movimenta ou contrária (geralmente chamado de *efeito roda de carroça*). Quando a roda se move devagar, seus detectores de movimento detectam o quadro 1 porque os raios estão em uma posição. No quadro 2, os raios se moveram um pouco, e seus detectores presumem que foram para a frente. Mas se a roda se move rápido demais, quando o quadro 2 acontecer, os raios terão se movido tanto (mais de 45 graus) que você pensará que a roda está se movendo na direção oposta!

NESTE CAPÍTULO

» Entendendo como os seres humanos veem em 3D

» Pintando um quadro de como as pessoas veem cores

Capítulo **5**

Vendo como as Pessoas Enxergam Profundidade e Cor

Se sua visão é normal, imaginar o mundo sem a habilidade de perceber profundidade e cor é difícil. Mas para pessoas que não veem esses aspectos, o problema é altamente debilitante.

A forma como o cérebro humano processa esses aspectos da experiência visual é bem surpreendente. (Para ler sobre a biologia básica da percepção humana e algumas teorias sobre como as pessoas veem o mundo a seu redor, vá para o Capítulo 4.) Além de descrever aqui como você vê profundidade e percebe cores, também incluímos exemplo do mundo real e algumas ilusões fascinantes que enganam o sistema visual. O mundo não é o que parece!

Vendo a Terceira Dimensão

A percepção de profundidade é vital — sem ela você não conseguiria atravessar a rua, pegar coisas ou até identificar o que as coisas são. Para psicólogos cognitivos, estabelecer como essa competência incrível funciona é muito importante. Uma razão é que ela realça como a mente humana influencia como as pessoas veem. Outra é que as pessoas precisam de dicas de profundidade para conhecer as coisas (e conhecer é muito cognitivo). Nesta seção, apresentamos a percepção de profundidade e revisamos as várias dicas para profundidade.

Apresentando a percepção de profundidade

Conseguir ver em três dimensões (3D) é crucial. Sem a percepção de profundidade, você trombaria em postes de luz, tropeçaria em coisas e não notaria o quão distante um carro em movimento está. Pense neste exemplo: você está sentado em um bar e precisa pegar seu chope. Sem percepção de profundidade, seria uma questão de derrubar ou errar o alvo — uma tragédia!

As pessoas usam a percepção de profundidade para descobrir quão distante as coisas estão delas — chamada de *distância egocêntrica*. Por exemplo, você sabe que seu laptop está alguns centímetros à sua frente quando está no Facebook, opa, quer dizer, escrevendo um relatório de pesquisa. Você também usa a percepção de profundidade para descobrir quão distantes as coisas estão umas das outras — chamada de *distância de objetos familiares*.

Você também usa a percepção de profundidade para identificar objetos. Por exemplo, olhe para a Figura 5-1. Você pode ver uma bela chinchila atrás das grades de sua gaiola, porque a percepção de profundidade permite que note a diferença entre o pelo cinza do animal e o metal da gaiola.

FIGURA 5-1: Você consegue ver onde a chinchila termina e a jaula começa?

© John Wiley & Sons, Inc.

O olho do tigre: Dicas monoculares

ALERTA DE JARGÃO

Uma variedade de dicas sinaliza profundidade. Uma falácia comum diz que você precisa de dois olhos para percebê-la; mas, como pode ver na Figura 5-2, apenas duas dicas são baseadas em visão *binocular* (dois olhos). De fato, você determina muitas sugestões de profundidade usando apenas um olho. Essas dicas *monoculares* também são conhecidas como *dicas de profundidade*, porque você as obtém a partir de uma simples imagem 2D. Ao olhar para uma imagem, ter um olho é tão eficaz quanto ter dois.

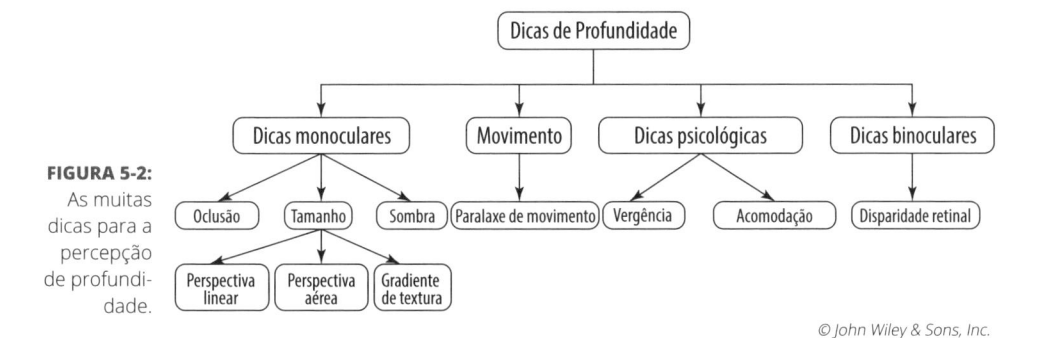

FIGURA 5-2: As muitas dicas para a percepção de profundidade.

Dicas de Profundidade → Dicas monoculares, Movimento, Dicas psicológicas, Dicas binoculares
- Dicas monoculares: Oclusão, Tamanho, Sombra
  - Tamanho: Perspectiva linear, Perspectiva aérea, Gradiente de textura
- Movimento: Paralaxe de movimento
- Dicas psicológicas: Vergência, Acomodação
- Dicas binoculares: Disparidade retinal

© John Wiley & Sons, Inc.

Medindo objetos

A sugestão de profundidade mais simples é o tamanho. Geralmente, quanto maior uma coisa, mais perto de você está. Simples... ou talvez não. Considere olhar para um cubo isolado. Não é possível dizer seu tamanho sem algum outro ponto de referência. O cubo pode ser de qualquer tamanho, então você precisa de algo com que compará-lo.

DICA

Você precisa de um ponto de referência apenas para objetos ambíguos ou desconhecidos. Por exemplo, se um coelho parece ter 2 centímetros de altura, você sabe que ele está bem distante, porque coelhos são maiores que isso. Logo, dicas de tamanho necessitam de familiaridade com o objeto ou um ponto de referência.

Perspectiva linear se relaciona a dicas de tamanho. Pense por um momento que está caminhando em linha reta por uma rua à noite. Enquanto você desce a rua, ela parece se estreitar, e os postes de luz ficam mais próximos uns dos outros. Embora você *veja* isso, *percebe* que a rua à sua frente está mais distante de você. (O Capítulo 4 aborda por que ver e perceber não são sempre a mesma coisa, em mais detalhes.)

A Figura 5-3 mostra uma variação da *Ilusão de Ponzo* (nomeada em homenagem a seu criador, o psicólogo italiano Mario Ponzo). Na figura, você percebe a barra horizontal superior maior que a inferior, mesmo elas sendo exatamente do mesmo tamanho; a perspectiva linear lhe diz que duas linhas convergentes são, na verdade, paralelas. Sendo assim, a linha superior deve ser maior, porque quase toca as linhas percebidas como paralelas, enquanto a linha inferior, não.

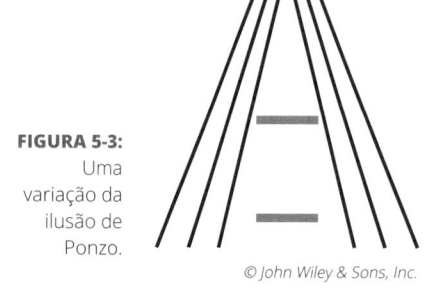

FIGURA 5-3: Uma variação da ilusão de Ponzo.

© John Wiley & Sons, Inc.

A Figura 5-4 mostra a *Ilusão de Müller-Lyer* (em homenagem ao sociólogo alemão Franz Carl Müller-Lyer, que a descobriu) — essa ilusão é parecida com a de Ponzo e é potencialmente um resultado implícito da percepção de profundidade. A linha com as setas apontando para fora parece menor do que a seta apontando para dentro, apesar de as linhas serem do mesmo tamanho. Uma hipótese para esse efeito é que as pessoas estão acostumadas a ver setas apontando para dentro nos cantos de salas e para fora nas quinas exteriores de prédios. Evidências mostram que os ocidentais estão mais suscetíveis a essa ilusão do que as pessoas de antes da idade da pedra, que moravam em florestas.

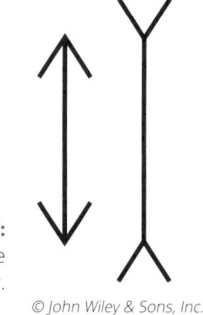

FIGURA 5-4: A ilusão de Müller-Lyer.

© John Wiley & Sons, Inc.

No mundo real, você vivencia a ilusão de profundidade de tamanho simplesmente olhando para a lua (adequadamente chamado de *ilusão da lua*). Quando ela está alta lá no céu, parece menor do que quando está próxima ao horizonte.

Muito parecidos com perspectiva linear são os *gradientes de texturas*. Se você caminha por uma praia de cascalho, as pedrinhas parecem maiores perto dos seus pés, e cada vez menores quanto maior a distância. Novamente, essa é a sensação — é o que você vê —, mas a percepção é que todas as pedrinhas são do mesmo tamanho: aquelas que *parecem* menores estão apenas mais distantes.

Outra sugestão importante é a *perspectiva aérea*: objetos parecem mais borrados e apagados à distância. Se observar a área rural, montanhas distantes são ligeiramente mais borradas. Então, você sabe que quanto mais borrado estiver um objeto, mais distante ele provavelmente está.

Escondendo objetos parcialmente

ALERTA DE JARGÃO

Oclusão (também conhecida como *interposição*) é outra dica de profundidade simples. Pessoas naturalmente acreditam que os objetos estarão completos.

A Figura 5-5a parece mostrar uma barra ilusória posicionada sobre os círculos. Você não percebe três círculos incompletos, mas uma barra na parte superior. De fato, seu cérebro responde da mesma maneira com a barra ilusória e a real. Esses formatos são parecidos com as imagens na Figura 5-5b, em que um quadrado parece estar sobre os quatro círculos.

FIGURA 5-5: Os círculos estão completos ou incompletos? a) Você percebe uma barra. b) Você percebe um quadrado.

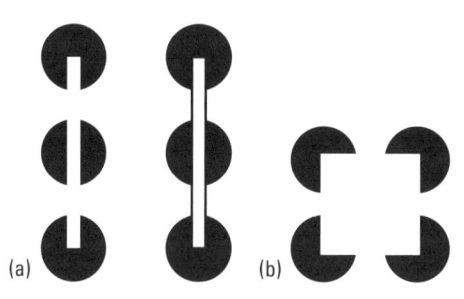

© John Wiley & Sons, Inc.

O cubo de Necker (veja a Figura 5-6a) realça bem a oclusão. Quando apresentadas a um formato hexagonal com linhas extras, as pessoas tendem a perceber um cubo: isto é, 3D é tão importante que ela se sobressai em uma imagem 2D. Entretanto, o cubo de Necker básico é ambíguo: a linha vertical da esquerda é a parte da frente ou traseira do cubo? Apenas quando alguns dos lados estão fechados (veja as Figuras 5-6b e 5-6c), você consegue claramente identificar a profundidade.

FIGURA 5-6: O cubo de Necker: a) profundidade ambígua; b) e c) profundidades óbvias.

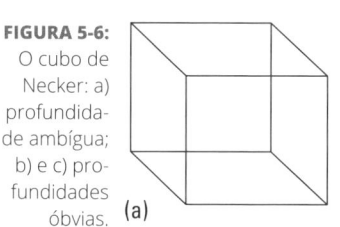

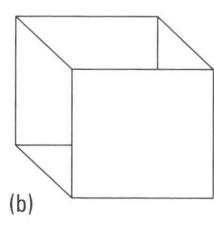

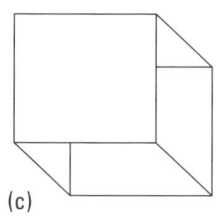

© John Wiley & Sons, Inc.

DICA

A transparência é um caso especial de oclusão; quando um objeto cobre outro objeto, mas você ainda consegue ver através dele.

> **MUNDO REAL**
>
> ## ABRINDO ESPAÇO PARA FRODO
>
> Todas as dicas de tamanho podem ser ligadas para formar uma ilusão extremamente convincente, conhecida como a *Sala de Ames* (confira em: https://www.youtube.com/watch?v=Ttd0YjXF0no). Para ver a sala de Ames em ação, assista ao filme *O Senhor dos Anéis* e preste atenção quando Frodo conversa com Gandalf. Frodo (Elijah Wood) parece pequeno em comparação a Gandalf (Ian McKellen). Elijah Wood não é gigante, mas não é tão baixo. De fato, Wood está muito mais distante da câmera do que McKelen, mas o formato da sala faz com que os espectadores pensem que ele é menor. As linhas da sala não são retas, mesmo que você veja isso.

LEMBRE-SE

A oclusão é uma dica de profundidade tão poderosa que sobrepõe outras. Se manipularmos uma imagem para que as dicas de profundidade não sejam consistentes, a oclusão é a única dica que as pessoas parecem seguir mais prontamente. A oclusão pode ser até processada em um lugar especial do cérebro, porque algumas pessoas não conseguem vê-la, mas percebem a profundidade por outros meios.

DICA

O cérebro demora apenas de 100 a 200 milissegundos (isso é um décimo a um quinto de um segundo) para processar a oclusão. Em outras palavras, quando apresentado a uma daquelas partes de círculos da Figura 5-5, seu cérebro registra a barra por cima de um círculo em 100 milissegundos. Antes disso, no entanto, seu cérebro pensa na forma como um único objeto.

Sombreando o mundo

As pessoas sabem que a luz vem de cima; então, quando veem uma sombra, presumem que ela está sob algo. Olhe para o padrão de círculos e depressões na Figura 5-7. Aqueles com partes de luz no topo parecem ser círculos, enquanto aqueles com luz nas laterais, depressões.

EXPERIMENTE

Vire este livro de cabeça para baixo e veja os círculos e as depressões se alternarem. Agora vire-o de lado — os círculos e as depressões espontaneamente se alternam e voltam. Se você quiser, fique de cabeça para baixo para ter certeza. De qualquer forma que olhar para isso, você sabe que a luz vem de cima, o que lhe dá uma dica de profundidade a mais.

Flexionando os músculos do olho: Sugestões psicológicas

Seis músculos controlam como seus olhos se movem, e dois, o formato das lentes no olho. Esses músculos alteram a tensão dependendo de quão distante um objeto está. O movimento muscular dos olhos produz pequenos impulsos elétricos que o cérebro consegue registrar e usar para estabelecer profundidade.

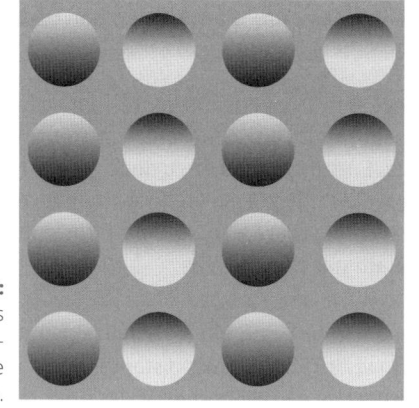

FIGURA 5-7: As sombras fornecem informações de profundidade.

© John Wiley & Sons, Inc.

LEMBRE-SE

Acomodação acontece quando os músculos que controlam a lente, esticando os ligamentos conectados a ela (que foca a luz incidente), a dobram o suficiente para desviar a luz para a parte atrás da retina. Quando esses músculos estão relaxados, a lente está plana. Os objetos estão aproximadamente a 3 metros de distância nesse momento. Para levar um objeto mais próximo ao foco, os músculos precisam relaxar, esticando os ligamentos e permitindo que a lente volte a seu formato natural de curva. Esses músculos conseguem dobrar a lente o suficiente para levar um objeto a 20 centímetros de distância para o foco, mas não mais perto. Então, a acomodação é útil apenas para objetos localizados entre 20 centímetros e 3 metros de distância de você.

EXPERIMENTE

Segure seu dedo diretamente na frente do seu rosto e lentamente leve-o perto do seu nariz: tente permanecer olhando para ele o tempo todo. Para manter a imagem em sua *fóvea* (a parte do meio de cada olho com a melhor resolução), você precisa rotacionar seus olhos (chamado *movimento de vergência*). Provavelmente será capaz de sentir seus olhos começando a se cruzar quando seu dedo estiver a aproximadamente 10 centímetros de distância. A maioria das pessoas sente os músculos dos olhos se tensionarem. (Não segure por muito tempo — senão, dói!)

O cérebro usa essa tensão como uma medida de percepção de profundidade. O movimento de vergência proporciona uma percepção de profundidade precisa de até 6 metros:

» **Convergência:** Ocorre quando você precisa virar seus olhos para dentro para ver objetos próximos.

» **Divergência:** Ocorre quando precisa virar seus olhos para fora para ver objetos distantes.

Usando os dois olhos: Dicas binoculares

Aqui consideramos as dicas de profundidade envolvendo os dois olhos. Seus dois olhos estão em posições ligeiramente diferentes, e por isso o que veem é um pouco diferente.

É possível demonstrar que você tem imagens diferentes em cada retina (como visão dupla) simplesmente segurando um dedo em sua frente e observando sobre qual objeto seu dedo está. Feche um olho e seu dedo parece trocar de posição; feche o outro e o dedo troca de novo. Esse efeito é chamado de *disparidade retinal*. As pessoas movem seus olhos para dentro e para fora para que pontos correspondentes da cena recaiam nas duas fóveas:

» **Horoptero:** Região em que não há disparidade retinal presente e você vivencia a singularidade da visão. Pontos mais distantes ou próximos do que o horoptero caem em partes não correspondentes das duas retinas, gerando *disparidade*. Essa disparidade aumenta, quanto mais distante à frente ou atrás do horoptero um objeto estiver.
» **Disparidade cruzada:** Imagens mais próximas a você do que o horoptero.
» **Disparidade não cruzada:** Imagens mais distantes do que o horoptero.

Normalmente seu cérebro consegue transformar as duas imagens de disparidade em uma única (chamada de *fusão*). Mas se você sofre de *diplopia* ou estiver muito bêbado (não saberíamos disso por experiência pessoal, é claro), você tem visão dupla.

O cérebro humano consegue calcular a quantidade de disparidade entre as imagens de cada retina. Essa habilidade é chamada de *estereopsia*, e proporciona uma medida de profundidade — quanto mais cruzada a disparidade, mais perto o objeto está; quanto mais não cruzada, mais distante.

Os seres humanos possuem células no córtex visual que respondem quando alguma forma de disparidade retinal existe. Aproximadamente de 5% a 10% da população (inclusive um dos autores) não possuem essa habilidade. Essas pessoas têm *cegueira estéreo ou exotropia* (não conseguem detectar profundidade baseada em disparidade retinal) e precisam usar todas as outras dicas de profundidade para uma percepção de profundidade precisa. Essa condição é frequentemente o resultado de um *estrabismo*, desalinhamento ou olho preguiçoso, em idade precoce se evita o desenvolvimento dessas disparidades de células.

Você pode induzir a percepção de profundidade experimentalmente com *estereogramas de pontos aleatórios* — criados pela neurocientista e psicóloga Béla Julesz, em 1971. Os *estereogramas de pontos aleatórios* são padrões de pontos pretos e brancos, em que um ponto é apresentado ao olho esquerdo e outro, ao direito. Esses padrões são idênticos, exceto pela porção de um dos pontos, que é deslocada em uma direção. Essa configuração cria disparidade, e é considerada como estando mais perto ou distante do restante do estereograma.

> **FILMES 3D E DISPARIDADE RETINAL**
>
> Muitos filmes 3D usam disparidade retinal gravando a ação com duas câmeras que possuem filtros diferentes sobrepostos. As duas câmeras estão posicionadas em posições ligeiramente diferentes: uma a partir da posição do olho esquerdo e outra a partir da posição do olho direito. Nos anos 1950, a câmera esquerda tinha um filtro verde e a direita, um vermelho (a tecnologia melhorou desde então). Quando você usa óculos especiais que anulam esses filtros, consegue ver a profundidade, porque está fundindo as imagens produzidas por dois ângulos da câmera em uma imagem mental interna.
>
> A tecnologia 3D não funciona para pessoas com cegueira estéreo ou exotropia; no máximo, as deixa enjoadas!

Quando você não possui outras dicas disponíveis, é preciso usar os dois olhos para a percepção da profundidade. Para demonstrar, fique de pé em frente a uma parede plana e feche um olho. Levante as mãos com seus dedos indicadores apontando uns para os outros. Agora tente tocá-los. A maioria das pessoas acha isso bem difícil (não o autor com cegueira estéreo!). Fazer isso com os dois olhos abertos é bem mais fácil.

Em movimento: Dicas de movimento

A paralaxe de movimento é outra forma de percepção de profundidade baseada em um tipo de disparidade retinal (veja a seção anterior). A *paralaxe de movimento* é baseada no fato de haver disparidade em razão do movimento.

Erga uma das mãos e levante dois dedos — um atrás do outro. Se um ficar em frente ao outro, você não consegue ver o que está atrás. Entretanto, se mover sua cabeça para o lado, o dedo de trás se torna visível. O dedo mais perto de você parece se mover mais rápido do que o mais distante, por causa da disparidade retinal.

De maneira parecida, se você está em um trem olhando para fora da janela e mantém seus olhos fixos a uma certa distância, os objetos próximos a você parecem se mover rapidamente na direção oposta a seu movimento, enquanto objetos logo acima desse ponto de fixação parecem se mover na mesma direção que você, lentamente.

O cérebro humano consegue calcular as velocidades relativas do movimento e usar essas informações para calcular quão distante alguma coisa está. Essa forma de percepção de profundidade é incrivelmente poderosa e amplamente usada por animais para caçar.

CONSTÂNCIA DE TAMANHO

Se olhar para uma grande árvore de uma longa distância e para uma pequena árvore Bonsai de perto, elas projetam o mesmo tamanho de imagem em sua retina: essa imagem pode ser causada pelo tamanho do objeto ou pela distância. Então, quando alguém caminha em sua direção, a imagem na sua retina aumenta e seu cérebro precisa interpretar se a pessoa está ficando maior ou mais próxima.

O cérebro emprega a Lei de Emmert (o tamanho percebido de uma imagem está diretamente relacionado a sua distância percebida) para definir tamanho ou distância. Para determinado tamanho de imagem na retina, o tamanho percebido daquele objeto é diretamente proporcional à distância. Baseado no seu conhecimento de tamanho de objetos, o contexto e assim por diante, seu discernimento é facilmente enganado. Várias ilusões — as ilusões de Müller-Lyer e Ponzo e a sala de Ames — realçam a possível falha de constância de tamanho.

Dado um objeto familiar, as pessoas são capazes de definir quão distante ele está, graças à constância de tamanho. No entanto, não conseguem definir o tamanho de objetos desconhecidos tão bem porque os efeitos de escala graças à constância de tamanho estão indisponíveis.

Combinando as dicas de profundidade

Dadas todas as dicas de profundidade, você deve estar se perguntando como as pessoas as utilizam para formar uma representação precisa de quão distante algo está delas. Psicólogos não definiram precisamente como isso acontece, mas especialistas sabem que quanto mais dicas para percepção de profundidade existem, mais precisa será a avaliação da profundidade.

LEMBRE-SE

As evidências sugerem que algumas dicas de profundidade são processadas em partes específicas do cérebro. Alguns pacientes com lesões cerebrais não conseguem definir profundidade com base em uma dica em particular, mas podem usar outras, como oclusão e disparidade retinal.

Outra maneira de visualizar como as dicas de profundidade interagem é ver o que acontece quando elas disponibilizam informações conflitantes: por exemplo, um grande rato, parcialmente escondido por um pequeno elefante. De um modo geral, nessa situação as estimativas de percepção de profundidade são fracas. O cérebro decide qual dica é mais provável de ser confiável (como isso acontece depende do cérebro) e usa aquela única dica no lugar de outras.

A Vida em Cores

A percepção precisa de cores pode ser a diferença entre a vida e a morte. Considere tentar encontrar frutas em árvores se você é incapaz de ver cores. Animais (incluindo seres humanos) também usam as cores para transmitir estados psicológicos: certos sapos ficam amarelos ou vermelhos para demonstrar perigo, seres humanos revelam mais do que gostariam quando ficam vermelhos de raiva (ou vergonha) e alguns macacos mudam de cor para indicar que estão prontos para acasalar. Sem cor, o pobre George, O Curioso, perderia muitas coisas.

LEMBRE-SE

A percepção de cor possui grandes efeitos em outras formas de percepção também, como afetar o sentido humano do paladar. Testes mostram que as pessoas não gostam de milkshake de morango amarelo mesmo se a única diferença entre ele e um milkshake de morango rosa for a cor (as pessoas não conseguiriam diferenciá-los de olhos fechados). Motivo pelo qual produtores de alimentos adicionam corantes a muitos alimentos — cremes de ervilha seriam amarelos sem os corantes alimentícios.

Nesta seção, descrevemos cor e mostramos que, embora seus olhos sejam feitos para processar apenas três cores, você consegue ver uma miríade completa delas. Discutimos duas teorias que explicam como as pessoas veem a gama de cores no espectro: a visão tricomática e o processamento oposto. Também mostramos como a percepção de cor não é tão simples como identificar o que o cérebro detecta: ela também é afetada pelo conhecimento.

Definindo cor

Claro, as cores deixam o mundo muito mais bonito, mas o que elas *são*? Bem, cor é simplesmente a resposta cerebral à luz de diferentes tamanhos de ondas. Luz é uma forma de radiação eletromagnética, que inclui raios gama, raios x, luz ultravioleta, micro-ondas e ondas de rádio. Embora alguns animais consigam perceber outros comprimentos de ondas, a parte visível para o ser humano está entre ultravioleta e infravermelho — frequentemente chamado de *parte visível do espectro*.

PAPO DE ESPECIALISTA

Essa parte visível varia entre 400 e 740 nanômetros. Ondas de luz entre 400–500 nanômetros são roxas; aquelas na faixa de 580–740 nanômetros, vermelhas; e o restante das cores do arco-íris fica entre elas.

LEMBRE-SE

Ondas de luz não contêm cores, apenas um comprimento de ondas e intensidade (ou *luminância*). Cor é a resposta do cérebro humano e da fisiologia (veja o Capítulo 4).

Contando as cores: Teoria tricomática

Tente nomear o máximo de cores que puder em um minuto. Peça a um amigo para fazer isso também. Você provavelmente diz o nome de 11 cores básicas que o antropólogo Brent Berlin e o linguista Paul Kay identificaram em 1961, incluindo vermelho, verde, azul, amarelo, cinza, marrom e rosa. Se for um artista, também pode listar cores como azul-marinho, índigo e violeta. Cientistas da computação podem mencionar ciano e magenta. Se trabalha para uma empresa de tintas, provavelmente pode falar uma infinidade de outros nomes de cores (como verde-mar ou amarelo sol!).

Três é o número mágico

Você pode estar surpreso em descobrir que as pessoas possuem apenas três tipos de receptores (cones) de cor em seus olhos.

Pense em quantas cores você consegue ver em condições de pouca luz. No escuro, todas as cores tendem a parecer quase iguais. As pessoas não possuem visão de cor no escuro, porque os cones que detectam cor precisam de mais luz para responder (veja o Capítulo 4).

Os três tipos de cones diferentes (S para curto, M para médio e L para longo) respondem a diferentes comprimentos de ondas de luz. A *microespectrofotometria* (em que um pequeno ponto de luz é iluminado em cada fotorreceptor e sua resposta elétrica é medida) mostra quais comprimentos de luz cada tipo de cone responde em seu máximo). Os *picos de sensibilidade* (o comprimento de onda que causa a maior resposta) são:

> » **Cones S (420 nanômetros):** Aproximadamente azul-roxo.
> » **Cones M (530 nanômetros):** Aproximadamente amarelo-verde.
> » **Cones L (560 nanômetros):** Vermelho.

Em outras palavras, quando uma luz de comprimento de 500 nanômetros é refletida no olho, todos os tipos de cones respondem. A resposta é maior, no entanto, para cones M do que para cones S e L. Então, você interpreta a cor como verde. A partir dos três cones, você vê todas as cores.

Agregadas à evidência psicológica direta para essa *teoria de tricomancia* de visão colorida estão muitas provas comportamentais. As pessoas conseguem fazer todas as cores misturando essas três cores. Essa teoria é frequentemente referida como *Teoria Young–Helmholtz*, em homenagem a Thomas Young e Hermann von Helmholtz, os pesquisadores que a desenvolveram.

Está tudo nos genes

Evidências recentes apontam o DNA exato responsável por esses cones. Os genes que controlam os cones estão localizados no cromossomo X, e outra pesquisa determinou a causa para certos tipos de daltonismo. Pessoas com daltonismo (ou, para ser mais preciso, deficiência da visão de cor) geralmente têm um tipo de cone ausente ou anormal. Em geral, os daltônicos não possuem apenas um tipo de cone. A Tabela 5-1 descreve os tipos de deficiências de visão de cores descobertas pelos especialistas

Tabela 5-1 Tipos de Deficiência de Visão de Cores

Nome	Causa	Consequência
Dicromacias (apenas dois tipos de receptores de cores ativos)		
Protanopia	Ausência de pigmento L	Confunde 520–700 nanômetros (verde para vermelho)
Deuteranopia	Ausência de pigmento M	Confunde 530–700 nanômetros (amarelo para vermelho)
Tritanopia	Ausência de pigmento S	Confunde 445–480 nanômetros (azul)
Tricromacias Anômalas (correspondência de cores diferente do normal)		
Protanomalia	Pigmento L anormal	Correspondências anormais; discernimento fraco
Deuteranomalia	Ausência de pigmento M	Confunde 530–700 nanômetros (amarelo para vermelho)

Os tipos de cones não estão distribuídos por igual na retina, o que significa que as pessoas detectam certas cores com mais facilidade do que outras na visão periférica. Especificamente, não há cones S na fóvea (a parte do meio do olho), e assim as pessoas são parcialmente deficientes para a visão de cores na fóvea (como a fóvea é muito pequena, é imperceptível). Além disso, existem muito mais cones M e L do que cones S. De fato, apenas 10% dos cones são cones S; o restante está dividido entre cones M (30%) e cones L (60%).

Cores em oposição: Adicionando mais cores ao círculo cromático

Embora existam três tipos de cones que respondem à luz de um comprimento de onda específico (veja a seção anterior), as pessoas estão claramente aptas a ver mais cores. Como isso é possível? Bem, os especialistas não têm certeza. Uma ideia é que certas cores são processadas em alguma forma de oposição. Observamos algumas evidências para essa ideia aqui. Se permanecer cético após ler esta seção, veja a seção mais adiante "Percepção categórica: Mantenha as cores separadas" para um pouco mais de teoria.

Em 1878, Ewald Hering, psicólogo alemão, observou a existência de quatro (em vez de três) cores primárias que as pessoas apenas percebem em oposição (a *teoria oponente*). Ele sugeriu que azul e amarelo são mutuamente exclusivos, assim como vermelho e verde, de uma maneira similar a preto e branco — isto é, são lados opostos de um tipo de círculo cromático ou espaço de cor.

Hering observou especificamente que quando descrevem cores, as pessoas nunca usam o termo "amarelo azulado", mas podem dizer "verde-amarelado" (a cor de uma bola de tênis). Da mesma forma, nunca falam "verde avermelhado".

Apreciando o pós-efeito

Geralmente, durante uma exposição prolongada à cor, ocorre uma adaptação (similar à experiência de adaptação que descrevemos no Capítulo 4). Assim, ao olhar para uma tela em branco, você vê as cores opostas, em que as cores costumavam estar: quando se adapta ao vermelho, a pós-imagem parece verde; quando olha fixamente para o amarelo, a pós-imagem parece azul; e quando olha para o preto, a pós-imagem parece branca. Logo, as cores são processadas em oposição.

Você pode comprovar que esse efeito não é um truque de computação olhando para determinada cor e adaptando o estímulo e depois olhando para uma parede branca: novamente verá a pós-imagem. Na verdade, para onde quer que olhe a imagem continuará aparecendo. A pós-imagem dura apenas alguns segundos (embora surja novamente quando você pisca), e geralmente é mais fraca do que a imagem original.

A explicação para o pós-efeito da imagem é virtualmente a mesma para todos os pós-efeitos: processar uma cor específica por um período de tempo cansa as células que respondem àquela cor em particular, mas não possui efeito nas células responsáveis por outras cores. Assim, quando você olha para uma imagem branca uniforme, a cor "oposta" está relativamente mais ativa do que a real.

Unindo opostos

Com esse conhecimento em mente, como essas cores opostas se unem para formar a infinidade de cores que enxergamos? A Figura 5-8 oferece um sistema de codificação baseado na teoria oponente. Basicamente, o sistema define a taxa de ativação proveniente de cones S em relação aos outros cones. Linhas sólidas representam sinais máximos de resposta à cor; linhas pontilhadas, sinais mínimos.

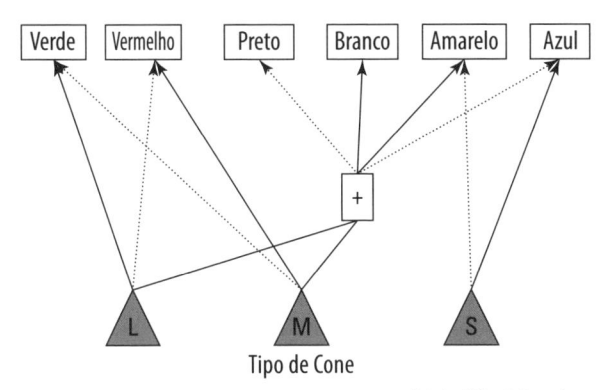

FIGURA 5-8:
A teoria oponente da cor.

© John Wiley & Sons, Inc.

Veja como o sistema de codificação funciona na prática. Existem três canais: um para vermelho–verde, um para azul–amarelo e um para preto–branco:

» A luminância é sinalizada pelo sinal de adição de cones M e L.
» Vermelho e verde são sinalizados comparando diretamente a ativação relativa de cones M e L e ignorando os outros sinais.
» Azul e amarelo são sinalizados definindo a taxa entre o total de cones M e L e cones S.

A Tabela 5-2 descreve como as cores primárias são sinalizadas por esse sistema.

Tabela 5-2 Resultados dos Cones

Cor a Atingir	Atividade do Cone S	Atividade do Cone M	Atividade do Cone L
Preto		Zero	Zero
Branco		Máximo	Máximo
Vermelho		Máximo	Máximo
Verde		Máximo	Máximo
Azul	Máximo	Máximo	Máximo
Amarelo	Máximo	Máximo	Máximo

Processando a cor

Depois de saber como os cones se associam para formar sinais de cor que são transferidos para o cérebro, avaliar como o cérebro lida com essa informação de cor torna-se importante. Até recentemente, pesquisadores presumiam que a área cortical conhecida como V4 processava informações de cor — porque alguns pacientes com *acromatopsia* (impossibilidade de ver qualquer cor) apresentaram danos apenas na área V4.

Todavia, pesquisadores descobriram novos pacientes com danos apenas nessa região do cérebro em particular que ainda podiam perceber cor. Essa descoberta levou a uma investigação sobre quais outras regiões do cérebro podem estar envolvidas na percepção de cor.

A pesquisa focou uma área chamada V8 (que está à direita de V4). Essa área parece processar cor, mas ainda não houve relato de qualquer paciente com dano exclusivamente em V8. Um estudo mostrou que quando as pessoas olham para uma cor durante um experimento de adaptação, ambas as áreas, V4 e V8, são ativadas. Entretanto, durante a pós-imagem (em que apenas a cor ilusória é percebida), apenas a área V8 é ativada.

Então, essas regiões cerebrais parecem processar cor de forma diferente, mas isso não é compreendido, ainda...

Constância das cores: Como as cores permanecem as mesmas

A luz que vai para o seu olho não é sempre a mesma cor que você percebe, e ainda assim parece ser. Cores parecem as mesmas sob todas as condições de luz, mesmo que a entrada sensorial seja diferente. Esse efeito, chamado de *constância de cor*, foi definido por Edwain Land em 1977.

Imagine que esteja se arrumando para sair para dançar. Você coloca sua blusa roxa favorita e calça amarela (sim, suponha só por um instante que não tem senso estético!) e então se olha no espelho sob a luz artificial em sua casa. As cores parecem óbvias. Quando sai na rua e o brilho laranja dos postes de luz ilumina suas roupas, você ainda parece vestir roxo e amarelo. Em seguida, na boate, com um piscar de luz azul intermitente, suas roupas são as mesmas: roxa e amarela.

Quando está ao ar livre, o brilho laranja significa que tudo que entra no seu olho é alguma tonalidade de laranja. No entanto, parece que você usa filtros de cor sobre os olhos que alteram cada cor na mesma proporção. Então, seu cérebro de alguma maneira filtra o brilho e determina que a cor de suas roupas não mudou.

Como seu cérebro faz isso é muito impressionante e não compreendido por completo. Veja aqui três teorias criadas para explicar constância de cor:

» **Adaptação:** Quando estão em um ambiente com uma determinada cor, as pessoas se adaptam a ela, o que a remove de suas percepções.

» **Ancoragem (retinex):** As pessoas localizam algo que parece ser branco, e então rotulam tudo a partir daí (como criar uma linha de base).

» **Computação:** As pessoas identificam uma cor, definem os limites de cada cor e calculam qual cor deve estar a partir daquele limite.

Como o cérebro representa a constância de cor? Bem, as áreas visuais mais altas são mais responsivas ao contexto do que as mais baixas. Então, dada a presença de células corticais no cérebro que respondem a cores específicas (por exemplo, uma célula para o azul que dispara quando cones S estão ativos), quando toda luz é azul os cones S estão ativos mesmo se o objeto normalmente pareceria amarelo. A área V1 do cérebro parece responder como se a cor percebida fosse a cor detectada (sem sinal de constância de cor), mas a área V4 parece responder como se a cor fosse a que seria sob a luz do sol (seguindo princípios de constância de cor). Ei, você não esperava uma resposta definitiva, esperava?

Percepção categórica: Mantenha as cores separadas

Percepção categórica é quando dois itens não podem ser confundidos um com o outro porque as pessoas criam uma categoria, uma coisa é percebida como pertencente a uma categoria e não pode pertencer à outra.

Na seção anterior, "Cores em oposição: Adicionando mais cores ao círculo cromático", descrevemos a teoria oponente de percepção de cor, que sugere apenas três limites categóricos: entre vermelho e verde, entre azul e amarelo, e entre preto e branco. Assim, azul e amarelo, digamos, são mutuamente exclusivos — o amarelo nunca pode ser confundido com o azul. Mas isso não acontece no mundo real.

Se pedir que participantes nomeiem uma série de estímulos de cor, tende a descobrir mais categorias que não são confundidas facilmente. Os participantes veem uma série de amarelos que gradualmente tornam-se mais e mais verdes. Eles normalmente descrevem as cores como amarelo, e, repentinamente em uma quantidade de verde em particular (um comprimento de onda específico), dizem que as cores são verdes.

Pense em uma bola de tênis. Qual é a cor dela? A maioria das pessoas diz amarelo ou verde. (Obviamente, aqueles que dizem amarelo estão corretos.) Apenas algumas pessoas automaticamente dizem verde-amarelado. Isto é, uma nítida distinção existe entre o que é considerado amarelo e o que é considerado verde.

Se você usa *estímulos equiluminantes* (que possuem o mesmo nível de brilho) e todo o espectro de cores, pessoas que falam inglês tendem a descrever as cores como uma das seguintes: roxo, azul, verde, amarelo, laranja ou vermelho. Essas são as *cores focais* que possuem categorias distintas.

Usando esses estímulos, os pesquisadores apresentaram duas cores (uma após a outra) para os participantes. As cores precisam ser muito similares, e diferentes apenas por alguns nanômetros em comprimento de onda. Se cruzarem um limite de categoria (onde o nome muda), os participantes são capazes de diferenciá-las: algo conhecido como *discriminação de categoria cruzada*. Se as cores são da mesma categoria (de modo que as pessoas sempre as descreveriam como uma cor), os participantes têm dificuldade em separá-las: conhecido como discriminação dentro da categoria.

LEMBRE-SE

Em 1987, Stevan Harnad descobriu que o marco de percepção categórica é que discriminações de categoria cruzada são relativamente fáceis e discriminações dentro da categoria, difíceis. Em experimentos, os participantes consideraram a discriminação entre uma área de cor de 550 nanômetros (amarelo) e uma de 555 nanômetros (amarelo) mais difícil do que uma entre 550 nanômetros (amarelo) e 545 (verde), embora a diferença física seja a mesma.

> **NESTE CAPÍTULO**
>
> » Separando formas umas das outras e do fundo
>
> » Reconhecendo objetos como familiares
>
> » Identificando pessoas a partir de seus rostos

Capítulo 6
Reconhecendo Objetos e Pessoas

Conseguir distinguir um objeto de outro é de vital importância. De fato, um dos propósitos mais importantes da visão é reconhecer e identificar coisas e pessoas. Essa habilidade de processar objetos é surpreendentemente complexa. O mundo é feito de um fluxo constante de luz entrando no olho, e o seu cérebro precisa classificar esse volume de informação, detectar bordas e padrões, e a partir disso decidir o que você vê.

Exploramos três aspectos psicológicos do reconhecimento de objetos e pessoas:

» **Segregação figura-fundo:** Para determinar a forma de alguma coisa, seu cérebro deve diferenciá-la do fundo.

» **Reconhecimento:** Se você conhece a coisa para a qual está olhando: isto é, se a considera familiar.

» **Reconhecimento facial:** Um caso especial de reconhecimento de objetos, porque rostos são... especiais!

"Mova-se um Pouco, Não Consigo Ver a Paisagem!" Separando Figuras do Fundo

No Capítulo 4, apresentamos o conceito de células simples, complexas e hipercomplexas: o cérebro age como um supercomputador, definindo o que cada uma dessas células diz sobre uma cena à sua frente e se um objeto está presente. Mas mesmo com milhares de células hipercomplexas, o fato de o cérebro conseguir identificar cada objeto é impressionante.

DICA

Uma analogia útil dos passos envolvidos para visualizar uma forma é a culinária: ao final de horas cozinhando, você saboreia uma agradável refeição feita a partir de vários ingredientes separados. Centenas de processos estão envolvidos em transformar ingredientes crus em uma refeição. Igualmente, para enxergar um objeto, centenas de processos transformam as diversas bordas que você vê em um objeto.

Exploramos duas teorias fundamentais de como as pessoas agrupam os blocos de construção básicos para que identificar o que é um objeto, o que é objeto diferente e o que está no fundo: frequência espacial e leis da Gestalt.

Usando frequências espaciais

ALERTA DE JARGÃO

Frequência espacial é basicamente uma medida de quanto detalhamento algo tem. Ela é tipicamente determinada usando *grades* (barras pretas e brancas; veja a Figura 4-4 — do Capítulo 4 — e a Figura 6-1). Grades mais largas significam menor frequência espacial. Portanto, a frequência espacial refere-se à taxa de alterações em um padrão sobre um espaço em particular.

FIGURA 6-1: Grades usadas para a ilusão de inclinação.

© John Wiley & Sons, Inc.

O mundo todo pode ser dividido em diferentes informações de frequência espacial. Quando você olha para um belo campo, está olhando para frequências espaciais baixas, em sua maioria. Ao olhar para a grama no campo, está olhando para frequências espaciais mais altas. Quando olhamos para o mundo e descobrimos uma área com uma frequência espacial e outra área com uma frequência espacial diferente, somos capazes de definir que se tratam de objetos diferentes. Assim, na Figura 6-1 você vê o círculo interno como um objeto diferente do círculo externo, porque estão em frequências espaciais diferentes.

A frequência espacial é útil para detectar objetos. Mas, embora as pessoas consigam ver uma ampla variedade de frequências espaciais, algumas são altas demais ou baixas demais para serem detectadas. Quando a frequência espacial é muito alta, você não vê linhas pretas e brancas, e sim uma cor cinza uniforme.

A habilidade de perceber frequências espaciais altas se deteriora com a idade: conforme você fica mais velho, consegue ver menos frequência espacial alta e menos detalhes. A luz também é importante: você precisa de mais luz para ver as frequências espaciais mais altas, motivo pelo qual ler no escuro é difícil.

Experiências recentes também afetam a detecção de frequência espacial. A exposição causa adaptação de frequência espacial (como discutimos no Capítulo 4). Ler por um longo período causa adaptação a frequências espaciais altas e pode tornar difícil vê-las após a leitura. É por isso que você sempre deve fazer intervalos e sair um pouco após estudar para corrigir o pós-efeito (uma coisa que abordamos no Capítulo 4).

Finalmente, o contexto também afeta como você vê frequências espaciais. Novamente na Figura 6-1, note como as grades centrais parecem estar inclinadas à direita enquanto, na verdade, estão na vertical. Esse efeito é chamado de *lusão de inclinação* — o contexto faz as grades parecerem inclinadas.

Agrupando o mundo: Gestaltismo

No início dos anos 1990, um grupo de psicólogos alemães, liderados por Max Wertheimer, apresentou uma alternativa para a ideia de frequência espacial mostrada na seção anterior. Essa escola de pensamento é chamada de *gestaltismo*: uma abordagem para percepção em que as coisas são agrupadas (a palavra "gestalt" foi inserida no discurso moderno com significado de "o todo").

Uma clara indicação de como as pessoas percebem "o todo" vem de usar *estímulos hierárquicos*, que são um conjunto de estímulos feitos a partir de elementos menores, como letras Navon — uma grande letra global construída por algumas menores (veja a Figura 6-2). Geralmente, as pessoas consideram mais fácil e mais rápido identificar letras grandes do que pequenas (o *efeito de superioridade global*).

MUNDO REAL

Algumas pessoas parecem ver estímulos hierárquicos diferente de outras. Pessoas com Síndrome de Williams são muito menos aptas a ver as letras menores. Quando lhes pedem para copiar a letra, elas apenas desenham o grande "G" da Figura 6-2. Pessoas com autismo mostram o padrão oposto, e têm dificuldade em ver a letra grande. Quando lhes pedem para copiar a letra, fazem vários pequenos "s" em um padrão aleatório.

```
       sssssss
      sssssssss
    sssss      sss
    ssss        ss
    ssss
    ssss
    ssss
    ssss
    ssss    ssssss
    ssss    ssssss
    ssss     ssss
    ssss     ssss
    ssss     ssss
    ssss     ssss
    ssss     ssss
   sssss    sssss
    sssssssss
```

FIGURA 6-2: Uma letra Navon usada por um dos autores nessa pesquisa.

© John Wiley & Sons, Inc.

LEMBRE-SE

O efeito da superioridade global mostra que pessoas naturalmente agrupam as coisas. Gestaltistas tentaram identificar quais elementos ditavam o que seria agrupado. Eles criaram um grupo de princípios ou leis que as pessoas usam para agrupar o mundo. A principal lei era que as pessoas agrupam elementos de acordo com o padrão mais simples possível, chamada de *lei de Prägnanz* ou *lei da Pregnância*.

A Figura 6-3 realça os princípios gestalt mais importantes:

- » **Proximidade:** Agrupamento de coisas que estão mais próximas umas das outras.
- » **Semelhança:** Agrupamento de coisas parecidas.
- » **Fechamento:** Agrupamento de coisas para formar um todo, um objeto fechado, se possível.
- » **Continuidade:** Agrupamento de coisas para formar uma trilha ou uma cadeia.
- » **Unificação:** Agrupamento de qualquer coisa que tenha uma característica em comum (por exemplo, formato e cor).
- » **Simetria:** Agrupamento em um objeto de padrões simétricos.

Outros princípios explicam se o agrupamento cria a figura ou o fundo. Áreas curvas para fora, pequenas, cercadas e simétricas, são interpretadas como um objeto, enquanto o resto é interpretado como o fundo.

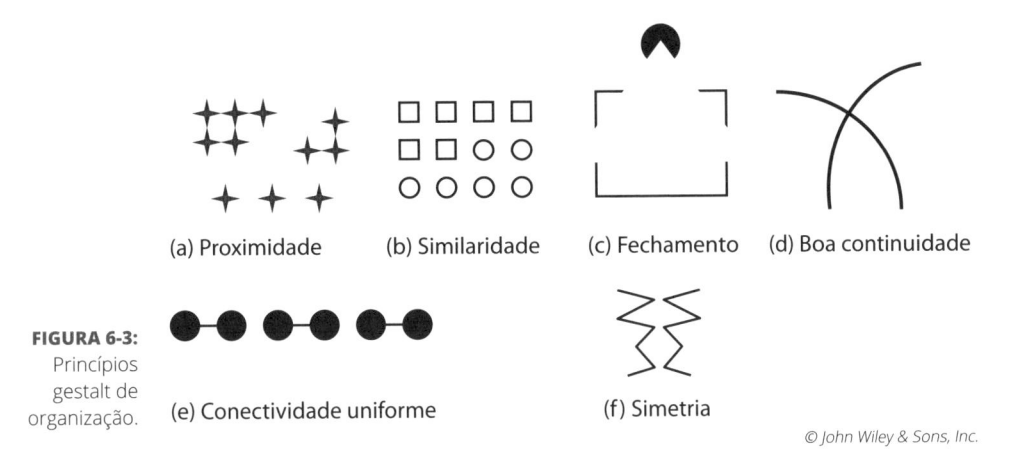

(a) Proximidade   (b) Similaridade   (c) Fechamento   (d) Boa continuidade

FIGURA 6-3: Princípios gestalt de organização.

(e) Conectividade uniforme   (f) Simetria

© John Wiley & Sons, Inc.

Estudos de imagem cerebral mostram que seu cérebro usa partes específicas para cada um dos princípios gestalt. Ele reúne essas características, mas utiliza a unificação com mais rapidez do que as outras.

LEMBRE-SE

Um problema importante com muitos trabalhos dos gestaltistas, no entanto, é que usaram padrões abstratos no lugar de qualquer outra coisa no mundo real. Então seu trabalho carece de *validade ecológica* (pode não se aplicar ao mundo real).

"O que Isso Significa?" Percebendo Padrões para Reconhecer Objetos

O sistema visual separa o que você está olhando em partes e então as agrupa novamente (veja a seção anterior). Quando esse processo é finalizado, áreas de alto nível do seu cérebro determinam qual é o objeto para o qual está olhando. Consideramos as três principais abordagens para percepção e reconhecimento de objetos nesta seção: usando formatos, esboços e visualizações.

ALERTA DE JARGÃO

Reconhecimento é sutilmente diferente de *identificação*, que significa que além da habilidade de identificar um objeto familiar, você é capaz de dar um nome a ele.

CAPÍTULO 6 **Reconhecendo Objetos e Pessoas**   85

Moldando para reconhecer por componentes

O cientista norte-americano da visão, Irving Biederman, entende que, quando as pessoas veem um objeto, elas tentam definir os componentes que o formam. No entanto, não da mesma maneira que definem os simples contornos que o compõem. Ele entende que todo objeto que as pessoas veem no mundo pode ser separado em pequenas formas tridimensionais essenciais chamadas de geons.

Geons são formas básicas que compõem todos os objetos, como cubos, esferas, cilindros, cones e pirâmides. Algumas aulas de artes ensinam as pessoas a pintar separando o que elas veem nessas simples formas. Para criar uma xícara, você precisa de um cilindro com um cilindro curvo fixado para formar a alça.

Existem apenas 36 geons, e eles são suficientes para criar todos os objetos. Quando você vê um objeto novo, a ideia é que estabelece quais geons são necessários para criá-lo e compara esse grupo de geons com o seu conhecimento armazenado de geons necessários para construir objetos.

Essa teoria também resolve um dos maiores problemas em percepção de objetos: pessoas consideram o reconhecimento de objeto fácil até mesmo sem conseguir ver o objeto todo e de diferentes ângulos. Essa habilidade é impressionante, porque objetos parecem muito diferentes a partir de perspectivas diferentes. Na abordagem de Bierderman, as pessoas conseguem facilmente distinguir geons de vários ângulos diferentes e assim reconhecem um objeto construído de geons em ângulos diferentes.

Também existem evidências de que o cérebro humano possui células que respondem apenas a esses geons simples. Por exemplo, o *córtex temporal inferior* (parte do cérebro logo abaixo das têmporas) do macaco contém células que respondem a cilindros e nada mais.

Biederman também estabeleceu uma teoria de qual informação é necessária para construir um geon. Suas ideias eram claramente baseadas na abordagem gestalt (que abordamos na seção anterior). Ele sugeriu que as propriedades *invariáveis* dos geons os diferenciam da seguinte forma:

- » **Curvatura:** Por exemplo, cilindros têm curvatura.
- » **Paralelo:** Por exemplo, cubos têm três conjuntos de bordas paralelas.
- » **Simetria:** A maioria dos geons tem alguma forma de simetria.
- » **Encerramento mútuo:** A maioria dos geons tem pontos em que duas bordas terminam.
- » **Colinearidade:** Pontos em uma linha comum.

LEMBRE-SE

Embora a teoria de Biederman tenha sido muito influente, a maioria das pessoas tem dificuldade em aceitar que todo objeto pode ser desmembrado nos mesmos geons. Considere, por exemplo, uma xícara e um balde. A teoria sugere que as pessoas deveriam facilmente confundi-los, mas na prática isso não ocorre.

Desenhando o mundo

David Marr, neurocientista britânico, indicou que imagens estão sujeitas a diferentes processos computacionais, criando uma série de representações sequenciais.

LEMBRE-SE

1. **O cérebro forma um *esboço primário*.**

   Esse desenho de linhas bidimensional fornece informação sobre bordas, contornos e pontos distintos.

2. **O cérebro cria um *esboço 2½D*.**

   Essa imagem inclui informação referente a sombra, textura, movimento e dicas de profundidade. Esse e o esboço primário produzem imagens ligadas a um ponto de vista.

3. **O cérebro produz um *modelo 3D*.**

   Com essa representação, as pessoas conseguem ver objetos a partir de vários ângulos diferentes para reconhecê-los.

PAPO DE ESPECIALISTA

Esse modelo parece ser baseado na informação psicológica produzida pelas áreas visuais do cérebro envolvidas nos primeiros estágios do processamento. Nesse caso, o córtex visual primário (veja o Capítulo 4) produz informação sobre bordas e pode ser usado para formar o esboço primário. Posterior a isso, áreas no cérebro produzem informações referentes a cor, textura e assim por diante. Mais adiante no cérebro, o córtex inferior temporal parece unir todas essas fontes de informação.

Reconhecimentos baseados em visualizações

ALERTA DE JARGÃO

Os *modelos baseados em visualização* ou *modelos exemplares* de reconhecimento sugerem que as pessoas armazenam múltiplas representações de objetos. Toda vez que você vê uma cadeira, armazena uma imagem dela. A visualização tridimensional é estabelecida combinando múltiplas visualizações do mesmo objeto.

Esse processo de reconhecimento é relativamente simples. Ao visualizar um objeto, o cérebro produz um padrão particular de resposta neural (um certo conjunto de células é ativado). Esse padrão de ativação é armazenado e memorizado. Ao visualizar alguma coisa semelhante, o cérebro ativa um padrão similar de células. Dependendo da semelhança, você reconhece o objeto ou não.

DICA Um aspecto crucial desse modelo é que os padrões de ativação para o objeto armazenado e o recentemente visto não precisam corresponder exatamente para fornecer uma resposta de reconhecimento. Isso é particularmente importante, porque às vezes parte de um objeto está oculta.

A maioria dos objetos tem um ponto de vista natural estabelecido. Por exemplo, ninguém considera que olhar para baixo a partir do topo de um carro é uma visualização padrão, mas uma visualização quase frontal provavelmente é. Se pedir às pessoas para nomear objetos o mais rápido possível, elas são mais rápidas se eles forem apresentados em uma visualização padrão do que quando são visualizados a partir de um ponto de vista diferente. O cérebro acessa o ponto de vista padrão mais rápido do que outros.

Pesquisas também mostram que quando as pessoas aprendem sobre objetos, elas aprendem não apenas sobre sua aparência, mas também como se movem. Em outras palavras, as pessoas ligam o movimento a uma imagem armazenada de certos objetos. Isso significa que a visualização padrão de certos animais inclui um elemento de movimento. Falamos sobre percepção de movimento no Capítulo 4.

"Ei, Conheço Você!" Identificando Rostos

Rostos, ou faces, são o estímulo visual mais importante no ambiente humano: esse é um dos poucos fatos incontestáveis da psicologia. Durante sua vida, você pode reconhecer entre 10 mil e 20 mil rostos. Somos capazes de diferenciar facilmente todos os rostos (com exceção de gêmeos idênticos) e reconhecer pessoas, mesmo se ficarmos sem vê-las por mais de 40 anos. Essa habilidade é impressionante, porque todos os rostos compartilham o mesmo padrão básico: dois olhos, um do lado do outro e acima do nariz e boca. As pessoas devem observar pequenas e sutis informações para diferenciá-los.

Ao ver um rosto, você é bombardeado com cargas de informação. Um rosto pode lhe dizer características de alguém, incluindo idade, gênero, etnia, estado emocional, estado de saúde, nome e ocupação (se você os conhecer), e intenções, bem como para onde a pessoa está olhando. Algumas pessoas até identificam o que os outros estão falando pela maneira como movem os lábios.

MUNDO REAL Rostos são o estímulo visual mais importante para bebês recém-nascidos, e a primeira coisa que observam por um longo período. No Reino Unido, uma prática padrão é certificar que a mãe amamente seu bebê o mais rápido possível após o nascimento, durante suas primeiras horas, para que o bebê veja um rosto de perto.

Dada sua importância, uma grande quantidade de pesquisa tentou entender como as pessoas processam rostos, muitas definiram que o reconhecimento facial é "especial" de alguma forma. Esta seção explora as evidências de pesquisas conduzidas em bebês, estudos psicológicos e alguns estudos neurocientíficos. Também descrevemos os processos básicos envolvidos no reconhecimento facial e os relacionamos aos modelos de reconhecimento de objetos da seção anterior "'O que Isso Significa?' Percebendo Padrões para Reconhecer Objetos".

Testando a especialidade do reconhecimento facial

ALERTA DE JARGÃO

Para determinar se o reconhecimento facial é "especial", precisamos definir o termo. *Especialidade*, no sentido psicológico, significa que o processamento de rostos é exclusivo, diferente do de objetos, e utiliza uma parte especial do cérebro. O processamento facial também pode ser inato.

A pesquisa que descrevemos nesta seção ressalta que o reconhecimento facial é, de fato, muito especial. As pessoas parecem mostrar uma preferência precoce por rostos, inverter rostos torna-os mais difíceis de serem reconhecidos, certas estruturas cerebrais são dedicadas ao processamento facial, e certos distúrbios afetam o processamento facial e nada mais.

LEMBRE-SE

Esta pesquisa não explica *por que* o reconhecimento facial é diferente do processamento de objetos. Alguns psicólogos acreditam que o reconhecimento facial é inato, mas não existe nenhuma evidência conclusiva para essa ideia. A melhor evidência sugere que como as pessoas encontram muitos rostos, devem aprender a diferenciá-los. Para realizar essa difícil tarefa, as pessoas se tornam especializadas nisso, o que significa que parte do cérebro humano torna-se dedicada a isso. Se essa parte for danificada, as pessoas perdem essa habilidade.

A visão de rostos em recém-nascidos

Bebês recém-nascidos, pela própria natureza, possuem habilidades muito limitadas (além de chorar!). Isto torna-os participantes de pesquisa complicados (eles não podem responder pressionando botões em um experimento de psicologia cognitiva). Então os pesquisadores precisam elaborar experimentos inteligentes para descobrir o que recém-nascidos conseguem ver.

Robert Fantz, psicólogo desenvolvimental norte-americano, conduziu diversos estudos elaborados para investigar o que os bebês conseguem ver. Ele desenvolveu o *paradigma de preferência visual*, em 1958, em que colocou bebês em uma câmara de visualização. Eles se sentaram em frente a dois padrões em uma sala plana. O pesquisador simplesmente registrou para qual padrão o bebê olhava mais. Se o bebê olhasse para os dois padrões de forma igual, ele presumia que o bebê não conseguia diferenciá-los.

Fantz fez muitas experiências desse tipo, e descobriu que bebês preferem olhar para padrões do que telas planas. Eles preferem padrões com curvas, com alto contraste (principalmente na metade superior da imagem), com mais elementos e maiores.

Curiosamente, bebês preferem olhar para padrões com elementos organizados de modo semelhante a um rosto, em comparação com padrões organizados de forma diferente. Essa descoberta foi continuada por Carolyn Goren, pesquisadora norte-americana em pediatria, que testou bebês recém-nascidos de aproximadamente 9 *minutos* de idade! Os pesquisadores mostraram aos bebês desenhos esquemáticos de rostos, assim como desenhos com elementos de um rosto organizados aleatoriamente e verticalmente da metade de um "rosto" para os bebês. Eles lentamente moveram os diferentes rostos e mediram quanto os bebês os seguiam.

Os bebês seguiram o estímulo facial mais do que outros, mesmo todos sendo criados com os mesmos elementos e por isso tendo o mesmo nível de complexidade. Os pesquisadores acreditaram que essa descoberta sugeria que a preferência facial é inata, porque as crianças eram novas demais para terem experiência com rostos (tendo 9 minutos de idade).

Porém também existem outras explicações: bebês recém-nascidos já viram vasos sanguíneos enquanto estavam no ventre, o que os leva a ter mais facilidade para ver padrões de linhas verticais e fazer movimentos oculares horizontais. Ambos ajudam a ver rostos.

Invertendo faces

As evidências comportamentais sugerem que o reconhecimento facial é diferente do reconhecimento de objetos em adultos. Robert Yin, psicólogo norte-americano, conduziu um sofisticado estudo que transformou a pesquisa sobre reconhecimento facial mais do que qualquer outro. Ele entregou aos participantes uma série de rostos para conhecerem, e então testou seu reconhecimento. A manipulação crucial feita por ele foi que alguns rostos estavam na posição correta e outros, invertidos.

Yin descobriu que as pessoas são muito boas em reconhecer rostos na posição normal, mas muito ruins em reconhecer rostos invertidos. As pessoas não são tão boas em reconhecer outros tipos de objetos, como casas e aviões, como são com rostos, mas invertê-los não piora sua capacidade de reconhecimento. Logo, o efeito da inversão é seletivo para rostos. Esse *efeito de inversão facial* fornece uma evidência clara de que as pessoas processam rostos de forma diferente de como processam objetos — de fato, de um jeito especial.

Talvez, no entanto, essa habilidade se deva ao fato de as pessoas verem muito mais rostos do que qualquer outro objeto, e não a um processo cerebral inato ou exclusivo. Para investigar essa ideia, os pesquisadores testaram o efeito da inversão facial em crianças, mas os mesmos estudos relatam crianças exibindo ou não efeitos de inversão facial. Há muita controvérsia nesse ponto, mas o que está claro é que as crianças apresentam um efeito de inversão facial menor do que os adultos, sugerindo que a habilidade resulta da experiência.

Outra maneira de verificar se o efeito da inversão facial é devido à experiência ou a um mecanismo inato espacial é verificar o que acontece quando você inverte outro objeto que as pessoas são especializadas em reconhecer. Infelizmente, não há tal estímulo para a maioria das pessoas: você pode pensar em outro objeto que veja mais do que faces? (Se conseguir, por favor, nos escreva: adoraríamos fazer um estudo com ele!)

Algumas pessoas observam categorias de objetos quase tanto quanto rostos. Susan Carey, psicóloga norte-americana, mostrou que juízes de exposições de cães que estão no cargo por mais de dez anos manifestam um efeito de inversão com fotos de cães, de maneira similar a como outras pessoas fazem com rostos.

No geral, as evidências sugerem que as pessoas processam rostos de uma maneira especial, mas que essa habilidade resulta de anos de experiência processando rostos na posição normal.

Considerando o cérebro do rosto

Outra forma de determinar se o reconhecimento facial é processado de maneira especial é observar os cérebros das pessoas quando olham para rostos em comparação a outros objetos. Em 1996, a neurocientista norte-americana Nancy Kanwisher descobriu uma porção do cérebro chamada de *giro fusiforme*, que fica mais ativa ao olhar para rostos do que para flores em aproximadamente 75% das pessoas testadas. Kanwisher e seus colaboradores mostram que o giro fusiforme é mais ativo ao olhar para rostos em posição normal do que invertidos, criando mais evidência de que essa área cerebral é seletivamente usada para o processamento facial.

Contudo, como com todas as coisas na psicologia, outra pesquisa causou um pouco de discussão. Isabel Gauthier, outra neurocientista norte-americana, produziu evidências convincentes de que o giro fusiforme é de fato uma parte do cérebro usada para qualquer coisa que as pessoas são especializadas em perceber.

Ela treinou pessoas para aprenderem a ligar nomes a formas bastante estranhas chamadas de Grennbles (criaturas estranhas similares a massas com chifres e narizes). Ela descobriu que o giro fusiforme era ativado ao processar esses Greebles nas pessoas treinadas, mas não naquelas que não foram treinadas.

Se as crianças manifestassem atividade em seu giro fusiforme ao ver rostos, isso mostraria que essa região do cérebro processa rostos desde o nascimento; mas, caso contrário, a habilidade provavelmente se desenvolve com a experiência. Bem, psicólogos espertos estudaram essa habilidade e mostraram que o giro fusiforme de uma criança *não* processa rostos até aproximadamente os 9 anos de idade.

A eletroencefalografia (EEG, veja o Capítulo 1) mostrou um conjunto de resultados parecidos. Um pico específico de atividade elétrica no cérebro (chamado de *potenciais de eventos relacionados*, ou PER) parece ocorrer quando as pessoas veem rostos. Ele é chamado de N170 (porque é eletricamente negativo e ocorre 170 milissegundos após a pessoa ver um rosto). Isso mostra que o cérebro humano sabe que um rosto é um rosto em um quinto de um segundo e que há alguma coisa especial em relação a rostos. Essa resposta cerebral é tardia quando as pessoas os visualizam invertidos.

No entanto, o neurocientista britânico Martin Eimer, junto com Roxanne Itier, uma neurocientista canadense, mostrou que essa resposta cerebral N170 ocorre devido à presença dos olhos. Faces sem olhos produzem N170 tardio. Além disso, pessoas especializadas em reconhecer outros tipos de objetos (por exemplo, peritos em carros) mostram um N170 para esses objetos. Novamente, essa pesquisa demonstra que o cérebro processa rostos de uma maneira especial, mas que essa habilidade é fruto de muita experiência.

Quando algo sai errado: Não vendo rostos

Uma abordagem para a psicologia cognitiva é observar as pessoas que têm problemas com uma habilidade específica, mas não com outras (chamado de *dissociação*, como descrevemos no Capítulo 1). Se o reconhecimento facial é especial, algumas pessoas não deveriam conseguir realizá-lo. E, de fato, isso acontece.

Pessoas que sofrem com o distúrbio clínico chamado de *prosopagnosia* não reconhecem faces, e ainda assim reconhecem outros objetos perfeitamente. A condição geralmente ocorre por causa de uma lesão cerebral. Pacientes com prosopagnosia frequentemente possuem dano no lobo occipital e em particular no giro fusiforme. Quando são apresentados rostos de pessoas familiares, eles não os reconhecem. Também não conseguem conhecer novos rostos. Existem até casos de fazendeiros com prosopagnosia em relação a suas vacas, mas que reconhecem pessoas normalmente!

Pessoas com esse distúrbio frequentemente acordam com um ente querido a seu lado e não o reconhecem. Embora, infelizmente, não exista cura para a prosopagnosia, podem-se elaborar estratégias de compensação. Por exemplo, uma pessoa com prosopagnosia que conhecemos sempre pergunta que roupas alguém está usando para reconhecê-lo ao encontrá-lo.

Pessoas com um distúrbio relacionado, chamado de *Síndrome de Capgras* (ou *Delírio de Capgras*), reconhecem um rosto, mas acreditam que a pessoa não é quem estão vendo. Por exemplo, olham para a própria mãe e acreditam que ela é um robô impostor.

O eminente psicólogo britânico Hadyn Ellis e seus colaboradores compararam Capgras e prosopagnosia. Eles descobriam que quando as pessoas veem rostos que conscientemente reconhece, sua pele sofre um aumento de condutância elétrica (a *resposta galvânica da pele* usada em programas de TV como detector de mentiras — ela não funciona de verdade). A ideia é que quando você vê alguém conhecido, seu cérebro lhe dá um senso de familiaridade e de identidade.

Quando pacientes com prosopagnosia veem um rosto, não têm uma recordação consciente, mas sim a resposta de condutância da pele. Quando pessoas com delírio de Capgras veem rostos, não obtêm uma resposta de condutância, mas os reconhecem conscientemente. Seus cérebros recebem mensagens conflitantes: a primeira é "Não conheço essa pessoa" e a segunda é "Ela se parece com X". A única explicação lógica para o paciente é acreditar que se trata de um impostor.

Essa descoberta é importante, porque muitas pessoas com delírio de Capgras eram incorretamente diagnosticadas com esquizofrenia; mas, na verdade, seu delírio faz sentido (em razão das mensagens desconexas do cérebro).

Modelando o reconhecimento facial

A seção anterior mostra que o reconhecimento facial parece ser diferente do reconhecimento de objetos, e por isso os psicólogos precisam de um novo conjunto de modelos para explicá-los. Eles não podem simplesmente usar os modelos de reconhecimento de objetos abordados na seção anterior, "'O que Isso Significa?' Percebendo Padrões para Reconhecer Objetos".

Aqui, vemos três das mais influentes teorias em processamento facial: face–espaço, processamento configurado e o modelo interativo de ativação e competição.

Olhando espaços

Tim Valentine, um psicólogo britânico com um belo bigode, elaborou o *face–espaço*. Ele acreditava que a melhor maneira de descrever como as pessoas reconhecem faces era desenhar um gráfico (tentamos fazer isso — veja a Figura 6-4). Tecnicamente, esse gráfico é chamado de espaço multidimensional, mas desenhamos apenas duas dimensões (eixos).

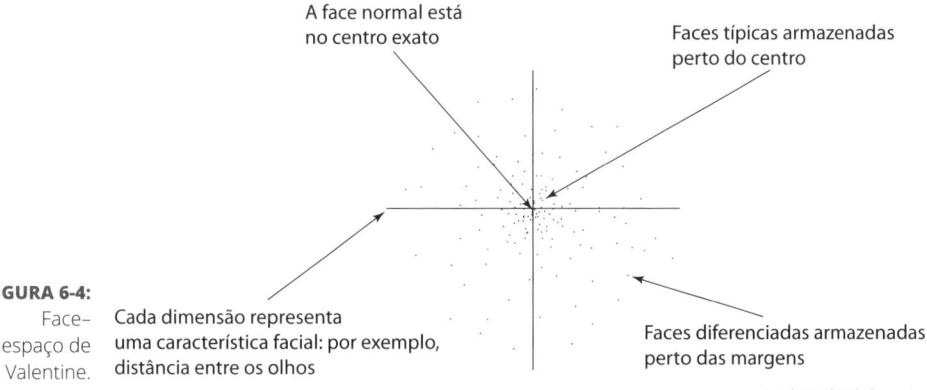

FIGURA 6-4: Face-espaço de Valentine.

- A face normal está no centro exato
- Faces típicas armazenadas perto do centro
- Cada dimensão representa uma característica facial: por exemplo, distância entre os olhos
- Faces diferenciadas armazenadas perto das margens

© John Wiley & Sons, Inc.

DICA — Cada dimensão do espaço representa uma característica facial que as pessoas usam para reconhecer faces. Valentine não especificou quais características são usadas nesse processo, mas as evidências de rastreamento de olhos apontam pelo menos uma dimensão para os olhos. As estimativas indicam que entre 14 e 100 dimensões/características são usadas para reconhecer rostos.

PESQUISA SOBRE PREDISPOSIÇÕES PRÓPRIAS DE UM GRUPO

MUNDO REAL

Pessoas são melhores em reconhecer rostos de sua própria etnia do que de outras, e isso é a fonte da lamentável frase "eles todos parecem iguais para mim". As evidências psicológicas esclarecem essa habilidade: todos os grupos étnicos mostram predisposições próprias de etnia.

Podemos desfazer um mito comum: os rostos de uma determinada etnia *não* são mais ou menos variáveis do que os da sua. O fato é que as características que produzem variabilidade em uma etnia podem não ser as mesmas em outra. Por exemplo, olhos de pessoas brancas podem ser de várias cores diferentes, mas em pessoas asiáticas ou negras a variedade de cor dos olhos é muito menor. Em pessoas brancas, a variabilidade em tamanho e formato do nariz é muito menor do que em pessoas asiáticas ou negras. Todas as etnias possuem a mesma variabilidade, apenas não nas mesmas características.

Você pode pensar que predisposições próprias de etnia ocorrem devido ao racismo, mas não foi detectada nenhuma associação forte entre eles. As duas respostas a seguir foram sugeridas pela predisposição própria de etnia:

- **Justificativa sociocognitiva:** As pessoas tentam imediatamente classificar rostos como sendo de seu próprio grupo ou de um grupo externo. Elas se esforçam para lembrar de um rosto do próprio grupo, mas se esforçam menos (ou nada) se for de outro.

- **Justificativa de experiência perceptiva:** Os cérebros são desenvolvidos para processar os rostos que as pessoas encontram com mais frequência. Você repara nas características faciais de alguém que o ajudam a diferenciá-lo de outros rostos, e aprende através da experiência o que essas características são. Essa justificativa é especialmente importante para pessoas que trabalham em pontos de verificação, como no controle de passaportes. Elas são melhores em comparar rostos de sua própria etnia do que de outras.

As pesquisas ainda precisam descobrir uma forma de reduzir a predisposição de etnia.

Outras predisposições próprias de grupos existem, como para idade, gênero e sexualidade.

A face mais normal existiria no centro. Cada face é codificada com esses valores relativos a essa face normal. Um rosto com olhos grandes é armazenado na extremidade oposta de um com olhos pequenos. Ambos estão distantes do centro e são considerados *diferenciados*.

LEMBRE-SE

O reconhecimento é feito relacionando a face sendo visualizada no momento com faces armazenadas nesse espaço. As duas faces são reconhecidas se compartilharem características suficientes, e podem ser confundidas se estiverem muito próximas uma da outra no espaço — motivo pelo qual as pessoas não confundem duas faces diferenciadas.

Esse belo modelo, altamente influente, explica muito dos dados de experiências de reconhecimento facial (bem como dados relacionados à predisposição própria de etnia, que descrevemos no box a seguir, "Pesquisa sobre predisposições próprias de um grupo"). Por exemplo:

» Faces normais são *categorizadas* como faces muito mais rápido do que as diferenciadas, porque se parecem mais com uma face comum.
» Faces diferenciadas são *reconhecidas* mais rápido do que faces comuns, porque não há outra face próxima no espaço para confundir você.

Não dividindo faces: Processamento configurado

Um dos modelos de reconhecimento de objeto sugere que as pessoas dividem o mundo em características separadas para reconhecê-las (veja a seção anterior, "Moldando para reconhecer por componentes"). Aplicado à percepção facial, o modelo deveria mostrar que rostos são processados unindo uma série de esferas, um cone e alguns cilindros. Mas a evidência é extremamente clara: as pessoas não processam faces dividindo-as. Aqui, expomos como os psicólogos sabem disso.

EXPERIMENTE

Na Figura 6-5, mostramos a *Ilusão de Thatcher*, nome da primeira face na qual a ilusão foi aplicada (não usamos a face de Thatcher, felizmente). Nessa ilusão, uma das duas faces parece estranha. Se você girar o livro e olhar para as faces voltadas para cima, rapidamente verá qual é (teste os seus amigos!).

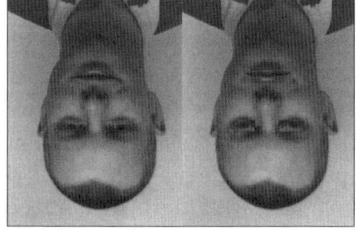

FIGURA 6-5: Ilusão de Thatcher.

© John Wiley & Sons, Inc.

Ver aquela monstruosidade na face é mais difícil quando ela está invertida, porque você a processa dividindo-a em suas partes constituintes: nenhuma delas é estranha. Quando o rosto está na posição correta, você não mais o divide, olha para o todo.

Exibimos outra demonstração na Figura 6-6: *o teste das partes e do todo*. Se tentar lembrar os nomes das faces apresentadas na parte superior e pedirem para você identificar qual nariz pertence a uma das faces (digamos, Tom), é mais fácil no contexto da face. Portanto, novamente, as pessoas não lembram partes isoladas de rostos.

Se ainda não acredita em nós, veja o exemplo da Figura 6-7. Ela mostra o *efeito da face composta*, criado por Andy Young, neurocientista britânico, e sua equipe em 1987. Olhe primeiro para a face à esquerda. Ela é composta de duas faces: a metade superior de uma e a metade inferior de outra. Você consegue identificá-las?

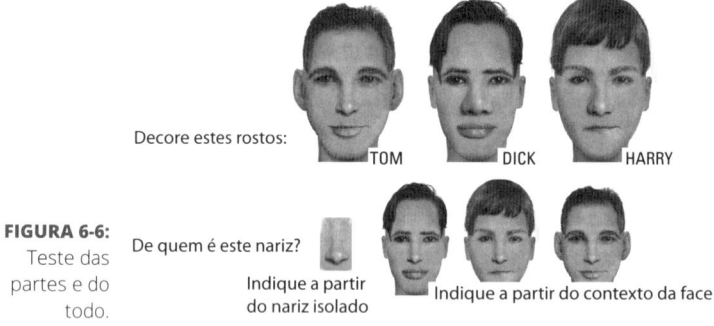

FIGURA 6-6: Teste das partes e do todo.

FIGURA 6-7: O efeito da face composta.

A maioria das pessoas considera essa tarefa desafiadora. Mas se separarmos ligeiramente duas faces, fica muito mais fácil (veja a parte direita da Figura 6-7). Esse efeito ocorre porque as pessoas tendem a processar faces como um estímulo completo em vez de a soma das partes. Agrupada, a face forma uma nova identidade, e seu cérebro se esforça para separar as formas.

Esse fenômeno é chamado de *processamento configurado* (ou *holístico*). O cérebro humano parece codificar a face inteira de uma vez em vez de iniciar um *processamento de características*, em que dividiria a face. Quando expostas a uma face invertida, as pessoas ingressam em um processamento característico.

De fato, Bruno Rossion, neurocientista da Bélgica, sugeriu que o processamento facial se deve à especialização no processamento configurado: quando as pessoas são especializadas em processar faces, olham para o centro da face e conseguem assimilar todas as informações simultaneamente. Mas as pessoas que não são peritas precisam olhar para cada característica individualmente. Portanto, pessoas com prosopagnosia (veja a seção anterior, "Quando algo sai errado: Não vendo rostos", neste capítulo) e crianças olham para todas as características de uma maneira similar a como adultos olham para faces invertidas.

Associando o processamento facial: Modelo estrutural e modelo de ativação interativa e concorrência

Os dois modelos de reconhecimento facial que discutimos até agora nesta seção (processamento face–espaço e configurado) são importantes, mas lidam principalmente com como as pessoas percebem as faces. Porém, os rostos fornecem muitas informações, não apenas sobre identidade. Para entender como essas habilidades interagem, recorremos ao modelo de processamento facial de Vicki Bruce e Andy Young — o *modelo estrutural* de reconhecimento facial.

Esse modelo indica que existem componentes separados para oito coisas diferentes (veja a Figura 6-8):

» **Codificação estrutural:** Uma simples descrição da face.
» **Análise de expressão:** Das emoções de outras pessoas.
» **Análise facial de discurso:** Leitura labial.
» **Processamento visual direcionado:** Codifica apenas a informação facial.
» **Unidades de reconhecimento facial:** Representam a informação estrutural de uma face conhecida.
» **Nós de identidade da pessoa:** Ligam toda a informação específica a um indivíduo conhecido.
» **Geração de nome:** Armazena nomes separadamente.
» **Sistema cognitivo:** Armazena outras informações, como os fatos sobre alguém, em outro lugar.

O modelo de *ativação interativa e concorrência* substituiu partes do modelo estrutural. Ele representa mais precisamente as interações entre unidades de reconhecimento facial e informação semântica na lista acima. Esse modelo prediz que as pessoas podem ter deficit em processamento emocional, mas reconhecimento facial inato; uma coisa que, de fato, foi observada. O modelo também prediz que as informações de nome priorizam faces de pessoas conhecidas: isto é, se você apresenta o nome de alguém familiar, fica mais rápido em reconhecer a pessoa em uma imagem.

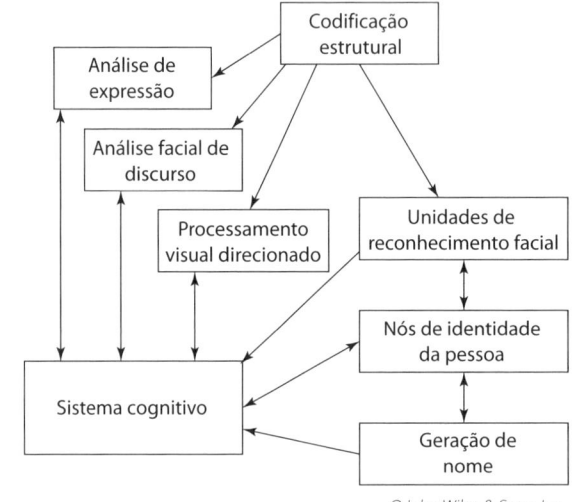

FIGURA 6-8: Modelo estrutural de reconhecimento facial.

© John Wiley & Sons, Inc.

MUNDO REAL

Além disso, esse modelo destaca por que você tem sentimentos de familiaridade em relação a rostos, mas sem lembrar os nomes: sua unidade de reconhecimento facial se tornou ativa (o que significa que você reconhece a pessoa), mas ainda não ativou os nós de identidade da pessoa. Essa experiência certamente nos é familiar e pode ser muito constrangedora.

DICA

Observe que você nunca lembra o nome de alguém sem se lembrar de outra informação semântica. Evidentemente, nomes são muito especiais.

NESTE CAPÍTULO

» Compreendendo como chamar a atenção de alguém

» Controlando a atenção quando você a tem

» Investigando distúrbios de atenção

Capítulo 7
Sentido! Prestando Atenção à Atenção

Considere o ambiente a seu redor enquanto lê este livro. Duvidamos que esteja silencioso. Provavelmente, você consegue ouvir distrações (talvez uma TV, uma música, o som de um aspirador de pó). Ainda assim, apesar dessas distrações, permanece (em grande parte) focado no que está lendo. A grande quantidade de entrada sensorial que todo mundo constantemente recebe seria esmagadora se as pessoas não conseguissem bloquear um pouco dela. O mecanismo psicológico dessa habilidade de filtrar e focar é a atenção.

A atenção age como um refletor, um mecanismo de foco para levar um estímulo específico à mente. Ela também age como um filtro, bloqueando distrações.

Neste capítulo, descrevemos as principais características do que a atrai, o que não a atrai (mesmo quando deveria!) e como a atenção o ajuda a procurar coisas. Também discutimos como controlá-la, os mecanismos da atenção involuntária e alguns de seus distúrbios clínicos.

"Ei, Você!": Chamando a Atenção

Entender a atenção é essencial em várias áreas da vida. Um grupo que depende disso para seu sustento são os mágicos.

Em 2008, a conceituada revista *Nature Reviews Neuroscience* publicou um artigo em que alguns mágicos (incluindo Teller of Penn e Teller Fame) explicam como usam o conhecimento da cognição humana para realizar seus truques e o funcionamento do cérebro. Uma habilidade certamente comum é o *despiste* — guiar a atenção da plateia para longe do truque real. Ele envolve vários aspectos da atenção que definimos e discutimos nesta seção:

» **Priming/preparação:** Ver um objeto ou palavra (a *sugestão*) acelera o processamento de um segundo objeto ou palavra.

» **Cegueira inatencional:** As pessoas não localizam ou prestam atenção em algo visualmente.

» **Busca visual:** As pessoas precisam buscar um objeto específico no ambiente visual.

Na ilusão da bola desaparecendo, o mágico joga uma bola no ar e a pega algumas vezes. No último lance, a bola desaparece no ar. Na verdade, o mágico segura a bola, mas a plateia não percebe por conta da cegueira inatencional. O mágico despistou o público. Para começar, ele prepara a plateia realmente jogando a bola uma certa quantidade de vezes (para que as pessoas esperem que a mesma coisa aconteça novamente). Então, no último lance, ele sugere que a plateia olhe para onde a bola deveria estar, usando o mesmo movimento das mãos e olhando atentamente para a bola imaginária, porque as pessoas automaticamente seguem o olhar umas das outras.

Preparando a bomba

A explicação mais simples para o *priming* ou preparação é que a representação de alguma coisa (um objeto ou palavra) torna mais fácil para o cérebro ativar sua representação armazenada para aquela coisa (objeto ou palavra) posteriormente. Então, se você escuta a palavra quadrado, rapidamente responde a um quadrado quando o vê.

A expectativa também pode ser usada para o priming. O psicólogo norte-americano Michael Posner desenvolveu um teste chamado de *tarefa de atenção de Posner*, que mede como o sistema de atenção responde a diferentes sugestões.

Um *ponto de fixação* ou *mira* ("+") no centro da tela é apresentado aos participantes. Em seguida, aparece uma sugestão, direcionando a atenção deles para um ou outro lado do ponto. Um alvo aparece, e os participantes precisam responder a ele (por exemplo, dizendo seu tamanho). A sugestão pode ser válida ou não. Em testes válidos, ela prevê a localização do alvo. Em testes inválidos, a sugestão não a prevê. Testes neutros, em que não há sugestão, também são usados.

LEMBRE-SE

A quantidade de testes válidos e neutros é sempre maior do que a de inválidos. Então os participantes esperam que a sugestão estime a localização do alvo. Os resultados são que sugestões válidas aceleram a identificação do alvo, enquanto sugestões inválidas a desaceleram.

DICA

Os desejos das pessoas também influenciam a atenção. Por exemplo, alcoólatras visualizam objetos relacionados ao álcool em uma cena mais rápido do que não alcoólatras.

Deixando de notar o óbvio

ALERTA DE JARGÃO

Cegueira intencional é um fenômeno em que as pessoas não conseguem perceber ou visualizar alguma coisa em seu mundo visual. Em 1998, os psicólogos Arien Mack e Irvin Rock realizaram uma pesquisa mostrando que as pessoas perdem algo diante de seus olhos quando sua atenção está dispersa.

Formas de cruz foram apresentadas aos participantes e eles precisavam identificar se a barra horizontal era maior do que a vertical. As cruzes ficavam na tela por 200 milissegundos; os participantes olhavam para um ponto de fixação, e não diretamente para a forma da cruz. As pessoas foram altamente precisas nessa tarefa. Mas quando os pesquisadores substituíram o ponto de fixação por uma forma (um triângulo, retângulo ou cruz), 86% dos participantes não notaram a alteração.

ALERTA DE JARGÃO

Cegueira de mudança é um fenômeno análogo e mais intrigante. As pessoas frequentemente não conseguem notar alterações em uma imagem que parece muito óbvia quando direcionadas a ela. Normalmente, quando algo se move ou se altera na frente das pessoas, a mudança prende sua atenção, porque altera suas retinas (criando *transientes*, respostas celulares a algo novo).

Para produzir a cegueira de mudança, os psicólogos precisam mascarar esses transientes. Eles fazem isso de diversas maneiras:

>> **Piscar:** Se a imagem é alterada durante um piscar de olhos, a alteração não chama a atenção da pessoa.

>> **Oscilação:** A tela inteira oscila por um instante, ocultando a localização da alteração.

>> **Respingo de tinta:** Uma quantidade de formatos aparece na tela para distrair o participante enquanto a alteração ocorre.

>> **Alteração lenta:** Se algo muda lentamente, como a cor de uma parede, não chama a atenção da pessoa.

MUNDO REAL

Cegueira de mudança e cegueira inatencional geralmente ocorrem em filmes, com pessoas negligenciando erros de continuidade ou ignorando o operador de câmera na filmagem. Estudos científicos de erros de continuidade mostram que 90% das pessoas não conseguem percebê-los, até mesmo quando esperam por algumas mudanças. A cegueira de mudança também é o motivo de acidentes de trânsito, quando um motorista passa para outra pista com outro veículo nela, porque ele "olhou, mas não viu".

Daniel J. Simons apresenta estas explicações para a cegueira de mudança:

» Seu cérebro sobrescreve a primeira imagem pela segunda.
» Depois que seu cérebro armazena a primeira imagem, você ignora a seguinte.
» Você não se lembra de qualquer das imagens por tempo o bastante para compará-las.
» Seu cérebro armazena ambas as imagens, mas você não as compara conscientemente.
» Você não espera mudanças, então seu cérebro une as duas imagens mentalmente.

LEMBRE-SE

Outra explicação é baseada na *inibição do retorno*, quando você não olha novamente para algo que acabou de observar. A inibição do retorno impede que você fique preso olhando para uma parte de uma imagem.

DICA

A cegueira de mudança tipicamente ocorre apenas para aspectos menos centrais da cena visual e para coisas que você não espera que mudem (digamos, o rosto de alguém com quem está conversando). Então, parte do papel do sistema de atenção é prepará-lo para o que está propenso a mudar. Mas o resultado é que isso não lhe proporciona uma representação verdadeira do mundo.

ELE ESTÁ ATRÁS DA PORTA!

Uma pesquisa feita pelos psicólogos norte-americanos Daniel J. Simons e Mike Ambinder mostra o quanto as pessoas podem exibir cegueira inatencional e quão pouco estão prestando atenção. Eles conduziram um estudo em que uma pessoa passa por um transeunte (o participante) e pede informações. Durante a conversa, o casal é interrompido por trabalhadores carregando uma porta. A porta oculta a pessoa, que troca de lugar com um dos homens carregando a porta. Em 50% dos casos, o transeunte continua a conversa com a nova pessoa sem perceber a mudança na aparência (veja uma demonstração em http://www.simonslab.com/videos.html) [conteúdo em inglês].

Essa experiência foi repetida com estudantes entregando trabalho para uma secretária: a secretária se esconde atrás do balcão e outra se levanta. Até alunos de psicologia, que conhecem esse efeito, deixam de notar a mudança às vezes.

Busca visual: Procurando uma agulha no palheiro

Os famosos livros *Onde Está Wally* envolvem tentar encontrar o herói em uma roupa diferenciada em uma cena confusa. A tarefa é peculiar porque a cena contém muitas outras pessoas e objetos, e muitos compartilham cores e características similares ao alvo. Os psicólogos cognitivos usam uma versão mais formal dessa tarefa, chamada de *tarefa de busca visual*, para entender o papel da atenção na visão.

Na tarefa de busca visual, uma imagem repleta de formas diferentes é exibida para as pessoas, e elas precisam dizer se uma forma específica (o alvo) está presente ou ausente. Os pesquisadores gravaram o tempo usado para as pessoas decidirem se o alvo está presente ou ausente. Antes de continuar a leitura, encontre o B na Figura 7-1a e o O na Figura 7-1b.

Em ambas apresentações na Figura 7-1a, o B compartilha as mesmas características (linhas verticais e horizontais) dos distrativos P, então não se destaca. Você precisa verificar cada item, pesquisando por um conjunto específico de características; assim, demora mais para encontrar o alvo na imagem de cima, porque há mais distrações. Na Figura 7-1b, o O é a única forma com linhas curvas, então se destaca, e a quantidade de distrações possui pouco efeito.

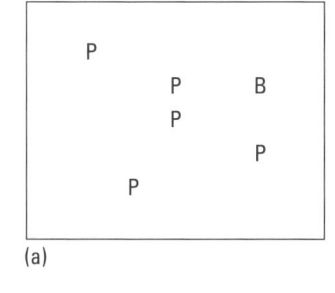

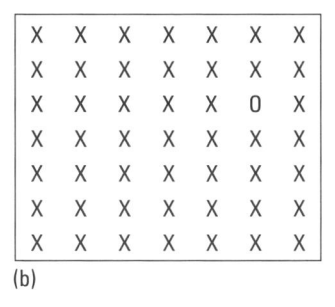

FIGURA 7-1: a) Encontre o B; b) Encontre o O.

© John Wiley & Sons, Inc.

LEMBRE-SE

Ao variar a quantidade de outros objetos (distrações) e a semelhança entre o alvo e as distrações, os psicólogos descobrem alguns fatos interessantes sobre a busca visual e a atenção:

» Se o alvo é diferente de todas as distrações em termos de uma única, uma simples característica como cor ou forma (como na Figura 7-1b), tende a se destacar, e o tempo usado para encontrá-lo permanece o mesmo de quando os pesquisadores aumentam a quantidade de distrações. Mas comunicar que o alvo está ausente demora mais, e esse período de tempo aumenta com a quantidade de distrações.

» Em uma *pesquisa conjugada* (pesquisar um alvo que compartilhe elementos com itens distrativos), o alvo não tem uma única característica, mas uma combinação única delas. Aqui, o tempo para encontrar um alvo presente aumenta com cada distração adicionada, e decidir que o alvo está ausente demora quase o dobro. A Figura 7-2 exibe o padrão e os resultados para dois tipos de pesquisa (quando o item pesquisado está presente e quando está ausente) e quantidades diferentes de distrações.

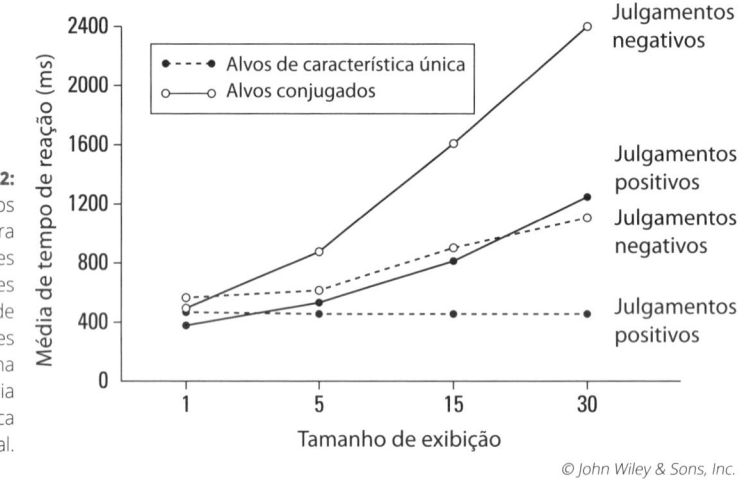

FIGURA 7-2: Os tempos médios para quantidades diferentes de distrações na experiência de busca visual.

© John Wiley & Sons, Inc.

De acordo com a teoria da integração de característica da psicóloga Anne Treisman, a atenção é a "cola" que une as características na busca visual. Em *pesquisa pré-atentiva*, seu sistema visual seleciona as características (como cor, forma, tamanho e movimento). Nesse estágio, se o alvo é o único item com uma certa característica, se sobressai. Mas se o alvo depende de uma conjunção de características, não se destaca e é preciso procurá-lo, item por item. Visualizando o objeto, você consegue "colar" as diferentes características.

A PSICOLOGIA DA MEDITAÇÃO

A meditação é uma arte milenar, mas só recentemente os cientistas começaram a entender como funciona e o que faz. Existem dois tipos principais de meditação:

- **Meditação de atenção focada:** Você foca uma coisa específica e tenta evitar distrações.
- **Meditação de monitoramento aberto:** Você monitora o próprio estado de consciência.

Um estudo mostra que quem pratica meditação OM consegue evitar distrair-se por estímulos irrelevantes. Outro estudo, comparando praticantes tibetanos budistas altamente experientes com novatos, encontrou diferenças na atividade elétrica de seus cérebros — tanto na localização quanto no tipo de onda elétrica. Essa diferença estava presente mesmo quando eles não estavam meditando, o que sugere um efeito de longo prazo na organização de sua atividade mental.

LEMBRE-SE

A pesquisa pré-atentiva apenas permite processar as características simples, mas é rápida — todos processam todas as características ao mesmo tempo (em uma *busca paralela*). Para usar a atenção, você precisa examinar cada objeto, um de cada vez (uma *busca serial*), que é mais lenta, porque é preciso tratar item por item. Em média, as pessoas precisam examinar aproximadamente metade dos objetos à vista antes de encontrar o alvo. Mas, para dizer que o alvo está ausente, precisam pesquisar exaustivamente cada item, motivo pelo qual demoram o dobro de tempo para responder quando o objeto não está presente.

"Agora Concentre-se!": Controlando a Atenção

Implícita na definição de atenção está a ideia de que é possível controlar suas experiências na consciência. A atenção ilumina, como um refletor, um estímulo (ou estímulos). Ela chama a atenção para partes cruciais da coisa que observa enquanto ofusca outras. Ela seleciona o que chega à sua consciência.

Imagine, por exemplo, que você está fazendo uma revisão para uma prova de psicologia cognitiva (lendo este livro, obviamente, e tomando notas), enquanto a TV está ligada; alguém, falando alto sobre o jantar; e você, esperando uma mensagem de texto. A atenção remove a distração e foca a tarefa principal (revisão) ou tarefas (revisão e ficar atento ao celular).

Nesta seção, abordamos como você escolhe (ou não) do que participa. Também descrevemos o que acontece quando se tem múltiplas coisas para fazer de uma vez e como isso é difícil. Além disso, exploramos quais fatores impulsionam sua capacidade de concentração até o limite.

Examinando a atenção seletiva

A primeira coisa que seu cérebro precisa fazer quando você está estudando é selecionar coisas relevantes para prestar atenção: em outras palavras, em que colocar o foco de atenção (ou o microfone unidirecional para sons!). Aqui, vemos como o cérebro seleciona a que informação prestar atenção.

ALERTA DE JARGÃO

Estudos clássicos em atenção auditiva usam um *paradigma de sombreamento* (uma tarefa experimental em que os participantes devem prestar atenção a sons em um ouvido, mas ignorar o outro). Os participantes usam fones de ouvido e sua tarefa é repetir o que escutam. Simples, você diz. Mas os psicólogos tornam as coisas difíceis apresentando mensagens diferentes para cada ouvido (chamado de *teste de escuta dicótica*): por exemplo, a mensagem "1, 2, 3" para um ouvido e "4, 5, 6" para o outro. Quando solicitados a repetirem o que escutaram, os participantes relatam escutar "1, 2, 3, 4, 5, 6".

Em outros testes de escuta dicótica, os participantes precisam tapar um ouvido, mas ignorar o outro. Então lhes pedem para repetir a informação do ouvido participante (em que a mensagem foi passada) e do não participante (aquele que deveriam ignorar). Os participantes lembram quase perfeitamente a informação do ouvido participante, mas se lembram pouco do ouvido não participante. De fato, os participantes não percebem se a linguagem usada no ouvido não participante alterna de inglês para alemão ou se a mesma palavra é repetida dezenas de vezes!

Os participantes notam, no entanto, se o gênero do palestrante no ouvido não participante muda. Além disso, a maioria dos participantes não percebe a instrução para interromper a tarefa no ouvido não participante, a menos que seja precedida pelo seu nome. Colin Cherry, psicólogo cognitivo britânico, descreveu essa tendência como *efeito coquetel* — mesmo quando se está observando outra coisa, você, às vezes, escuta seu nome.

EXPERIMENTE

Os pesquisadores Daniel Simons e Christopher Chabris relataram um efeito similar no campo visual. Eles apresentaram um vídeo aos participantes em que duas equipes (uma vestindo branco e outra, preto) passam bolas entre si. Os participantes foram instruídos a contar o número de vezes que a equipe branca passa a bola entre si e a ignorar a equipe preta. Durante o vídeo, um homem vestido de gorila entra no meio da tela, bate no peito e sai. Menos da metade dos participantes notou o gorila (teste o vídeo com seus amigos em `http://www.simonslab.com/videos.html` [conteúdo em inglês]).

ALERTA DE JARGÃO

Para explicar por que as pessoas não notam coisas até quando estão à vista (ou um som!), Donald Broadbent, psicólogo britânico, propôs uma teoria de filtragem de atenção, nos anos 1950. Sua *teoria de seleção precoce* era baseada na ideia de que a atenção age como um filtro logo após os sentidos detectarem o estímulo. Propriedades de estímulo de baixo nível (como volume ou nível) são usadas para decidir o que será permitido pelo filtro. Basicamente, toda estimulação sensorial não desejada é peneirada.

Alguns pesquisadores usam o efeito coquetel para criticar a teoria da seleção precoce. Especificamente, um estudo criticou a teoria conduzindo experimentos em que os participantes recebiam leves choques elétricos toda vez que uma palavra específica era apresentada ao ouvido não participante. Isso causou um emparelhamento de condicionamento clássico de uma palavra e um choque. Quando solicitados a recordarem as palavras, os participantes não conseguiam se lembrar da palavra associada ao choque. Mas quando a palavra era exibida, apresentavam uma *resposta galvânica da pele* (suas mãos ficavam mais suadas), sugerindo que tinham um certo medo da palavra. Isso sugere que eles prestaram atenção e memorizaram a palavra, mas não conscientemente.

Anne Treisman desenvolveu o *modelo de atenuação*, em que a atenção simplesmente reduz a quantidade de informação que pode ser obtida através do filtro. O filtro precoce ainda bloqueia estímulos indesejados, mas permite passar informações com certas propriedades físicas. Diana Deutsch, psicóloga cognitiva e perceptiva britânica–americana, foi além, e apontou que toda informação é processada, e a atenção simplesmente filtra a informação indesejada e o nível semântico (significado), conhecido como seleção tardia. Apresentamos essas teorias na Figura 7-3.

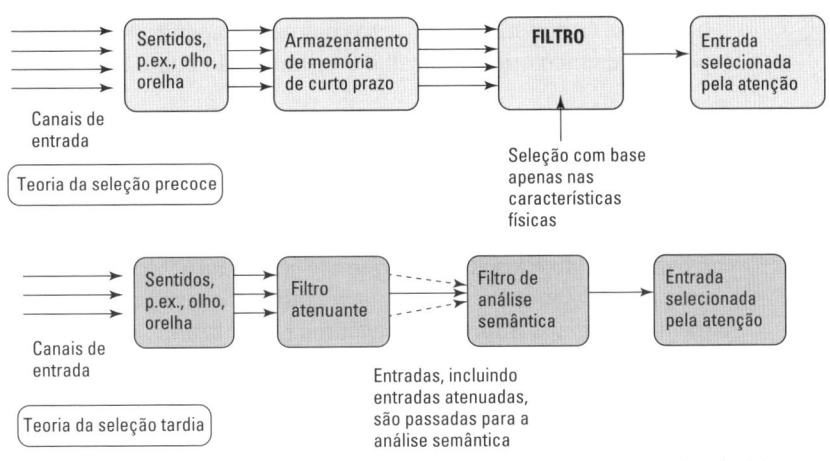

FIGURA 7-3: Modelos do filtro de atenção.

© John Wiley & Sons, Inc.

LEMBRE-SE

Então, qual é mais precisa: seleção precoce ou seleção tardia? Experiências mostram que durante tarefas altamente exigentes as pessoas filtram informações indesejadas o mais cedo possível. Por exemplo, quando você dirige e conversa, para de falar quando chega a um cruzamento movimentado: o filtro de atenção evita distrações para uma tarefa mais exigente. Entretanto, durante tarefas mais fáceis você pode utilizar a seleção tardia.

Dividindo sua atenção

ALERTA DE JARGÃO

Sem dúvidas você já tentou ser *multitarefas* (intencionalmente focando duas tarefas ao mesmo tempo), talvez ter uma conversa com alguém enquanto lavava a louça. Quão bem consegue realizar as tarefas? E quando está escrevendo uma dissertação e seu colega de quarto pergunta o que você quer jantar? Como você alterna da primeira tarefa para a segunda (conhecido como *alternância de tarefas*)? Muitas pessoas terminam a frase que estão escrevendo antes de responder à pergunta. Multitarefas e alternância de tarefas são exemplos de *atenção dividida*.

Em um experimento multitarefas, os participantes se concentraram em uma lista de palavras de um ouvido enquanto ignoravam a segunda lista apresentada verbal ou visualmente. As condições para a lista 1 e lista 2 eram, respectivamente: palavras faladas/palavras faladas; palavras faladas/palavras visuais. Os pesquisadores testaram a memória para ambas as listas, e a precisão foi maior para a condição palavras faladas/palavras visuais do que quando as listas eram compatíveis através dos sentidos. A mensagem é clara: você pode dividir a atenção entre múltiplas tarefas, desde que não sejam similares.

LEMBRE-SE

Uma dica para quando as tarefas interferirem uma na outra deriva do *modelo de memória de trabalho*, proposto por Alan Baddeley e Graham Hitch, em 1976, que contém componentes para processamento visual e material verbal. Esses dois componentes processam informações isoladas. Um *executivo central* (a parte de controle da memória de trabalho) controla o processamento dos dois componentes. As tarefas interferem umas nas outras apenas se usarem o mesmo componente da memória de trabalho ou quando são muito difíceis.

Forçando as coisas até o limite

Embora as pessoas consigam ser um pouco multitarefas (veja a seção anterior), há limites. Se você está em uma sala cheia de pessoas barulhentas, que estão se movimentando e discutindo o que assistiram na TV na noite anterior, planejar uma dissertação sobre psicologia cognitiva é quase impossível. Você simplesmente tem muita informação sensorial para filtrar.

LEMBRE-SE

Uma das explicações mais úteis de um *sistema de capacidade limitada* é o *controle executivo* (uma série de processos que permitem alternância de tarefas e foco; veja o Capítulo 8). Aqui, memória de trabalho e o *executivo central*, ou o *buffer episódico* (outro componente da memória de trabalho que conecta memória de curto e longo prazo), trabalham para planejar a estratégia das pessoas para completar tarefas (veja o Capítulo 8 para mais informações sobre memória de trabalho).

Uma pesquisa mostra que o controle executivo aloca recursos de atenção de uma tarefa para outra e inibe respostas automáticas. Psicólogos cognitivos descobriram que o controle executivo está fortemente relacionado a testes de inibição. O controle executivo também está relacionado à inteligência, sugerindo que pessoas mais inteligentes conseguem alocar atenção mais adequadamente do que as menos inteligentes.

ALTERNANDO DE UMA TAREFA PARA OUTRA

PAPO DE ESPECIALISTA

Na alternância de tarefas, os pesquisadores presumiam que era preciso terminar a primeira para começar a segunda. Mas uma experiência na qual os participantes recebiam duas tarefas simultâneas reforça que isso não é totalmente verdade. A primeira tarefa é identificar se um som está em tom alto ou baixo dizendo "alto" ou "baixo". A segunda tarefa é identificar a localização espacial de um quadrado (esquerda ou direita), pressionando os botões adequados do teclado do computador. Se você precisa completar a primeira tarefa antes de iniciar a segunda, o tempo total para executar ambas deveria ser igual ao tempo para realizar a tarefa 1 mais o necessário para a tarefa 2. No entanto, o estudo descobriu que o tempo total para realizar ambas as tarefas dessa forma é, na verdade, menor. Contudo, o tempo de reação para a segunda tarefa é maior quando acompanha a primeira tarefa do que se fosse apresentada sozinha.

A explicação para esse efeito é o *modelo bottleneck seleção de resposta:*

A ideia é simples: você não consegue pensar em como responder a uma tarefa específica antes de concluir a resposta para a anterior. Esse modelo explica diversos outros efeitos. Você pode variar a duração entre o início e o fim da primeira tarefa e o início da segunda (conhecido como *assincronia entre inícios de estímulos* ou AIE) sem afetar o tempo total de reação, já que a AIE dura apenas o tempo de processamento e de pensar na tarefa 1 (conhecido como *período refratário psicológico*). A lógica é que a resposta precisa ser iniciada para a primeira tarefa antes que o processo de tomada de decisão comece para a segunda.

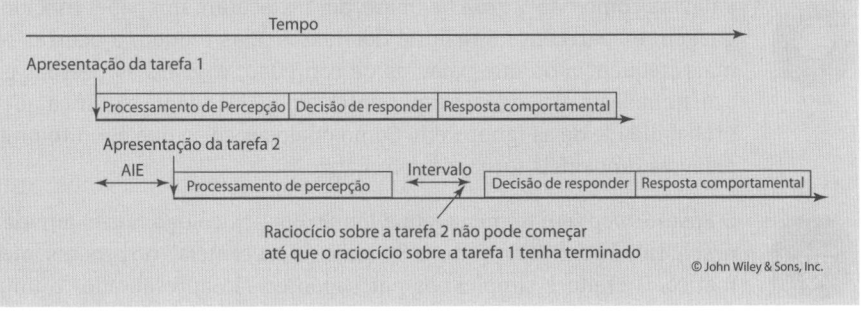

```
                                    Tempo
───────────────────────────────────────────────────────────────►
Apresentação da tarefa 1
    ↓
    │Processamento de Percepção│Decisão de responder│Resposta comportamental│

        Apresentação da tarefa 2
            AIE                        Intervalo
        ◄──────►│Processamento de percepção│◄────►│Decisão de responder│Resposta comportamental│
                                            ↑
                        Raciocínio sobre a tarefa 2 não pode começar
                        até que o raciocício sobre a tarefa 1 tenha terminado
```

© John Wiley & Sons, Inc.

Funcionando no Piloto Automático

Sua atenção pode estar sob controle voluntário — como quando você decide ignorar o toque do seu telefone assistindo a seu programa de TV favorito. Mas ela também pode ser automática — todo mundo já teve sua atenção atraída por um barulho alto ou uma aparência incomum. Algumas vezes, as pessoas simplesmente trabalham no "piloto automático" — por exemplo, um de nós (sem nomes, sem culpa!) acidentalmente foi para a faculdade um dia em vez de ir para uma entrevista, porque essa era a rotina matinal comum e ele estava muito sonolento para evitar o comportamento automático.

Em exemplos mais sérios, diversos pilotos de avião aterrizaram aparentemente se "esquecendo" de ativar o trem de pouso, fazendo o avião bater no chão. Em muitos desses casos, os pilotos simplesmente fizeram o checklist de aterrissagem no "piloto automático", sem prestar atenção.

Psicólogos usaram inúmeras ferramentas para investigar por que isso acontece. Nesta seção, abordamos quais fatores interferem na atenção e a prejudicam. Também determinamos os importantes efeitos que a prática causa na atenção.

Interferindo na atenção

O processamento automático pode afetar negativamente sua atenção. Quantas vezes a letra *d* aparece na seguinte frase?

Os arquivos finalizados são o resultado de anos de estudo científico agregado à experiência de muitos anos.

A resposta mais comum é quatro, mas a resposta correta é sete. Muitas pessoas perdem os "dês" quando eles ocorrem na palavra "de".

Palavras como "de", "o/a" e "para/por" executam um papel funcional na linguagem e aparecem na maioria dos textos. Elas tendem a ocorrer com muito mais frequência do que palavras de conteúdo, e assim as pessoas estão mais acostumadas a elas e mais experientes em lê-las, o que significa que há maior probabilidade de as ignorarem. Como qualquer coisa que é muito praticada, ler palavras funcionais torna-se automático.

O *Efeito Stroop* (em homenagem a Joh Stroop, psicólogo norte-americano que o descobriu) é conhecido como o "padrão de excelência" no processamento automático. O efeito é simples: os participantes são apresentados a uma série de palavras de cores (por exemplo, "VERMELHO"). A palavra pode ser impressa na mesma cor de seu significado (uma *condição congruente*) — por exemplo, a palavra "VERMELHO" exibida em tinta vermelha — ou em uma cor diferente de seu significado (uma *condição incongruente*) — por exemplo, a palavra

"VERMELHO" exibida em tinta verde. Os participantes devem nomear a cor na qual a palavra está impressa.

Os participantes consideram a condição incongruente muito mais difícil e demoram mais tempo para nomear as cores do que com a condição congruente: ler é tão automático que os psicólogos presumem que o significado da palavra prejudica a habilidade da pessoa de nomear a cor.

O *Efeito Simon* é um exemplo parecido de processamento automático. Uma tela é exibida aos participantes, na qual um símbolo está à esquerda ou à direita da tela. Eles precisam pressionar o botão esquerdo para um sinal específico (por exemplo, um "@") e um botão direito para o outro sinal (por exemplo, "#"). Se "@" aparecer à esquerda, o teste é considerado congruente, enquanto se aparecer à direita, incongruente (e vice-versa para "#"). O tempo de reação dos participantes para afirmar que o símbolo está presente demora mais para os testes incongruentes do que para os congruentes, sustentando que posições espaciais interferem na atenção.

Praticando para aperfeiçoar

A natureza da atenção muda com experiência e prática: peritos não apenas focam aspectos diferentes da tarefa, mas também realizam multitarefas melhor.

Dirigir é um exemplo óbvio. Motoristas novatos tendem a prestar mais atenção ao carro à frente deles e sua posição do que os experientes. Mas o último tende a prestar mais atenção a carros em laterais e cruzamentos (em posições em que carros tendem a fazer coisas inesperadas, como arrancar de repente).

Uma sugestão é que a prática torna a tarefa mais automática; e, assim, ela requer menos recursos de atenção. O controle executivo é fundamentalmente importante para impedir os processamentos automáticos ou quando eles estão indisponíveis. Então, quando uma conduta é bem realizada, se torna um hábito; como resultado, você não pensa sobre a ação.

Considere tocar violão: quando você aprende um acorde novo, precisa olhar para os seus dedos para posicioná-los no lugar correto. Mas depois de praticar o bastante, você simplesmente troca para aquele acorde sem olhar.

Outro aspecto simples de como a habilidade diminui sua atenção dos atos precisos envolvidos é através da segmentação (veja o Capítulo 8 para saber mais sobre esse conceito). A *segmentação* é o agrupamento de itens para recordar com mais facilidade.

Quando você está aprendendo o acorde C no violão, precisa seguir quatro passos: posicionar seu dedo indicador na corda "B", seu segundo dedo na "D", seu dedo anelar na "A" e então dedilhar todas, menos a corda "E". Eric Clapton, no entanto, ordena todos esses pequenos aspectos em uma instrução: "Tocar o acorde de C." Os recursos cognitivos para as quatro respostas são simplificados para criar uma resposta.

O psicólogo belga Bruno Rossion propõe que especialistas possuem um foco de atenção maior, permitindo que vejam mais estímulos de uma vez do que novatos.

Quando as Coisas Dão Errado: Distúrbios de Atenção

A atenção é crucial para a sobrevivência humana. Porém, existem condições psicológicas em que a habilidade de prestar atenção é severamente prejudicada. Nesta seção, damos uma olhada em dois distúrbios da atenção: negligência espacial e transtorno do deficit de atenção com hiperatividade.

Ignorando a esquerda: Negligência espacial

Não se preocupe, apesar do título, esta seção não será sobre política! *Negligência espacial* é um distúrbio de atenção relativamente comum e geralmente causado por danos ao lóbulo parietal direito (uma porção do cérebro em direção à lateral e à parte de trás da cabeça). Pacientes que sofrem com negligência espacial parecem não ver ou prestar atenção à metade do campo visual (geralmente o lado esquerdo — o lado oposto ao dano). Isto é, eles veem apenas o que está do lado direito de um objeto.

Testes de negligência espacial incluem o seguinte:

» **Tarefas de cancelamento:** Pacientes são solicitados a riscar todos os itens, mas tendem a riscar apenas aqueles de um lado (veja a Figura 7-4a).
» **Bisseção de linhas:** Pacientes são solicitados a marcar o meio da linha, mas tendem a marcar um lado da linha, como mostrado na Figura 7-4b.
» **Copiar:** Pacientes são solicitados a copiar uma imagem, mas tendem a copiar apenas metade da imagem, como a Figura 7-4c exibe.

Em todos os casos, os pacientes não detectam o que está do lado negligenciado. As coisas podem ser tão graves que alguns pacientes até barbeiam um lado de seus rostos e comem metade da comida no prato. Pacientes com negligência espacial não conseguem visualizar, imaginar ou até descrever o lado negligenciado de algo. Em um estudo, foi pedido a um paciente com negligência espacial para imaginar e descrever uma famosa praça em Milão. A pessoa descreveu as características do lado direito da praça. Quando pediram que imaginasse e descrevesse a praça do lado oposto, a pessoa descreveu novamente o lado direito. Claramente, alguém com negligência não tem problemas de percepção, mas sim de atenção.

Embora pacientes com negligência pareçam incapazes de prestar atenção a um lado, estão inconscientemente cientes do lado negligenciado. Os psicólogos britânicos John Marshall e Peter Halligan conduziram um estudo em que duas imagens foram entregues a um paciente PS: a casa A era um desenho normal de linha (veja a Figura 7-4c); a casa B era idêntica, exceto por ter chamas saindo de janela superior do lado negligenciado. Perguntaram a PS qual casa preferia. Em 15 dos 17 testes, PS escolheu aquela sem as chamas, mas não conseguia explicar sua preferência.

FIGURA 7-4: Testando para negligência espacial: a) Falha em riscar alguns itens; b) Falha em marcar o meio da linha; c) Falha em copiar a imagem toda.

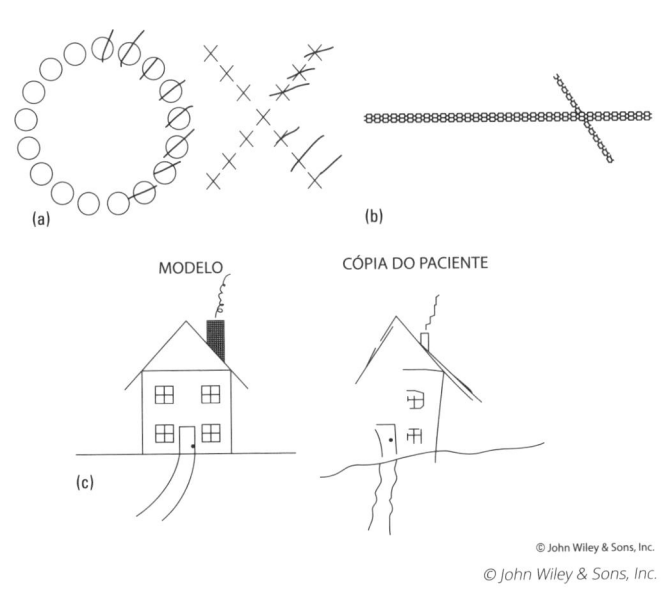

© John Wiley & Sons, Inc.

Pacientes com negligência espacial também conseguem identificar simetria no lado negligenciado. Essas descobertas sugerem que eles têm uma noção inconsciente do lado negligenciado. Em outras palavras, algumas coisas entram na mente das pessoas sem atenção e sem percepção conscientes.

Tendo problemas para prestar atenção: TDAH

O transtorno do deficit de atenção com hiperatividade (TDAH) é um distúrbio comum da infância. Ele ocorre em 3–5% de crianças ocidentais e é caracterizado por uma incapacidade de focar ou manter a atenção por um longo tempo, levando à inquietação e potencial agressão. Crianças com TDAH frequentemente interrompem os outros e são impacientes.

ALERTA DE JARGÃO

Testes cognitivos em crianças com TDAH geralmente envolvem modelos de vigilância, em que os participantes devem responder quando veem um estímulo específico (por exemplo, um quadrado) no meio de muitos outros estímulos (por exemplo, triângulos). Cada estímulo é apresentado um após o outro, com (crucialmente) o estímulo-alvo sendo apresentado com pouca frequência. Crianças com TDAH realizam esse tipo de tarefa muito mal. Elas nomeiam quadrados e triângulos com facilidade, entretanto, mostrando que o distúrbio se refere à sustentação da atenção.

Outro experimento pede que os participantes respondam pressionando um botão quando virem um "X" e uma tecla diferente quando virem um "O". Crianças com TDAH se saem bem nesse tipo de tarefa. É dada uma instrução de parar a resposta quando um som é executado ao mesmo tempo que o "X" ou o "O" ocorrem, em alguns casos (o *paradigma pausa-sinal*). Crianças com TDAH se mostraram menos propensas a parar nesses testes do que outras crianças, indicando que crianças com TDAH têm problemas em interromper suas respostas.

Um tratamento para TDAH é o estimulante metilfenidato, que torna o cérebro mais responsivo. A ideia é que o cérebro de crianças com TDAH precisa de mais estimulação para mostrar a mesma ativação de crianças sem TDAH. O metilfenidato faz crianças com TDAH terem um melhor desempenho em experiências pausa-sinal e as torna mais aptas a conseguirem inibir um comportamento.

PRESTANDO ATENÇÃO AO CÉREBRO

PAPO DE ESPECIALISTA

O córtex pré-frontal é a parte do cérebro na frente da cabeça crítica para a atenção. Ele recebe informações de partes do cérebro associadas à visão, audição e sentimentos. O córtex pré-frontal de crianças com TDAH mostra fluxo sanguíneo reduzido. Além disso, pessoas com danos ao córtex pré-frontal têm problemas com muitas tarefas que requerem atenção. Quando lhes pedem para combinar dois sons, se saem muito pior sob condições de distração do que as pessoas sem tais danos.

O córtex pré-frontal também foi associado a respostas inibidoras. Danos a essa parte do cérebro fazem as pessoas terem dificuldades em parar respostas para alguma coisa: por exemplo, se pessoas com TDAH veem algo incomum, podem indicar essa coisa mesmo se não perguntados. O córtex pré-frontal também está associado ao funcionamento executivo.

O lóbulo parietal (em direção à lateral e próximo à parte posterior da cabeça) também foi associado à atenção. Ele mostra maior ativação durante tarefas que demandam atenção e também direciona atenção, ativando partes do cérebro para receber uma informação específica. Por exemplo, se precisa procurar suas chaves, a atenção aumenta a ativação em áreas visuais do cérebro.

3 Cuidando da Sua Memória

NESTA PARTE...

Lembre-se de que a memória é crucial para a psicologia cognitiva.

Veja os modelos clássicos e mais recentes de memória de curto e longo prazo.

Analise como psicólogos cognitivos atualmente acreditam que o cérebro armazena memória e conhecimento.

Leia sobre o lamentável processo de esquecimento, em condições normais ou em casos mais sérios de amnésia.

NESTE CAPÍTULO

» Diferenciando os tipos de memória

» Explorando a memória de trabalho

» Controlando as funções executivas

Capítulo **8**

Onde Deixei Minhas Chaves? Memória de Curto Prazo

Imagine que esteja em uma noitada. Você dá de cara com uma pessoa linda, e como você mesmo é muito atraente (obviamente), vocês conversam e trocam números de telefone. Antes dos celulares e sua facilidade de armazenamento instantâneo, você precisaria gravar os números antes de escrevê-los. Para fazer isso, a maioria das pessoas os repete rapidamente várias vezes.

Essa técnica é um exemplo clássico de uso de sua *memória de curto prazo* (MCP para redatores preguiçosos) — a memória para coisas recentes. Os psicólogos geralmente a diferenciam da de longo prazo (MLP, o tema do Capítulo 9). (Embora alguns modelos de memória sugiram não existir distinção entre MCP e MLP, dependendo, em vez disso, do quão forte a informação se conecta a outra, eles são complexos e não tão comuns.)

Neste capítulo, abordamos a evidência de que a MCP e a MLP são de fato entidades separadas, descrevendo o modelo de multiarmazenamento de memória. Também vemos como a MCP opera e é usada no que diz respeito à sua memória de trabalho, que relacionamos à função executiva e à habilidade de tomar decisões importantes (até executivas). Não se preocupe, explicamos todos esses termos neste capítulo para relembrá-los — em curto prazo e no futuro!

Dividindo a Memória

Muitos psicólogos no início do século XX achavam que existia apenas um tipo de memória. Acreditavam que a memória estava associada ao aprendizado, e, depois que as *associações* (ligações entre diferentes ideias no cérebro) eram aprendidas, formavam uma parte permanente da memória. A única diferenciação que esses psicólogos faziam era que no início do aprendizado os rastros de memória eram mais fracos do que mais adiante.

Um filósofo norte-americano, no entanto, acreditava em dois tipos de memória. William James propôs a seguinte distinção:

» **Memória primária:** O conteúdo da consciência — no que você está pensando agora. Se lhe pedirmos para imaginar a pessoa mais bonita do mundo, a memória primária conterá a imagem dessa pessoa.

» **Memória secundária:** Todo o seu conhecimento armazenado, a maior parte do que não está pensando agora (como, por exemplo, qual é a aparência de todas as outras pessoas do mundo).

A distinção de William James entre os dois tipos de memória foi amplamente ignorada, até que os psicólogos norte-americanos Richard Atkinson e Richard Shiffrin a revisitaram. Eles criaram o modelo de multiarmazenamento de memória, que discutimos nesta seção — particularmente, como esclarece a MCP.

Conhecendo o modelo de multiarmazenamento de memória

A lógica por trás do *modelo de multiarmazenamento* é que o cérebro rapidamente codifica toda a informação que bombardeia seus sentidos (a *entrada ambiental*) no que é chamado de *registro sensorial*. Existe um registro sensorial para cada um dos cinco sentidos:

» **Memória icônica:** Visão
» **Memória ecoica :** Audição

- **Memória tátil:** Tato
- **Memória olfativa:** Olfato
- **Memória gustativa:** Paladar

LEMBRE-SE

Os registros sensoriais contêm uma cópia instantânea da entrada ambiental. Elas duram um curto período de tempo (menos que dois segundos) — todavia, sentidos diferentes têm durações distintas. A capacidade desses registros é ilimitada: eles fazem uma fotografia incrivelmente precisa do ambiente por um breve período de tempo. Mas seus conteúdos não estão disponíveis para sua consciência.

Quando você presta atenção a algo no ambiente, isso é transferido do registro sensorial para o depósito de memória de curto prazo. Essa atenção filtra a informação indesejada do ambiente e foca coisas relevantes que valem a pena processar (veja o Capítulo 7 para saber mais detalhes).

A Figura 8-1 mostra o modelo de memória e como ele diferencia o registro sensorial, a MCP e a MLP. A figura também detalha os processos envolvidos na transferência de informação entre esses depósitos.

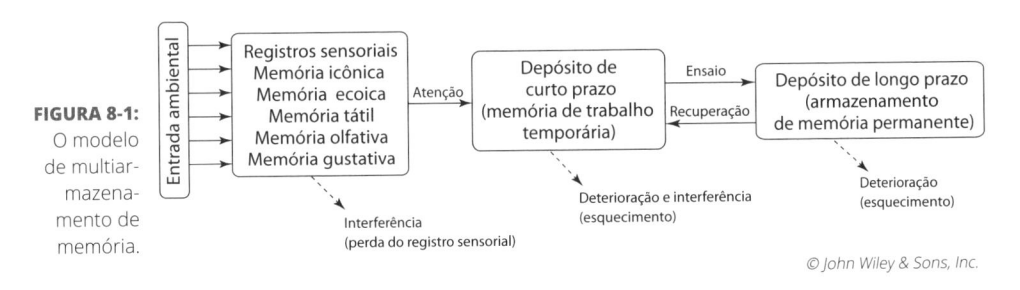

FIGURA 8-1: O modelo de multiarmazenamento de memória.

© John Wiley & Sons, Inc.

O modelo de multiarmazenamento desenvolvido a partir de pesquisa relativa a efeitos de primazia e recência:

- **Efeito de primazia:** Participantes que recebem listas de coisas para lembrar tendem a se lembrar de todos os itens do início da lista.
- **Efeito de recência:** Os participantes também tendem a se lembrar de todos os itens do final da lista.

LEMBRE-SE

Junto, esse padrão é chamado de *curva de posição serial*. Os psicólogos acreditam que essa tendência acontece porque os itens no final da lista ainda estão na MCP (então são fáceis de lembrar) e os itens no início da lista foram transferidos para a MLP. Mas itens no meio da lista não foram transferidos para a MLP e não permanecem na MCP, então são esquecidos.

O modelo de multiarmazenamento é tão popular que é frequentemente chamado de modelo de memória *modal* (comum ou normal).

Caracterizando a MCP

Você consegue diferenciar a MCP de depósitos sensoriais facilmente, porque a MCP está disponível para sua consciência. Seja o que for em que esteja pensando agora está em sua MCP (esperamos que sejam nas palavras das últimas duas frases; caso contrário, você está divagando!). A MCP é uma corrente de informação dinâmica e atualizada, o que significa que possui uma quantidade de características relacionadas à capacidade e duração.

Abastecendo a MCP

A memória de curto prazo é a parte ativa de sua memória e possui capacidade limitada: você não consegue armazenar muita informação em sua MCP de uma vez. Este fato é óbvio: em quantas coisas você consegue pensar simultaneamente? Uma? Duas?

Para responder a essa pergunta, recorremos ao pai da psicologia cognitiva, George Miller. Em 1956, ele publicou um dos artigos de pesquisa mais influentes de todos os tempos. Em um experimento que pode testar nos seus amigos, ele apresentou listas de palavras de diferentes tamanhos a seus participantes e simplesmente pediu que se lembrassem das palavras imediatamente após a última palavra ser apresentada. Ele descobriu que virtualmente todos os participantes conseguiam relembrar entre cinco e nove itens, o que o levou a concluir que a capacidade da MCP era o "número mágico 7 mais ou menos dois itens".

As experiências de Miller eram bem fáceis e ajudavam seus participantes a lembrar; como resultado, o número mágico sete pode ser superestimado. Pesquisas também mostram que quando apresentados a longas listas de palavras, os participantes tendem a relembrar apenas quatro itens na lista (além dos primeiros quatro). Os itens mais recentes na lista parecem substituir os mais antigos na MCP: em outras palavras, itens são removidos da MCP. Junto com outras evidências mais recentes, esses resultados sugerem que a capacidade real da MCP é de aproximadamente quatro itens.

O que queremos dizer com um "item"? Você pode pensar em um item como um dígito ou uma palavra, mas é assim que funciona? Tente lembrar a lista a seguir e, após 30 segundos, escreva o máximo de letras que conseguir:

NBCNASABBCAPAUKSTMLOLUSA

Se o número mágico sete de Miller mais ou menos dois está correto, você provavelmente lembrou essa quantidade de itens. Agora tente novamente, mas use a mesma lista da Figura 8-2. Provavelmente dessa vez você lembra a lista toda.

FIGURA 8-2: A segmentação melhora sua memória.

A lista original: NBCNASABBCAPAUKSTMLOLUSA

Uma lista segmentada: | NBC | NASA | BBC | APA | UK | STM | LOL | USA |

© John Wiley & Sons, Inc.

LEMBRE-SE A melhora se dá porque agrupamos os itens em grupos significativos. Logo, sua capacidade de MCP pode ser contabilizada pela quantidade de grupos no lugar de itens individuais.

Esperando pela MCP

Outro aspecto crítico na duração da MCP. Por quanto tempo você consegue manter itens em sua cabeça? Quando uma pessoa de que você gosta lhe dá seu número, quanto tempo depois você começa a esquecer os dígitos? Os psicólogos testaram essa situação usando listas de palavras (sim, novamente!).

LEMBRE-SE Os pesquisadores apresentaram uma série de palavras e pediram que os participantes a recordassem imediatamente após sua apresentação ou após vários intervalos. A recordação dos participantes é melhor imediatamente. Após 18–30 segundos, suas memórias para as palavras praticamente desapareceram, sugerindo esse período como sendo a duração da MCP: as informações nela desaparecem após aproximadamente 30 segundos.

DICA Você pode aumentar a duração da memória com ensaio. Repetindo os itens em sua cabeça muitas vezes, você aciona um *ensaio de manutenção*, que permite que a informação seja mantida em sua MCP por mais tempo. Se entrar em um *ensaio elaborativo* (veja o Capítulo 9), a informação é transferida da MCP para a MLP. Essa tendência também está relacionada aos efeitos de primazia e recência que abordamos na seção anterior, "Conhecendo o modelo de multiarmazenamento de memória".

Retardar a recordação elimina o efeito de recência, porque itens na MCP permanecem por um período muito limitado. Isso também permite que outras coisas substituam o que está na MCP (interferência). Fazer os participantes contarem regressivamente quando estão lendo a lista de palavras (um exemplo de *supressão articulatória*, em que falar ao mesmo tempo que aprende reduz a memória) evita que ensaiem a informação e elimina o efeito de primazia.

Fazendo Sua Memória Trabalhar

A maioria dos psicólogos cognitivos acredita que sua MCP é muito mais do que um simples depósito de curto prazo de informação; eles acreditam que ela está *trabalhando* — fazendo alguma coisa. Alan Baddeley e Graham Hitch, psicólogos cognitivos britânicos, criaram um dos modelos de MCP mais aceitos no mundo — o modelo de *memória de trabalho* (veja a Figura 8-3).

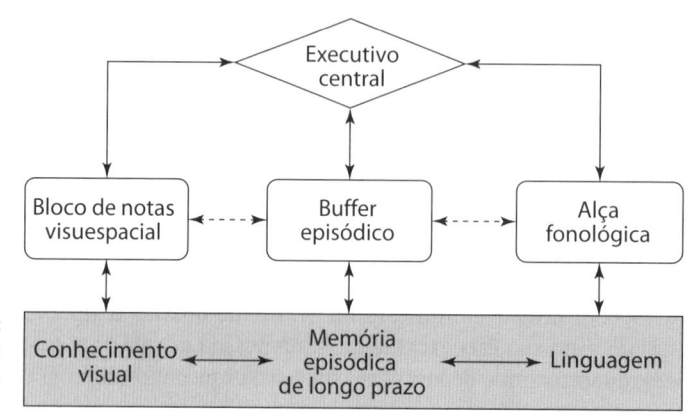

FIGURA 8-3: O modelo e a memória de trabalho.

[Diagrama: Executivo central conectado a três componentes — Bloco de notas visuespacial, Buffer episódico e Alça fonológica. Esses três se conectam, respectivamente, a Conhecimento visual, Memória episódica de longo prazo e Linguagem.]

© John Wiley & Sons, Inc.

O modelo de memória de trabalho contém um executivo central que controla a atenção e três componentes de armazenamento: a alça fonológica, o bloco de notas visuoespacial e o buffer episódico. Descrevemos cada um desses componentes, incluindo como operam e a prova de que existem, e como os psicólogos medem a quantidade de memória de trabalho de uma pessoa.

Armazenando e repetindo sons: A alça fonológica

ALERTA DE JARGÃO

A *alça fonológica* é geralmente descrita como o ouvido da mente: é como as pessoas conseguem armazenar e processar sons. Pense nisso como sua voz interior (a voz que realmente parece boa quando você está no chuveiro!).

Fundamentos da alça fonológica

A alça fonológica inclui dois componentes:

» **Um depósito fonológico:** Um estoque de capacidade muito limitada para sons (geralmente associado à linguagem).

» **Um mecanismo de ensaio articulatório:** Um processo em que você, verbal e silenciosamente, repete palavras que escutou.

DICA

Informações armazenadas na alça fonológica só podem ser detidas por alguns segundos antes de cair no esquecimento ou desaparecer. A informação armazenada pode ser substituída por nova informação também. Portanto, a quantidade de informação que você consegue reter em sua MCP é limitada.

Alça fonológica em ação

Duas fontes principais de evidência certificam que a alça fonológica existe:

» **Efeito de similaridade fonológica:** Um pouco estranho, mas a essência significa que os participantes se lembram de listas de palavras que parecem ter sons iguais (por exemplo: "carro", "gato", "gaita", "barro") de forma muito menos precisa do que listas de palavras que parecem bem diferentes (por exemplo: "dia", "vaca", "sopa", "pé"). Esse efeito ocorre sejam as palavras apresentadas visual ou verbalmente, sugerindo que as palavras devem ser *subvocalizadas* (silenciosamente repetidas em sua cabeça) para ganhar acesso à memória: é preciso murmurar as palavras para armazená-las.

Se lhe for pedido para envolver-se em supressão articulatória (por exemplo, contar regressivamente) ao mesmo tempo, o efeito de similaridade fonológica desaparece para palavras apresentadas visualmente. Esse resultado atesta que palavras apresentadas verbalmente têm acesso direto ao depósito fonológico, mas você precisa falar alto as palavras apresentadas verbalmente para obter acesso a ele.

MEDINDO A MEMÓRIA DE TRABALHO

Os psicólogos desenvolveram vários testes para medir a memória de trabalho e seus componentes diferentes, geralmente apresentando listas de palavras aos participantes e testando a memória para elas. Entretanto, essa abordagem possui a limitação de testar apenas a memória verbal. Portanto, eles criaram muitos outros testes:

- *Para medir a alça fonológica:* O teste de amplitude de memória envolve participantes escutarem uma sequência de números e serem pedidos a lembrá-los. A quantidade de dígitos apresentados aumenta até que o participante falhe.

- *Para medir o bloco de notas visuoespacial:* O teste de blocos de Corsi envolve participantes serem apresentados a uma série de blocos coloridos ou estampados em uma ordem específica. Depois, lhes é pedido para lembrar a ordem na qual os blocos foram apresentados.

- *Para medir o buffer episódico:* Pesquisadores usam muitos testes de pesquisa visual diferentes envolvendo unir o estímulo a ser encontrado com uma ou várias características.

- *Para medir o executivo central:* No teste de amplitude de operação, os participantes precisam lembrar uma sequência de duas a oito palavras ou letras apresentadas. Os participantes recebem um quebra-cabeça matemático para resolver. Portanto, precisam completar duas tarefas ao mesmo tempo. Suas recordações das palavras ou letras são então calculadas.

» **Efeito de comprimento de palavra:** Os participantes recordam listas de palavras curtas com muito mais precisão do que listas de palavras longas (mesmo se a quantidade de palavras nas listas for a mesma), porque as mais longas utilizam muito da capacidade da alça fonológica.

A memória de longo prazo e o conhecimento armazenado influenciam muito a alça fonológica. As pessoas conseguem lembrar mais de palavras do que itens que não são palavras ou palavras em outro idioma quando recebem listas para memorizar. Sons familiares parecem ser armazenados com maior facilidade na alça fonológica e assim precisam ser conectados ao depósito de MLP (veja a Figura 8-1).

A alça fonológica é crucial para aprender novos idiomas (quando criança ou um estudante de um segundo idioma). Em sua língua nativa, você tem experiência o bastante com os sons da fala e palavras; assim, armazenar as palavras ditas requer pouco esforço. Ao aprender novas línguas, no entanto, você não está familiarizado com as palavras e os sons, portanto, precisa armazenar mais sons em sua alça fonológica. O sistema de ensaio articulatório significa que quando você escuta uma palavra nova, tenta murmurá-la. Esse ensaio permite que a palavra seja transferida para sua MLP.

Algumas evidências sugerem que o depósito fonológico está localizado na parte do cérebro chamada *córtex parietal inferior esquerdo*, atrás da orelha esquerda. O córtex frontal inferior esquerdo (na frente da orelha esquerda) foi identificado como a região associada ao ensaio articulatório.

Desenhando e imaginando: O bloco de notas visuoespacial

O *bloco de notas visuoespacial* é basicamente o mesmo que a alça fonológica da seção anterior, mas para estímulos apresentados visualmente.

Fundamentos dos blocos de notas visuoespaciais

O termo criado para esse componente combina duas palavras reais (visual e espacial), porque age como depósito e unidade de processamento para imagens visuais e informação espacial, mas lida com suas memórias separadamente:

» **Memória espacial:** Compreender onde algo está no mundo — por exemplo, conseguir lembrar onde as coisas estão no seu quarto. Tal informação espacial pode ser disponibilizada visualmente ou a partir de outros sentidos, incluindo tato e som, tornando esse componente da memória de trabalho multimodal (potencialmente envolvendo muitos sentidos).

» **Memória visual:** Ter uma imagem de alguma coisa, como o rosto de alguém conhecido.

DICA: O bloco de notas visuoespacial inclui a imaginação: quando você imagina o rosto do seu melhor amigo, a imagem é conduzida a seu bloco de notas visuoespacial.

Bloco de notas visuoespacial em ação

A distinção entre visual e espacial é respaldada pelo fato de o cérebro processar informação espacial de forma diferente de informação apenas de imagem (veja o Capítulo 4). Combinar informação espacial e visual significa que você consegue lembrar sequências de ações para aprender habilidades motoras: por exemplo, aprender um novo jogo para computador, como Super Mario Bros (esse é novo, não é?), envolve aprender a clicar nos botões corretos em uma sequência específica. Você precisa manter as localizações espaciais (onde o Koopa Troopa está posicionado em relação ao Mario), a sequência temporal (quando o Koopa Troopa se vira pronto para o Mario pular em sua cabeça) e a imagem (a plataforma completa) em sua memória de trabalho ao mesmo tempo. É um processo incrivelmente complexo!

LEMBRE-SE: As evidências para o bloco de notas visuoespacial resultam de dados apontando que completar duas tarefas visuais ao mesmo tempo é muito difícil. Por exemplo, se os participantes precisam simplesmente assistir a uma bola se movendo pela tela, eles atuam com menos precisão quando são solicitados a imaginar uma rota ao redor de uma universidade ao mesmo tempo do que quando são solicitados a memorizar palavras simultaneamente.

Uma evidência considerável indica que o bloco de notas visuoespacial é separável da alça fonológica. A supressão articulatória (veja a seção anterior, "Esperando pela MCP") tem um efeito muito menor em tarefas visuais do que em verbais. Além disso, alguns pacientes possuem uma alça fonológica intacta, como medida pelo teste de amplitude de dígitos, mas um esboço visuoespacial comprometido, como medido pelo teste de blocos de Corsi (veja o box anterior, neste capítulo, "Medindo a memória de trabalho"). Alguns pacientes possuem o padrão reverso (manifestando uma dissociação dupla; veja o Capítulo 1).

Dois componentes do bloco de notas visuoespacial paralelos à alça fonológica da seção anterior são:

» **Armazenador visual:** Um depósito passivo de informação, como uma tela que captura a informação sobre a qual você está pensando. Quando você imagina algo, a imagem armazenada está no armazenador visual (visual cache) — como a tela de um artista.

» **Mecanismo espacial:** A parte ativa do bloco de notas visuoespacial, em que você planeja movimento. Está principalmente relacionada à informação espacial e sequência de ações. O mecanismo espacial (inner scribe) é facilmente interrompido pelo movimento espacial e é o processo pelo qual as imagens são levadas ao armazenador visual. Pense nele como o pintor.

Recordando memória de longo prazo: O buffer episódico

O *buffer episódico* liga a memória de trabalho à MLP, e é como a informação da memória (em qualquer sentido) é levada para a percepção consciente. Ele também é um depósito temporário de informação da MLP para ser acessado.

Fundamentos do buffer episódico

O buffer episódico conecta informação a outros componentes da memória de trabalho para que processem informação de forma mais confiável. Unir conhecimento de linguagem de MLP à alça fonológica permite que você interprete o que as pessoas dizem muito mais rápido do que sem essa ligação.

Buffer episódico em ação

O buffer episódico integra ou une informações em episódios discretos. O processo de *ligação* é altamente automático e não requer muito processamento do executivo central (veja a próxima seção). Ele é apresentado de duas formas:

» **Ligação estática:** Liga dois elementos sensoriais que tendem a ocorrer juntos, como laranja laranja (isto é, a cor laranja e a fruta!). Ver as duas características juntas frequentemente significa que se tornam ligadas como um conceito.

» **Ligação dinâmica:** Requer muito mais atenção do que ligação estática, envolve unir características subjetivas e pode ser a base da imaginação. Portanto, a ligação dinâmica pode ser o que você quiser, até uma laranja rosa com pontos azuis voando pelo céu azul com um sol roxo (você entendeu a ideia!)

Considerando que o buffer episódico liga todos os componentes da memória de trabalho, ele processa todos os diferentes sentidos (*modalidades*). Também possui capacidade de armazenamento limitada e pode combinar ou unir através dos sentidos, bem como dentro deles, e unir novas informações com informações armazenadas na MLP.

Apresentando o diretor de administração: O executivo central

O *executivo central* é o processador central da memória de trabalho. Ele é a unidade de controle que guia cada uma das outras partes da memória de trabalho e é frequentemente considerado a força condutora na atenção (veja o Capítulo 7 para mais informações sobre atenção). Como um processador central de um computador, ele tem capacidade limitada: pode dedicar recursos para cada um dos subcomponentes da memória de trabalho, mas apenas se tiver recursos adicionais. Seu nome (executivo central) revela sua importância fundamental. Suas funções são chamadas de *funções executivas*.

Fundamentos do executivo central

O executivo central possui três funções centrais:

» **Para focar atenção em uma tarefa específica:** O executivo central assegura que tarefas complexas sejam focadas e distrações, ignoradas, como ler um livro fascinante sobre psicologia cognitiva e ignorar GOT na TV! Seu executivo central coloca seu esforço na leitura, enquanto bloqueia outros aspectos do ambiente (para saber mais sobre isso, veja a seção mais adiante, "Focando sua atenção").

» **Para alternar entre tarefas diferentes:** Às vezes você precisa alternar rapidamente entre tarefas; por exemplo, enquanto cozinha e uma criança corre chorando em sua direção porque se machucou. Seu executivo central mantém um olho na informação da qual foi bloqueado, esperando por algo que exija a atenção de volta (para saber mais, preste atenção na seção mais adiante "Alternando atenção").

» **Para dividir atenção entre tarefas diferentes:** Algumas vezes você só precisa fazer duas coisas simultaneamente, como assistir à TV enquanto faz seu dever de casa. Seu executivo central calcula quanto de seus recursos podem ser alocados para uma tarefa e quanto para a outra (a seção "Focando sua atenção", mais adiante, tem mais detalhes.

Uma maneira de explorar o executivo central é usar *procedimentos de dupla tarefa*, em que os participantes precisam completar uma tarefa enquanto são distraídos por outra. Se os pesquisadores conseguem encontrar uma tarefa que seletivamente interrompe um componente da memória de trabalho, mas não outros, encontram evidências para a existência de componentes separáveis.

Em uma experiência, os psicólogos avaliaram a performance das pessoas enquanto jogavam xadrez (os participantes, não os pesquisadores!) durante três tarefas secundárias diferentes: a supressão articulatória (afetando a alça fonológica) ou o toque de dedos (afetando o bloco de notas visuoespacial) não afetaram muito o xadrez; mas tentar pensar em números aleatórios, sim, porque é um processo executivo — como jogar xadrez.

Executivo central em ação

Dada a importância das funções centrais do executivo, você pode pensar que ele faz muita coisa. De fato, é o mais misto dos processos. Algumas tentativas foram feitas para unificar os processos em um modelo complexo de funcionamento executivo (você foi avisado!). Esse modelo é chamado de *sistema de atenção supervisor* (veja a Figura 8-4).

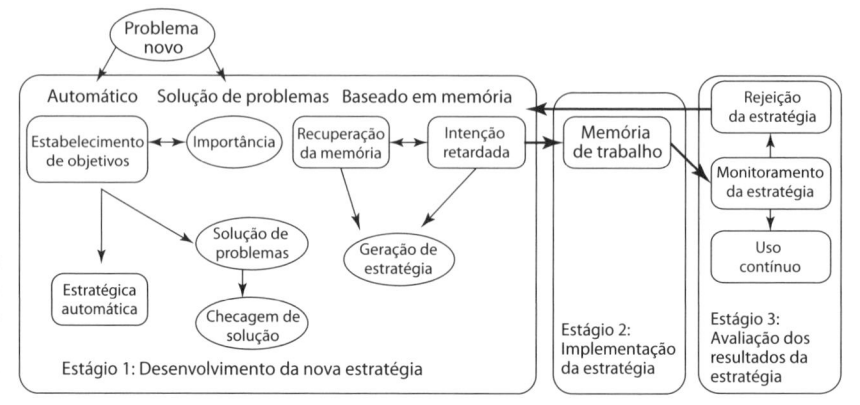

FIGURA 8-4: Os três estágios do sistema de atenção supervisor.

Problema novo

Estágio 1: Desenvolvimento da nova estratégia
- Automático / Solução de problemas / Baseado em memória
- Estabelecimento de objetivos ↔ Importância
- Recuperação da memória ↔ Intenção retardada
- Solução de problemas
- Geração de estratégia
- Estratégica automática
- Checagem de solução

Estágio 2: Implementação da estratégia
- Memória de trabalho

Estágio 3: Avaliação dos resultados da estratégia
- Rejeição da estratégia
- Monitoramento da estratégia
- Uso contínuo

© John Wiley & Sons, Inc.

LEMBRE-SE

O sistema de atenção supervisor é um modelo relacionado a como o executivo central é empregado quando apresentado a uma nova tarefa. Basicamente, o sistema de atenção supervisor gerencia tarefas rotineiras; quando as coisas são mais complicadas, o executivo central assume. Ele possui três estágios, cada um com processos diferentes:

1. **Constrói novas regras ou planos comportamentais:** É subproduto de um grupo de objetivos e elabora estratégias para resolvê-los. Esse processo envolve processamento automático, resolução de problemas ou recuperação de MLP.

2. **Implementa a estratégia:** O processo central da memória de trabalho.

3. **Confere e verifica se as estratégias funcionaram:** Esse estágio de conferência resulta no uso contínuo da estratégia ou na elaboração de uma nova, possivelmente usando um subprocesso diferente do Passo 1. Em outras palavras você pode utilizar um processo automático, descobrir que ele não funciona e gerar uma nova estratégia baseada em informações da MLP

Evidências potencialmente colocam a atividade do executivo central no *córtex pré-frontal dorsolateral* (localizado próximo à base da parte frontal do cérebro, à direita de cada olho).

Calculando sua memória de trabalho

MUNDO REAL

A memória de trabalho de curto prazo é crucial. As habilidades de controlar sua atenção, focar coisas relevantes, ingressar em conversas com seus amigos, dirigir, jogar futebol, estudar, e assim por diante, dependem de sua memória de trabalho. Seu envolvimento em conversas mostra que até a psicologia social depende dela: você precisa conseguir focar a pessoa certa com quem vai falar, se lembrar de informações relevantes para a conversa, vocalizar e discuti-la, enquanto inibe as informações irrelevantes.

ALERTA DE JARGÃO

Claramente, memória de trabalho é vital, o que sugere que todas as pessoas possuem essa habilidade. Mas, de fato, as pessoas precisam ter diferenças individuais significantes em suas capacidades e habilidades de memória de trabalho. Os psicólogos usam vários testes para calcular a *amplitude da memória de trabalho* — uma medida de quanto a memória de trabalho realmente possui. Está altamente correlacionado à inteligência.

Um exemplo do tipo de tarefa que se relaciona com a amplitude da memória de trabalho é a *tarefa antisacádica*. Nela, alguma coisa aparece em uma tela. Os participantes são instruídos a olhar para ela ou para o lado oposto da tela. As pessoas instintivamente olham para o objeto que aparece. Impedir (inibir) que você olhe para esse objeto é bem difícil. Os participantes com maior capacidade de memória de trabalho são mais aptos a realizar essa segunda condição do que aqueles com menor capacidade de memória de trabalho.

MUNDO REAL

A amplitude de memória de trabalho se altera com a idade. A memória de trabalho se desenvolve lentamente durante a infância, chegando à estabilização durante os vinte e poucos anos, e decai na fase adulta. Consideravelmente, a amplitude da memória de trabalho prediz a habilidade de compreender textos e, portanto, a performance educacional de crianças (mesmo se o teste de memória de trabalho for feito cinco anos antes das provas finais!). Também se relaciona com tarefas de raciocínio e até prevê performance em pilotos da força aérea.

A memória de trabalho pode ser vitalmente importante, mas o que a amplitude da memória de trabalho avalia? Uma ideia é que se baseie em velocidade de processamento e na capacidade dos neurônios no cérebro em associação com a memória de trabalho. As pesquisas mostram que pessoas com maior amplitude de memória de trabalho parecem mostrar menos respostas cerebrais durante tarefas complexas, indicando que seus neurônios são mais eficientes do que daquelas com menor amplitude de memória de trabalho.

Processando Sua Memória — Executivamente

No modelo de memória de trabalho, o executivo central é considerado o processador das três tarefas executivas (veja "Apresentando o diretor de administração: O executivo central", neste capítulo). Outras habilidades executivas também estão relacionadas à memória de trabalho, mas a evidência é confusa.

Nesta seção, revisamos todo o leque de processos executivos e os relacionamos à parte do cérebro mais evoluída: os lóbulos frontais.

Focando sua atenção

Atenção executiva envolve atenção em uma tarefa específica ou em várias tarefas em questão. Ela também é vital para resolver conflitos (e não queremos dizer brigas entre crianças!). *Resolução de conflito* nesse caso é quando duas potenciais respostas concorrentes existem para uma tarefa em particular. Um dos seus processos executivos refere-se a qual potencial resposta concorrente precisa ser realizada.

Alguns exemplos ajudam aqui. Veja o Capítulo 7 e leia sobre os efeitos Stroop e de Simon (não se preocupe, esperaremos você voltar). Nesses testes, o sistema de atenção deve focar características relevantes da tarefa. Focar requer muita atenção executiva se ela envolver anular um processo automático.

Imagine que, por algum motivo, você não pegue o caminho padrão para ir à escola ou trabalho. Seu sistema de atenção precisa anular a rota automática para seu destino e permitir que você vá para onde precisa (ao médico, talvez).

Para concluir esse objetivo, o sistema executivo exige dois processos:

- » **Um monitor de conflito:** Para identificar um conflito entre seu objetivo e um processo automático (está localizado no *cingulado anterior*, a parte frontal do cérebro, mas aproximadamente uma polegada ou mais do crânio).
- » **Um controlador de atenção:** Para direcionar o recurso de atenção para características relevantes da tarefa (localizado no *córtex pré-frontal dorsolateral*, que é a parte do cérebro perto da base frontal, do lado de cada olho).

A atenção executiva também é vital para categorizar objetos. Ela age como uma ligação entre sistemas perceptivos e depósito de memória. Portanto, é a parte do sistema cognitivo responsável pela consciência.

Alterando a atenção

Alternar a atenção de uma tarefa importante para outra é uma função executiva relevante. Os psicólogos cognitivos usam a *tarefa de alternância* para avaliar a comutação de tarefas. Uma simples tarefa é apresentada aos participantes, como apertar "C" quando um número ímpar aparecer na tela e quando números pares aparecerem. Às vezes, e menos frequentemente, os números estão em vermelho. Nesses casos, os participantes devem responder com as teclas opostas àquelas com as quais praticaram, e tendem a demorar mais para responder.

Esse *custo de alternância* se deve ao fato de que quando os participantes iniciam uma tarefa desenvolvem um conjunto de regras ou estratégias que estão empregando. Se as regras precisarem ser modificadas repentinamente, o sistema executivo dos participantes deve ser ativado, o que leva algum tempo (cerca de meio segundo).

Considere como o custo de alternância afeta pilotos. Eles iniciam a aterrissagem de um avião quando, de repente, um alarme dispara e precisam alternar a atenção de uma tarefa complexa para outra e voltar novamente para certificar que configuraram o avião devidamente. Levar meio segundo extra para reagir nessa situação pode ser fatal.

Ignorando o que não é importante

Inibição é uma das funções executivas mais importantes: não se trata de evitar mostrar suas pernas na praia, mas a habilidade de ignorar informações importantes. A inibição de resposta em específico é a habilidade de impedir que uma resposta já elaborada aconteça.

O teste Go/No-Go (Vá/Não-vá) é um simples teste para avaliar inibição de resposta. Os participantes recebem grupos de uma letra (digamos X) e devem responder sempre que vê-las. Também precisam responder se veem a letra Y. O teste envolve mais X do que Y. Os participantes cometem erros nesse teste, geralmente, respondendo ao Y sem intenção.

Uma falta de inibição foi sugerida em uma quantidade de distúrbios clínicos, incluindo esquizofrenia, distúrbio do deficit de atenção com hiperatividade e transtorno obsessivo-compulsivo. Também está envolvida no comportamento infantil — quando as crianças simplesmente agem sem considerar suas ações. A habilidade de inibição se desenvolve lentamente e não está totalmente desenvolvida até a pessoa chegar aos vinte e poucos anos.

Há muito debate sobre a inibição ser uma única coisa ou se existem muitos tipos diferentes. Centenas de testes diferentes a avaliam; no entanto, nem todos se relacionam, o que sugere a existência de tipos diferentes de inibição:

- **Inibição motora:** Inibição de uma resposta motora elaborada
- **Inibição oculomotora:** Inibição de movimentos dos olhos
- **Interferência cognitiva:** Inibição como resultado de fontes cognitivas de informação concorrentes
- **Atenção sustentada:** Inibição devido a fixar muita atenção em uma tarefa

A inibição de resposta é um tipo especial de foco de atenção e envolve áreas adicionais do cérebro, incluindo o *córtex orbitofrontal*, logo abaixo do córtex pré-frontal dorsolateral.

Programando e planejando

MUNDO REAL — Certos tipos de planejamento são uma função executiva e um desafio. Por exemplo, quando você cozinha um assado no domingo precisa garantir que as batatas assadas estejam prontas ao mesmo tempo que a carne, os brócolis, o recheio e os pudins Yorkshire (tente conter a água na boca, por favor!).

Os psicólogos cognitivos chamam planejar, nessa acepção, de sequenciar, e você pode analisar isso dando a participantes uma sequência de letras para memorizar. Você testa os participantes em suas memórias para a letra que vem após aquela que lhes foi apresentada. Essa tarefa exige que eles lembrem a ordem das letras apresentadas. Os participantes consideraram essa tarefa muito mais difícil do que simplesmente reconhecer se a letra estava na lista que viram.

DICA — A maneira como os processos executivos das pessoas codificam ordem é unindo ou identificando a informação de ordem do item. Em outras palavras, quando lhe é apresentada uma letra, você a codifica e a ordem na qual foi apresentada.

Monitorando a si próprio

LEMBRE-SE — Para assegurar que você não se comporte de maneira estranha, como todas as outras pessoas, precisa monitorar seu comportamento e sua fala. *Monitoramento* é mais complexo do que outras funções executivas: envolve estar atento a si mesmo, sua performance e como a performance deveria ser. Além disso, acontece ao mesmo tempo que o processo a ser monitorado.

Um teste de monitoramento consiste em dar seis objetos aos participantes. No primeiro teste, eles apontaram para um objeto. No seguinte, devem apontar para um objeto diferente. No outro, apontam para um diferente e assim por diante. Essa tarefa exige lembrar (monitorar) o que eles acabaram de fazer. Pesquisas mostram que pessoas com danos em seus lóbulos frontais têm dificuldades nessa tarefa.

Outra fonte de monitoramento é olhar para os próprios erros. Quando você está finalizando uma tarefa, como escrever um livro, fica propenso a cometer pequenos erros, tipográficos ou gramaticais (cometemos apenas dois ao escrever essa frase!). O sistema de monitoramento verifica constantemente o que você está fazendo e corrige o erro interrompendo a tarefa atual e instigando uma medida corretiva (como alcançar o botão Delete).

PAPO DE ESPECIALISTA — Algumas evidências interessantes sugerem que o cérebro está ciente dos próprios erros logo após cometê-los. Uma única resposta medida por eletroencefalografia, chamada de *negatividade relacionada ao erro*, ocorre apenas 100 milissegundos (um décimo de um segundo) após o erro ser cometido, mostrando a rapidez com que o cérebro detecta erros.

Vendo onde tudo acontece: Os lóbulos frontais

Pesquisas revelam o papel dos seus lóbulos frontais (do seu cérebro, não de suas orelhas!) para grande parte dos processos executivos que descrevemos nesta seção.

Seus lóbulos frontais são parte de uma rede de estruturas cerebrais envolvidas em atenção e inibição, conhecida como *rede parieto-frontal*, porque ela inclui o córtex parietal e os lóbulos frontais. Essas regiões interagem para produzir a ampla variedade de efeitos de atenção e inibição que definem os processos executivos.

LEMBRE-SE Atenção e inibição devem trabalhar juntas: focar atenção exige inibir distração irrelevante em torno do item a ser focado. Isso enfatiza como a rede para funcionamento executivo é ampla.

Estudos extensivos em neuroimagem mostram que virtualmente todas as tarefas que exigem processos executivos ativam os lóbulos frontais — que também envolvem personalidade.

QUANDO ALGO DÁ ERRADO: SÍNDROME DISEXECUTIVA

A *síndrome disexecutiva* acompanha danos limitados aos lóbulos frontais de uma pessoa. Tipicamente, danos aos lóbulos frontais não afetam muito a memória ou inteligência, mas têm efeitos severos no funcionamento mental. Pessoas com danos nos lóbulos frontais normalmente não manifestam os processos executivos que descrevemos neste capítulo.

Uma pessoa com síndrome disexecutiva não consegue focar sua atenção. É facilmente distraída e tem dificuldade em manter conversas, porque começa a falar sobre qualquer coisa que chega à mente. A síndrome disexecutiva também está associada à inabilidade de alternar de uma tarefa para outra com facilidade. Doentes também não conseguem inibir, o que significa que se comportam de formas que os outros consideram ofensivas: eles não interrompem a si mesmos ao dizer algo ofensivo e inventam histórias. Sequenciar e planejar também são atividades quase completamente ausentes em alguém com essa síndrome. Com treinamento extenso, regras e tarefas simples podem ser completadas, mas qualquer planejamento complexo é impossível.

Além disso, danos aos lóbulos frontais fazem as pessoas terem pouca noção da própria condição: elas não conseguem se monitorar. Como resultado, não estão cientes de como se vestiram de manhã ou como se barbearam (podem até não fazer isso sem ajuda). Alguém com síndrome disexecutiva dificilmente inicia comportamentos ou planos.

NESTE CAPÍTULO

» Vendo como psicólogos classificam memórias de longo prazo

» Armazenando e recuperando memórias

» Perdendo memórias de longo prazo

Capítulo 9
Você Não Lembra o Dia do Nosso Casamento? Memória de Longo Prazo

Sua memória é impressionante. Pense em todas as coisas que você lembra e sabe — até tentar lembrar a quantidade de coisas que sabe é impossível. Você tem habilidades, acontecimentos, fatos, palavras, pessoas e muito mais armazenado em sua memória de uma vida de experiências. Na essência, este capítulo é dedicado a como seu cérebro armazena e acessa toda essa informação.

Imagine que está em uma prova, respondendo uma questão sobre memória: como você lembra o que escrever? Embora essa pareça ser uma questão simples, na verdade, não é. Primeiro, você precisa acessar sua memória, encontrando (nós esperamos!) algumas memórias armazenadas. Segundo, precisa usar sua memória para escrever e encontrar as palavras para que possa escrever a resposta.

LEMBRE-SE

A memória é muito mais complicada do que imagina. Não é um simples depósito passivo de informação, mas uma coleção ativa de diferentes processos em contínua mudança.

No Capítulo 8, discutimos o modelo de multiarmazenamento de memória; a primeira parte envolve memória de curto prazo (MCP). A segunda parte do modelo é a memória de longo prazo (MLP), que abordamos aqui. Memórias de longo prazo são aquelas que você guardou em sua cabeça por um bom tempo.

Psicólogos cognitivos identificaram muitos tipos, classificações e processos envolvidos em MLP. Analisamos como os tipos diferentes de processamento levam a um melhor armazenamento de memória, os tipos distintos de MLP e como você armazena e recupera memórias. Também falamos sobre quando a memória falha, como em casos em que danos cerebrais causam deficit na MLP.

Aprofundando: Níveis de Processamento de Memória

Ao pensar na MLP, você pode se perguntar: Como a informação chega lá? Qual processamento permite lembrar a informação por um longo período?

Para ajudar a entender os processos da memória, Fergus Craik (psicólogo cognitivo britânico) e Robert Lockhart (psicólogo canadense) criaram uma abordagem inédita em 1972. A maior parte das pesquisas até aquele momento havia examinado a memória como uma série de estágios ou componentes sem olhar para como as coisas se movimentavam entre eles. Craik e Lockhart criaram e sugeriram a elaboração da estrutura de processamento de memória em níveis.

DICA

Nós a chamamos de estrutura, em vez de teoria, porque é um modelo descritivo e não faz previsões sobre o que exatamente é o processamento profundo. Contudo, é um belo modelo simples que suportou o teste do tempo e pode ser usado para ajudá-lo a aprender coisas.

ALERTA DE JARGÃO

Com a *estrutura de níveis de processamento*, quanto mais profundamente as pessoas acessam algo, maior a probabilidade de se lembrarem daquilo. O processamento profundo também é conhecido como processamento elaborativo, porque envolve pensar na informação a ser lembrada (ao contrário de superficial, processamento em nível de superfície).

Para destacar a diferença, Craik e Lockhart pediram que participantes aprendessem uma série de palavras de três maneiras diferentes:

» **Codificação estrutural:** Declarar se a palavra estava em itálico ou não.
» **Codificação fonética:** Considerar se rimava com outra palavra ou não.
» **Codificação semântica:** Avaliar se pode ser usada em uma frase ou não.

LEMBRE-SE

Em seguida, eles entregaram aos participantes testes e descobriram que as pessoas se lembravam de palavras processadas semanticamente melhor do que aquelas processadas fonética ou estruturalmente. Esses resultados sugerem que os participantes envolveram-se em um *ensaio elaborativo* quando processaram a palavra de maneira semântica, em contraste com um *ensaio de manutenção*, quando a palavra é simplesmente repetida.

Mais tarde, os pesquisadores descobriram que ao processar coisas de uma forma pessoalmente significante (você a relaciona consigo, como se lembrar de um assunto na aula porque foi algo que vivenciou), você está mais propenso a se lembrar delas do que se fossem processadas semanticamente, sugerindo uma escala representando a profundidade do processamento (veja a Figura 9-1).

Como posso me lembrar do nome de meu novo colega, Scott?

Processamento mais profundo	• **Pessoalmente relevante** • Ele tem o mesmo nome do meu cantor favorito
Processamento profundo	• **Semanticamente significativo** • O nome remete a um país
Processamento de nível intermediário	• **Processamento fonético** • Rima com "blot"
Processamento superficial	• **Processamento estrutural** • Tem apenas uma vogal

FIGURA 9-1: As várias profundidades do processamento.

© John Wiley & Sons, Inc.

DICA

Se estiver tentando se lembrar de alguma coisa, processe-a o mais profundamente possível. Em vez de simplesmente repeti-la, torne-a semanticamente significante ou pessoalmente relevante para você. Essa técnica o ajuda na hora de relembrá-la.

PAPO DE ESPECIALISTA

Evidências apontam que essas diferentes profundidades de processamento são processadas por múltiplas partes do cérebro. O processamento superficial é altamente perceptivo e está ligado a áreas cerebrais associadas à visão (o *lóbulo occipital*, na parte de trás da cabeça). O processamento fonético está relacionado à atividade no *córtex auditivo*. Mais profundamente, o processamento semântico envolve mais áreas cerebrais, incluindo o *córtex frontal* e os *lóbulos temporais*. Ainda mais áreas cerebrais estão ativas quando você torna algo pessoalmente relevante (como o núcleo caudado bilateral no gânglio basal — uma área do cérebro bem ao centro).

Classificando Memórias de Longo Prazo

ALERTA DE JARGÃO

Os psicólogos normalmente diferenciam os dois tipos de memória de longo prazo da seguinte forma:

» **Memória declarativa (ou explícita):** Memória que você pode declarar ou falar sobre. É a memória consciente de conhecimento sobre você, sua própria vida ou todos os fatos que aprendeu durante a vida.

» **Memória não declarativa (ou implícita):** Todas as outras formas de memória que possui. Não é possível falar sobre ela (por exemplo, descrever como é difícil para você chutar uma bola), e por isso é considerada inconsciente.

"Deixe-me explicar tudo para você!": Memória declarativa

ALERTA DE JARGÃO

Quando psicólogos falam sobre memória, normalmente querem dizer memória declarativa, que é dividida em dois tipos:

» **Memória episódica:** Quando alguém lhe pergunta sobre algo que você fez
» **Memória semântica:** Quando alguém lhe pergunta algo sobre o mundo

Em ambos os casos, você está ciente de que sabe de alguma coisa (mesmo que esqueça de tempos em tempos; veja o Capítulo 11!). Essa divisão foi primeiramente apresentada por Endel Tulving, psicólogo estônio-canadense.

Lembrando-se de fatos da vida: Memória episódica

LEMBRE-SE

A memória episódica abrange a memória para acontecimentos vividos. Tulvind afirmou que memórias episódicas possuem as seguintes características:

» Desenvolvida recentemente (em termos involuntários)
» Desenvolve-se posteriormente na vida; isto é, crianças não a têm
» Primeira a ser afetada pela idade
» Mais propensa a ser danificada por lesão cerebral

Você consegue diferenciar memória episódica de *memória autobiográfica*, que contém informações detalhadas de acontecimentos e experiências com significado pessoal. A memória autobiográfica dura um longo período, enquanto a episódica é muito mais trivial e de menor duração.

Uma das evidências cruciais para a existência de memória episódica provém de estudos neuropsicológicos em pacientes com lesões cerebrais (veja o Capítulo 1). Hugo Spiers, neurocientista britânico, e seus colaboradores revisaram 147 casos de amnésia (perda de memória de longo prazo) e descobriram que a memória episódica estava danificada em todos os casos, mas a memória semântica era danificada com menos frequência.

Pessoas sem memória episódica não conseguem lembrar o que fizeram durante o dia, como os programas de TV a que assistiram ou as conversas que tiveram. Mas se possuem memória semântica normal, ainda conseguem ser funcionais (crianças sem memória episódica podem ir à escola, por exemplo, e aprender).

Tipicamente, apenas danos ao hipocampo levam à perda de memória episódica. O *hipocampo* é uma pequena estrutura do cérebro em formato de cavalo-marinho alinhada com o ouvido. A área cerebral que inclui o hipocampo é chamada de *lóbulo temporal medial*.

Lembrando-se de fatos: Memória semântica

A memória semântica é o armazenamento de toda a informação obtida durante sua vida. A estrutura da memória semântica ainda está aberta a muito debate e discussão — tanto que dedicamos um capítulo inteiro a ela (Capítulo 10). Aqui, expomos algumas informações básicas sobre memória semântica e a relacionamos à memória episódica.

Uma das principais diferenças entre memória semântica e episódica é que a primeira é muito mais conceitual: os conhecimentos são armazenados como conceitos e não associados a qualquer experiência em obtê-los. Por exemplo, você pode saber que Hagia Sophia fica em Istambul, mas se assistiu a um programa de TV sobre isso ontem, é uma memória episódica, e se você visitou a cidade com seu amigo ano passado, autobiográfica.

Embora alguns pacientes possam não ter memória episódica, mas semântica, muitas pessoas com amnésia têm problemas com ambas as memórias, episódica e semântica. Quando a lesão cerebral é maior, incluindo partes do cérebro ao redor do hipocampo (o *córtex entorrinal* e o *córtex perirrinal*), a memória semântica é afetada.

Se esses dois tipos de memórias fossem realmente diferentes, alguns pacientes deveriam manifestar o padrão oposto (uma dupla associação: veja o Capítulo 1) de memória episódica e nenhuma semântica. E isso, de fato, ocorre: portadores de *demência semântica* não conseguem relembrar informação semântica, mas geralmente têm uma memória episódica funcionando.

Memórias semânticas são, em geral, mais sólidas do que episódicas, porque você as relembra muitas vezes, enquanto as episódicas são acessadas com menos frequência. Algumas memórias episódicas mais acessadas, como histórias da infância que você conta às pessoas, são mais parecidas com as semânticas, e geralmente não são afetadas por lesões no hipocampo.

"Mas não sei como fazer isso!": Memória não declarativa

A memória não declarativa é implícita: não está disponível para sua consciência. Você pode até conseguir se lembrar de sua primeira aula de natação (uma memória episódica; veja a seção anterior), mas se tentar descrever o que faz para nadar, não conseguiria descrever verbalmente o exato processo em detalhes (como exatamente qual músculo mover e quando).

Os psicólogos distinguiram quatro tipos de memória não declarativa:

» **Memória procedural:** Uma memória de como fazer as coisas.
» **Memória priming ou de representação:** Repetição de informação, um acontecimento ou coisa recente influencia seu comportamento.
» **Memória associativa:** Comportamentos condicionados, você aprende a associar acontecimentos ou objetos como relacionados.
» **Memória não associativa:** Hábitos, você aprende comportamentos e conhecimentos através de experiência.

Lembrando-se de fazer coisas: Memória procedural

Você usa a *memória procedural* quase todo segundo de sua vida: em outras palavras, quase sempre está fazendo alguma coisa que aprendeu. A memória procedural existe para cada habilidade motora que temos, como escrever, adquirir línguas, andar e praticar esportes.

Uma das formas mais importantes de analisar a memória procedural é observar como as novas habilidades são aprendidas. Os psicólogos frequentemente treinam pessoas em novas habilidades para estudar esses processos. Exemplos incluem escrita espelhada (aprender a escrever olhando para um espelho — tente, é muito difícil), leitura espelhada e aprendizado de gramática artificial (veja o Capítulo 14).

MUNDO REAL

Nas primeiras vezes que as pessoas começam a aprender essas tarefas, provavelmente dependeram de memória episódica ou semântica (isto é, memória declarativa). Por exemplo, quando você começa a aprender a dirigir, de início, cada função é muito difícil (verificar retrovisores, girar o volante, controlar as marchas, usar as setas e frear — só para fazer uma curva!).

Porém, com a prática, todas essas habilidades são transformadas em uma única tarefa procedural, "fazer a curva". Esse processo é similar ao de segmentação ou chunking, que descrevemos no Capítulo 8: você agrupa todas as tarefas em uma. Nesse ponto, o que está fazendo não pode mais ser descrito facilmente e, portanto, é uma memória procedural.

Evidências de estudos neuropsicológicos em pacientes com lesões cerebrais com problemas de memória semântica e episódica mostram que eles não têm problema com nenhuma das habilidades que costumavam ter; isto é, suas memórias procedurais.

Clive Wearing, famoso maestro e músico, adquiriu amnésia por consequência de um vírus no cérebro. Apesar de perder muito de sua memória episódica e semântica, ele ainda consegue lembrar como tocar e conduzir música. Na verdade, ele consegue aprender novas músicas e habilidades (como escrita espelhada), embora não tenha a memória de tê-la aprendido. Ele se surpreende toda vez que escreve com o espelho porque acredita que nunca havia feito isso antes.

Outros estudos mostram que até pacientes com amnésia severa podem aprender habilidades necessárias para o mundo real,, como usar novos aparelhos e dirigir. Ter uma memória episódica de experiência de aprendizado é útil (porque você sabe que aprendeu isso), mas não vital.

PAPO DE ESPECIALISTA

Os psicólogos acreditam que a memória procedural é controlada pelo *corpo estriado*, uma área do cérebro no topo do hipocampo. No entanto, eles não podem conduzir estudos em pacientes com perda de memória procedural e com memórias episódica e semântica intactas, porque esses pacientes não conseguiriam fazer nada e ficariam paralisados (embora sem danos físicos no corpo).

Memória priming ou de representação

ALERTA DE JARGÃO

Priming é uma forma rápida de aprendizado inconsciente. Os dois tipos a seguir significam que a representação repetida de alguma coisa afeta o processamento dela na segunda vez:

» **Priming perceptivo:** Se você faz "prime" perceptivo de alguma coisa, quando a usa novamente, o processamento é mais rápido.

» **Priming conceitual:** Igual ao priming perceptivo, exceto pelo fato de duas coisas precisarem ser relacionadas conceitualmente e não parecerem iguais.

Por exemplo, introduzir a palavra "bebê" torna as pessoas mais rápidas em reconhecer a palavra "bebê" (priming perceptivo) e a palavra "berço" (priming conceitual).

Muitas evidências mostram que pacientes com amnésia possuem um priming intacto. Na verdade, a paciente de amnésia mais famosa, HM (veja o Capítulo 21) tinha habilidades de representação no mesmo nível que pessoas sem amnésia. O priming conceitual não ocorre em pacientes com demência semântica (novamente, veja o Capítulo 21), porque eles perdem memórias semânticas, que estão tipicamente sob a forma de conceitos (veja a seção anterior, "Lembrando-se de fatos: Memória semântica"). Porém, o priming perceptivo existe em pacientes com demência semântica.

O priming é conhecido por ativar áreas cerebrais no córtex associadas com a coisa sendo representada. Então, representar a palavra "bebê" faz todas as regiões do cérebro associadas a bebês ficarem ativas por um curto período de tempo. Essa porção extra de atividade torna relativamente fácil que informações adicionais a ativem completamente. Portanto, detectar essas coisas por alguns segundos é mais fácil (denominado *fluência perceptiva*).

Memória condicional: Aprendizado associativo

Algumas formas de aprendizado existem até sem memória consciente. Estudos mostram que até pacientes com amnésia são condicionados a aprender um novo comportamento:

» **Aprendizado associativo:** Quando você aprende a associar duas coisas (como a cor e o formato de uma laranja e seu sabor, ou a biblioteca com o processo de aprendizado!). É a base de todo aprendizado simples — até bebês aprendem dessa maneira!

» **Condicionamento:** Quando você aprende um comportamento através de treinamento e modificação comportamental ou associando um estímulo a um comportamento (veja o box "Psicologia como comportamento").

Crianças, que não têm memória episódica, podem ser condicionadas a ter medo de coisas: o caso mais famoso é o do menino de 1 ano de idade, Albert. Toda vez que o pobre Albert brincava com seu rato de estimação, John Watson, psicólogo norte-americano, o deixava com medo fazendo um barulho alto perto dele. Logo Albert desenvolveu medo de ratos (ou de qualquer coisa branca e fofa, inclusive a barba do Papai-noel). Mais tarde, ele conteve seu medo, mas não tinha memórias episódicas do treinamento de medo.

PSICOLOGIA COMO COMPORTAMENTO

PAPO DE ESPECIALISTA

Em 1919, o psicólogo norte-americano John Watson criou um método conhecido como behaviorismo (veja o Capítulo 1), interessado apenas em comportamento observável e tudo sobre a ligação entre estímulo e resposta. Existem duas formas de aprender de acordo com behavioristas:

- **Condicionamento clássico:** O psicólogo russo Ivan Pavlov descobriu que os cachorros aprendiam a associar dois estímulos — o som de carrinho trazendo comida e a comida em si. Os cachorros salivavam para a comida, mas após aprenderem a associar, salivavam para o som do carrinho.

- **Condicionamento operante:** Comportamentos específicos são recompensados para aumentar as chances de acontecerem novamente (digamos, dando comida) ou penalizados para serem reduzidos (digamos, com um tapa). Então, comportamentos podem ser explicados em simples associações estímulo–resposta. Por exemplo, a maneira mais simples de ensinar uma criança a arrumar seu quarto é recompensá-la após arrumar um pouco (mas não faça isso com frequência; caso contrário, ela pode aprender a limpar obsessivamente!).

Acredita-se que essas formas de aprendizado estão associadas a regiões cerebrais, incluindo o *cerebelo* (para condicionamento operante) e a *amídala* (para condicionamento clássico).

Hábitos de aprendizagem: Aprendizado não associativo

ALERTA DE JARGÃO

Aprender comportamentos ocorre através de processos simples, como habituação ou sensibilização, dois tipos de formas de aprendizado inconsciente:

> » **Habituação:** Quando respostas de um estímulo específico são reduzidas após exposição prolongada àquele estímulo. Por exemplo, assim que você veste suas roupas, tem ciência do material esfregando em seu corpo, mas depois de um tempo deixa de perceber.
>
> A habituação é vista em estudos interessantes sobre percepções em crianças do psicólogo norte-americano de desenvolvimento Robert Fantz. Ele colocou crianças em uma câmara de visualização e lhes apresentou um estímulo (como um padrão quadriculado). De início, as crianças olharam para o estímulo e em seguida ficaram entediadas com ele (habituadas a ele). Se depois que fosse substituído por um novo estímulo as crianças demonstrassem novo interesse, a ideia era de que eram capazes de notar a diferença entre as duas imagens.

> **PAPO DE ESPECIALISTA**
>
> ### PROCESSANDO MEMÓRIA DE LONGO PRAZO
>
> Recentemente, a psicóloga suíça Katharina Henke criou a classificação baseada em processamento de MLP. Em vez de dividir a memória em sistemas, ela sugere que os diferentes tipos de processamento se distinguem entre diferentes tipos de memórias. Henke baseia sua teoria na ideia de que o aprendizado é alcançado formando associações (ligações entre coisas). Essas ligações podem ser flexíveis (facilmente alteradas) ou rígidas (estruturas permanentes). Assim, três processos estão envolvidos na memória: processamento rápido de associações flexíveis feitas pelo *hipocampo*; processamento lento de associações fixas pelo *corpo estriado*; e processamento especializado rápido de coisas que são familiares ou associadas, dependendo do giro parahipocampal.

» **Sensibilização:** Parecida com a habituação, mas quando a exposição repetida a alguma coisa faz com que os participantes fiquem excessivamente responsivos a ela.

Isso ocorre para coisas especificamente irritantes. Por exemplo, o som do seu cônjuge roncando é extremamente irritante (especialmente quando você está tentando dormir). Em vez de se acostumar com esse som, se torna cada vez mais irritante, porque você está se tornando sensível a ele.

A informação referente aos estímulos que as pessoas tornam-se habituadas ou sensíveis é armazenada em suas memórias. Quando recebem esses estímulos, elas simplesmente reagem a eles devido às vias de reflexo do cérebro.

Armazenando e Relembrando Memórias de Longo Prazo

A informação precisa ser adequadamente armazenada para ficar em sua MLP. Na seção anterior, "Aprofundando: Níveis de Processamento de Memória", indicamos que processos diferentes ajudam a armazenar memórias. Mas os níveis de estrutura de processamento não dizem aos psicólogos *como* as memórias são armazenadas.

Além disso, depois que as memórias são armazenadas na memória, você precisa estar apto a usá-las (caso contrário, armazená-las é inútil). A memória pode ser como um depósito cheio de conhecimento, mas aquele conhecimento precisa ser usado de tempos em tempos. Esse processo é chamado de recuperação.

Nesta seção, analisamos os processos ativos envolvidos em armazenar informações e recuperá-las de sua memória. Claro, esses processos referem-se a recuperar memórias de coisas que aconteceram no passado, mas também abordamos outro tipo de memória: lembrar para o futuro.

Consolidando memórias

O processo de armazenar memórias no cérebro é a *consolidação*. Ela modifica a informação codificada do seu sistema perceptivo e vincula (veja o Capítulo 8) e combina todas as características do que está aprendendo. Em outras palavras, ela fixa na memória.

A consolidação demora um bom tempo, o que significa que o processo eficaz de armazenamento de memórias pode ser otimizado ou prejudicado:

» **Otimizando a consolidação:**
- Drogas que estimulam o sistema nervoso central, administradas após aprender, otimizam o aprendizado. Outros estimulantes naturais também podem aumentar a consolidação, incluindo endorfinas liberadas após os exercícios.
- Dormir depois de estudar aumenta a consolidação de memórias perceptivas e, em menor grau, de memórias semânticas (veja a seção anterior, "Lembrando-se de fatos: Memória semântica" para mais informações sobre essas memórias).

» **Reduzindo a consolidação:**
- Choques elétricos no cérebro (até 14 horas depois de aprender).
- Falta de oxigênio no cérebro (causada por sufocamento).
- Certas drogas (propranolol para tratar transtorno do estresse pós-traumático).

A consolidação consiste em dois estágios:

1. **Estabilização das células nos centros de memória do cérebro.** Esse processo pode demorar de minutos a horas para ser finalizado.

2. **Reorganização das partes do cérebro que armazenam todo o seu conhecimento.** Esse processo pode levar dias, meses ou anos para ser finalizado.

O estágio de reorganização ocorre no hipocampo. Como resultado, o hipocampo é uma das estruturas mais importantes do cérebro para memória. Ele reorganiza memórias ativando todos os recursos da memória ao mesmo tempo e os reunindo. O hipocampo consegue vincular informação nova com a já existente na memória ativando ambas ao mesmo tempo. Ilustramos esse processo na Figura 9-2.

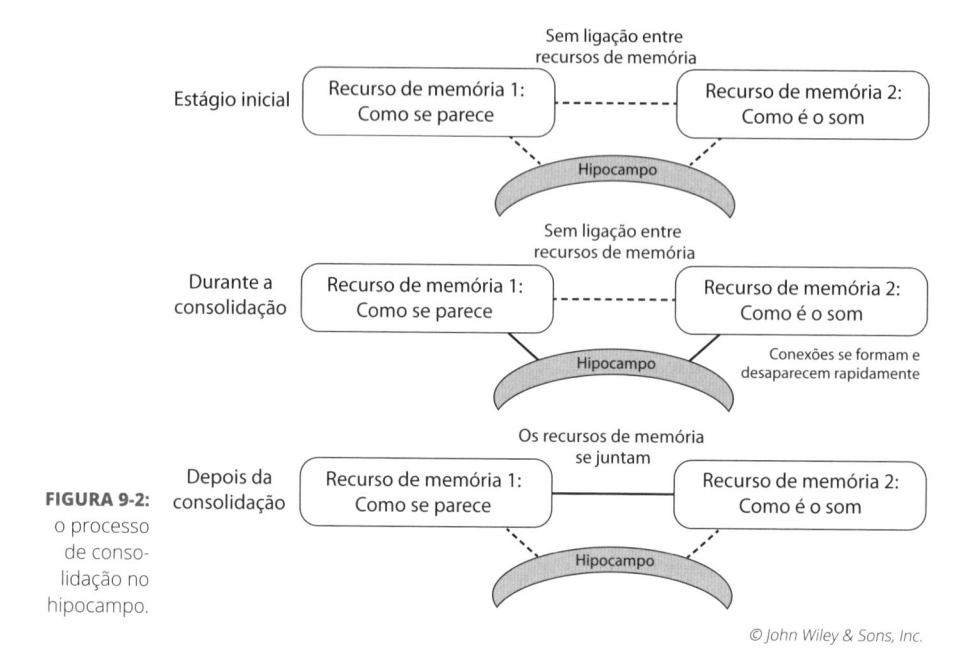

FIGURA 9-2: o processo de consolidação no hipocampo.

Estágio inicial
Sem ligação entre recursos de memória
Recurso de memória 1: Como se parece
Recurso de memória 2: Como é o som
Hipocampo

Durante a consolidação
Sem ligação entre recursos de memória
Recurso de memória 1: Como se parece
Recurso de memória 2: Como é o som
Hipocampo
Conexões se formam e desaparecem rapidamente

Depois da consolidação
Os recursos de memória se juntam
Recurso de memória 1: Como se parece
Recurso de memória 2: Como é o som
Hipocampo

© John Wiley & Sons, Inc.

Recuperando memórias

Sua memória não seria tão boa se tudo o que ela pudesse fazer fosse armazenar informação. Ela seria como uma biblioteca sem visitantes: silenciosa e monótona. Não, é preciso recuperar informação da memória também. Curiosamente, essa área da psicologia cognitiva não recebeu muita atenção de pesquisadores como o armazenamento de informação.

Nós abordamos três tipos de recuperação:

» **Recuperação ativa/consciente:** Quando você tenta conscientemente trazer a informação à mente.

» **Recuperação não deliberada/não intencional:** Quando as coisas simplesmente surgem em sua mente.

» **Reconhecimento:** Saber que você já viu alguma coisa antes.

Os psicólogos cognitivos frequentemente investigam esses três tipos usando técnicas ligeiramente diferentes (damos exemplos de palavras, mas essas formas de recuperação funcionam para qualquer tipo de material):

» **Lembrança livre para avaliar recuperação consciente, ativa:** Os participantes devem relembrar o máximo de itens que conseguirem de uma lista de palavras apresentada.

> » **Lembrança sugestiva para avaliar recuperação não deliberativa:** Os participantes recebem comandos para ajudá-los a lembrar: por exemplo, eles apresentaram a palavra precedente na lista e lhes pediram que se lembrassem da palavra seguinte.
> » **Reconhecimento:** Os participantes recebem uma série de palavras e simplesmente são solicitados a identificar se já viram uma palavra específica antes.

Recuperação consciente

A recuperação traz memórias de volta a um estado ativo e restabelece aspectos do passado. Na verdade, a recuperação altera a memória para que ela passe pelo processo de consolidação (veja a seção anterior) novamente, o que significa que pode ser danificada e afetada da mesma maneira que seria se fosse um novo aprendizado.

Alguns psicólogos chamam esse processo de *reconsolidação*, porque durante a recuperação você restabelece o padrão de ativação do cérebro associado a quando aprendeu a informação. A única diferença no padrão de ativação do cérebro é que ela começa no córtex (onde as memórias são armazenadas), passando para o hipocampo (onde são consolidadas) e então para os córtices sensoriais (onde o item foi percebido), enquanto, durante a codificação, esse padrão é o inverso.

A recuperação não produz um padrão idêntico de ativação do cérebro àquele visto durante o aprendizado, porque aprender requer o envolvimento de alguns processos a mais e porque algumas informações podem não ter sido armazenadas devidamente. Ela representa ainda memórias em processo de modificação enquanto estão em sua cabeça.

A recuperação ativa é primeiramente direcionada pelos lóbulos frontais no cérebro. Essas áreas controlam atenção, pensamento e comportamentos intencionais. Pacientes com lesão nos lóbulos frontais geralmente têm problemas em recuperar informações. Mesmo quando conseguem recuperar informações reais, não conseguem lembrar como ou quando aprenderam o fato (chamado de *amnésia de origem*).

Recuperação não intencional

Às vezes, não é possível evitar se lembrar de coisas, geralmente quando se está ansioso ou preocupado com algo. Sua mente divaga e você relembra muitos acontecimentos. Tudo muito irritante e, às vezes, atrapalha seu sono.

LEMBRE-SE Essa tendência irritante se deve ao fato de a recuperação de memórias ser dependente de *sugestões*: dicas ou pistas que ajudam a guiar a memória. Elas vêm de fontes internas e externas:

» **Contexto:** As memórias são melhor recuperadas quando você está no mesmo lugar que estava quando foram adquiridas.

» **Estado:** As memórias são melhor recuperadas quando você está na mesma condição física que estava quando adquiriu a informação. Por exemplo, pesquisadores mostraram que se você aprende uma lista de palavras após fumar maconha, é mais fácil recuperá-las quando fumar novamente.

» **Mnemônicos:** Se durante o aprendizado você ligar informações a alguma coisa que já armazenou na memória é mais fácil recuperá-las.

Dicas ajudam a recuperação porque ao adquirir a informação você não apenas a codifica. Em vez disso, une todas as características da informação ou dos acontecimentos em sua memória: está tentando criar ligações entre cada aspecto da informação a ser aprendida. Então, quando armazena a informação em seu cérebro, ela é armazenada de acordo com o tipo, o contexto ambiental e o estado que estava quando a adquiriu.

Para uma boa recuperação, você tenta acessar a memória armazenada, o que requer encontrar uma rota para a memória: quanto mais dicas para aquela memória, mais fácil a recuperação. Quanto mais capaz de restabelecer o contexto do aprendizado, mais fácil recuperar a informação (chamado de *princípio da especificidade da codificação*, veja o Capítulo 11 para mais detalhes).

LEMBRE-SE Portanto, algumas vezes você recupera informações que não deseja porque as dicas para aquela memória tornam-se ativas. Essas dicas, então, ativam as memórias ligadas a elas. Quando você está ansioso, todas as memórias associadas à ansiedade tornam-se ativas e ficam surgindo em sua cabeça.

Reconhecimento

Reconhecimento é o processo de ver alguma coisa que já viu antes e saber que a conhece. Por exemplo, você pode dar de cara com alguém quando está caminhando para a escola ou para o trabalho. A pessoa diz "olá" e você educadamente responde, sabendo que a conhece, mas sem lembrar seu nome. Isso leva a uma conversa desconfortável em que você fica tentando descobrir quem a pessoa é sem que perceba que você não faz ideia do seu nome!

O reconhecimento é crucial para a memória porque é o processo inconsciente de determinar se algo é novo para você (e precisa ser tratado com cuidado) ou familiar. Ela difere da recordação, em que há uma memória episódica diferenciada (que abordamos na seção anterior, "Lembrando-se de fatos da vida: Memória episódica") para alguma coisa. Diferente da recordação, o reconhecimento não é baseado em dicas de recuperação, apenas na sensação de conhecer alguma coisa.

Os psicólogos cognitivos podem testar a memória episódica usando o *procedimento lembrar/saber*. As pessoas realizam um teste de memória em que aprendem algumas palavras; depois são apresentadas a mais palavras e respondem se viram a palavra antes ou não. Se viram, perguntam se elas realmente se lembram dela (com uma memória episódica anexada) ou se lhe é apenas familiar (uma resposta de saber).

Reconhecimento é diferente de recordação:

- O reconhecimento é mais rápido e menos afetado por contexto e estado, porque essas dicas para a memória não são necessárias.
- A falha em reconhecer algo geralmente se deve ao item não estar armazenado na memória; enquanto a falha em se lembrar de algo se deve à falta de uma dica de recuperação apropriada ou ao item não estar armazenado na memória.

De volta para o futuro: Memória prospectiva

Um tipo de memória é vital para sua sobrevivência: a *memória prospectiva*, que trata de lembrar coisas para o futuro. A memória prospectiva refere-se a como as pessoas se lembram de fazer coisas, como se encontrar com aquele cara lindo na cafeteria amanhã à tarde. Dessa forma, ela ainda envolve recuperar a memória, mas enfrenta problemas adicionais para se lembrar de acontecimentos passados.

Os psicólogos cognitivos diferenciaram dois tipos de memória prospectiva:

- **Baseada em tempo:** Lembrar-se de fazer alguma coisa em um determinado momento.
- **Baseada em evento:** Lembrar-se de fazer alguma coisa quando algo específico ocorre.

A memória prospectiva baseada em evento é mais confiável do que o tipo baseado em tempo, porque o evento serve como uma dica para lembrar.

A memória prospectiva possui cinco estágios:

1. **Criar a intenção de fazer alguma coisa.**
2. **Monitorar o ambiente para uma sugestão para o evento (outro evento ou uma dica de tempo).**
3. **Detectar a sugestão e recuperação da intenção.**
4. **Relembrar a intenção.**
5. **Executá-la.**

> **PAPO DE ESPECIALISTA**
>
> ## RECONHEÇO QUE ME LEMBRO DE VOCÊ!
>
> Regiões diferentes do cérebro são ativadas quando as pessoas estão se lembrando de coisas em contraste com quando apenas as reconhecem:
>
> - **Hipocampo:** Uma pequena estrutura nos lóbulos temporais mediais e a região do cérebro tipicamente associada a lembrar. Pacientes com lesões apenas no hipocampo têm problemas para lembrar, mas não para reconhecer.
> - **Córtex perirrinal:** Região do cérebro ao redor do hipocampo associada a critérios de reconhecimento. Pacientes com lesões apenas nessa área não conseguem reconhecer coisas que deveriam ser familiares.

LEMBRE-SE Esses estágios contêm todas as possibilidades de erro quanto as memórias para o passado, bem como o componente adicional de um possível intervalo de retenção longo entre criar uma intenção para fazer alguma coisa e o momento em que a intenção é executada. Essa longa espera pode fazer a intenção desaparecer da memória ou sofrer interferência (veja o Capítulo 11 para mais informações sobre esquecimento).

DICA A memória prospectiva tem outras diferenças em relação à memória do passado também?

» Frequentemente está relacionada a saber *quando* fazer alguma coisa em vez de saber sobre alguma coisa.

» É mais dependente de dicas internas do que externas, e, portanto, mais vulnerável (sugestões externas geralmente são os melhores auxílios para a memória).

MUNDO REAL A vulnerabilidade da memória prospectiva é destacada em muitos casos trágicos de acidentes de avião. Embora sejam incrivelmente raras, quando ocorrem, falhas na memória prospectiva do piloto geralmente são a causa. Erros prospectivos são mais prováveis de acontecer quando alguém é interrompido em uma tarefa que planejou fazer. Pense em quantas vezes você planeja fazer algo quando chegar ao trabalho, mas esquece. O motivo pode ser ter se distraído ao encontrar alguém, e essa distração interrompeu a intenção.

Quando a Memória Não Funciona

As pessoas não conseguem se lembrar de tudo o que acontece com elas. Costumam esquecer coisas como quando se casaram ou a idade que têm (embora a última possa ser proposital, no nosso caso!). Abrangemos pequenos distúrbios da memória no Capítulo 11, mas também há casos mais sérios de perda de memória, como descrevemos nesta seção.

As duas principais formas de perda de memória estão associadas a lesões cerebrais:

» **Amnésia anterógrada:** As pessoas não conseguem criar memórias.
» **Amnésia retrógrada:** As pessoas perdem suas memórias existentes.

Esses tipos de perda de memória podem ser causados por lesões na cabeça, alcoolismo severo ou vírus que danificam partes do lóbulo temporal medial. Esses casos normalmente danificam memórias episódicas (memórias de sua própria vida) e não a memória semântica (memória para fatos). Veja a seção anterior, "'Deixe-me explicar tudo para você!': Memória declarativa", para mais informações.

Nesta seção, detalhamos esses dois tipos de amnésia, disponibilizando exemplos e mostrando o que os psicólogos cognitivos aprenderam com eles.

Falhando em criar novas memórias

Pessoas com amnésia anterógrada geralmente têm suas memórias não declarativas intactas (veja a seção "'Mas não sei como fazer isso!': Memória não declarativa", neste capítulo); assim, são capazes de aprender novas habilidades.

Pense no filme *Amnésia*, em que o personagem de Guy Pearce perde sua habilidade de criar memórias novas. Suas experiências retratam precisamente a amnésia anterógrada. Ele vive sua vida de um momento a outro, por vezes não estando ciente de como chegou a algum lugar ou do que estava fazendo.

O padrão de Clive Wearing de amnésia anterógrada é típico. Wearing (que apresentamos anteriormente em "Lembrando-se de fazer coisas: Memória procedural") descreve sua vida como estando em um constante sentimento de que acabou de acordar. Sem continuidade em seu período de vigília, sua única consciência é do que está em sua atenção em um momento específico. Assim que se distrai, o efeito é como o de ser acordado. Ele pode conhecer novas pessoas e ser amigável com elas, mas no próximo encontro não se lembra delas.

Perdendo memórias armazenadas

Muitos filmes e programas de TV relatam amnésia retrógrada, com personagens sofrendo um golpe na cabeça e perdendo todas as memórias de si próprios (como em *A Identidade Bourne*).

DICA Se lhe pedirem para relembrar dez acontecimentos de sua vida em que você estava andando de bicicleta, provavelmente se lembraria de acontecimentos de toda a sua vida, enfatizando os recentes, mas também incluindo antigos. Mas se perguntarem para alguém com amnésia retrógrada, um padrão completamente diferente surge. A pessoa se lembraria de memórias bastante antigas e de nenhum acontecimento recente. Esse *gradiente temporal* indica que memórias mais velhas estão armazenadas com mais solidez do que acontecimentos mais recentes (às vezes chamadas de *Lei de Ribot*).

Alguém com amnésia retrógrada poderia passear pelo lugar em que cresceu sem problemas. Mas quando lhe pedissem para passear pelo lugar em que vive agora, teria dificuldades.

LEMBRE-SE Duas explicações principais sugerem que esse padrão de perda de memória existe:

» **A consolidação e reconsolidação de memórias fortalecem memórias:** Toda vez que uma memória é reativada, se torna mais forte, com mais dicas de recuperação e menos suscetível a danos posteriores.

» **A semantização de memórias episódicas ocorre:** Memórias mais antigas são menos emocionais e "episódicas" do que as recentes. Na verdade, memórias antigas assemelham-se a memórias semânticas (que não são danificadas na amnésia). Isso sugere que memórias episódicas mais antigas tornaram-se semânticas (definimos esses tipos de memória na seção anterior, "'Deixe-me explicar tudo para você!': Memória declarativa").

PAPO DE ESPECIALISTA A amnésia retrógrada é causada por danos ao hipocampo e a estruturas cerebrais ao redor: quanto mais danos a essas áreas, mais severa a perda de memória. Outra causa comum de amnésia retrógrada é a síndrome de Korsakoff, causada por uma deficiência da vitamina tiamina (B1), geralmente devida ao consumo crônico de álcool.

NESTE CAPÍTULO

» Conceituando conhecimento

» Agrupando conhecimento e estruturas

» Categorizando coisas como coisas

Capítulo **10**

Compreendendo o Conhecimento

Gostaríamos que você pensasse sobre o *One Direction* agora (um prazer para uns, um sacrifício para outros!). Goste do grupo ou não. Você provavelmente já escutou suas músicas, pode até saber os nomes de alguns membros e fatos sobre eles, e talvez se lembre de sua aparência. Todos esses aspectos são chamados de conhecimento semântico.

Como pode ver, seu cérebro representa conhecimento sobre o mesmo item de várias formas:

» **Fato:** Você sabe que **One Direction** é uma banda de garotos criada no *The X Factor*.

» **Visual:** Você imagina facilmente as belas feições do seu integrante favorito.

» **Som:** É capaz de imaginar a música do grupo.

» **Cheiro:** Sabe que o aroma da nova fragrância do **One Direction**, "Between Us", é tentador.

» **Toque:** Consegue lembrar que a textura da lixa é áspera.

» **Sabor:** É capaz de recordar o sabor dos jantares com assado de sua avó!

Note que você provavelmente não tem um conhecimento direto do toque ou sabor dos integrantes do *One Direction* — a não ser que os conheça muito bem!

Os psicólogos cognitivos estão interessados em como você armazena e organiza toda a informação que adquire, seja sobre o *One Direction* ou qualquer outra coisa. Este capítulo analisa duas das mais importantes questões quando pensamos sobre conhecimento: como o cérebro representa esse grande leque de informações e como as associa? (Ou une; veja os Capítulos 8 e 9, sobre memória de curto e longo prazo, respectivamente.)

Os psicólogos criaram muitas teorias sobre como o conhecimento é armazenado. Aqui, discutimos a ideia de conceitos e como se organizam em hierarquias, modelos radiais (hub-and-spokes), esquemas e roteiros. Também analisamos algumas teorias da representação do conhecimento e como os psicólogos cognitivos acreditam que o cérebro representa o conhecimento.

Pensando no Conhecimento como Conceitos

ALERTA DE JARGÃO

A maioria dos psicólogos cognitivos pensa em conhecimento como sendo armazenado na forma de *conceitos*: representações abstratas de categorias. Para esse sistema funcionar, um indivíduo precisa usar os conceitos consistentemente ao longo do tempo e conseguir compartilhá-los com pessoas diferentes. Essa habilidade é vitalmente importante para a comunicação: se as pessoas têm conceitos diferentes para a mesma palavra, ela se torna impraticável.

Conceitos podem ser qualquer coisa para a qual você tenha uma palavra e podem ser de qualquer nível: por exemplo, você pode ter um conceito para pessoas, um para garotos, um para maridos no geral e um para seu próprio marido.

Apresentando a ideia de conceitos

Você pode pensar em conceitos como entradas em um dicionário ou uma enciclopédia. Essa interpretação de conceitos é tentadora, mas excessivamente simplista. Ela funciona quando lhe fazem perguntas em um quiz de bar, mas as pessoas raramente usam conceitos exatamente da mesma maneira todas as vezes na vida.

Geralmente, você precisa entender diferentes aspectos de um conceito quando tem objetivos diversos. De fato, conceitos de objetos devem ser associados a como são usados, o que significa que o cérebro possui conexões entre diferentes áreas para conceitos e outras para movimento e ação.

LEMBRE-SE

Os psicólogos cognitivos são extremamente interessados pelo formato como o cérebro armazena conceitos e conhecimento. No geral, identificaram quatro formatos principais para as representações:

» **Imagens:** O cérebro armazena alguns conhecimentos apenas no formato de imagens do mundo (portanto, em uma *modalidade*, formato ou sentido). Essas imagens representam um momento específico no tempo e uma área particular no campo visual, como uma fotografia.

» **Registros de características:** O cérebro armazena alguns conhecimentos relacionados a quão úteis as combinações de características são. Essas características estão todas na mesma modalidade. A ideia é que criaturas têm representações de quão útil uma combinação é. Por exemplo, um sapo detecta os movimentos de um pequeno objeto circular e associa essas duas características significativas na representação de um inseto (um lanche delicioso).

» **Símbolos:** São tecnicamente chamados de *símbolos amodais*. Representações desse tipo não são restritas a um formato. Contêm informações sobre como outros itens interagem, incluindo uma lista de todas as propriedades pertencentes a uma categoria. Essas propriedades são altamente abstratas. Por exemplo, para o sapo, uma mosca tem várias características, incluindo seu sabor, som, padrão de movimento e aparência.

» **Estatísticas:** Tecnicamente, são os *padrões estatísticos em redes neurais*. Essa abordagem é muito computacional e baseada na ideia de que quando um conceito está ativo uma série de grupos de características conectadas e associadas são ativadas, e esse padrão é o conceito. Conceitos são entidades abstratas que usam informações obtidas através de diferentes sentidos e não são atreladas a qualquer modalidade específica.

DICA

Existem algumas discussões sobre a existência de conceitos para coisas que não têm nome (veja o Capítulos 16). A maioria dos modelos de conhecimento não permite representações de tais coisas: partem do princípio que você deve criar uma palavra para alguma coisa antes de conseguir representá-la.

Classificando conceitos: Hierarquias

Depois de constatar que o conhecimento é armazenado como conceitos abstratos (veja a seção anterior), você precisa definir como essa informação se conecta: como um conceito de uma pessoa associa-se ao de seu marido? Essa questão contém dois problemas relacionados: como conceitos em diferentes níveis e de níveis diferentes se associam? Portanto, você precisa considerar os diferentes níveis de representação.

EXPERIMENTE — Analisamos duas maneiras pelas quais o cérebro representa aquele conhecimento: hierarquias, nesta seção, e o modelo radial (hub-and-spoke), na próxima.

Observe a Figura 10-1 e nomeie o objeto antes de continuar a leitura.

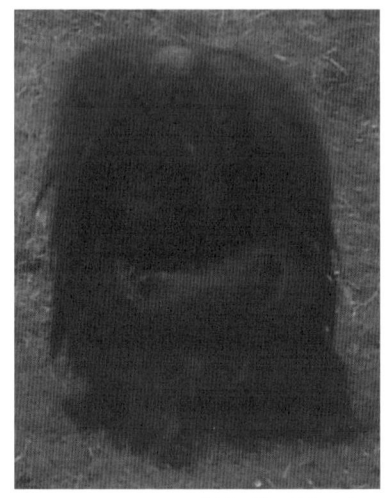

FIGURA 10-1: Como você classifica este objeto?

© John Wiley & Sons, Inc.

LEMBRE-SE — Quando lhe pedem para identificar uma coisa (nomeá-la), você tende a fazê-lo usando níveis diferentes, o que os psicólogos chamam de *hierarquia*:

» **Geral:** O topo ou o nível *superior* é geral, vago e abstrato, e não fornece uma quantidade significativa de informação específica. Por exemplo, você pode dizer que a Figura 10-1 mostra um "animal".

» **Básica:** O nível do meio é mais informativo que o geral. As pessoas acreditam pensar em aspectos de nível básico mais facilmente. Por exemplo, quando olham para a Figura 10-1, muitas vão para o nível básico e a nomeiam de "macaco", ou mais precisamente como um "primata".

» **Específica:** O nível inferior ou *subordinado* é específico ao objeto e altamente informativo. Por exemplo, você pode nomear a criatura da Figura 10-1 como um "orangotango" (ou até mesmo "Tuan", se souber seu nome!).

MUNDO REAL — Essa hierarquia é parecida com a forma como os cientistas classificam os seres vivos no mundo natural, começando com *reino: animal* e descendo para o nível das espécies (*Pongo pygmaeus*, no caso do orangotango retratado).

As pessoas usam conceitos em todo nível, dependendo do contexto, mas tipicamente usam nomes de nível básico. A psicóloga norte-americana Eleanor Rosch e seus colaboradores conduziram um estudo em que mostraram uma série de imagens, como a da Figura 10-1, aos participantes e pediram que nomeassem o item em cada imagem. Rosch descobriu que as pessoas usavam nomes de nível básico 1.595 vezes em contraste a 14 vezes para nomes de nível específico e apenas uma para nomes de categoria geral. Isso comprova uma preferência pelo nível básico.

DICA

Com um tipo de objeto, todo mundo usa o nível específico: faces. Quando você vê o rosto de alguém que conhece, nomeia a pessoa (isto é, usa nome de nível específico), em vez de falar "homem" ou "pessoa".

A experiência também parece afetar o nível que você usa. Um primatologista (quem estuda macacos) provavelmente olha para a Figura 10-1 e usa o nível específico (*Bornean Orangutan*). Considere, em vez de dizermos experiência, a familiaridade. Se apresentar construções familiares às pessoas, usarão nomes de nível específico mais rápido do que de nível básico.

LEMBRE-SE

Nomear tende a ocorrer no nível básico, mas não é o nível mais rápido para categorizar objetos. Para agilizar, as pessoas tendem a usar o nível geral, indicando que é o primeiro que vem à mente.

Afastando-se do modelo radial (hub-and-spoke)

Quando você considera um conceito, como "queijo", pode imaginá-lo ou pensar no cheiro, sabor ou textura; isto é, pensa em um conceito em cada modalidade sensorial, não normalmente consideradas na abordagem hierárquica. Com isso em mente, a neurocientista britânica Karalyn Patterson e seus colaboradores apresentaram o modelo radial, também chamado de hub-and-spoke, como uma alternativa para hierarquias.

ALERTA DE JARGÃO

O *modelo radial* é baseado na ideia de uma roda de bicicleta, com um eixo (hub) central e raios (spokes) se distanciando do centro (veja a Figura 10-2). O eixo representa os aspectos centrais do conceito, sem qualquer consideração por sensações. Ele se liga a cada um dos raios, que são representações específicas dos sentidos. Esses raios estão associados a como você percebe e usa o conceito.

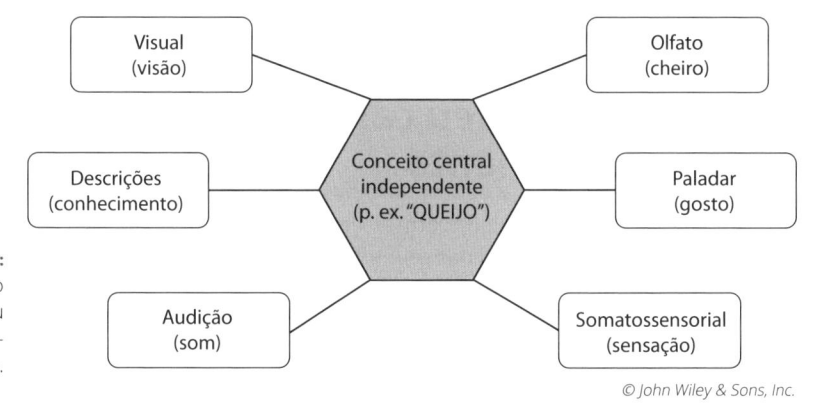

FIGURA 10-2: O modelo radial ou hub-and-spoke.

© John Wiley & Sons, Inc.

Organizando o Conhecimento no Seu Cérebro

Assim como descrever conhecimento em nível de conceitos (veja a seção anterior), você também pode pensar em como o conhecimento é representado de outra maneira. Pode agrupar ou segmentar conceitos (similar à segmentação, que descrevemos no Capítulo 8).

ALERTA DE JARGÃO

Quando agrupados, os psicólogos cognitivos os chamam de representação de *esquema*. Se tal conceito relaciona-se a como se comportar ou agir, se referem a ele como *roteiro*.

Descrevemos essas duas formas de conhecimento nesta seção, e também discutimos como as pessoas representam conhecimento espacial.

MUNDO REAL

Por exemplo, algumas pessoas podem ter um roteiro para usar um drive-through de restaurante fast-food. O esquema do motorista envolve saber que ele precisa dirigir até a janela, fazer o pedido, pagar por ele e dirigir até outra cabine para recolher o pedido. (Presumimos que esteja correto — não dirigimos nem nunca usamos um drive-through; estamos escrevendo isso usando um esquema derivado de tanto assistir a filmes norte-americanos!). Ter um esquema ou roteiro é útil, porque permite que o motorista saiba o que fazer para atingir seu objetivo (comprar um hambúrguer) e o que esperar. Isso possui benefícios relacionados a processamento, porque o motorista pode usar o mesmo esquema em diferentes contextos (qualquer drive-through), sem precisar decidir o que fazer do zero a cada vez.

LEMBRE-SE

Esquemas estão intrinsecamente relacionados à maneira como as pessoas armazenam informações. Sem esquemas, o mundo é um lugar confuso e desconcertante. Por exemplo, alguns pacientes com lesões cerebrais não têm problemas com roteiros, mas têm sérios problemas com conceitos (sofrem de *demência semântica*). Outros pacientes, com lesões apenas nos lóbulos frontais, não possuem problemas com conceitos, mas têm muita dificuldade em planejar e organizar comportamento, indicando que não têm roteiros armazenados.

Calculando seu caminho para o conhecimento

Esquemas são grandes estruturas de conhecimento, associadas a um grupo de conceitos para formar conhecimento sobre acontecimentos ou coisas. Quando um esquema envolve acontecimentos, os psicólogos cognitivos o chamam de roteiro (veja a próxima seção). Quando um esquema é sobre uma coisa, é chamado de *quadro*.

LEMBRE-SE

Os esquemas integram seu conhecimento existente e influenciam como a informação futura é armazenada. Por esquemas serem baseados em conhecimento existente, as pessoas têm mais dificuldade em se lembrar da informação que é inconsistente com seus esquemas. Lembrar-se de informações esquematizadas requer pouco esforço, mas informações fora do seu esquema são mais difíceis de lembrar e requerem muito mais esforço para serem processadas.

Por exemplo, se lhe for apresentada uma foto de uma sala com um objeto inesperado e então fizerem um teste de memória, você tende a não se lembrar daquele objeto incomum (na verdade, geralmente "se lembra" de itens que não estão na sala, mas que são consistentes com seu esquema sobre o que deveria estar). Se o objeto for um pouco incomum, no entanto, ele chama sua atenção e é mais fácil de ser lembrado.

Frederic Bartlett, psicólogo britânico, realizou o que se tornou um estudo clássico sobre a influência de esquemas: o estudo da *Guerra dos Fantasmas*. Ele deu a seus alunos de Cambridge uma história de fantasmas de origem canadense para lerem. Descobriu que os alunos não conseguiam se lembrar de informações incompatíveis com o esquema existente deles (incompatível com a cultura).

CORRELAÇÕES ILUSÓRIAS

Os psicólogos norte-americanos David Hamilton e Richard Gifford descobriram que a formação de estereótipos pode ser o resultado de *correlações ilusórias*. O cérebro humano é preguiçoso e forma correlações baseadas em informações mínimas. Se uma coisa for incomum, as pessoas tendem a presumir que está ligada a outra coisa que é incomum, independentemente de serem realmente ligadas.

Hamilton e Grifford deram aos participantes descrições de comportamentos apresentados por dois grupos. Um grupo tinha mais membros do que o outro. Os comportamentos descritos eram bons e maus, e os pesquisadores incluíram mais comportamentos bons do que maus. Crucialmente, a proporção de comportamentos bons e maus era a mesma para ambos os grupos. No entanto, os participantes no estudo classificaram o grupo menor como o que cometia mais maus comportamentos. Essa correlação provavelmente estava errada, e ainda assim os participantes estavam convencidos de que era verdade.

Muitas pessoas associam atitudes negativas a grupos minoritários, suspeitando que manifestem mais comportamentos negativos. Na verdade, as pessoas superestimam a quantidade de crimes cometidos pelas minorias, porque o crime é algo diferenciado por ser infrequente e ser uma minoria também o é. Quase todas as estatísticas mostram que crimes têm maiores probabilidades de serem cometidos por alguém em um grupo majoritário do que em um minoritário.

Um estereótipo é um tipo de esquema especial, que associa todos os conceitos relacionados a um grupo de pessoas específico. Estereótipos são geralmente negativos e muito raramente contêm declarações exatas. São testados por psicólogos sociais, mas o box "Correlações ilusórias" fornece exemplos de uma explicação da psicologia cognitiva sobre a formação de estereótipos — por que são incorretos e resultam de um cérebro preguiçoso.

Roteirizando o conhecimento

Roteiros são tipos especiais de esquemas sobre acontecimentos sequenciados no tempo e sobre como as pessoas deveriam se comportar se a condição correta se aplicar. Por exemplo, ao ir para a sala de aula, você se senta atrás de uma mesa, pega sua caneta e papel, e espera (em silêncio!) o professor chegar. (Nossas expectativas estão muito altas?)

Um estudo conduzido pelos psicólogos cognitivos John Bransford e Marcia Johnson demonstrou como os roteiros ajudam as pessoas a organizar o conhecimento. Eles deram aos participantes uma passagem de texto parecida com o trecho a seguir: é um roteiro de uma atividade, mas qual?

> *É uma tarefa muito frustrante, mas felizmente você não precisa fazer isso com tanta frequência; embora com mais frequência seja melhor, é claro. Primeiro você precisa tirar do armário. Também precisa de todas as partes extras, porque partes diferentes são usadas para coisas distintas. Quando tudo estiver pronto você pode começar, mas não antes de certificar que não há nada no caminho: se houver algo, precisa movê-lo, e é melhor fazer isso no início do que no meio do caminho. Se não o mover, terá que parar, movê-lo e começar de novo. Ao iniciar, precisa seguir as instruções adequadas: isso deveria ser muito simples — até uma criança pode fazê-lo. Você deveria fazer isso com cuidado, conferindo se cobriu a área toda. Caso contrário, pode ser um pouco ruim depois. Pode ser preciso alterar partes em momentos diferentes, mas isso depende de você. Ao terminar, pode precisar remover os conteúdos e guardá-los.*

De início, os participantes têm dificuldades entendendo ou se lembrando de elementos da passagem, a menos que recebam um título. Mas quando sabem o título, conseguem lembrar quase todos os seus elementos, e compreender torna-se fácil. Esse experimento mostra que o conhecimento é armazenado como um grupo de conceitos, e não isoladamente.

O roteiro refere-se à limpeza com aspirador de pó. Teste essa passagem com seus amigos e veja do quanto conseguem se lembrar com e sem o nome.

Encontrando seu caminho com rotas

Ao considerar o conhecimento, você frequentemente pensa em saber fatos ou como fazer coisas. *Rotas* são importantes conjuntos de conhecimento que combinam dois aspectos: para caminhar de casa para a escola (ou para algum lugar mais divertido, como a biblioteca!), você deve saber a rota e os pontos de referência.

As pessoas precisam de dois tipos de conhecimento de seus ambientes:

» **Rotas:** Caminhos específicos de um lugar para o outro.
» **Levantamento:** Conhecimento do tipo mapas do ambiente (associados a mais experiência dentro do ambiente).

O conhecimento de rotas e o levantamento dependem muito do indivíduo: são egocêntricos. Se pedir para as pessoas desenharem um mapa de seu país, elas exageram as distâncias entre os lugares mais próximos a elas.

Quando as pessoas pensam nas próprias cidades, focam cinco elementos principais, que se desenvolvem baseados em suas experiências no ambiente:

» **Caminhos:** Vias pelas quais as pessoas caminham (você sabe, caminhos!).
» **Fronteiras:** Limites da cidade, inclusive paredes.
» **Distritos:** Setores independentes das cidades.
» **Nós:** Partes importantes do ambiente — pontos centrais mais usados, como os parques.
» **Pontos de referência:** Pontos centrais de um ambiente que não são úteis, como monumentos históricos.

Representando Itens em Sua Cabeça

As pessoas geralmente consideram o conhecimento como uma construção fixa, como livros em uma biblioteca, e saber como as pessoas incluem novos conhecimentos em suas cabeças certamente é importante. Mas o conhecimento é muito usado em *contextos dinâmicos*: que referem-se a comparar novas informações adquiridas com o conhecimento já armazenado.

Nesta seção, analisamos algumas teorias da psicologia cognitiva que exploram essas ideias em mais detalhes. Essa abordagem de pensar sobre o conhecimento está principalmente interessada em objetos concretos (coisas reais que você pode tocar, como, bem, concreto).

Definindo atributos

Modelos simples de conhecimento usam regras ou definições. Modelos baseados em definição trabalham descobrindo *atributos* (características) comuns a objetos específicos. Os atributos comuns formam uma regra.

DICA

Se tentar listar os atributos de um peixe, como a maioria das pessoas, você provavelmente listaria um número de atributos similares.

LEMBRE-SE

As pessoas precisam de uma lista de atributos em seus cérebros para cada tipo de objeto. Ao visualizar uma coisa nova, você lista todos os atributos e os compara com aqueles armazenados no seu conhecimento.

Digamos que você acredite que um peixe é feito destes atributos: escamas, uma barbatana, ele nada, ele vive na água. Agora, você vê uma salamandra. Ela parece ter escamas (mas não tem), nada (às vezes), vive na água (às vezes). Se você não a viu antes, pode pensar que é um peixe — até obter conhecimento o bastante para dividir a categoria peixe em peixes e salamandras.

Similar aos modelos de percepção de objetos que descrevemos no Capítulo 6, a ideia é de que as pessoas subdividem objetos em partes constituintes para reconhecê-los. De fato, os pesquisadores de percepção e conhecimento criaram modelos parecidos (não é de surpreender, porque você não pode ter conhecimento sem consciência de como as coisas parecem, soam, sentem e assim por diante!).

A lista de atributos comuns que conectam todos os peixes são as características que as pessoas usam para definir algo como um peixe. Esses atributos comuns devem ser compatíveis com todos os exemplos para a categoria funcionar.

LEMBRE-SE

Os atributos comuns que se enquadram nas categorias básicas são mais específicos do que aqueles das categorias de nível geral. Categorias de nível específico possuem atributos detalhados que as definem (veja a seção "Classificando conceitos: Hierarquias" para ler mais sobre categorias). Esses aspectos os tornam únicos e diferentes de outros objetos na categoria básica. Por exemplo, o peixe-dourado tem todos os atributos comuns de um peixe, mas tem a característica diferenciada de ser dourado (quer dizer, laranja).

Regras de definição criadas devem ser específicas o bastante para diferenciar tipos de objetos similares, mas não tão específicas. Por exemplo, imagine que você defina um gato como um animal peludo de quatro patas que ronrona, então você vê um gato Sphynx. Ele não tem pelos, e usando sua regra pode-se pensar que não é um gato; mas realmente é (e fofo de uma maneira parecida com um alienígena!).

PAPO DE ESPECIALISTA

Regras tendem a ser processadas nas áreas frontais do cérebro. Os neurocientistas mostraram que quando categorizamos objetos usando regras, as áreas motoras frontais estão mais ativas do que outras áreas cerebrais.

Comparando à média

LEMBRE-SE

Teorias do *protótipo* são uma abordagem diferente para discutir sobre como as pessoas armazenam conhecimento no cérebro. (Consideramos uma versão de protótipo quando analisamos como os objetos são reconhecidos, no Capítulo 6.) A ideia é que o cérebro armazena um exemplo médio de alguma coisa.

Quando pensa no peixe comum, você provavelmente imagina algo como nossa descrição da seção anterior "Definindo atributos" (escamas, barbatana e assim por diante). Você categoriza rapidamente tudo que está próximo àquela imagem do peixe. Quando lhe apresentam algo que parece diferente daquela imagem, você não pensa nele como um peixe. Portanto, quando vê um tipo incomum de peixe, como o peixe-leão, classificá-lo no nível geral como um peixe é mais difícil (embora classificá-lo no nível específico e informar seu nome seja mais fácil; se você souber o nome, é claro!).

Essa teoria funciona perfeitamente para objetos que têm protótipos, mas é problemática para conceitos mais difíceis que podem não ter uma média. Por exemplo, o que é um "jogo" médio (ou típico)? A resposta provavelmente depende de você ser esportista, gostar de jogos de tabuleiro ou de jogos de apostas. Você realmente consegue encontrar um protótipo que precisamente associe futebol, Banco Imobiliário e pôquer? Definir um conjunto de atributos que conecte essas três coisas é muito difícil.

Examinando a teoria dos exemplares

Possivelmente a maneira mais fácil de representar conhecimentos é armazenar memórias de cada membro de categoria individual: chamados *exemplares*. A lógica é que toda vez que vê um objeto de uma categoria específica, você armazena uma nova representação dele.

Por exemplo, você vê um gato preto e adiciona-o a seu estoque de exemplares de gatos. Então, se depara com gatos que podem ser brancos ou pretos. Com mais e mais exemplares armazenados, você tem uma representação precisa de uma categoria.

Existem evidências suficientes de que o cérebro armazena exemplares de objetos. Infelizmente, memórias de exemplares impedem que as pessoas categorizem objetos corretamente. Por exemplo, muitas pessoas têm exemplares de chitas; subsequentemente, categorizar um leopardo fica mais difícil, devido às semelhanças entre as duas espécies.

Ao armazenar exemplares, as partes sensoriais do cérebro são usadas mais do que locais de memória.

Reservando Conhecimento no Seu Cérebro

Uma maneira simples de examinar como e onde o cérebro armazena conceitos (no sentido mostrado na seção anterior "Pensando no Conhecimento como

Conceitos") é medir a atividade cerebral quando as pessoas pensam sobre um objeto. Analisamos dois estudos agora.

Armazenando em módulos

Um grupo de teorias sugere que os módulos no cérebro armazenam e processam coisas específicas. Como estabelecemos no Capítulo 11, a ideia de módulos é uma das hipóteses principais da neuropsicologia cognitiva. Se isso for verdade, partes diferentes do cérebro são responsáveis por armazenar tipos diferentes de conhecimento. Nesse caso, deveria ser possível observar *deficits de categorias específicas*, quando alguém tem uma lesão cerebral que representa perda de conhecimento de um tipo de conceito, mas não de outros.

Alguns pacientes realmente têm dificuldades em identificar imagens de seres vivos, mas manifestam habilidades relativamente preservadas em identificar coisas inanimadas. A ideia é que eles têm um deficit de conhecimento específico de categoria para seres vivos, mas seu conhecimento para coisas como ferramentas não é afetado. Existem casos similares de pessoas incapazes de nomear comidas ou utensílios de cozinha, mas esses são mais raros do que o deficit em nomear seres vivos.

Outra explicação para o deficit específico de categoria sugere que o deficit diz respeito ao uso de informações específicas (isto é, o conhecimento específico de categoria é realmente uma perda de grande parte do nível de conhecimento específico detalhado). Os seres vivos podem ter mais detalhes específicos do que coisas inanimadas, o que leva aos padrões observados.

Distribuindo conhecimento

A maioria das pesquisas em imagens cerebrais quando as pessoas estão pensando sobre conceitos mostra uma ativação ampla. Alguns resultados simples mostram que quando as pessoas pensam sobre um objeto físico, a parte do cérebro associada à visão é ativada. Mas quando elas pensam em um conceito abstrato (como "liberdade"), aquela parte que "vê" não está ativa.

Resultados similares são obtidos quando as pessoas pensam em conceitos envolvendo ação. Se pensar em uma bicicleta, é possível que seu cérebro ative suas áreas relacionadas ao movimento. Enquanto ao pensar em um objeto estático (como uma cadeira), as áreas de movimento do cérebro não são ativadas. De fato, se as partes do cérebro que processam movimento são temporariamente desligadas (usando Estimulação Magnética Transcraniana Repetitiva), as pessoas têm mais dificuldade em pensar sobre o movimento.

Baseado nessas descobertas, o modelo radial é muito viável (veja a seção "Afastando-se do modelo radial (hub-and-spoke)").

PAPO DE ESPECIALISTA

Karalyn Patterson sugere que os núcleos dos conceitos (os eixos ou hubs) são armazenados nos lóbulos temporais anteriores, que não contêm nenhum sentido ou informação motora. As informações sensoriais (os raios ou spokes) relacionadas a um conceito são armazenadas nas várias partes sensoriais do cérebro. Os eixos integram todos os diferentes tipos de conhecimento. Outros pesquisadores, no entanto, sugerem a existência de uma *zona de convergência*, em que uma parte do cérebro integra todas as informações sensoriais, conceituais e motoras sobre conceitos. Essa zona está localizada nos sulcos temporais superiores.

> **NESTE CAPÍTULO**
> » Examinando os processos de esquecimento
> » Esquecendo deliberadamente

Capítulo 11
Descobrindo por que Você Esquece as Coisas

Nos Capítulos 8, 9 e 10, abordamos a impressionante habilidade do cérebro de armazenar informação (embora, claro, todos os seres humanos sejam igualmente impressionantes!). No entanto, as pessoas não conseguem se lembrar de tudo que aprendem, e neste capítulo analisamos a parte da memória que não é tão boa —o esquecimento. Sim, como em qualquer episódio de *Fawlty Towers*, este é dedicado às coisas que dão errado!

Descrevemos alguns motivos e importantes teorias por trás da razão pela qual você esquece certas coisas, inclusive intencionalmente, e como os pesquisadores podem bagunçar as memórias das pessoas (tudo em nome da ciência, é claro).

"Está na Ponta da Minha Língua!": Esquecendo as Coisas

Claramente, a memória humana é impressionante, e ainda assim algo impede que as pessoas consigam se lembrar de algumas coisas importantes.

Se pedíssemos que listasse os nomes e as datas de aniversário dos seus avós, pais, tios, tias, irmãos e irmãs, possivelmente você conseguiria lembrar alguns deles (esperamos que pelo menos os nomes!), mas não todos. Essa falha ocorre apesar de você ter recebido essas informações muitas vezes (um de nós sempre precisa ser lembrado de ligar para a avó no aniversário dela todo ano, apesar de se importar muito com ela!).

Aqui, discutimos alguns dos motivos pelos quais as pessoas esquecem coisas:

- » Não prestar atenção na informação (como falamos no Capítulo 7)
- » Não codificar a informação corretamente (veja os Capítulos 5 e 8)
- » Perder informação de memória (por deterioração)
- » Interferir em memórias armazenadas
- » Não acessar a memória durante a recuperação

É impressionante que as pessoas se lembrem de tanto!

Prestando atenção insuficiente

Obviamente, se não presta atenção na informação devidamente, você não consegue memorizá-la depois. Se não está olhando para alguma coisa, não se lembra dela; se está distraído enquanto aprende, não se lembra.

Como abordamos no Capítulo 7, a atenção é como um refletor: o que está no refletor recebe a maior quantidade de processamento. A atenção age focando os recursos do cérebro em algo importante o bastante para aprender. Quando esses recursos de atenção não são bem direcionados para o aprendizado (através de distração, dividindo os recursos), simplesmente aprender não é suficiente.

Essa ideia sugere que você não consegue aprender nada a não ser que preste a devida atenção. Por outro lado, os psicólogos mostraram que as pessoas aprendem coisas implicitamente, sem consciência ou sem intenção de aprender.

Fracassando em codificar devidamente

Mesmo quando prestamos a devida atenção na informação (veja a seção anterior), podemos não armazená-la perfeitamente na memória. Precisamos transferir a informação da memória de trabalho para a de longo prazo através de um processo de *ensaio*. Ensaiar informações requer esforço e tempo para pensar sobre o item em questão.

No Capítulo 9, descrevemos como a elaboração (pensar profundamente e relacionar a conhecimentos existentes) durante a codificação ajuda a memória ao tornar algo mais significativo, diferenciado e, portanto, memorizável. No entanto, tornar as coisas mais significativas, às vezes, não é fácil. Quando você está em uma sala de aula tentando aprender algo em que não tem interesse (obviamente não é psicologia cognitiva!) para passar em uma prova, você pode ter dificuldade em torná-lo pessoalmente relevante ou significativo.

Um método que ajuda a aprender, aparentemente mais do que qualquer outra técnica, é o de aprendizado através de testes (adequadamente chamado de *efeito de teste*). Por isso, os professores adoram testes surpresa!

A lógica é que ao aprender alguma coisa, de vez em quando, você pare e teste a si próprio para se certificar de que realmente aprendeu. Pode não se lembrar muito na primeira vez, mas na segunda ou terceira que se testar sobre a mesma informação estará melhor do que estaria simplesmente relendo a mesma quantidade de vezes. E o aprendizado dura um longo tempo: testando-se inúmeras vezes, sua memória torna-se 50% melhor por semanas em comparação a apenas reler.

A ciência por trás desse processo diz respeito ao que seu cérebro faz toda vez que acessa informações. Quando lê alguma coisa, seu cérebro ativa o estoque de conhecimento e acrescenta informações a ele. Lendo alguma coisa, e em seguida relendo, o conhecimento torna-se melhor armazenado em sua cabeça (o rastro de memória é mais forte). Mas a memória não trata apenas de armazenar informações, também de conseguir recuperá-las. Ao testar o próprio conhecimento, você também ativa a parte de recuperação do seu cérebro. Como resultado, fortalece o caminho de recuperação bem como o rastro da memória.

Uma coisa que você pode estar fazendo ao tentar se lembrar de coisas é criar ligações com conhecimento existente (chamado de *dicas*). Retestar permite determinar se essas dicas são eficazes. Se não forem, você cria outras diferentes. Essa criação proporciona mais caminhos para a recuperação. Você retesta até ter dicas perfeitas para lembrar corretamente todas as vezes. Além disso, mais dicas de recuperação significam mais rotas para a memória e mais chances de acessar informações.

Esse efeito do teste também existe porque você precisa se esforçar para se lembrar de coisas. Quanto mais esforço faz, maior a probabilidade de lembrar. Retestar também ajuda a notar outros aspectos (como contexto e outras relações entre o que tenta aprender) que o ajudam a aprender mais.

Desaparecendo da memória

Mesmo quando você presta atenção e codifica a informação corretamente (de acordo com as duas seções anteriores), ela ainda pode não permanecer em sua cabeça para sempre. Embora possamos facilmente lembrar os nomes e rostos de nossos antigos professores da escola, não há dúvidas de que perdemos muito do que nos ensinaram. Uma maneira pela qual as pessoas perdem informações da memória é através da *deterioração*.

Hermann Ebbinghaus, psicólogo alemão, foi o pioneiro na pesquisa de memória. Ele criou uma série de estudos em que os participantes recebiam um conjunto de *trigramas* (três letras que não formam uma palavra). Pediu que as pessoas tentassem se lembrar deles e testou suas memórias em vários intervalos de tempo.

LEMBRE-SE

Os resultados de Ebbinghaus são claros: o índice de esquecimento era rápido e depois diminuía de ritmo (veja a Figura 11-1). Essa curva foi chamada de *curva de Ebbinghaus*. A informação que as pessoas perderam da memória foi maior logo após aprender do que dias depois.

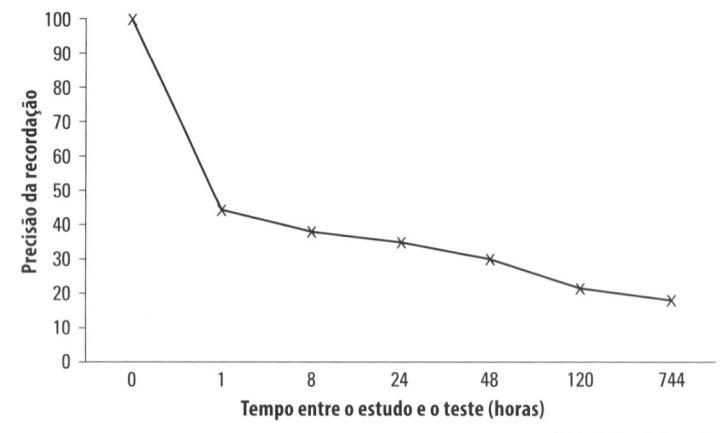

FIGURA 11-1: Curva de Ebbinghaus.

© John Wiley & Sons, Inc.

DICA

Umas das explicações mais simples para esse esquecimento é que a informação simplesmente desaparece e se deteriora na memória. As pessoas podem esquecer (e, em particular, esquecer coisas mais recentes mais rapidamente) porque recebem constantemente muitas informações.

Considere o seguinte: você não precisa lembrar exatamente o que comeu no café da manhã ou qual é a aparência dos estranhos que passaram por você no seu caminho para a faculdade. Faz mais sentido para sua mente ignorar essa informação (não prestando atenção nela ou esquecendo se prestou).

Interferindo em memórias armazenadas

Mesmo se prestar atenção na informação, codificar devidamente e armazená-la bem o bastante para evitar deterioração, a informação na memória ainda pode se tornar indisponível através da *interferência*: quando outra informação interfere na memória armazenada.

Existem dois tipos de interferência:

» **Interferência proativa:** O conhecimento existente afeta como você adquire novas informações.

» **Interferência retroativa:** Novas informações que interferem no conhecimento armazenado.

Informações passadas

O conhecimento antigo pode interferir na aquisição e armazenamento de informações novas.

Demonstramos um caso clássico de interferência proativa com os avós de um dos autores. Eles viveram na mesma casa por 50 anos com a mesma disposição da cozinha por 20 desses anos. Quando substituíram alguns dos utensílios de cozinha, eles (e um dos autores) se viram colocando comida na máquina de lavar roupas, porque a máquina agora está onde a geladeira costumava ficar!

A interferência proativa é causada pelo mesmo estímulo estar associado a uma informação correta e a uma incorreta. Se a ligação entre o estímulo e a informação incorreta for muito forte (porque você tem colocado comida no mesmo lugar por 20 anos) e a ligação entre o estímulo e a informação correta, muito fraca (porque você acabou de mover a geladeira), a interferência é mais provável.

O processamento automático ou os hábitos precisam ser sobrescritos por novas informações. Você pode fazer isso assegurando-se de usar uma pesquisa restrita pela sua memória: ao pesquisar sua memória, você precisa focar ativamente o conhecimento específico ou recente (apenas os tempos recentes de guardar comida) para evitar interferência de conhecimento passado.

Conhecimento armazenado

Pense em como sua mãe era dez anos atrás. Você provavelmente considerará essa tarefa mais difícil do que parece. Consegue facilmente imaginar a aparência dela agora, mas sua aparência atual interfere em sua habilidade de imaginar como era.

Essa interferência retroativa é mais forte se você vive com sua mãe atualmente ou se acabou de ir morar sozinho. Se um longo tempo se passou, você pode achar mais fácil se lembrar dela como era um tempo atrás!

DICA: Similar à interferência proativa, a retroativa ocorre porque a informação correta é difícil de ser recuperada, mas principalmente porque a incorreta é fácil de recuperar. Isso ocorre com mais frequência quando os dois momentos de aprendizagem são muito parecidos. Então, se estiver estudando dois conceitos relacionados, aprendê-los de formas e em lugares diferentes é aconselhável.

Esquecendo as dicas

As pessoas podem esquecer coisas temporariamente quando falham em recuperar a informação: elas simplesmente não conseguem acessá-la naquele momento.

Endel Tulving (veja o Capítulo 9) apresentou a ideia de *dependência de dica* (quando a ativação da memória exige uma dica específica). Você vivencia isso quando lhe fazem uma pergunta como: "Qual cidade sediou os Jogos Olímpicos em 2000?" A resposta pode não vir à mente imediatamente, mas se lhe déssemos uma lista (Londres, Paris, Sydney, Atlanta, Istambul), você provavelmente reconheceria a correta (Sydney). Isso ocorre porque não havia uma dica apropriada para lembrar a resposta. Quando foi fornecida, você encontrou a resposta.

ALERTA DE JARGÃO: Tulving propôs o *princípio da especificidade da codificação*. O termo é um pouco grande, mas significa essencialmente que você lembra mais quando a informação em recuperação é mais próxima da que está em aprendizado: em outras palavras, quando armazena um novo conhecimento, você também armazena informações sobre como o adquiriu (contexto).

Logo, para aumentar a chance de lembrar, você recupera a informação no mesmo contexto em que a adquiriu. Contexto, nesse caso, refere-se ao cenário de aquisição, o estado emocional em que estava, a música tocando ao fundo e todas as outras influências ambientais.

PAPO DE ESPECIALISTA: Uma das demonstrações de maior sucesso da dependência da dica e do princípio da especificidade da codificação é a dos psicólogos cognitivos David Godden e Alan Baddeley. Eles formaram dois grupos de participantes: um aprendeu uma lista de palavras em roupas de mergulho sob a água, e o outro, uma lista de palavras na praia. Depois, metade de cada grupo tentou se lembrar das palavras no mesmo contexto e a outra metade, no contexto oposto. O índice de recordação foi muito maior quando o contexto entre aprendizado e recuperação era análogo.

DICA: O mesmo efeito não ocorre quando os participantes recebem um teste de reconhecimento (em que recebem várias palavras e são solicitados a identificar aquelas que viram). Isso provavelmente acontece porque a lista de reconhecimento disponibiliza dicas suficientes para ignorar aquelas fornecidas pelo contexto.

Fundamental para estabelecer se a dica ajuda a memória é o quanto de informação compartilha com a informação a ser relembrada e se apresenta elementos em comum com outras partes da informação. A sugestão deve ser a mais distinta possível e relacionar-se apenas a uma coisa a ser lembrada para ser útil.

Frequentemente, você pode ter a dica ativa em sua mente, mas ainda não conseguir recuperar a coisa a ser lembrada. Essa situação o deixa desconfortável. Estar perto de se lembrar de alguma coisa: o *estar na ponta da língua*. Isso acontece porque a memória é ativada o suficiente para você lembrar que conhece o item, mas não o suficiente para se lembrar dele. Também pode ocorrer porque ao tentar se lembrar de alguma coisa, você ativa diferentes porções de informação potencialmente relacionadas em vez de ativar diretamente a memória (isto é, está usando as dicas erradas para a recuperação).

Pretendendo Esquecer

Na maioria das vezes, esquecer é o resultado de alguma coisa que deu errado. Mas em duas situações esquecer pode ser intencional, seja deliberada (*esquecimento motivado*) ou inconscientemente (*repressão*).

Esquecendo de propósito

Lembrar-se de tudo não é prático ou útil para a sobrevivência. Se pudesse se lembrar de cada refeição que já comeu, você teria muita dificuldade em vasculhar todo o conhecimento para descobrir se gosta da comida que está sendo oferecida agora! Lembrar-se apenas de exemplos essenciais faz mais sentido (como suas comidas favoritas e aquelas que odeia).

Uma forma de assegurar que não se lembre de tudo é não prestar atenção em tudo. No entanto, se presta atenção, você pode precisar esquecer alguma coisa deliberadamente: o esquecimento motivado.

Uma maneira de estudar o esquecimento motivado é através de uma técnica chamada de *esquecimento direcionado*. No laboratório, você é apresentado a uma lista de palavras e lhe pedem para se lembrar de algumas (talvez escritas em uma cor) e esquecer outras (em outra cor). Assim, você é testado sobre sua memória para todas as palavras. Obviamente, a memória é pior para itens que lhe falaram para se esquecer do que para aqueles que pediram para lembrar.

Você pode não se lembrar dos itens a que foi direcionado a esquecer porque os inibiu. *Inibição* é o processo pelo qual seu cérebro evita ser ativado por um item. Essa supressão da informação indesejada pode ocorrer ao se pensar sobre outras coisas (*substituição de pensamento*) e efetivamente não pensando sobre a informação.

PAPO DE ESPECIALISTA: Pesquisas indicam que quando mandam você não se lembrar de alguma coisa, seu cérebro ativa a parte frontal (usada para controlar intenções) e não ativa o hipocampo (responsável pela memória).

Reprimindo memórias

Sigmund Freud (lembra-se dele?), psicanalista austríaco (não o chamamos de psicólogo, apesar da importância de seu trabalho), é famoso por ter escrito sobre a repressão. Ele afirmou que as mentes inconscientes das pessoas bloqueavam memórias traumáticas ou dolorosas da memória consciente.

LEMBRE-SE: Embora reprimir memórias dolorosas pareça ser uma ideia plausível, não há muitas evidências científicas para isso. As pessoas afirmam ter recuperado memórias reprimidas como resultado de terapia (incluindo hipnose; veja o Capítulo 23), mas pesquisas mostram que 80% dessas "memórias recuperadas" são, na verdade, falsas, e provavelmente implantadas pelo terapeuta acidentalmente. Quando as memórias são recuperadas acidentalmente fora da terapia, é mais provável que sejam verdadeiras.

Os mecanismos de repressão não são bem compreendidos, porque pesquisas de verificação de memórias recuperadas são muito difíceis.

DOENÇA DE ALZHEIMER

MUNDO REAL

Alzheimer é uma doença relativamente comum, que causa uma séria deterioração no desempenho cognitivo com a idade. É causada pela destruição do tecido cerebral e pelos danos às conexões entre células cerebrais.

O primeiro sintoma do Alzheimer é a perda de memória de curto prazo. Os pacientes não conseguem se lembrar de conversas recentes e também podem esquecer outras coisas inesperadas (como os nomes de pessoas que conhecem bem). O Alzheimer tende a não afetar memórias mais antigas tanto quanto as recentes. No entanto, alguns deficits de memória se ocultam devido à *confabulação*, em que os pacientes, sem intenção, substituem a informação perdida em suas memórias por algo inventado.

Mais adiante, eles desenvolvem problemas de linguagem (especialmente vocabulário) e suas personalidades mudam. Os estágios da doença são parecidos com o envelhecimento normal, embora pessoas com Alzheimer acreditem que seus problemas se desenvolvam mais rápido do que alguém que não sofra os efeitos da idade.

Diagnosticar Alzheimer o mais cedo possível é vital porque, embora não exista cura, a equipe médica pode implementar muitas técnicas para retardar a progressão da doença, como fornecer vários exercícios mentais (como aqueles desenvolvidos e usados por psicólogos cognitivos) e criar rotinas para a casa.

Criando Memórias Falsas

Lembrar pode dar errado de várias maneiras. Você pode fazer associações erradas, permitir que memórias sejam distorcidas e ofuscar sua memória verbalmente. Como se isso não fosse suficiente, esta seção sugere que nem sempre é possível confiar em sua memória: ela vai pregar peças em você!

Associando coisas incorretamente

Esquemas existentes (veja o Capítulo 10) podem fazer as memórias das pessoas serem equivocadas. Se vir algo que não se enquadra no seu esquema, você pode se lembrar daquela informação de maneira diferente.

Por exemplo, um estudo conduzido em 1947 envolveu mostrar a participantes brancos uma foto de um homem branco com uma navalha perto de um homem negro em um trem. Depois de algum tempo, a memória dos participantes para o acontecimento foi testada: de um modo perturbador, muitas pessoas brancas "lembram" que o homem negro tinha uma navalha. Esse erro ocorre em virtude de seus esquemas, que lhes dizem que pessoas brancas não carregam navalhas (o que é obviamente incorreto).

Mais evidências experimentais sobre como esquemas alteram o que você lembra vêm do *paradigma Deese-Roediger-McDermott* (em homenagem aos pesquisadores que o usaram pela primeira vez: os psicólogos norte-americanos James Deese, Henry L. Roediger III e Kathleen McDermott).

Nessa pesquisa, os participantes são apresentados a listas de palavras que pertencem à mesma categoria (veja a Figura 11-2). Subsequentemente, os pesquisadores testam a memória de reconhecimento dos participantes para as palavras. Entretanto, palavras extras são adicionadas aos testes de reconhecimento (chamadas de *iscas*). Os participantes precisam dizer se cada palavra foi vista antes. Crucialmente, uma das palavras iscas se relaciona semanticamente às palavras apresentadas na primeira lista (uma palavra isca crítica).

Os resultados mostram que os participantes geralmente se "lembram" de ver a palavra isca crítica, o que indica que suas memórias foram enganadas para ver uma palavra extra, que não foi apresentada.

As pessoas cometem esse erro porque não são muito boas em se lembrar de tudo; em vez disso, tendem a lembrar a essência das coisas. Então, quando lhes apresentam uma série de palavras relacionadas, encontram o contexto que liga todas as palavras, o que provavelmente é um esquema armazenado. Quando começam a relembrar as palavras, simplesmente ativam seus esquemas e se lembram de todas as palavras nele — e cometem um erro.

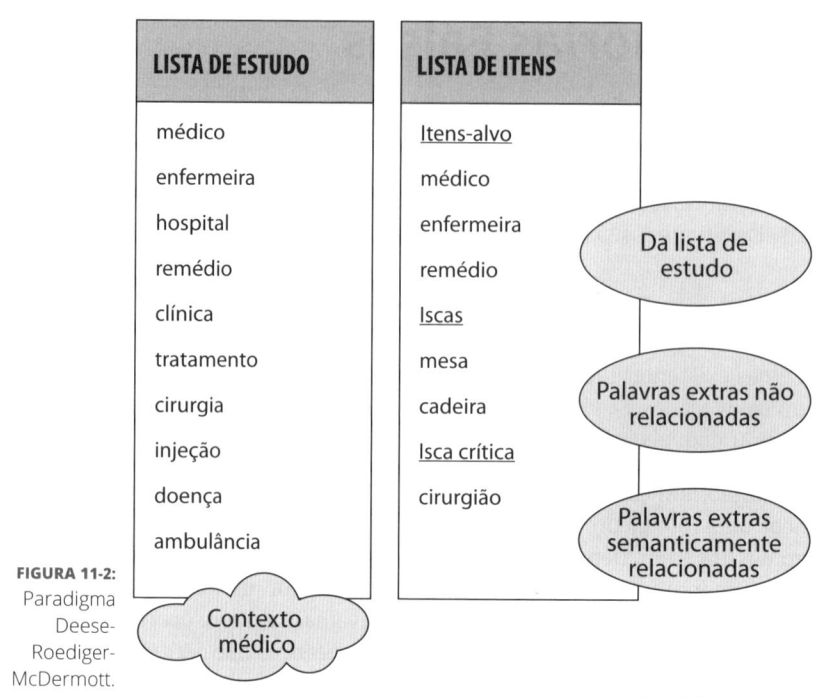

FIGURA 11-2: Paradigma Deese-Roediger-McDermott.

LISTA DE ESTUDO	LISTA DE ITENS	
médico	Itens-alvo	
enfermeira	médico	
hospital	enfermeira	Da lista de estudo
remédio	remédio	
clínica	Iscas	
tratamento	mesa	Palavras extras não relacionadas
cirurgia	cadeira	
injeção	Isca crítica	
doença	cirurgião	Palavras extras semanticamente relacionadas
ambulância		

Contexto médico

© John Wiley & Sons, Inc.

Distorcendo a memória

Muito do material neste capítulo e no Capítulo 12 (sobre memória de testemunhas oculares) mostra apenas quão facilmente você consegue alterar as memórias das pessoas para acontecimentos adicionando novas informações depois.

Uma demonstração particular vem de Micah Edelson, neurocientista israelense, e seus colaboradores. Eles fizeram os participantes assistirem a um vídeo e depois se lembrarem dele. Então falaram para os participantes que outras pessoas se lembraram do vídeo de maneira diferente. Em um teste de memória subsequente, os participantes se lembraram de parte do vídeo de forma distinta da primeira vez, incorporando informações a mais.

DICA

Esse comportamento ocorre parcialmente porque as memórias das pessoas são reativadas quando tentam se lembrar de algo (veja a teoria de reconsolidação, no Capítulo 9). A nova informação pode ser misturada com a informação existente. As pessoas, equivocadamente, pensam que a informação nova é parte da memória existente, quando realmente não é. Depois, a memória se torna uma combinação de todas as informações.

MUNDO REAL

Outro exemplo de distorções de memória vem da *criptomnésia* (o plágio inconsciente), que ocorre devido à falha em lembrar a fonte da própria memória. Por exemplo, a canção mais famosa de George Harrison, "My Sweet Lord", revelou-se um plágio de uma canção chamada "He's So Fine", que ele havia escutado há anos, mas esqueceu. As pessoas são muito melhores em se lembrar de informações do que de onde surgiram.

Discutindo as coisas: Ofuscamento verbal

Embora não seja um esquecimento no sentido tradicional, o efeito do ofuscamento verbal causa erros na memória (e não conseguimos encontrar um melhor lugar para falar sobre ele neste livro!).

O *efeito de ofuscamento verbal* (descoberto em 1991 por Jonathan Schooler, um psicólogo norte-americano) ocorre quando alguém lhe pede para descrever um acontecimento e o simples ato de fazê-lo afeta a precisão de como você se lembra do evento. Tipicamente, *verbalizar* (descrever um acontecimento verbalmente) o torna muito menos preciso ao relembrar depois, especialmente com rostos, que são reconhecidos com menos precisão depois de serem descritos.

Essa questão é particularmente problemática para procedimentos policiais. Suponha que você testemunhe um crime e vá até a polícia para dar seu depoimento. Eles pedem para que forneça uma descrição verbal do agressor. Você descreve a pessoa da melhor forma que pode. Tudo parece perfeitamente bem, exceto pelo efeito do ofuscamento verbal. O fato é que, ao simplesmente pedir para que você descreva um rosto, a polícia torna menos provável que você reconheça perfeitamente o rosto durante um processo de reconhecimento.

Esse efeito ocorre porque a maneira como as pessoas veem coisas não é fácil de descrever. Suas descrições verbais estão longe de ser tão coloridas ou vívidas quanto o que viram. Elas perdem informação nas descrições.

Parte do problema é que as pessoas podem descrever uma única característica diferenciada em vez de processar o rosto como um todo (o que, como mostramos no Capítulo 6, é o que as pessoas deveriam fazer). Como resultado, elas não processam tudo. Em outras palavras, suas descrições de cenas de crime deveriam ser limitadas a questões pertinentes, como as cores das roupas que alguém estava vestindo.

> **NESTE CAPÍTULO**
> » Lembrando-se de coisas sobre si mesmo
> » Recordando eventos distintos
> » Testemunhando crimes

Capítulo 12
Memorizando o Mundo Real

Os Capítulos 8 a 11 tratam principalmente de pesquisas sobre a memória realizadas em laboratório. Não há nada de errado nisso (nossas carreiras são baseadas nelas — se nos lembramos corretamente!), mas sempre é preciso questionar se esses estudos representam adequadamente o que acontece no mundo real. Ou seja, os resultados podem ser repetidos (reproduzidos) e têm validade ecológica (que tratamos no Capítulo 1)?

Neste capítulo, analisamos três importantes áreas em que você precisa da memória no mundo real: lembrar-se de acontecimentos de sua vida, recordar eventos distintos (*memórias impactantes*) e memória de testemunho. Nunca o ícone "Lembre-se" da *Para Leigos* foi tão importante!

Lembrando-se de Si Mesmo e de Sua Vida

Provavelmente você não chegará muito longe se não conseguir se lembrar de sua própria vida e história: na verdade, é bem provável que não seja você mesmo sem a memória de si, porque suas memórias afetam como se desenvolve sua personalidade e até o senso de autoidentidade. Psicólogos cognitivos chamam isso de *memória autobiográfica*. Ela é diferente da memória episódica (veja o Capítulo 9), pois é muito mais significativa pessoalmente — as memórias são vívidas, complexas e duradouras.

LEMBRE-SE A memória autobiográfica é um dos tipos mais importantes de memória. As pessoas a usam para identificar a si mesmas, frequentemente ao contar histórias sobre si para outras pessoas, o que cria vínculos sociais. Mas quando falam de suas memórias autobiográficas, será que falam igualmente de memórias de todos os períodos de sua vida? E todo mundo fala sobre elas da mesma maneira?

Nesta seção, tratamos dessas duas questões fascinantes, e descrevemos como os psicólogos cognitivos medem as memórias autobiográficas.

Medindo a precisão de suas memórias autobiográficas

Você pode pensar que medir as memórias autobiográficas é algo fácil, mas para os psicólogos cognitivos, na verdade, não é.

EXPERIMENTE Recorde o máximo de memórias que puder de quando você tinha 7 anos e depois de quando tinha 10 anos. Sem dúvida você será capaz de se lembrar de muitas histórias e de contabilizá-las. Tudo bem, mas assim só estará contando os números.

LEMBRE-SE Os psicólogos cognitivos estão interessados não apenas em quantas memórias você é capaz de ter, mas também em quantas são precisas. Como podemos descobrir se suas memórias são precisas ou não? Poderíamos pedir a seus pais para ir até o laboratório atestar a veracidade das memórias, mas isso não é muito prático (sem falar do fator complicador da precisão das memórias dos pais acerca desses acontecimentos distantes). Então, o que fazemos?

Bem, alguns psicólogos cognitivos britânicos (Michael Koppelman, Barbara Wilson e Alan Baddeley) criaram uma abordagem chamada de *entrevista de memória autobiográfica*. Esse teste envolve entrevistar os participantes e pedir que forneçam memórias de três períodos diferentes de suas vidas (infância, início da fase adulta e acontecimentos recentes). O teste é dividido em duas partes:

> » **Parte 1:** Os participantes fornecem uma memória específica em resposta a uma dica relacionada a, por exemplo, algo que aconteceu na escola.
>
> » **Parte 2:** Os participantes fornecem informações mais factuais sobre coisas que aconteceram no passado (como o nome da escola que frequentaram).

Duas pessoas então analisam a transcrição da entrevista e classificam cada memória quanto à vivacidade e especificidade (como, por exemplo, fornecer a hora e dada exatas em que algo aconteceu). Essa verificação permite uma avaliação confiável da qualidade e da natureza das memórias em todos os períodos da vida. Memórias precisas têm maior probabilidade de serem mais vívidas e específicas.

Pensando sobre o que lembrar — E por quê

Agora analisamos se você se recorda igualmente das memórias autobiográficas de todos os períodos de sua vida.

EXPERIMENTE

Tente lembrar o máximo de memórias que puder em dois minutos e depois anote de qual período de sua vida pertencem. Faça o mesmo exercício com uma pessoa de 25 e uma de 75 anos. De que período cada uma delas se recordou de mais e de menos memórias?

LEMBRE-SE

A maioria das pessoas tende a não ter memórias de antes dos 3 anos e poucas de antes dos 6 anos (o que é conhecido como *amnésia infantil*). Elas se lembram de mais memórias da fase entre os 15 e os 30 anos (o *pico de reminiscência*, que felizmente não é tão desagradável quanto parece). Esse padrão tende a acontecer com todas as pessoas, não importa que idade tenham (a menos que tenham menos de 15 anos!). Então, por que essas coisas acontecem?

Amnésia infantil

Psicólogos cognitivos desenvolveram uma série de teorias, mas nenhuma resposta definitiva, do motivo pelo qual ninguém é capaz de se recordar de memórias de antes dos 3 anos:

> » Crianças não têm um senso de si mesmas desenvolvido (quem são em relação ao resto do mundo) até cerca de 3 anos, o que significa que não são capazes de formar memórias sobre si mesmas até algum tempo depois de aprenderem a reconhecer a si mesmas no espelho.
>
> » Considerando que as pessoas tendem a falar muito sobre si mesmas, talvez as memórias autobiográficas sejam armazenadas usando palavras e linguagem. As crianças não desenvolvem linguagem suficiente até os 3 anos, e por isso podem não ter memórias autobiográficas. A falta de linguagem as impede de desenvolver dicas de recuperação suficientes (veja o Capítulo 10).

> Em nossa opinião, a teoria mais convincente é a *neurogênese*, que é baseada em evidências sobre o que existe no cérebro. A parte do cérebro mais importante para as memórias na fase adulta (o hipocampo) simplesmente não está desenvolvida nas crianças. Ela se desenvolve de forma muito mais lenta do que as outras partes, e por isso não é capaz de armazenar as memórias até cerca de 3 anos e não está plenamente funcional até os 6 anos.

Supermemória dos jovens adultos

Muito provavelmente, as pessoas se lembram mais de memórias entre os 15 e os 30 anos do que todas outras fases porque o senso de si mesmas, a linguagem e o cérebro estão plenamente desenvolvidos nessa idade; além disso, o declínio da atividade do hipocampo associado à idade só começa a ocorrer muito depois dos 30 anos.

Uma teoria adicional para essa "supermemória" se baseia na ideia do *roteiro de vida*. A maioria das pessoas vivencia acontecimentos comuns, significativos e culturalmente definidos. Grande parte das pessoas vai para a universidade, passa a morar sozinha pela primeira vez, começa uma carreira, se casa (algumas mais que as outras) e tem filhos. A maioria desses eventos tende a ocorrer entre os 15 e os 30 anos. Existem roteiros socialmente criados para esses acontecimentos e, portanto, são fáceis de lembrar. Na verdade, quando uma criança pensa sobre o futuro, pensa em termos de acontecimentos do roteiro de vida.

Analisando se todas as memórias autobiográficas são iguais

Quando você pensa em suas memórias autobiográficas, imediatamente percebe que não são iguais. Elas não têm o mesmo detalhamento e nível de vivacidade.

O humor afeta a memória autobiográfica. Normalmente, as pessoas se lembram de acontecimentos positivos do roteiro de vida (que discutimos na seção anterior), como o casamento. Tim Dalgleish, neurocientista britânico, e seus colaboradores demonstraram que pessoas sofrendo de depressão tendem a se lembrar de muito mais acontecimentos negativos do que as que não sofrem de depressão.

Quando ocorreu a memória também afeta como as pessoas se lembram dela. Você poderia achar que as pessoas se lembram de modo menos eficiente de memórias mais antigas (mais remotas) do que de mais recentes. Mas, na verdade, pesquisas feitas no século XIX mostram que algumas memórias mais antigas são lembradas de forma mais precisa do que as recentes (o que é conhecido como Lei de Ribot, veja o Capítulo 9). Entretanto, a forma com que se lembram é muito diferente.

Você já se lembrou e contou a outras pessoas as memórias mais antigas mais vezes do que as recentes. Portanto, essas memórias mais antigas têm rastros de memória mais fortes. Elas também têm menor probabilidade de se perderem em decorrência de lesão cerebral (o motivo pelo qual muitas pessoas com amnésia ainda conseguem se lembrar melhor de coisas do passado do que de acontecimentos recentes).

Na verdade, as memórias mais antigas se tornam muito mais como as *memórias semânticas* (fatos sobre o mundo) no modo como você se lembra delas e as discute. Como resultado, você as descreve de maneira menos emocional e clara, enquanto os acontecimentos mais recentes são lembrados com emoção e sentimento (veja o Capítulo 9 para saber mais sobre esse processo, chamado de *semantização*).

Voltando no Tempo

Alguns acontecimentos grudam em sua mente. Sabemos que essa afirmação parece muito casual, e não um dado científico; mas aparentemente é, de fato, verdade.

O que você estava fazendo quando ouviu sobre os ataques ao World Trade Center (o acontecimento chamado de 11 de Setembro)? O esperado é que tenha uma recordação bastante clara.

Muitas pessoas se lembram desse evento muito bem, desde que tivessem mais de 6 anos na época (veja a seção anterior "Amnésia infantil" para saber por quê). Essas chamadas memórias impactantes são normalmente muito vívidas, claras e distintas.

Memórias impactantes são um tipo especial de memória autobiográfica (veja a seção anterior "Lembrando-se de Si Mesmo e de Sua Vida"), porque são extremamente duradouras e se aplicam a eventos externos. Se o acontecimento em questão realmente aconteceu com você, é possível que vivencie flashbacks do acontecimento em razão de sua natureza traumática.

Memórias impactantes normalmente referem-se a poucos acontecimentos muito diferenciados em sua vida. Eventos classicamente estudados incluem o assassinato de Kennedy, a chegada à Lua, a explosão da espaçonave Challenger, a morte da Princesa Diana e o 11 de Setembro.

Originalmente, os psicólogos cognitivos pensavam que as memórias impactantes eram extremamente precisas e consistentes ao longo da vida, mas extensas pesquisas demonstram que tendem a ser muito distorcidas. Por exemplo, muitas pessoas reportam ter visto o primeiro avião atingir as torres do World Trade Center ao vivo pela TV, mas o vídeo desse acontecimento só foi divulgado algum tempo depois. Além disso, a consistência das memórias impactantes das pessoas é questionável. As memórias das pessoas tendem a permanecer consistentes para fatos que são repetidos na TV, mas para outros aspectos, distorcidas.

Não há evidências que sugiram que as memórias impactantes são diferentes de outras memórias autobiográficas diferenciadas.

Testemunhos

Um dos momentos mais importantes em que necessitamos da memória é o testemunho (mas se lembrar de gravar o último episódio da série *Doctor Who* tem quase a mesma importância, naturalmente!). Se você já teve a infelicidade de testemunhar um crime, é muito provável que tenha tido que se lembrar do acontecimento e talvez até identificar o suspeito.

MUNDO REAL

A polícia e os tribunais frequentemente pedem que testemunhas oculares prestem depoimento sobre o que viram, pois o júri acredita mais no testemunho ocular do que em provas de impressão digital, obtidas por polígrafos e análise de caligrafia. Na verdade, o júri acredita em 70% dos depoimentos de testemunhas oculares, e essa atribuição de valor não depende da precisão do testemunho. Mesmo que um testemunho seja refutado por provas no tribunal, os jurados ainda acreditam na pessoa em 44% das vezes!

Esses números parecem preocupantes, mas são ainda piores. Sempre que são realizadas revisões de condenações errôneas, o testemunho ocular equivocado é o principal fator contribuinte. O livro *The Devlin Report* ["O Relatório Devlin", em tradução livre], publicado no Reino Unido em 1976, sugeriu que os tribunais não deveriam confiar no testemunho ocular, e ainda assim estatísticas recentes demonstram que 90% de todas as condenações errôneas são baseadas apenas nele. Veja o box a seguir "Pare! Quem vem lá?" para conhecer alguns experimentos conduzidos sobre esse tema.

Considerando essas desastrosas estatísticas, solicitaram aos psicólogos cognitivos que descobrissem por que as pessoas são tão imprecisas em seus relatos testemunhais e se algo poderia ser feito a respeito. Eles descobriram algumas razões (veja a Figura 12-1), que examinamos nesta seção, bem como algumas técnicas que reduzem equívocos na narrativa de testemunhos oculares.

FIGURA 12-1: Razões para erros de testemunhas oculares baseadas nas etapas do processamento cognitivo do Capítulo 1 (perceber informações, armazenar na memória e as recuperar).

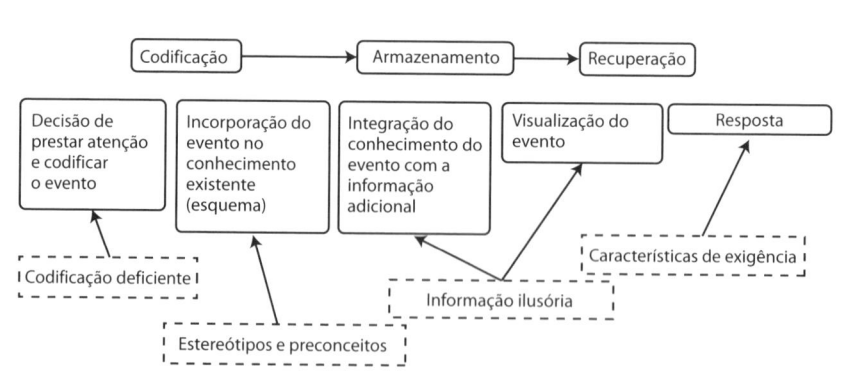

© John Wiley & Sons, Inc.

PARE! QUEM VEM LÁ?

PAPO DE ESPECIALISTA

Estudos experimentais confirmam a preocupante natureza falível do testemunho ocular. Robert Buckhout, psicólogo australiano, conduziu inúmeros estudos engenhosos na área. Em 1975, ele mostrou um vídeo de um crime em um programa de TV e depois apresentou uma fila de reconhecimento. Ele pediu para as pessoas ligarem para dar seu palpite sobre a identidade do culpado. Apenas 14,1% das pessoas acertaram a resposta.

Em seguida, Buckhout conduziu essa experiência de maneira mais realista. Ele encenou um roubo no início de uma de suas aulas. O culpado fugiu. Na semana seguinte, ele apresentou aos alunos uma fila de reconhecimento dos potenciais suspeitos. Buckhout descobriu que a precisão foi ligeiramente mais alta, cerca de 40%. Entretanto, 40% das pessoas escolheram alguém que estava na sala, mas que não era o criminoso, e 20%, uma pessoa aleatoriamente.

Cometendo erros no testemunho ocular

Agora analisamos algumas das principais teorias por trás do motivo pelo qual tantas pessoas cometem erros ao narrar testemunhos oculares. Os Capítulos de 8 a 11 descrevem diversas teorias sobre a memória bastante úteis ao considerar os erros cometidos em testemunhos.

Usando esquemas

No Capítulo 10, descrevemos como as pessoas usam seu conhecimento armazenado (na forma de *esquemas*) para interpretar e entender eventos. Isso é especialmente verdade nas pesquisas sobre testemunho ocular. Quando as pessoas recebem informações ambíguas, as interpretam com base em seus esquemas.

LEMBRE-SE

Em 2003, os psicólogos australianos Michelle Tucker e Neil Brewer mostraram a um grupo de participantes um vídeo de uma simulação de um assalto a banco. Os participantes se lembraram de coisas consistentes com o "roteiro" de um assalto a banco (como os criminosos usarem capuzes) de modo mais preciso do que das coisas fora desse roteiro. Além do mais, as informações ambíguas foram interpretadas como sendo parte do esquema: por exemplo, apesar do gênero dos assaltantes não estar evidente, os participantes se referiam a eles como homens.

Transferindo identidades

MUNDO REAL

O psicólogo australiano Donald Thompson relatou um caso particularmente desagradável de uma agressão sofrida por uma mulher em 1988. A mulher identificou Thompson como a pessoa que a atacou. Ela estava bastante confiante na identificação. Mas Thompson participava de um debate ao vivo com o chefe de polícia na televisão. Ele não era o agressor.

A vítima acreditava que ele era o agressor, aparentemente, porque a TV estava ligada no momento da agressão, e ela transferiu inconscientemente a identidade do agressor para outra pessoa.

Esse processo de *transferência inconsciente* pode ser um mecanismo de defesa que protege as pessoas, permitindo distanciar a consciência do evento durante o ataque.

Testemunhas desinformadas

O conhecimento do próprio participante interfere em suas memórias de eventos, mas a forma como a informação é apresentada, também. Até mesmo a alteração de uma única palavra no interrogatório faz com que uma pessoa "se lembre" de ter visto algo que não estava lá. Essa observação é particularmente importante, porque depois de testemunhar um crime as pessoas são interrogadas. Elas também repetem o que "viram" para diversas pessoas e provavelmente também acabam assistindo a reportagens na TV sobre o crime.

Elizabeth Loftus, psicóloga norte-americana, conduziu inúmeros estudos sobre esse *efeito de desinformação*: quando a informação apresentada às testemunhas depois de eventos altera sua memória sobre os acontecimentos. Um dos clássicos estudos envolveu pesquisadores mostrando um vídeo de um acidente de carro. Loftus fez a mesma pergunta a dois grupos de participantes de uma maneira ligeiramente diferente:

- » Para um grupo, a pergunta foi: "Qual era a velocidade dos carros quando se chocaram?"
- » Para o outro grupo: "Qual era a velocidade dos carros quando bateram?"

Os participantes relataram que os carros estavam em uma velocidade aproximadamente 12km por hora maior quando o verbo "chocaram" foi usado em vez de "bateram".

Uma semana depois, perguntaram aos mesmos participantes se haviam visto vidros quebrados (não havia). Dentre os participantes que ouviram a palavra "chocaram", 32% relataram ter visto vidro quebrado em comparação a 14% daqueles que receberam a pergunta com a palavra "bateram". Doze por cento dos participantes (a quem não foi perguntado nada) relataram ter visto vidro quebrado (presumivelmente em razão da coerência com seus esquemas sobre acidentes de carro).

Então, por que esse efeito ocorre? Como descrevemos nos Capítulos 9 e 11, há um processo de reconsolidação a cada vez que a memória é acessada, e isso torna a memória do evento flexível e mutável.

Ansiedade

Algo que os estudos de laboratório normalmente não conseguem replicar é a ansiedade de testemunhar um crime real. Um dos eventos mais indutores de ansiedade que as pessoas experimentam é quando uma arma é usada.

Estudos em psicologia frequentemente demonstram que os olhos e a atenção das pessoas são atraídos para a arma. Essa tendência, chamada de *foco na arma*, prejudica a memória das pessoas quanto ao resto da cena que presenciam.

Obviamente, o crime por si só já gera ansiedade. Para explorar como afeta a memória dos acontecimentos, Tim Valentine, psicólogo cognitivo britânico, e seus colaboradores realizaram o fantástico estudo no London Dungeon, um museu dedicado ao terror, em Londres. No museu, os participantes passam pelo Labirinto do Horror, em que encontram alguém vestindo uma fantasia assustadora. No final da visita, os níveis de estresse dos participantes eram medidos, assim como o reconhecimento da pessoa que viram. Quanto mais ansiosos os participantes, menos precisos eram ao identificar a pessoa.

Identificando criminosos

Uma das coisas mais importantes que uma testemunha ocular faz é tentar identificar um criminoso. Mesmo assim, as pessoas não são muito boas nisso.

Nos estudos descritos aqui, as chances de os participantes identificarem as pessoas foram maiores quando a idade e a etnia do suspeito e da testemunha combinavam — algo que não acontece com frequência no mundo real. Pesquisas mostram (veja o Capítulo 6) que as pessoas são muito menos precisas no reconhecimento de rostos de outras idades e etnias.

Checando rostos em fotografias

As pessoas precisam checar rostos e fotografias em postos de verificação de identidade, como no controle de passaportes. Isso deveria ser bastante simples: afinal, você tem uma foto e a pessoa bem na sua frente. Mas, na verdade, essa é uma tarefa complicada. As pessoas são muito ruins em constatar que a pessoa parada diante delas não é mesma que aparece na fotografia, mesmo sendo muito cuidadosas e atentas.

Os psicólogos britânicos Graham Pike, Richard Kemp e Nicky Towell conduziram um estudo em um grande supermercado. Eles pediram que os participantes comprassem produtos usando cartões de crédito com fotos. Os funcionários do caixa estavam cientes do estudo e questionaram os usuários dos cartões com fotos com mais frequência do que normalmente fariam. Quatro tipos diferentes de cartões foram usados:

» **Tipo 1:** Cartão com a identidade correta, com uma foto recente
» **Tipo 2:** Cartão com a identidade correta, com um foto antiga

- **Tipo 3:** Cartão com uma pessoa diferente, mas de aparência semelhante
- **Tipo 4:** Cartão com outra pessoa, de aparência diferente

LEMBRE-SE

O estudo descobriu que os cartões do tipo 1 (com a pessoa correta com uma foto recente) foram rejeitados 7% das vezes — provavelmente porque os funcionários do caixa foram excessivamente cuidadosos. Eles rejeitaram o cartão com a pessoa correta e a foto antiga (o cartão do tipo 2) 14% das vezes, o que significa que não foram capazes de saber se a pessoa diante deles era a mesma na foto feita há mais de seis meses.

Ligeiramente pior para os defensores da identidade com foto é o fato de que os funcionários identificaram como corretas as pessoas portando os cartões com fotos de pessoas diferentes e parecidas (cartão tipo 3) 50% das vezes e de outras pessoas com aparência diferente (cartão do tipo 4) em 34% das vezes. A precisão passou longe! O fato é que as pessoas são muito ruins em discernir que uma pessoa diante delas não corresponde à foto do documento de identificação, apesar de serem cuidadosas e atentas.

Criando Retratos Falados

Testemunhas normalmente são requisitadas a criar um retrato falado do suspeito apesar do fato de, reiteradamente, estudos psicológicos demonstrarem que as pessoas não são boas nesse tipo de tarefa.

LEMBRE-SE

O psicólogo britânico Hadyn Ellis e seus colaboradores pediram aos participantes que criassem um retrato falado usando as diretrizes usadas pela polícia. Em seguida, mostraram os retratos falados criados para outras pessoas, para verificar se eram capazes de identificar as pessoas retratadas. A precisão da identificação dos retratos falados varia de 4% (no estudo de Ellis) a 12,5% (em um trabalho mais recente). Quando os retratos falados são de uma pessoa familiar, a precisão aumenta para 25%.

Esses baixos percentuais provavelmente se devem ao fato de as pessoas reconhecerem rostos como um todo e não como vários traços separados (veja o Capítulo 6 para saber mais). Infelizmente, a maioria dos sistemas usados pela polícia para criar retratos falados (como Photofit e E-fit) requer a criação de rostos a partir de características separadas.

Aprimorando o testemunho ocular

Em essência, as seções anteriores mostram que testemunhos oculares são muito ineficientes. Então, é melhor fazermos por merecer nossos salários e aprimorarmos o processo. Infelizmente, essa não é uma tarefa fácil, e os psicólogos cognitivos não conseguiram avançar tanto quanto gostariam.

Apresentamos dois aspectos em que os psicólogos conseguiram aprimorar a memória de testemunho ocular: a apresentação do reconhecimento e a entrevista cognitiva.

Escolhendo melhor as pessoas em um reconhecimento

Em um reconhecimento, a polícia apresenta para a testemunha uma série de rostos e pede que identifique o criminoso. A polícia usa diversas formas de reconhecimento, que podem ser pessoalmente, por meio de vídeo ou álbum de fotos:

- » **Simultânea:** Todos os rostos são apresentados de uma vez e a testemunha toma a decisão depois de vê-los.
- » **Sequencial:** Os rostos são apresentados um de cada vez e a testemunha toma uma decisão depois de ver cada um deles.
- » **Alvo presente:** Os rostos incluem o suspeito do crime.
- » **Alvo ausente:** Os rostos não incluem o suspeito do crime.

O reconhecimento sequencial (o padrão usado pela polícia do Reino Unido) geralmente é melhor do que o reconhecimento simultâneo (apesar de esse último ser mais comum na mídia!). Isso se deve principalmente ao fato de que quando as opções não incluem o alvo, as testemunhas escolhem equivocadamente alguém em 32% das vezes em reconhecimentos sequenciais contra 54% das vezes nos reconhecimentos simultâneos. Assim, se alguma fizer parte de uma sessão de reconhecimento e for inocente, preferirá que o reconhecimento seja sequencial!

Todavia, quando o alvo está presente no reconhecimento, as testemunhas o escolhem em 52% das vezes nos reconhecimentos simultâneos contra 44% nos sequenciais. Assim, se você fizer parte de um reconhecimento e for culpado, preferirá que o reconhecimento seja sequencial (para aumentar suas chances de se safar).

No fim das contas, o reconhecimento sequencial é melhor, pois embora o reconhecimento simultâneo resulte em mais escolhas corretas (8% mais), a escolha errada de um inocente ocorre com 22% menos frequência no reconhecimento sequencial do que no simultâneo.

Outro aspecto crucial dos reconhecimentos são as instruções dadas. Pesquisas mostram que se a pessoa preparando o reconhecimento sabe quem é o suspeito, a testemunha tem mais probabilidade de escolhê-lo. O preparador do reconhecimento inconscientemente (esperamos) deixa escapar dicas sutis para indicar o suspeito.

Entrevista cognitiva

Uma maneira de melhorar os testemunhos oculares é tentar extrair a melhor informação, como com a *Entrevista Cognitiva Aprimorada*. Esse método requer que o entrevistador garanta que a testemunha siga cinco regras:

» Imagine o ambiente em que o crime ocorreu.
» Relate todos os detalhes que conseguir (mesmo os irrelevantes).
» Descreva o acontecimento em ordens diferentes.
» Descreva o acontecimento de diferentes perspectivas (imaginando-o de ângulos distintos).
» Haja afinidade entre o entrevistador e a testemunha.

DICA Essa abordagem ajuda a memória: as pessoas relatam mais informações com ela do que com o interrogatório normal, embora os pesquisadores observem um pequeno aumento de recordação de informações incorretas em comparação ao método tradicional. A Entrevista Cognitiva Aprimorada também não impede que informação equivocada seja acrescentada durante o interrogatório.

MUNDO REAL A polícia tende a usar as duas primeiras regras mais do que as demais para economizar tempo. Na verdade, apenas a primeira regra da Entrevista Cognitiva Aprimorada é essencial para o aprimoramento da informação recordada pela testemunha.

A Entrevista Cognitiva Aprimorada provavelmente ajuda na recuperação da informação pela testemunha porque a reconstituição mental faz com que a testemunha pense no contexto e em todas as dicas possíveis referentes à memória. Isso é baseado na recuperação dependente de dicas descrita no Capítulo 9 e no esquecimento dependente de dicas do — onde mesmo? Ah, sim — Capítulo 11.

4 Comunicando o que Seu Cérebro Pensa sobre Linguagem

NESTA PARTE...

Pense se a linguagem é uma habilidade exclusiva dos seres humanos.

Observe as estruturas da linguagem, das menores às maiores partes.

Considere alguns problemas que seu cérebro enfrenta ao codificar a linguagem em todas as suas sutilezas.

Pergunte a si mesmo se a linguagem influencia a forma como você pensa e se o idioma que fala altera sua percepção.

NESTE CAPÍTULO

» Observando a linguagem em todas as suas formas

» Falando sobre a linguagem humana

» Vendo como as pessoas aprendem um idioma

Capítulo **13**

Comunicando a Natureza Extraordinária da Linguagem

A linguagem foi uma das primeiras áreas que os psicólogos cognitivos estudaram, e ainda é a mais importante. Veja o porquê:

» A linguagem ultrapassa todas as áreas de estudo, junto com a percepção e a atenção, as memórias de curto e longo prazo, o pensamento e a tomada de decisão.

» A linguagem era uma área na qual a psicologia cognitiva conseguia mostrar-se superior às abordagens concorrentes. Os behavioristas tentaram explicar a linguagem como qualquer outro comportamento, usando associações aprendidas entre eventos observáveis. Porém, os

> psicólogos cognitivos demonstraram que, talvez mais do que um simples comportamento, as pessoas conseguem entender a linguagem apenas dentro dos limites dos mecanismos cerebrais que tornam isso possível.
>
> » A linguagem é um mecanismo extremamente intrincado. Os psicólogos cognitivos se interessam por conhecer o funcionamento do cérebro humano e a linguagem lhes oferece algo em que podem se aprofundar.

Alguns psicólogos cognitivos veem a linguagem como exclusiva dos seres humanos. Neste capítulo, discutiremos se a linguagem é de fato o que difere os seres humanos dos outros animais, explorando o que torna a linguagem humana tão incomum e como as pessoas a aprendem em circunstâncias normais e extremas.

O Mundo dos Primatas: Observando a Linguagem no Mundo Animal

As pessoas veem a linguagem como algo que torna o ser humano especial — vejam todos os maravilhosos primatas falantes! Mas os seres humanos parecem se distinguir das outras espécies de muitas formas (por exemplo, ter a consciência da própria mortalidade e apreciar beleza na arte). No entanto, você pode se perguntar se os humanos são especiais por terem uma linguagem ou se têm uma linguagem porque são especiais.

Uma questão importante para se considerar é se a linguagem é exclusiva dos seres humanos ou se outras espécies possuem habilidades semelhantes também. Nesta seção, veremos sistemas diferentes de comunicação animal, não apenas para entender a linguagem em todas as suas formas, mas também para ter uma ideia melhor do que torna a linguagem humana especial. Investigaremos as linguagens que os animais usam para se comunicar, descreveremos como as pessoas reconhecem linguagens não familiares e exploraremos o ensino da linguagem a outras espécies.

Investigando como os animais se comunicam

Muitas pessoas dizem que os outros animais são capazes de se comunicar uns com os outros e, por isso, não há nada de especial sobre a linguagem.

LEMBRE-SE

Os psicólogos cognitivos não contestam o fato de que os animais são capazes de se comunicar, mas distinguem as diferentes formas de comunicação, a relativa complexidade envolvida e os tipos de mensagens transmitidas.

Aqui, veremos três exemplos de uma grande variedade de sistemas de comunicação no reino animal e teremos uma noção do possível motivo de não serem tão poderosos quanto a linguagem humana. Veremos que as abelhas e o macaco-vervet produzem significado sem muita variedade e que os pássaros produzem variedade sem muito significado. Apenas os seres humanos parecem se comunicar de uma forma que tem tanto variedade quanto significado.

Por meio da linguagem humana, as pessoas conseguem comunicar qualquer significado. Por exemplo, uma pessoa pode traduzir este livro para outro idioma humano (como italiano, chinês, mandarim ou língua de sinais) sem que ele perca suas ideias principais. Mas, até onde sabemos, este livro não pode ser traduzido para nenhum sistema de comunicação animal conhecido — pois eles não possuem a capacidade de expressar conceitos novos.

Chamando todos os macacos

Os macacos-vervet possuem diversos sons para avisar aos outros membros sobre a presença de predadores — eles usam sons diferentes para predadores diferentes. Portanto, quando os macacos-vervet veem uma cobra, produzem um som específico que faz com que os outros macacos subam nas árvores. Mas, ao avistarem uma águia, produzem um outro som, para que se protejam de ataques aéreos.

Os sons dos macacos-vervet foram um dos primeiros exemplos de linguagem vocalizada não humana a ser diferenciada, e criou um alvoroço na comunidade científica — é mais uma evidência de que outras espécies usam o que aparenta ser uma linguagem. Mas, apesar de estudos extensivos, poucas evidências foram encontradas de que os vervets são capazes de ir além do repertório simples dos sons de emergência.

Cantando com os pássaros

Muitas espécies de pássaros parecem produzir um repertório infinito de músicas variadas, semelhantes ao conjunto simples de sons dos macacos-vervet.

No campo, é possível ouvir uma grande variedade de pássaros com vocalizações reconhecíveis, que diferem pela sua complexidade. De um lado, temos o simples e repetitivo som do cuco — tão simples que o pegaram e colocaram em relógios com mecanismos básicos. De outro, há o melro, que parece produzir um interessante e variado conjunto de pequenas melodias. É difícil encontrar uma repetição ou um padrão em seu canto, quase como se pretendesse ser julgado por sua originalidade ou criatividade — o que pode muito bem ser o caso.

Para o psicólogo cognitivo, o som do cuco sugere um processo cognitivo subjacente simples, mas a variedade do canto do melro indica que há algo mais interessante acontecendo em seu cérebro.

Apesar da variedade aparente de alguns cantos, os cientistas não estão certos de que cantos diferentes possuem significados diferentes, como os sons do macaco-vervet. Embora os pássaros produzam muita variedade, não parecem comunicar significados diferentes. Os cientistas podem estar errados, mas em seu melhor conhecimento somente duas mensagens são passadas pelo canto de um pássaro: "Estou em forma, então não mexa comigo" e "Sou muito atraente, acasale comigo". Pode ser que a complexidade e a variância melhorem o poder das mensagens, mas elas não parecem transmitir tantos significados diferentes quanto a linguagem humana.

Dançando com as abelhas

Pesquisas descobriram uma forma menos comum de comunicação, as que as abelhas usam para comunicar o local das fontes de comida aos outros membros da colmeia. (A linguagem das abelhas é bem conhecida devido a alguns experimentos feitos pelo etimólogo austríaco Karl von Frisch.)

As abelhas se comunicam por meio de uma "dança" especial conduzida na parede da colmeia. Elas repetem uma série de oito movimentos, balançando seus abdomens em velocidades diferentes. O ângulo, a velocidade e o balanço da dança comunicam a direção e a distância das fontes de comida para as outras abelhas.

Os detalhes exatos da dança das abelhas variam consideravelmente e indicam muitas diferenças sutis em direção e distância, mas a linguagem é restrita a um conjunto específico de informações. De certa forma, é como preencher um formulário com partes de informações padronizadas, em vez de produzir frases.

A dança das abelhas é bastante engenhosa, mas apenas indica a direção e a distância da comida. As abelhas conseguem responder apenas a uma pergunta — "Onde está a comida?". Não parecem capazes de conversar ou fazer fofoca (mas deixamos você decidir se elas são inferiores aos seres humanos ou não!).

Reconhecendo outras linguagens (no mar e no espaço)

Talvez você não concorde com a seção anterior — que a comunicação animal não tem a mesma competência que a linguagem humana para expressar ideias novas. Como os psicólogos sabem que isso é correto? A resposta rápida é, eles não sabem.

A maioria das pessoas que estuda a comunicação e a linguagem animal pensa que a linguagem humana é especial. Porém, outras discordam, e dizem que os seres humanos não podem descartar a inteligência de um sistema que não entendem.

Alienígenas e golfinhos

Esse debate levanta a questão de como os seres humanos definem uma comunicação como inteligente a partir de uma fonte desconhecida. Curiosamente, as pessoas que estudam a comunicação terrena, como das baleias e dos golfinhos, e os interessados em detectar possíveis sinais de alienígenas (como a Procura de Inteligência Extraterrestre, SETI, do inglês *Search for Extra Terrestrial Intelligence*, www.seti.org [conteúdo em inglês]), que varrem sinais espaciais de rádio e os analisam à procura de sinais de inteligência, encontram o mesmo problema: Como as pessoas sabem quando um sinal é inteligente? Quais são as características da linguagem?

Em *Até Mais, e Obrigado pelos Peixes*, o autor de ficção científica Douglas Adams apresenta os golfinhos como espécies de real inteligência na Terra. Essa ideia tem sido cultivada por bastante tempo: o cosmologista motivacional Carl Sagan disse: "É interessante saber que enquanto alguns golfinhos aprenderam inglês — até 50 palavras usadas em um contexto adequado — nenhum ser humano aprendeu golfinhês."

Padrões na linguagem humana

Se os seres humanos não sabem se outras espécies se comunicam em línguas tão sofisticadas como a deles, como esperam reconhecer uma comunicação inteligente? O que deveriam procurar — seja em animais ou alienígenas?

Bem, existem alguns padrões interessantes na linguagem humana. Na década de 1930, George Zipf notou que se as pessoas observarem uma grande amostra de texto e contarem com que frequência palavras diferentes aparecem e, então, classificarem-nas da mais para a menos frequente e criarem um gráfico de frequências, obteriam um gráfico com uma curva distinta (como a da Figura 13-1).

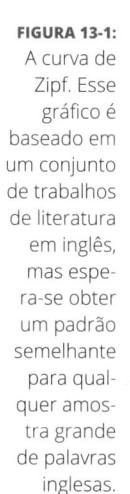

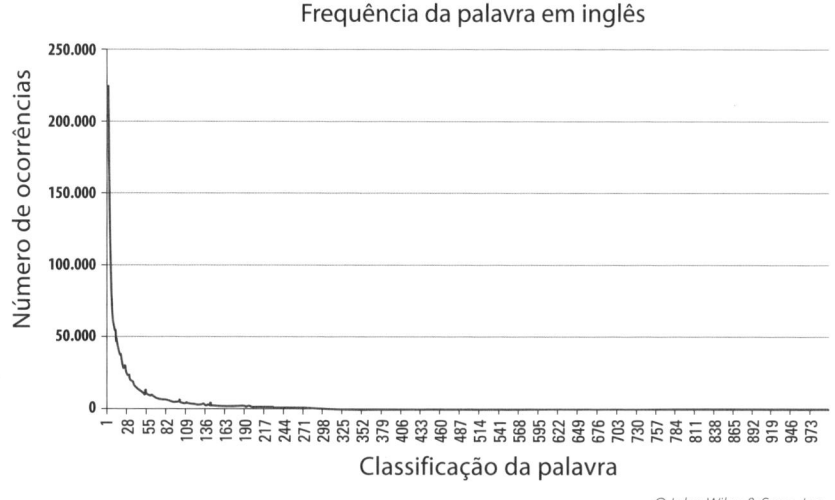

FIGURA 13-1: A curva de Zipf. Esse gráfico é baseado em um conjunto de trabalhos de literatura em inglês, mas espera-se obter um padrão semelhante para qualquer amostra grande de palavras inglesas.

© John Wiley & Sons, Inc.

ALERTA DE JARGÃO

Esse formato é o exemplo da chamada *lei de potência* (uma relação entre duas variáveis, na qual, enquanto uma variável aumenta, a outra muda de acordo com a quantidade relacionada a uma certa potência. Tais padrões ocorrem em muitos fenômenos naturais, mas vê-los em uma língua é intrigante. A curva sugere que as pessoas analisam sinais vindos do espaço ou de outras espécies para procurar por padrões estatísticos distintos na língua.

Infelizmente, assim como outros fenômenos naturais seguem esse padrão, ver um sinal que o exiba não significa que ele é inteligente. Além disso, só porque algo não segue o padrão, não significa que não seja um sinal inteligente.

A MENSAGEM ARECIBO

Os cientistas elaboraram a *mensagem Arecibo* para enviá-la em direção às estrelas mais próximas na esperança de que, caso os alienígenas estivessem buscando por vida inteligente no universo, tivessem como identificar a mensagem como um sinal de inteligência inconfundível. Os criadores tiveram que pensar em que tipos de significado fariam sentido para uma maneira alienígena de pensar, a milhares de anos-luz de distância no espaço e milhares de anos de distância no tempo.

Eles chegaram a uma quantidade de conceitos a partir da matemática, física, biologia e astronomia, os quais consideraram ter um possível significado universal. Por exemplo, os números primos são números primos em qualquer língua que você fale, os elementos básicos são os mesmos e os números atômicos, iguais em todo o universo; portanto, esses conceitos poderiam no devido tempo ser compreendidos.

A ilustração a seguir mostra uma representação visual da mensagem Arecibo que foi transmitida como uma série de pulsos binários por ondas de rádio. De cima para baixo, a mensagem Arecibo mostra os dez primeiros números, os números atômicos dos três elementos comuns, informações do DNA, a imagem de um ser humano, a imagem do sistema solar e uma imagem do telescópio do rádio Arecibo.

© John Wiley & Sons, Inc.

Os seres humanos talvez nunca saibam se os criadores da mensagem Arecibo foram bem-sucedidos.

LEMBRE-SE

Os padrões na língua ocorrem devido à repetição — em todas as línguas, um número pequeno de sons ocorre com frequência e um número grande de sons, esporadicamente. Os falantes de português passam muito tempo dizendo as palavras "o", "a", mas pouco dizendo "pterodátilo"!

PAPO DE ESPECIALISTA

Nos sistemas de comunicação modernos, como os telefones móveis de terceira geração, os engenheiros se esforçam para remover essa repetição para caber mais informações em um sinal. O resultado são sinais sem padrões óbvios. Portanto, talvez qualquer sinal avançado o suficiente seja indistinguível do ruído de fundo — a menos que os seres humanos o conheçam.

Outra maneira de ver esse problema é: Como os seres humanos podem desenvolver uma forma de comunicação com outras espécies? Esse problema é enfrentado por cientistas interessados em enviar sinais para possíveis civilizações alienígenas (veja o box "A mensagem Arecibo") e pessoas tentando ensinar os animais a usar linguagem (veja a próxima seção).

EXPERIMENTE

Você talvez pense sobre até que ponto alguém ou alguma coisa deva ser humana para entender, ou aprender, a linguagem humana. É apenas uma questão de ser inteligente o suficiente ou os seres humanos possuem um mecanismo específico no cérebro para que só eles a usem?

Ensinando línguas para outras espécies

Alguns pesquisadores acreditam que os seres humanos não são especiais, mas a linguagem é: em outras palavras, a cultura humana inventou a linguagem e ela permitiu que fizessem grandes avanços. De acordo com essa visão, a principal diferença entre os seres humanos e os macacos é que os seres humanos têm uma cultura mais avançada. Se pudessem ensinar aos macacos sua capacidade linguística, teriam como demonstrar inteligência também. Desde o início da década de 1960, inúmeros pesquisadores se dedicaram a treinar espécies diferentes para se comunicar usando linguagens humanas, ou, pelo menos, algo parecido.

Em 1970, Herbert Terrace começou um projeto com a tentativa de ensinar uma língua a um chimpanzé chamado Nim Chimpsky (uma brincadeira com o nome do famoso linguista Noam Chomsky). Assim como em projetos semelhantes, Nim foi criado em um contexto com a intenção de ser o mais parecido possível com uma criança humana, embora os chimpanzés não possuam habilidades vocais, Nim aprendeu a linguagem de sinais.

LEMBRE-SE

Embora Nim tenha aprendido a produzir algumas frases, a complexidade da sua língua nunca alcançou o que uma criança de 4 anos alcançaria. Assim como outras tentativas de ensinar línguas a outras espécies, o avanço linguístico pareceu se estabilizar em um nível equivalente ao de uma criança, e nunca além disso.

Além do mais, as questões sobre a criatividade da língua usada por esses animais permanecem. Por exemplo, se um chimpanzé combina os sinais de "água" e "pássaro" quando vê um pato em um lago, isso é um sinal verdadeiro de criatividade linguística (criar a frase "pássaro da água") ou apenas uma coincidência (produzir sinais separados para "água" e "pássaro", nessa ordem, mas não de forma criativa)?

Nos últimos anos, os pesquisadores ensinaram diversas formas de linguagens para outras espécies, incluindo golfinhos e papagaios, com um certo sucesso. Outras espécies parecem ser capazes de ir além do sistema fixo simples exibido pelos macacos-vervet (veja a seção anterior "Investigando como os animais se comunicam"), mas eles não parecem, até então, ter alcançado a complexidade de crianças humanas de até 5 anos.

Descobrindo o que Torna a Linguagem Humana Especial

Nesta seção, descrevemos as características da comunicação e mostraremos que a linguagem humana possui todas. Também apresentamos uma teoria da linguagem que sugere que todos os seres humanos possuem uma habilidade inata para aprender estruturas gramaticais. Veremos a importância da criatividade na língua e em toda a cognição humana.

Especificando o que difere a linguagem humana: Características da linguagem de Hockett

Na década de 1960, o linguista norte-americano Charles Hockett propôs um conjunto de características conceituais para a linguagem humana, para testar e definir o que, se é que existe alguma coisa, a torna especial ou, até mesmo, única.

A lista a seguir detalha o que ele elaborou. Enquanto você lê, considere até que ponto estas características são exclusivas da linguagem humana e em que medida são necessárias para a linguagem.

» **Canal auditivo vocal:** A língua usa vozes e sons, e ao fazer isso você fica livre para realizar outras tarefas (como se mover), mas isso não é essencial, como pode-se ver na linguagem de sinais.

» **Transmissão difundida e recepção direcional:** Quando você fala com todo um grupo, todos percebem que é você quem está falando.

- **Dissipação rápida:** Um som se extingue rapidamente e permite que você diga mais alguma coisa depois — o que é diferente, por exemplo, da comunicação por cheiros.
- **Intermutabilidade:** Qualquer membro da espécie pode dizer qualquer coisa — diferente das exibições para acasalamento dos animais, nas quais somente os animais sexuados enviam certos sinais para atrair um companheiro.
- **Feedback completo:** Você está inteiramente ciente do que está dizendo.
- **Especialização:** Você utiliza órgãos especializados para a fala — o aparato vocal não serve para outros propósitos.
- **Semântica:** O discurso possui significados — os sons que você faz se referem às coisas, diferente de, por exemplo, o canto de um pássaro (veja anteriormente a seção "Investigando como os animais se comunicam").
- **Arbitrariedade:** Os sons são utilizados como símbolos para se referir a coisas — por exemplo, não existe relação entre a palavra "cachorro" e o animal que a representa, exceto para as pessoas que aprenderam essa conexão.
- **Distinção:** Os sons das palavras e da fala têm significados distintos e autônomos. Não há mistura de sons igual a uma mistura de tintas: por exemplo, "cão" e "pão" são palavras muito diferentes, mas com uma distinção pontual entre elas. Além disso, as pessoas falam uma palavra de cada vez e cada palavra é vista de forma diferente e não sobreposta.
- **Deslocamento:** É possível usar a linguagem para se referir a coisas que estão distantes no espaço e no tempo (ou, até mesmo, totalmente imaginárias). O que difere de apontar para alguma coisa, que deve se referir a algo presente.
- **Abertura ou criatividade:** Você tem a capacidade de dizer coisas novas. Você pode inventar frases que nunca foram ditas antes e criar novas expressões ou palavras para se referir a novas criações.
- **Tradição:** A linguagem é passada para gerações novas em uma cultura.
- **Dualidade de padrões:** Você pode combinar unidades de som sem significado por si só de diferentes formas para produzir um significado distinto — as letras "a", "m", "o" e "r" podem criar "amor" e "ramo".
- **Prevaricação:** Você pode dizer coisas que não são verdadeiras (embora, é claro, os leitores da *Para Leigos* nunca mintam!).
- **Reflexividade:** A língua pode ser usada para se referir a ela mesma — tal como "Eu só estava brincando", "Só estou cumprindo ordens", "Essa frase é falsa".
- **Aprendizado:** As crianças aprendem qualquer língua no ambiente em que crescem. Muitos sistemas de comunicação animal são inatos em vez de aprendidos.

Você deve achar que as formas de comunicação animal atendem a alguns desses requisitos — mas a comunicação humana atende a todos. Nenhuma dessas características é exclusiva da linguagem humana, mas (provavelmente) nenhum sistema de comunicação animal possui todas elas.

Um sistema de linguagem: De acordo com Noam Chomsky

Um momento decisivo na história da psicologia foi a publicação, em 1957, de um livro chamado *Estruturas Sintáticas*, por um jovem professor de linguística no Instituto de Tecnologia de Massachusetts, Noam Chomsky. Desde então, ele se tornou um dos pensadores mais famosos e citados de todos os tempos. Resumindo, ele disse que a linguagem humana é governada por regras que são internalizadas na mente das pessoas. Embora não estejam cientes dessas regras, toda vez que produzem uma frase mostram evidências do seu uso.

Portanto, ao aprender uma língua (especialmente como uma criança aprendendo sua língua nativa), você não aprende um conjunto de palavras, frases ou expressões, mas um sistema inteiro, permitindo que produza e compreenda uma quantidade infinita de frases possíveis e diferentes. Ninguém ensina essas regras — de alguma forma, você as descobre.

Chomsky acredita que esse sistema é bastante diferente de outras formas de comunicação animal. A ideia é que os seres humanos possuem um centro de linguagem inato em seu cérebro, que contém as estruturas básicas da linguagem (a sintaxe e a gramática). Por outro lado, a comunicação animal não é governada por tais estruturas complexas.

Criatividade infinita: Escrevendo a maior frase do mundo, e tornando-a maior

A língua é um sistema combinatório e discreto — envolvendo unidades definitivas que as pessoas podem combinar de diversas formas (mas não misturar, ofuscar ou unir) para produzir uma enorme variedade.

Steven Pinker diz que o *Livro Guinness dos Recordes do Mundo* possui uma entrada para a maior frase do mundo. Porém, ele mostra que é fácil criar uma frase mais longa ainda; basta escrever uma frase que inclua "A frase mais longa", por exemplo: "A frase mais longa é..."

Algumas rimas infantis usam essa ideia, como "This is the house that Jack built", que começa:

> This is the house that Jack built!
>
> This is the malt that lay in the house that Jack built.

> This is the rat that ate the malt
>
> That lay in the house that Jack built.

E termina:

> This is the farmer sowing his corn
>
> That kept the cock that crowed in the morn
>
> That waked the priest all shaven and shorn
>
> That married the man all tattered and torn
>
> That kissed the maiden all forlorn
>
> That milked the cow with the crumpled horn
>
> That tossed the dog that worried the cat
>
> That killed the rat that ate the malt
>
> That lay in the house that Jack built!

O último verso é todo uma única frase começando em "This is..." seguido de uma única frase começando com "the farmer...".

PAPO DE ESPECIALISTA

Chomsky também dizia que as linguagens humanas possuem uma característica chamada de recursividade, que faz com que sejam muito mais poderosas do que apenas uma combinação de palavras. A *recursividade* permite que alguém fale sobre uma coisa que contém outra coisa do mesmo tipo — por exemplo, o português tem a expressão "o homem" para se referir a uma pessoa específica ou a uma coisa. Mas é possível complicar mais a expressão, como "o homem na sala", e ir mais além "o homem na sala debaixo das escadas" ou "o homem na sala debaixo das escadas da casa antiga" ou "o homem na sala debaixo das escadas da casa antiga da colina".

DICA

Na teoria, não há limites para esse processo — embora, na prática, você esteja limitado à memória, cansaço e paciência do ouvinte. Essa diferença entre o que é possível fazer em teoria e o que é possível na prática é denominada de distinção entre *competência e desempenho*.

Relacionando a linguagem com outras competências humanas

Outras habilidades podem ter raízes mentais semelhantes à linguagem. Os seres humanos não são apenas melhores em usá-la — conseguem fazer muitas outras coisas que parecem deixar as outras espécies para trás. Por exemplo, a mesma criatividade que os seres humanos demonstram com a linguagem também é apresentada nas artes, tecnologia e compreensão.

Em 1951, o neurocientista Karl Lashley escreveu um artigo influente sobre o problema da *ordem serial* (como a ordem da informação apresentada afeta a memória). Ele demonstrou que muitas habilidades possuem uma estrutura hierárquica. Na língua, as pessoas constroem frases a partir de expressões, expressões a partir de palavras e palavras a partir de sons básicos. Da mesma forma, os compositores criam músicas de versos e refrões, e cada um deles é criado a partir de pequenos acordes musicais, que são, por sua vez, criados a partir de notas individuais. Essa quebra em unidades menores é aplicada a comportamentos diversos, como a dança, jogar videogame ou compreender eventos históricos.

LEMBRE-SE Talvez a língua não faça com que o ser humano seja especial; pode ser que ela seja mais uma competência de pensamentos criativos que o capacite a se destacar em uma variedade de habilidades, incluindo, entre outras, a linguagem.

"Mamãe. Mim Quer Ser Psicólogo!" Desenvolvendo Competências Linguísticas

A pesquisa sobre a linguagem contém um argumento-chave sobre como os seres humanos a adquirem. Por outro lado, alguns teóricos acreditam que a linguagem é inata. Essa visão é baseada na ideia de que o cérebro humano evoluiu para ser capaz de processá-la. Por outro lado, alguns pesquisadores acreditam que a experiência é necessária para desenvolver a linguagem e que ela é aprendida por meio da modificação do comportamento.

A filósofa norte-americana Willard Van Orman Quine mostrou o exemplo de um explorador indo para uma tribo que falava uma língua desconhecida. Um integrante da tribo apontou para um coelho e disse "gavagai". O que ele quer dizer? O explorador pode presumir que a palavra significa coelho — simples assim. Mas, talvez, "gavagai" seja o nome daquele animal em especial, que é um coelho de estimação, ou pode ser qualquer animal, ou talvez o conceito de "fugir", "estar com medo" ou, até mesmo, "almoço". A língua é flexível, permite que as pessoas se expressem de infinitas maneiras. Portanto, como uma pessoa que não sabe a língua consegue entender o que tudo significa?

Nesta seção, o guiaremos pelos estágios da aquisição da língua em crianças e os problemas encontrados, veremos como os adultos adquirem línguas adicionais e consideraremos como é aprendida em circunstâncias incomuns ou extremas.

Aprimorando competências linguísticas na escola

As crianças encontram problemas ao aprender a linguagem e cometem erros. Uma explicação sugere que isso significa que há certas restrições sobre o que são capazes de aprender. Por exemplo, uma criança não gosta de aprender duas palavras com o mesmo significado. Elas também parecem presumir um certo nível de generalidade:

» **Sobregeneralização:** Acham que uma palavra tem um significado mais abrangente; por exemplo, usar "Totó" para se referir a todos os cachorros ou até mesmo a todos os mamíferos.

» **Subgeneralização:** Presumem que um significado é mais restrito, como usar a palavra "cachorro" apenas para se referir ao próprio animal de estimação e a mais nenhum outro.

As crianças também apresentam outras tendências na aquisição da língua:

» **Suposição do objeto inteiro:** É provável que uma palavra nova se refira a um objeto inteiro (por exemplo, coelho) do que apenas a uma parte (por exemplo, orelha).

» **Restrição taxonômica:** Ao lidar com palavras novas, as crianças presumem nomes diferentes para os objetos (por exemplo, poodle — cachorro — animal). Se uma criança já conhece "cachorro" e "animal", pode presumir que "poodle" é um tipo de cachorro.

» **Exclusão mútua:** Todas as palavras possuem um significado diferente — o linguista norte-americano Eve Clark chama isso de *princípio do contraste*. Se uma criança conhece a palavra "elefante" e alguém aponta para um elefante e diz "caminhão", a criança acredita que a palavra se refere à parte do elefante para a qual a pessoa aponta.

Para demonstrar a afirmação acima, os psicólogos examinaram o que acontece se uma criança escuta uma palavra nova se referindo a um objeto. Os pesquisadores descobriram que a forma como as crianças interpretam a palavra depende de se já conhecem o nome do objeto. Se o objeto não for familiar, elas interpretam a palavra como sendo o nome do objeto inteiro; mas, se for familiar, interpretam a palavra se referindo a alguma parte mais aparente do objeto.

As crianças aprendem palavras novas em uma velocidade fenomenal — adquirem aproximadamente dez palavras por dia, em média, por volta dos 3 a 4 anos, o que sugere que precisam registrar essa grande quantidade de informação.

Seguindo os passos da aquisição da linguagem em crianças

Embora, obviamente, existam padrões e taxas diferentes de aprendizado, a aquisição da linguagem parece passar por uma série de estágios:

1. **Balbucio (6-8 meses):** Os bebês produzem um conjunto de sequências de consoantes e vogais. A frequência com que um determinado som de fala ocorre reflete o idioma ao qual estão expostos, sugerindo que modificam a fala para se adequar ao idioma.

2. **Uma palavra (9-18 meses):** As crianças começam a usar palavras únicas ou partes de palavras, geralmente para nomear objetos, como "mamãe", "leite", "xícara".

3. **Duas palavras (18-24 meses):** As crianças mostram os primeiros sinais de sintaxe ou gramática quando começam a produzir pares de palavras em combinações diferentes, como "mais leite" ou "papai longe".

4. **Múltiplas palavras precoces (24-30 meses):** As crianças começam a produzir afirmações contendo três ou mais palavras, mas a língua é telegráfica — tende a incluir somente as palavras mais significativas e falta função gramatical das palavras e afixos, como "-ndo" e "-s". Por exemplo, "eu ir banheiro", "mãe colocar sapato".

5. **Múltiplas palavras posteriores (a partir de 30 meses):** As crianças começam a usar frases gramaticais completas, embora ainda cometam erros, como "a garrafa está abrida".

Aprendendo idiomas mais tarde

Os adultos têm mais dificuldade em aprender línguas, enquanto as crianças o fazem sem o menor esforço, levando alguns psicólogos a discutirem sobre um determinado tempo para a aquisição da língua, uma ideia que pode ser interpretada de duas maneiras diferentes:

> » Os seres humanos são programados geneticamente para adquirir uma língua nos primeiros anos de vida.
> » O desenvolvimento do cérebro impõe um limite na capacidade de aquisição da língua após uma certa idade.

Noam Chomsky propôs que a língua se desenvolve de forma semelhante a um órgão biológico — segue o programa definido geneticamente que funciona de uma forma específica e dentro de um período de tempo específico. Outros acreditam que o desenvolvimento da língua é afetado por questões mais gerais e que a dificuldade no aprendizado tardio se deve à menor maleabilidade do cérebro. A partir desse ponto de vista, a construção de blocos de língua geralmente ocorre quando o cérebro está se desenvolvendo com rapidez e é capaz de se adaptar e se transformar com agilidade, conhecido como *plasticidade sináptica*.

Falando mais de uma língua

Um caso bem curioso é quando as crianças adquirem mais de uma língua. As estimativas sugerem que a maioria das crianças no mundo cresce em ambientes nos quais existem duas ou mais línguas e o bilinguismo é mais comum que o monolinguismo.

DICA

Uma característica interessante da aquisição de dois idiomas em crianças é que, inicialmente, elas parecem tratar ambos como uma língua só — aprendendo uma palavra para cada objeto. Mas parecem chegar a um ponto no qual começam a aceitar duas palavras para tudo.

PAPO DE ESPECIALISTA

Outra característica interessante do bilinguismo é o fenômeno chamado *code-switching* [ou alternância entre códigos], no qual o falante bilíngue alterna entre duas línguas em uma única frase. Essa alternância não é aleatória, mas parece seguir algo chamado de *restrição de equivalência* — a alternância somente ocorre em um ponto em que não quebra as regras gramaticais de nenhuma das línguas. Por exemplo, é improvável que um falante de inglês/francês diga "a car americaine" [um carro americano; em inglês, o adjetivo antecede o substantivo] ou "une American voiture" [um americano carro; em francês, o adjetivo sucede o substantivo], porque as frases estão erradas em ambas as línguas. Embora seja possível a alternância "J'ai acheté an American car" (Comprei um carro americano), porque o inglês e o francês compartilham a regra de o verbo ser seguido pelo seu objeto.

Observando o desenvolvimento linguístico em circunstâncias extremas

Os psicólogos cognitivos gostam de testar teorias usando experimentos que alteram as condições sob as quais um fenômeno ocorre para observar seu efeito. Por motivos óbvios (não é possível pegar um grupo aleatório de crianças e criá-lo sem linguagem por motivos éticos), eles não podem interferir no processo de aquisição da linguagem para saber quais fatores importam mais. Mas, ao longo da história, houve acontecimentos incomuns, e normalmente desagradáveis, em que as circunstâncias afetaram o aprendizado das crianças. Essas situações extremas fornecem uma perspectiva para os limiares da capacidade humana para aprender uma língua.

Genie: Um caso de negligência

LEMBRE-SE

Algumas evidências parecem dar suporte à ideia de que as crianças possuem um período crítico na aquisição da língua.

Genie foi uma criança criada sob condições de extrema negligência até os 13 anos. Após ter sido descoberta, recebeu uma ajuda intensa, incluindo ensino da língua, mas sua habilidade nunca progrediu para o estágio fluente da língua, normalmente adquirido por crianças bem jovens. Embora haja possíveis evidências para a existência de um "período crítico", os pesquisadores não conseguem ter certeza se os problemas de Genie na aquisição da língua se resumem à idade em que começou a aprender ou a um efeito colateral de uma negligência geral. Leia mais sobre Genie no Capítulo 21.

Língua de sinais da Nicarágua

As crianças não somente aprendem línguas; elas as criam.

Em 1980, na Nicarágua, as crianças surdas ganharam um novo norte. Não existia uma língua de sinais e, por isso, as crianças aprenderam a leitura labial com o espanhol e alguns sinais com os dedos, com pouco sucesso. No entanto, essas crianças aprenderam a se comunicar usando a língua de sinais que elas mesmas criaram. Os linguistas a consideraram uma estrutura bastante rica.

Pidgin e crioula

Mesmo quando aprendem uma língua já existente, as crianças passam por um processo de criatividade guiada, claramente vista no caso do pidgin e das línguas crioulas (termos usados para descrever dois tipos de línguas "inventadas").

OBSERVANDO COMO AS CRIANÇAS TRANSFORMAM E APRIMORAM AS LÍNGUAS

Investigar como as crianças desenvolvem uma língua que é mais sofisticada da que aprendem é uma tarefa difícil. As condições sob as quais uma linguagem pidgin é transformada em língua crioula são amplamente conhecidas na história, e, depois de uma comunidade desenvolver o crioulo, não há como revertê-lo para pidgin. No mundo moderno da comunicação global e em massa, é menos provável que as pessoas precisem desenvolver um novo pidgin.

No entanto, algumas situações mais recentes foram semelhantes ao processo de criolização para permitir que os pesquisadores tenham novos pontos de vista no processo. Os psicólogos norte-americanos Jenny Singleton e Elissa Newport estudaram os pais das crianças surdas que aprenderam a língua de sinais norte-americana. Embora tivessem muita motivação, os pais encontraram dificuldades para absorver a gramática, apesar de terem aprendido o vocabulário básico e a estrutura das frases. Em vários sentidos, essa dificuldade de absorção foi semelhante a uma versão pidgin da língua de sinais. Singleton e Newport estudaram uma criança surda, Simon, cujos pais foram sua única fonte da língua de sinais. Curiosamente, entre a idade de 4 e 7 anos, Simon começou a ter uma fluência maior do que seus pais.

Uma ideia de como as crianças superam a língua que escutam, sugerida por Singleton e Newport, é um processo chamado de *dinamização de frequência* — se os pais forem inconsistentes em como usam um aspecto gramatical, a criança pegaria o padrão usado com mais frequência e o melhoraria. Em outras palavras, a criança uniformizaria a língua. Se os pais usassem uma forma específica com mais frequência do que outras, a criança a usaria o tempo todo.

Outro processo de transformação da língua é a *gramaticalização*, no qual uma forma usada para expressar um significado concreto em uma linguagem pidgin acaba se tornando uma forma mais abstrata, mais gramatical em linguagem crioula. Muitas línguas, incluindo a crioula, usam algumas formas de verbo de movimento para expressar o futuro. Por exemplo, em inglês, podemos dizer "I'm going to Paris", a palavra "go" expressa o significado real de viajar. Mas também podemos dizer "I'm going to think about it"; nesse caso, "go" expressa a ideia de que você fará algo no futuro: nenhum movimento está necessariamente envolvido. É possível misturar as duas formas de "go" em uma única frase, como "I'm going to go to Paris" [Eu vou viajar para Paris].

Veja uma resposta hipotética do porque de tantas línguas usarem uma forma associada a deslocamento ou movimento para indicar futuro. Muitas ações requerem pessoas que viagem para outro local para executá-las e, portanto, em uma cadeia natural de eventos você vai a algum lugar e faz alguma coisa. Em uma língua que não possua futuro você pode dizer algo como "mim vai, mim matar galinha", na qual ir realmente signifique "viajar"; mas por meio do processo de gramaticalização, a criança que está aprendendo a língua pega uma regra mais geral — que a palavra "ir" ocorre antes de um evento futuro: ela começa a usar "ir" para indicar ações futuras mesmo quando não há deslocamento no contexto.

Existem inúmeros casos desse tipo de processo na língua, mas possuem uma lógica semelhante — as formas que são usadas com frequência em um determinado contexto expressam um significado mais abstrato.

Pidgin é uma língua que os adultos criam quando não possuem uma língua em comum, mas precisam se comunicar. Tais situações ocorreram nos primórdios do comércio internacional, como resultado do comércio de escravos. Geralmente, essas línguas são rudimentares e sem a complexa gramática das línguas normais, muito provavelmente porque as pessoas que as criaram eram aprendizes tardios, e as pessoas mais velhas não conseguem aprender línguas novas com a mesma fluência que as crianças.

Eventualmente, o romance aflorava entre dois falantes da língua pidgin e eles se casavam e tinham filhos. Curiosamente, as crianças adotavam a língua pidgin e iam além do conhecimento de seus pais, acrescentando mais gramática e aumentando sua riqueza, ao ponto de quase se igualar a um língua completa. Esses pidgins mais enriquecidos são conhecidos como *crioulo*. Hoje, inúmeras comunidades pelo mundo falam crioulo como língua mãe, incluindo Tok Pisin, na Papua, Nova Guiné. O processo pelo qual as crianças transformam pidgin em crioulo é chamado de *crioulização*.

NESTE CAPÍTULO

» Conversando sobre o uso das palavras

» Brincando com as frases

» Contando histórias

Capítulo 14
Estudando a Estrutura da Língua

Uma comunicação sofisticada e sutil é essencial para as pessoas. Embora muitos animais consigam passar informações entre si, nenhuma outra espécie chega próximo de ter uma linguagem tão complexa quanto a dos seres humanos.

A linguagem contém camadas dentro de camadas, de diferentes níveis estruturais. Neste capítulo, veremos tais camadas — desde a menor unidade até longas histórias, por meio de palavras, expressões e frases — e como as pessoas as usam para construir mensagens infinitamente variadas e complexas a fim de transmitir informações de um cérebro para o outro. Também descrevemos alguns dos projetos experimentais mais engenhosos que os psicólogos cognitivos vêm usando para descobrir como o cérebro humano processa a linguagem, assim como suas intrigantes descobertas.

Os psicólogos ainda têm muito a descobrir sobre como o cérebro processa a linguagem, mas a psicologia cognitiva revela muitas descobertas surpreendentes sobre os mecanismos geralmente ocultos. Talvez a descoberta mais interessante seja a quantidade de coisas que acontece no seu cérebro no dia a dia com o uso da linguagem.

Observando as Menores Unidades da Língua

Os psicólogos cognitivos estudam ativamente todos os níveis estruturais da linguagem — como as pessoas juntam uma sequência de processos que se revela à medida que ouvem ou leem a linguagem.

Veja duas pequenas partes da linguagem:

ALERTA DE JARGÃO

» **Fonema:** A menor unidade de som do discurso que altera o significado de uma palavra. Por exemplo, "pão" e "cão" apenas diferem no primeiro fonema, "fada" e "faca" diferem no do meio, enquanto "canta" e "canto" diferem no último. Embora tais palavras possuam três ou quatro fonemas, nem sempre ficará tão claro, como em "hora" e "ora", já que ambas possuem três fonemas.

» **Morfema:** A menor unidade de uma palavra que possui significado separado ou distinto. Por exemplo, "inacreditável" contém três morfemas: "in", "acredita" e "ável". "Cachorro" e "elefante" têm um único morfema, porém "elefantes" tem dois: "elefante" e "s".

As letras básicas ou fonemas se unem para formar os morfemas, que unidos criam palavras, que unidas criam expressões e, que, unidas, criam frases e, assim, histórias. Em cada um desses níveis, processos complexos e específicos tomam lugar antes do conhecimento consciente.

Trabalhando com Palavras

As palavras parecem ter vida própria — entram e saem de moda e alteram seus significados com o tempo. Essas mudanças podem acontecer no decorrer da história, mas outras, à medida que novas palavras são inseridas na linguagem e outras sofrem alterações com o uso. Às vezes, a história de uma palavra revela algo sobre como as palavras interagem com o cérebro e os processos que moldam a mudança da linguagem.

Neste capítulo, exploramos como novas palavras são criadas dentro de uma língua (morfologia) e as regras que regem esse processo de reinventá-la. As pessoas inventam novas palavras aplicando novos prefixos (pedaços de palavras no começo delas, seguidos por um "-", por exemplo, "in-") e sufixos (pedaços de palavras no final, com um "-" os antecedendo, por exemplo, "-dor"). Inúmeras novas palavras podem ser criadas, mas apenas de certas categorias.

Transformando a língua: Maravilindo!

ALERTA DE JARGÃO

A *morfologia* mostra como as pessoas criam palavras novas a partir das antigas. Mas, embora possam brincar com o idioma, não é algo tão aleatório assim.

Geralmente, as pessoas brincam com o idioma de forma consistente. Um bom exemplo de transformar o idioma é adicionar um "-es" no final das palavras para criar o plural. Portanto, se algum conceito ou algo novo for criado (digamos, o dispositivo moderno que substituiu a máquina de escrever: o computador), você sabe, sem ter sido avisado, adicionar o "-es" ao final significa mais de um computador. Criar palavras novas claramente segue algumas regras.

MUNDO REAL

Em 2011, os e-mails da política norte-americana Sarah Palin chegaram ao alcance do público. Alguns atentaram para o uso da palavra "unflippingbelievable", na qual ela inseriu a parte exclamativa "flipping" no meio da palavra "unbelievable" para criar uma palavra nova. Curiosamente, quando as pessoas fazem esse tipo de coisa, tendem a "acertar" a posição da palavra inserida. Portanto, se você sentir necessidade de inserir a palavra "flipping" em "fantastic", é provável que diga "fan-flipping-tastic" e não "fantas-flipping-tic".

Tipos de morfologia

Ao escrever este capítulo, um amigo usou a palavra "Berlusconified" (palavra em inglês, derivada do executivo italiano e criminoso condenado Silvio Berlusconi). Esperávamos que fosse uma palavra nova. Mas nos decepcionamos: a palavra apareceu na pesquisa do Google oito vezes. Mesmo assim, é bastante rara.

As pessoas alteram as palavras usando a morfologia de duas formas básicas:

» **Morfologia flexional:** A forma como as pessoas modificam as palavras com alguns padrões para indicar tempo verbal, gênero ou número. Por exemplo, "cachorro" e "cachorro-s", "gato" e "gat-a", "pul-ei" e "pul-ando".

» **Morfologia derivacional:** Quando as pessoas criam um tipo novo de palavra, como pegar um nome (Comportamento) e criar palavras novas: "comportamental" e "comportamentalismo".

Embora algumas regras guiem a morfologia das palavras, nem todas a seguem. Ainda que você possa dizer "dirigir", "dirigindo" e "dirigido"; e "correr", "correndo" e "corrido", nos deparamos com problemas, como "abrir", "abrindo" e "abrido*"; ou "fazer", "fazendo" e "fazido*": algumas palavras (exceções, indicadas com o *) não seguem as regras usuais.

Morfologia criativa: O teste wug

Embora as regras gramaticais controlem como as palavras novas são criadas, algumas vezes existem motivos estéticos. As crianças utilizam as mesmas regras que os adultos para criar palavras novas.

Em 1958, Jean Berko Gleason publicou os resultados de um experimento no qual testou a habilidade das crianças de usarem a morfologia corretamente. Ela lhes mostrou uma imagem com uma criatura fictícia com um nome fictício e a legenda "Esse é um wug". Em seguida, mostrou uma imagem com duas criaturas e disse "Agora tem outro. Tem dois deles. Tem dois..." E esperou a plateia completar a frase. Curiosamente, a maioria das crianças corretamente respondeu "wugs", mesmo não tendo visto essa palavra antes.

É possível ver esse tipo de criação morfológica no uso incorreto de palavras como "chocólatra", derivada de "alcoólatra". A morfologia correta é composta de "álcool" mais o sufixo "-latra". Mas as pessoas usam as duas últimas sílabas "-latra" como sufixo, que significa "viciado em".

Inventando e aceitando novas palavras

O linguista Ferdinand de Saussure diz que as palavras são símbolos arbitrários (exceto algumas palavras em línguas baseadas com glifos, tal como o egípcio antigo e o japonês): se você não soubesse a palavra em português para "cachorro", não a teria adivinhado estudando cachorros. A palavra portuguesa "cachorro" é tão adequada quanto o francês ("chien"), alemão ("hund"), turco ("kopec"), galês ("ci") ou qualquer outra língua.

Se não dá para adivinhar a maioria das palavras, não existem atalhos para aprender o vocabulário básico de uma língua. Porém, a morfologia e a sintaxe (para saber mais sobre sintaxe, veja a seção "Vendo o que as Frases Fazem") permitem que você combine as palavras para criar um significado novo nunca antes visto.

Temos uma diferença básica entre as classes de palavras *aberta* e *fechada*:

» **Palavras de classe aberta:** Os substantivos, verbos e adjetivos são de classe aberta porque é possível criar palavras novas a partir deles. Por exemplo, a invenção do escâner trouxe as palavras "escâner", "escaneou" e "escaneando". Quando as pessoas criam um conceito novo, a língua permite que palavras novas sejam adicionadas para descrevê-lo.

» **Palavras de classe fechada:** Uma classe pequena que tem papel fundamental na língua — inclui determinantes (como "um", "uma", "o", "a"), preposições (tais como "para", "por", "com"), pronomes retos ("eu", "você", "ele") e possessivos (como "dela", "dele", "meu").

> **DICA**
>
> Normalmente, não é possível adicionar algo às palavras de classe fechada. Por exemplo, as pessoas já tentaram introduzir um pronome possessivo de gênero neutro, mas isso não é possível no português. Em inglês, as alternativas foram "ey", "hu" e "peh" em vez de "he" e "she". Essas tentativas não vingaram, não apenas por motivos políticos, mas pelo modo como a língua funciona. Os pronomes são morfemas funcionais (veja a próxima lista), que são processados automaticamente. Cada língua possui somente um conjunto pequeno de tais palavras e não é fácil modificá-las.

Além das palavras de classes aberta e fechada, temos:

» **Morfemas de classe fechada ou funcionais:** Geralmente tendem a ser palavras ou partes de palavras pequenas, carregando a estrutura gramatical de uma língua. Tais partes da língua são tipicamente limitadas a poucos grupos de cada classe e não é fácil modificá-las.

» **Morfemas de classe aberta ou lexicais:** As palavras com o real significado; é fácil de adicionar membros novos a essas categorias. Por exemplo, as pessoas criam substantivos e verbos como "Google" ou "Tweetar"; mas a criação de formas novas é difícil nas classes fechadas, tais como as preposições ou os determinantes.

Aumentando e diminuindo as palavras

George Zipf mostrou que em muitas línguas as palavras com mais uso tendem a ser menores do que as com menos uso (talvez esse seja o motivo de serem tão usadas). Ao observar uma lista de uso de palavras no inglês, veremos que há estatísticas interessantes. Algumas palavras aparecem bastante — "the" aparece em aproximadamente 7% de todas as ocorrências de todas as palavras de um texto comum em inglês — e as 100 palavras mais usadas em uma língua representam aproximadamente 50% das ocorrências de todas as palavras.

Palavras muito longas são criadas, ou pelo menos usadas, com uma finalidade em si mesmas. *Pneumoultramicroscopicossilicovulcanoconiose* (um tipo de doença pulmonar) é frequentemente citada como a palavra mais longa em português; porém, isso é discutível de duas formas: ninguém a usa, e uma palavra mais longa ainda pode ser criada com facilidade. Na verdade, existe uma palavra ainda maior. Aparentemente, a nomeação química mais disputada para a proteína "titina" tem mais de 189 mil caracteres (por isso nunca será citada no Twitter!).

A criatividade na língua existe em múltiplos níveis. Por exemplo, os compositores e irmãos Sherman inventaram a palavra inglesa "Supercalifragilisticexpialidocious". Porém, ela segue as mesmas regras de qualquer outra palavra inglesa e não há como dizer se ela é inglesa, ou, digamos, alemã ou italiana.

DICA: Todas as palavras seriam abreviadas se as pessoas pudessem usá-las o tempo todo (abreviações são bastante comuns). Mas nem sempre é possível usar esse recurso.

Vendo o que as Frases Fazem

Mudanças diacrônicas, dadas no decorrer da história, do tipo que discutimos na seção anterior sobre as palavras, permitem que os psicólogos vejam como a língua muda "na natureza" e os ajudam a compreender efeitos mais imediatos do que os observados em laboratório. Um processo é a *gramaticalização*. Nela, as palavras para os objetos e as ações (ou seja, substantivos e verbos) se tornam indicadores gramaticais (afixos, preposições, e assim por diante).

Alguns psicólogos dedicam a vida inteira ao estudo da vida das frases — como as pessoas as produzem e entendem.

DICA: Para estudar frases, você precisa considerar a principal diferença entre sintaxe e semântica:

- **Sintaxe:** Como as palavras se unem para criar expressões e frases.
- **Semântica:** O que as frases resultantes significam.

Para se comunicar com as pessoas, você precisa entender as frases que utilizam e desenvolver as próprias. Esse processo complexo se origina na compreensão da gramática. A estrutura da frase se relaciona com a da cognição e a do pensamento (veja o Capítulo 16); portanto, os psicólogos cognitivos precisam entender a estrutura da frase. Nesta seção, veremos como o contexto resolve ambiguidades em frases e como o conhecimento gramatical ajuda as pessoas a entenderem frases novas.

Analisando a ambiguidade das frases

LEMBRE-SE: Todo tipo de ambiguidade pode ocorrer em uma frase, mas as pessoas dificilmente a percebem, já que o contexto deixa claro qual é a interpretação correta. As pessoas raramente percebem interpretações alternativas, a menos que sejam evidenciadas — e esta seção é exatamente sobre isso!

COMUNICAÇÃO COM TODOS OS TIPOS DE MÉTODOS

A linguagem pode ser expressa por vários meios, incluindo texto, fala e linguagem de sinais. Frequentemente, em todos esses meios, a linguagem tem a mesma estrutura abstrata básica. Portanto, embora a linguagem de sinais pareça muito diferente da língua falada, possui os mesmos elementos básicos.

Os bebês podem aprender língua de sinais tão rápido e fluentemente quanto as faladas, mostrando que os processos básicos do cérebro não se ligam à língua falada de forma alguma, mas lidam com o significado e os símbolos da linguagem em nível mais abstrato ou fundamental.

Martelando a ambiguidade sintática

Analisar uma frase significa agrupar palavras de acordo com as regras sintáticas da língua. Mas, às vezes, é possível aplicar as regras a uma única frase de várias formas e criar interpretações ambíguas.

Veja estas duas frases:

> Fui atacada por dois homens, um deles carregava um martelo. Bati no homem com o martelo.

> Eu estava carregando um martelo quando fui atacada por dois homens. Bati no homem com o martelo.

No primeiro exemplo, a frase "Bati no homem com o martelo", quer dizer que bati no homem que estava carregando o martelo, enquanto o segundo exemplo quer dizer que usei o martelo para bater no homem. Essa diferença mostra que, por si só, a frase é ambígua e pode ter duas interpretações diferentes. A Figura 14-1 mostra as duas formas distintas de unir as palavras na frase e os dois sentidos associados que as pessoas podem interpretar. Essas interpretações são chamadas de análise da frase.

As duas passagens mostram o que é chamado de *ambiguidade sintática de expressão preposicional*: como se o processamento de frases do cérebro construísse uma representação da estrutura de expressão da frase. A expressão preposicional "com o martelo" pode se ligar ao verbo "bater" ou à expressão nominal "o homem". Ao ler as passagens, sua gramática mental admite as duas opções, mas elas levam a significados muito diferentes. A palavra "martelo" tem o mesmo significado em ambas as interpretações, mas sua relação com as outras partes da frase é diferente — um exemplo de *ambiguidade sintática*.

Bancando o entendimento semântico

Na seção anterior, as duas frases em cada exemplo têm sintaxes diferentes, mas o significado da palavra "martelo" é o mesmo em ambos os casos. No próximo exemplo, as duas frases têm a mesma sintaxe, mas a interpretação semântica da palavra "banco" é diferente em cada uma.

> Eu estava andando perto do rio quando vi um homem na água que parecia estar se afogando. Corri para o banco.

> Eu estava andando pela rua quando fui assaltada e meu cartão de crédito foi roubado. Corri para o banco.

LEMBRE-SE Nos dois exemplos, a segunda frase é ambígua, apesar de ter a mesma sintaxe (você está correndo para o banco). Porém, "banco" é ambíguo: pode ser uma formação de terra na lateral de um rio ou uma instituição financeira. No entanto, ao encontrar a palavra em um determinado contexto, como aqui, você tende a ter menos problemas ao interpretar o sentido desejado.

FIGURA 14-1: Duas análises diferentes da mesma frase, mostrando como as palavras se unem em tipos diferentes de expressão. Em a) o verbo "bater" é seguido de uma única expressão nominal, "o homem com o martelo", enquanto no b), do objeto "o homem" e do complemento "com o martelo".

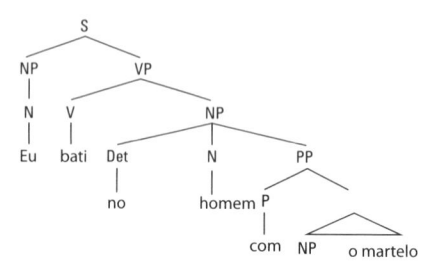

(a) O homem tinha um martelo

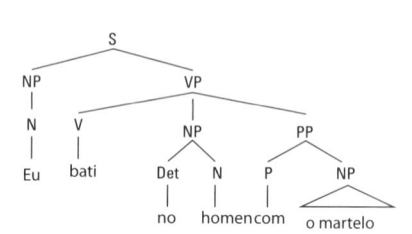

(b) Eu usei o martelo

© John Wiley & Sons, Inc.

Algumas vezes, o sentido errado é transmitido na ambiguidade da sentença, causando confusão ou graça (como a manchete do jornal "Homem sentenciado a viver na Escócia") ou a frase do Groucho Marx: "Um dia eu atirei no elefante em meu pijama. Nunca vou entender como que ele veio parar no meu pijama." A graça acontece quando o público enxerga a interpretação na Figura 14-2(a), significando que "o elefante estava no meu pijama".

FIGURA 14-2: A explicação da psicologia cognitiva para a piada de Groucho Marx. A interpretação a) corresponde ao sentido engraçado, porque a expressão "em meu pijama" está ligada à expressão "o elefante". A interpretação b) é o sentido normal querendo dizer que "eu estava de pijama quando atirei no elefante".

(a) O elefante estava no meu pijama

(b) Eu estava de pijama

© John Wiley & Sons, Inc.

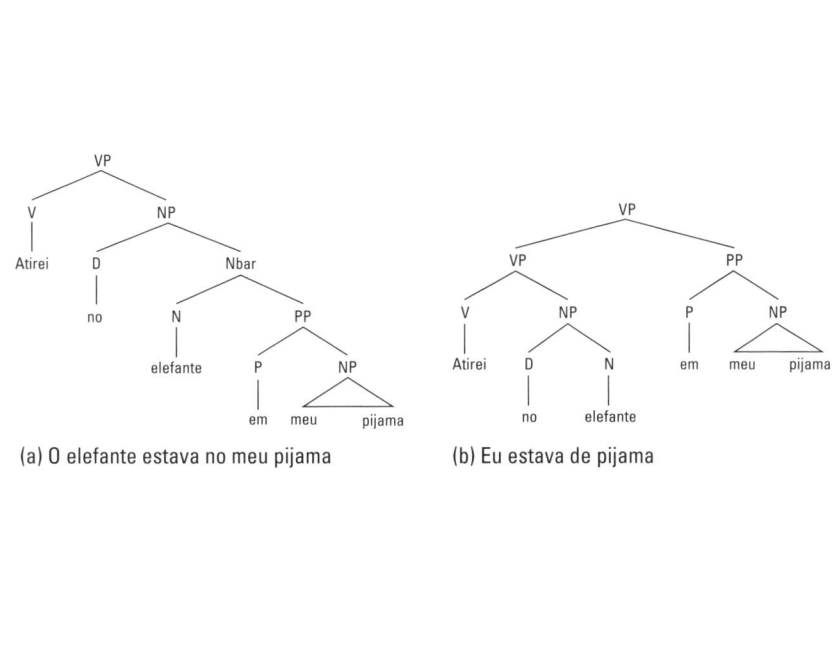

Escrevendo baboseiras gramaticais!

LEMBRE-SE

Às vezes, uma frase pode estar correta gramaticalmente (com a sintaxe perfeita) e ainda não ter sentido. Mesmo assim, as pessoas podem usar seu conhecimento de forma criativa para extrair sentido de frases que nunca viram antes. Isso é possível porque o conhecimento da língua não está somente em palavras, expressões ou frases, mas também nas regras e categorias abstratas.

Um exemplo famoso é a frase do linguista norte-americano Noam Chomsky "Colorless green ideas sleep furiously" ["Ideias verdes incolores dormem furiosamente"]. Chomsky deliberadamente escolhe palavras que dificilmente seriam combinadas na língua falada — como "verde incolor" ou "dormir furiosamente". Ele queria uma frase com a gramática correta *e* sem sentido, que as pessoas não tivessem escutado antes para discutir a ideia de que o cérebro manipula a gramática (sintaxe) independente do sentido (semântica).

Ele também usou essa frase para mostrar o problema com a narrativa behaviorista da língua (veja o Capítulo 1). Os behavioristas, como BF Skinner, acreditavam que as pessoas poderiam aprender qualquer língua por meio da associação — por exemplo, algumas palavras seguem outras em cadeias de associação. Chomksy projetou essa frase para que ela não tenha associações, e, ainda assim, as pessoas leiam com entonação normal, pausando entre a expressão nominal ("Ideias verdes incolores") e a expressão verbal ("dormem furiosamente").

LEMBRE-SE

A narrativa behaviorista procura explicar como as pessoas podem usar a língua de forma criativa e também seguir as regras. Chomsky dizia que essas tarefas podem ser manipuladas porque estão equipadas com o mecanismo cognitivo necessário para isso.

EXPERIMENTE

Como exemplo, leia as duas frases a seguir e peça para um amigo fazer o mesmo. Enquanto você lê, se pergunte duas coisas: Você conhecia alguma dessas frases antes de ler este livro? Qual delas parece ser mais natural?

> Ideias verdes incolores dormem furiosamente.
>
> Furiosamente dormem ideias verdes incolores.

Se, como a maioria das pessoas, você leu a segunda frase como uma lista comum de palavras em um tom monocórdico, é porque ela não se encaixa nas regras gramaticais.

Falando bobagens

Os psicólogos vêm usando frases e poemas sem sentido para mostrar como o cérebro processa a língua, assim como os seres humanos são capazes de ler essas frases desconexas quando se adéquam às regras gramaticais. Expressões sem sentido também ajudam os psicólogos a recriar a forma como as crianças adquirem línguas.

O autor Lewis Carroll criou muitos jogos de palavras com a língua, criando uma poesia sem sentido. O exemplo mais famoso é "Jabberwocky" (em português, Jaguadarte), que aparece em *Alice Através do Espelho*. O poema começa:

> Era briluz. As lesmolisas touvas
>
> roldavam e reviam nos gramilvos.
>
> Estavam mimsicais as pintalouvas,
>
> e os momirratos davam grilvos.

Carroll usa a morfossintaxe da língua — os símbolos escritos representam sílabas correspondentes às unidades com sentido. As pequenas palavras funcionais ("as", "e", "nos", e assim por diante) estão intactas, assim como o final das palavras (como "-s"), mas cria itens lexicais (palavras no dicionário mental) novas (tal como "tove").

DICA

Ao inventar palavras, Carroll recria a experiência que as crianças têm quando encontram uma palavra pela primeira vez. Assim como uma criança consegue trabalhar com o plural da palavra inventada "wug", como "wugs" (veja a seção anterior "Morfologia criativa: O teste wug"), o público desse poema identifica "touvas" como plural de "touva".

Uma pausa no pensamento

Os psicólogos israelenses Asher Koriat e os parceiros Seth Greenberg e Hamural Kreiner conduziram estudos com base em ideias levantadas pela linguagem sem sentido. Eles gravaram pessoas lendo tipos diferentes de frases e analisaram a entonação medindo o tamanho das pausas entre as palavras quando eram faladas.

Eles usaram dois tipos de frases — com e sem sentido — e apresentaram cada tipo de forma gramatical ou *telegráfica* (na qual todas as palavras de função menores e morfemas foram removidos). Estes são quatro exemplos (com as pausas):

» **Com sentido e com sintaxe:** "Gato gordo [pausa] com listras cinzas [pausa] correu [pausa] rapidamente [pausa] para o gatinho pequeno [pausa] que perdeu [pausa] seu caminho [pausa] na rua barulhenta."

» **Com sentido e sem sintaxe:** "O gato gordo [pausa] listras cinzas [pausa] corre [pausa] rapidamente [pausa] gatinho pequeno [pausa] perde [pausa] caminho [pausa] rua barulhenta."

» **Sem sentido e com sintaxe:** "O portão triste [pausa] com um pouco de eletricidade [pausa] foi [pausa] com cuidado [pausa] para o computador feliz [pausa] que cantou [pausa] as folhas [pausa] na capa do livro."

» **Sem sentido e sem sintaxe:** "Portão triste [pausa] pouco de eletricidade [pausa] vai [pausa] cuidado [pausa] computador feliz [pausa] canta [pausa] folhas [pausa] capa do livro."

Os pesquisadores gravaram quanto tempo cada pessoa pausou em cada um dos pontos indicados. O que descobriram foi surpreendente.

LEMBRE-SE

As pessoas leem as frases sintáticas com entonação normal, fazendo sentido ou não, quando a morfossintaxe estava ausente, a entonação se tornava fraca e artificial. Essa descoberta mostra que a leitura fluente com entonação normal depende mais da sintaxe do que você está lendo do que a semântica: a estrutura é mais importante do que o sentido.

Tome nota

EXPERIMENTE

Conte quantas vezes a letra "d" aparece no trecho a seguir na Figura 14-3.

FIGURA 14-3:
A demonstração de como as pessoas focam mais o sentido do que o conteúdo.

> **A conclusão de um estudo é o resultado de anos de estudos científicos combinados com muitos anos de experiência.**
>
> © John Wiley & Sons, Inc.

Se você contou 4, concorda com a maioria dos participantes. Mas você também está errado. Parabéns se disse 8 — você está certo. A maioria das pessoas pula o "d" da palavra "de". Antes de prosseguir com a leitura, você consegue pensar no porquê isso acontece?

Sugerimos como um dos motivos para esse fenômeno:

» **O "de" faz parte da classe de palavras fechadas (veja a seção anterior "Inventando e aceitando novas palavras"):** Embora os elementos funcionais sejam importantes para a estruturação da língua e para uma leitura fluente, você não presta muita atenção neles.

Como descrevemos no Capítulo 15, ler envolve fixações e saltos. A Figura 14-4, por exemplo, mostra os movimentos dos olhos gravados enquanto a pessoa está lendo. Como pode ver, os olhos pulam as palavras pequenas, previsíveis e frequentes.

FIGURA 14-4:
Uma demonstração de como os olhos se movem ao ler uma frase.

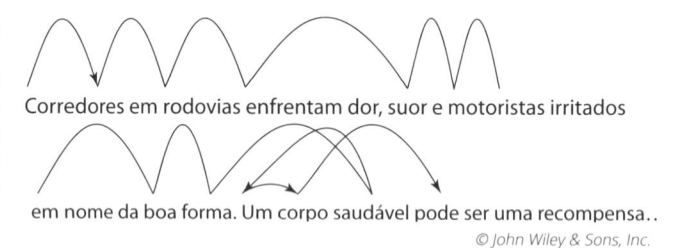

Corredores em rodovias enfrentam dor, suor e motoristas irritados
em nome da boa forma. Um corpo saudável pode ser uma recompensa..

© John Wiley & Sons, Inc.

O interessante é que a psicóloga fundamental Annette Karmiloff-Smith pediu às crianças mais novas para contarem a quantidade de palavras em diversas frases e descobriu que elas pulam os elementos funcionais na contagem.

Construindo Histórias com Significados

LEMBRE-SE

A criatividade infinita que discutimos na seção anterior (que permite que as pessoas produzam e entendam frases novas ou sem sentido) é primordial para a língua: as pessoas não adquirem uma língua aprendendo um conjunto de frases; aprendem as regras para produzir as próprias frases.

Os psicólogos cognitivos estão interessados em como as pessoas entendem tudo isso — como conseguem compreender corretamente uma narrativa a qual nunca ouviram antes.

LEMBRE-SE

Morton Ann Gernsbacher propôs a *Moldura de Construção de Estrutura*, uma teoria de como as pessoas criam uma representação do significado de uma história conforme ela é contada. Gernsbacher descreve três subprocessos na construção de uma estrutura:

» **Fornecer uma base:** As pessoas prestam mais atenção ao início da história, porque é a parte utilizada como "alicerce" da estrutura. A *vantagem da primeira menção* se refere ao fato de que a informação mencionada no início da história é de fácil acesso.

» **Mapeamento:** Esse processo une a informação nova ao desenvolvimento da representação mental.

» **Deslocamento:** Esse processo afeta a acessibilidade da informação. Quando uma informação nova não pode ser unida a um bloco já existente do texto já compreendido, esse processo o desloca para um novo bloco. Por exemplo, quando você se depara com um *constituinte sintático limítrofe*, como uma expressão, frase ou parágrafo novo, o deslocamento move esse bloco para um novo bloco quando a informação nova não se encaixa em um já existente. A informação desse bloco anterior se torna menos acessível — dessa forma, você consegue se lembrar da essência, mas não da forma exata —, por exemplo, as palavras exatas de uma frase.

LEMBRE-SE

Esse processo possui dois mecanismos:

» **Acréscimo:** Ressalta significados relevantes, para que o acesso seja mais fácil quando você tem uma ideia do que se trata a história.

» **Supressão:** Restringe uma interpretação ou significado do que não é apropriado no contexto atual — por exemplo, "manga" (fruta) versus "manga" (de camisa) nestas duas frases:

O hóspede não gostou da sobremesa, pois continha manga.

A mulher não gostou da camisa porque não tinha manga.

IDENTIFICANDO A REDUNDÂNCIA

Um dos aspectos mais importantes sobre a língua é que ela é projetada para a comunicação. Os seres humanos têm a necessidade constante de contar tudo um para o outro, conversar sobre o clima, o que assistiram na televisão na noite anterior e quem está namorando quem. O aspecto mais importante dessa transferência de informações é que ela é eficiente. O cérebro é capaz de interpretar informações recebidas de acordo com o contexto e preencher os espaços em branco. Isso traz um pouco de redundância para a língua.

Você se lembra dos anúncios que costumavam aparecer em cursos de digitação de estenografia, como "Vc pd lr ess Título?" Eles mostram que a língua contém muita redundância: o cérebro pode remover partes de uma mensagem sem interromper o significado da mensagem. Compare isso com o uso dos números em um cardápio de restaurante — troque um dígito e você receberá uma refeição diferente.

O teórico de comunicação norte-americano Claude Shannon desenvolveu um jogo de adivinhação para demonstrar a redundância do inglês escrito. Você pode jogar com um amigo, usando um texto em português.

Selecione uma parte de um texto de um jornal ou livro e, então, substitua com uma série de espaços em branco. Peça ao jogador para adivinhar a primeira letra do texto; se ele acertar, escreva e siga para a próxima. Mantenha a contagem de quantos palpites a pessoa precisa para cada letra no texto.

A figura a seguir mostra alguns resultados de Shannon. Repare que a maioria das letras é corretamente adivinhada no primeiro palpite, embora algumas precisem de mais tentativas — o R de REVERSE precisou de 15 palpites. Os jogadores devem escolher dentre as 26 letras do alfabeto mais o espaço dos caracteres, logo, há 27 opções disponíveis de palpite — se estivessem tentando letras aleatórias, o esperado seria ter metade desse número (13,5 palpites) na média por letra. Mas, nesse exemplo, o número médio de palpites foi abaixo de 2 (1,84), e Shannon descobriu que essa era uma média normal para um texto comum em inglês.

As pessoas precisam de mais palpites no início das palavras novas; porém, no interior da palavra, geralmente adivinham a resposta certa na primeira vez.

```
T H E R E _ I S _ N O _ R E V E R S E _ O N _ A _ M O T O R
1 1 1 5 1 1 2 1 1 2 1 1 15 1 7 1 1 1 2 1 3 2 1 2 2 7 1 1 1 1

C Y C L E _
4 1 1 1 1 1
```

© John Wiley & Sons, Inc.

DICA

Os psicólogos cognitivos descobriram (por meio do *priming intermodal*, veja o Capítulo 15) que quando as pessoas ouvem uma palavra ambígua (como "manga"), ambas as interpretações adequadas e inadequadas do significado são ativadas dentro do léxico mental (seu dicionário interno). Porém, dentro de um curto período de tempo (menos de um segundo), o significado inadequado é "desligado" ou inibido (veja o Capítulo 8).

NESTE CAPÍTULO

» Analisando como a leitura funciona

» Gerando frases corretamente

» Entendendo os problemas da língua

Capítulo 15
Falando sobre Percepção e Produção de Linguagem

As pessoas usam a linguagem todos os dias, mas poucas entendem as estruturas complexas e os processos usados pelo cérebro para produzi-la ou compreendê-la. Os psicólogos cognitivos estão interessados em entender os processos ocultos ocorridos no cérebro, inacessíveis a uma introspecção consciente.

Neste capítulo, vemos o lado físico da linguagem — como as pessoas leem, falam e escutam. Vemos os problemas que o cérebro precisa superar para usar a linguagem, assim como algumas das formas como sua produção e percepção podem dar errado.

A neuropsicologia cognitiva (veja o Capítulo 1) sustenta a ideia de que partes diferentes do cérebro lidam com aspectos diferentes da linguagem. Como veremos, os pacientes com alguns danos específicos às áreas do cérebro relacionadas à linguagem exibem surpreendentes problemas seletivos na utilização da língua. Mas, embora o cérebro possa ser moldado nesse sentido, outras evidências sustentam a ideia de uma interação complexa entre esses módulos.

Decodificando a Arte da Leitura

Aprender a ler é uma habilidade bem diferente de aprender a falar. Uma criança em crescimento aprende a falar seu idioma nativo sem nenhum treinamento especial, e todas as culturas já possuíam a língua falada muito antes da introdução da educação formal. Portanto, aprender a falar aparenta ser um processo natural.

No entanto, aprender a ler é uma questão diferente, e não aparenta ser tão natural quanto a fala. Historicamente, ler e escrever se desenvolveram muito depois de os seres humanos praticarem a fala por muitas gerações.

Nesta seção, discutimos o princípio alfabético do idioma, mostramos dicas para o ensino da leitura, descrevemos experimentos fascinantes que mostram como você lê na prática e o guiamos pelo processo do cérebro de criação de uma palavra.

SISTEMAS DE ESCRITA AO LONGO DA HISTÓRIA

PAPO DE ESPECIALISTA

A língua falada apareceu primeiro, e os sistemas de escrita demoraram um pouco para alcançá-la. Durante o período de registro da história, as pessoas desenvolveram diversos sistemas e métodos diferentes de documentar os sons da fala graficamente.

A linguagem é construída por meio de unidades de vários tamanhos (veja o Capítulo 14), e sistemas de escrita diferentes tentaram representá-las em níveis diferentes na hierarquia da língua. Idiomas como o inglês e o português utilizam o sistema alfabético, no qual símbolos visuais representam *fonemas* (a menor unidade do som da fala). Algumas línguas, como o hebraico, omitem as vogais do alfabeto. O kana, no japonês, utiliza um sistema baseado em sílabas, daí a necessidade de milhares de símbolos (o que gera grandes problemas na criação de máquinas de escrever e teclados). Outros idiomas, como o chinês, começaram com um sistema *logossilabário*, representando palavras, mas se transformaram em um sistema *morfossintático*, no qual símbolos escritos representam sílabas correspondentes às unidades significativas (chamados de *morfemas*).

Lendo de A a Z: Princípio alfabético

Os sistemas de escrita tenderam a se desenvolver para a representação de sons da língua falada em vez de seu significado (para mais informações, leia [!] o box "Sistemas de Escrita ao Longo da História").

O *princípio alfabético* se refere à forma como o sistema de escrita alfabética mapeia um pequeno conjunto de símbolos visuais (letras) em um conjunto pequeno de sons (*fonemas*). Esse sistema é mais eficiente do que aprender símbolos isolados para uma quantidade muito maior de morfemas ou sílabas em uma língua. No entanto, as linguagens alfabéticas não são fáceis de aprender devido a dois problemas principais. (Falamos mais sobre fonemas e morfemas no Capítulo 14.)

Fonemas abstratos

O primeiro problema é que os fonemas são abstratos. Embora correspondam a sons de fala básicos, o mesmo fonema pode ser muito diferente dependendo do contexto no qual aparece. Portanto, a criança tem que aprender que a letra "t" corresponde ao som do fonema /t/ (essa notação é usada ao descrever os sons), o que pode ocorrer em vários contextos.

Olhe no espelho e repare como sua boca se mexe ao produzir o som /t/ nestas palavras: "taxa", "manteiga", "esperto" e "teste". O mesmo fonema /t/ corresponde a uma grande variedade de formas na boca e de sons.

Diferentes sotaques alteram os fonemas, levando as pessoas a não pronunciarem, amortizarem ou enfatizarem determinado fonema.

Curiosamente, o cérebro tende a preencher esse som ausente ou abafado para que pareça estar presente (o efeito de *restauração do fonema*). Esse fenômeno explica como você pode ouvir sons mesmo estando ausentes, distorcidos ou ocultos. Esse efeito é um exemplo da *abordagem top-down (de cima para baixo)*, na qual seu cérebro usa o conhecimento existente para preencher as lacunas em sua entrada perceptiva.

Escrevendo prolongamentos por trás dos sons

Um segundo problema com o aprendizado da maioria das línguas alfabéticas é que existem mais fonemas de vogais (exceto no turco) do que vogais escritas. Veja como são diferentes os sons da letra "o" em "bota" e em "bolha". Além do mais, as pessoas podem representar um único fonema de diversas formas, usando letras ou pares de letras diferentes. Como o fonema /s/ em "massa", "descer" e "maçã".

O português é difícil nesse aspecto, em parte devido à sua história rica e complicada. O português escrito possui uma *ortografia profunda* (ou seja, a proximidade do som e da escrita é muito pequena) comparado ao, digamos, turco, que possui uma relação mais simples e regular entre os fonemas falados e as letras escritas, e, portanto, possui uma *ortografia rasa*. No turco, cada letra é pronunciada da mesma forma, fazendo com que possua a mais rasa das ortografias.

Ensinando a ler

Os psicólogos cognitivos tiveram uma grande influência na política educacional através de orientações baseadas na ciência em diversas pesquisas relevantes.

Antes de começar a ler, a maioria das crianças já desenvolveu um nível considerável de fluência e de vocabulário falado. Elas adquirem os sons dos fonemas básicos da língua nos primeiros dois anos, mas as complexidades do sistema continuam a se desenvolver até a escola. Além de aprenderem a língua falada antes da escrita, as crianças também parecem achar o aprendizado da língua falada mais natural. Você não precisa ensiná-las a falar da mesma forma que as ensina a ler.

A leitura requer duas habilidades básicas:

» **Decodificação:** A habilidade de reconhecer as palavras em sua forma escrita.
» **Compreensão:** O entendimento da linguagem e do significado, que é o mesmo para a linguagem falada e para a escrita.

Certamente, as pessoas deveriam ser encorajadas a desenvolver sua compreensão da linguagem em si, mas o passo principal no aprendizado da leitura é a decodificação.

A psicologia cognitiva tem muito a dizer sobre os detalhes de se aprender a decodificar. As recomendações se resumem a dois pontos principais e uma diferença curiosa entre como os leitores habilidosos e deficientes usam o contexto:

» **Aprender a ler implica em aprender como os símbolos escritos representam a língua falada que a criança já sabe.** Os leitores deficientes usam o contexto de uma história para ajudá-los a decodificar palavras que talvez tenham problemas em reconhecer.
» **A criança deve descobrir essa relação sozinha ou ser ensinada.** Os leitores habilidosos são capazes de reconhecer palavras fora de contexto e usar o contexto para o objetivo principal de compreensão do texto.

Analisando como você lê

Ao ler este livro, você talvez pense que seus olhos estão se movendo lentamente da esquerda para a direita por cada linha, mas não: a sensação de ler lentamente uma linha de texto é uma ilusão. Se você reparar nos olhos de outras pessoas enquanto leem, verá que os olhos se movem em uma série de saltos pela página: elas unem o texto a partir de uma série de pequenos trechos. Ao começar a ler, você escolhe um local perto do início da primeira linha e olha para ele por um certo tempo. Depois, move seus olhos rapidamente para a direita para um novo local no qual você para mais uma vez antes de saltar para o terceiro, mais à frente na linha.

É claro que os psicólogos usam jargões para ajudar a descrever esse processo!

» **Fixação:** Cada momento que você olha para uma parte do texto. As fixações duram aproximadamente um quarto de segundo e permitem que você leia uma ou mais palavras do texto usando o foco de sua visão central, o que o permite perceber detalhes. As fixações tendem a ocorrer um pouco à esquerda do meio das palavras, e palavras curtas geralmente não são fixadas.

» **Movimento sacádico:** Saltos entre as fixações. Os movimentos sacádicos são rápidos e mais breves (aproximadamente um décimo de segundo) — em um movimento sacádico você não absorve informação visual. Mais de 10% dos movimentos sacádicos são para trás ou *regressivos*. Além disso, você precisa decidir onde será a próxima fixação antes de iniciar o movimento sacádico, sugerindo um planejamento prévio.

Quando as pessoas olham para um ponto em uma parte do texto, somente veem algumas letras em detalhes ao redor do ponto de fixação, embora aproximadamente 20 letras de cada lado possam ser vistas de modo menos detalhado.

Sabemos disso devido aos experimentos liderados pelo psicólogo cognitivo Keith Rayner.

O estudo da janela móvel

Em estudos de leitura da *janela móvel*, os pesquisadores alteram o texto de forma dinâmica enquanto a pessoa lê, a fim de que somente as letras na proximidade imediata do ponto de fixação sejam mostradas normalmente, e as letras na visão periférica fiquem ocultas de alguma forma (alguns estudos borram as letras, outros, as substituem por Xs).

Por exemplo, se uma pessoa estiver lendo a frase "a ágil raposa marrom saltou sobre o preguiçoso cão" e fixar a palavra "raposa", a frase pode ser exibida desta forma:

xxx xxxxx xgil raposa marrox xxxx xxx xxxx xxx

Conforme os olhos se movem, a janela das letras visíveis se move também. Com esse método, os psicólogos variam o tamanho da janela enquanto os participantes leem todas as frases, permitindo que estudem como a leitura é afetada pelo tamanho das janelas móveis. Quando a janela é muito pequena e somente algumas letras são exibidas, as pessoas têm grandes dificuldades de ler normalmente; mas, conforme o tamanho das janelas aumenta, a leitura melhora. Quando a janela é grande o suficiente, a velocidade de leitura de uma pessoa é a mesma de uma sem a janela.

Com essa abordagem, os psicólogos avaliam quantas letras as pessoas conseguem captar em qualquer fixação enquanto estão lendo. A resposta é de aproximadamente 15 letras (para adultos); o movimento sacádico médio à frente no texto aumenta para um pouco mais da metade desse tamanho.

Os estudos de limite

O *estudo de limite* utiliza o movimento dos olhos para alterar o que o psicólogo exibe para os leitores dependendo do que estão olhando. Nesse caso, os pesquisadores definem algum ponto em uma frase que atua como limite. Quando o movimento do olho do leitor cruza esse limite, aciona a mudança na exibição. Por exemplo, os participantes leem uma frase e uma palavra-chave mais adiante se transforma em uma palavra diferente quando os olhos se deparam com um limite em particular.

Esse teste revela quanto da informação à direita da fixação afeta a compreensão. Os resultados mostram que embora os leitores não estejam fixados em algumas das palavras à direita, as palavras influenciam a leitura. Essa descoberta indica uma forma do processamento *parafoveal*: os leitores processam palavras fora do centro de visão até um certo grau. Dessa forma, a aparência e o som das palavras são processados antes de você lê-las, mas o significado, não.

Procurando palavras no cérebro

Os movimentos dos olhos e os experimentos da seção anterior dão aos psicólogos cognitivos um bom panorama do processamento visual que ocorre durante a leitura. Mas ver a palavra é somente o primeiro passo: as pessoas devem associá-las com sua memória armazenada de palavras, um processo chamado de *acesso léxico*. Os psicólogos não conseguem estudar diretamente esse processo; assim, deduzem os processos em andamento com base em quantidades mensuráveis, tal como o tempo que uma pessoa leva para responder a uma pergunta sobre o que está lendo.

Os psicólogos descobriram que ao escutar uma palavra que possui vários significados, a princípio, seu cérebro ativa todos eles. Mas, após um certo tempo, todos os significados exceto o correto são suprimidos ou desligados, deixando somente o significado correto ativo (veja o Capítulo 14).

Teste da decisão lexical

O *teste de decisão lexical* é utilizado para medir o tempo de reação de uma pessoa com relação a palavras diferentes. O participante senta em um computador e uma cadeia de letras é exibida na tela: ele tem que pressionar um ou dois botões rapidamente para indicar se a cadeia de letras é uma palavra correta ou não. Por exemplo, se vir "elefante", o botão esquerdo deve ser pressionado para indicar "sim"; se vir "efantelel", o botão direito, para indicar "não".

Dessa forma, os psicólogos medem as diferenças no tempo necessário para acessar diferentes tipos de palavras: em média, as palavras levam mais tempo para serem acessadas se forem mais incomuns, logo, as pessoas tendem a responder com mais rapidez a palavras que ocorrem com frequência na linguagem cotidiana.

Normalmente, os experimentos da psicologia cognitiva medem os efeitos menores e difíceis de detectar. Esse é o motivo pelo qual os psicólogos não fazem o teste somente uma vez, mas, sim, diversas vezes, e depois tiram a média dos resultados.

Priming

Priming é o teste de decisão lexical básico levado um passo além. O priming se refere ao fato de as pessoas tenderem a responder com mais rapidez a uma palavra se ela for antecedida por uma relacionada. Se vir a palavra "médico", você pressiona o botão "sim" mais rápido se a palavra anterior for "hospital" do que se for "elefante".

O priming é um fenômeno consagrado, mas difícil de detectar. Embora as pessoas tendam a responder mais rápido a uma palavra com estímulo anterior (primed), a diferença é muito pequena — talvez de apenas 20 milissegundos. No entanto, os psicólogos só detectam com precisão avaliando diversas vezes com muitas palavras e fazendo a média das vezes para as palavras com estímulo anterior (*primed*) e sem (*unprimed*).

Geralmente, o priming é explicado em termos de *modelo de rede* do cérebro, no qual as palavras relacionadas ao significado são conectadas: quando uma é ativada, envia uma onda de ativação para todas as palavras relacionadas, a fim de que se tornem ligeiramente mais ativas (veja o Capítulo 11).

Priming multimodal

Quando você lê a frase: "Quando a apresentação, terminou a plateia bateu palmas", o que acha que acontece com seu léxico mental com a palavra "palmas"? Nesse contexto, "palmas" refere-se a aplaudir, mas também pode significar um tipo de flor. Assim, você considera ambos os significados — ou apenas o apropriado para essa frase?

Não há como responder a essa pergunta pensando consigo mesmo: os processos envolvidos são rápidos e ocorrem além do nível de sua percepção consciente.

Uma forma interessante de testar essa questão depende de um efeito chamado de *priming multimodal*. Modal se refere ao tipo do modo de apresentação (tal como se você vê ou ouve uma palavra) e, portanto, *priming multimodal* se refere ao fato de que uma palavra apresentada em um modo pode estimular uma palavra apresentada em outro. Se ouvir a palavra "hospital", responderá mais rapidamente a uma representação visual da palavra "médico".

Em um experimento de priming multimodal, os psicólogos estudam o acesso lexical no processamento online: ou seja, eles veem como as palavras são acessadas enquanto uma pessoa escuta uma frase que está na metade. Veja como isso funciona:

1. **Um participante usa um computador e fones de ouvido e desempenha um teste de decisão lexical.** Ele olha a cadeia de letras exibidas na tela e pressiona um botão se a cadeia for uma palavra e um outro se não for. O tempo de reação é medido.

2. **Os psicólogos passam várias frases pelo fone de ouvido enquanto a pessoa faz esse teste.** As frases não têm um tema específico: os psicólogos estão interessados em como as palavras ouvidas afetam o tempo de reação em relação às palavras lidas.

3. **Os psicólogos registram a apresentação das palavras na tela com precisão para combinar com as palavras que estão sendo escutadas.** Por exemplo, a palavra "flor" pode aparecer na tela, 50, 100 ou 200 milissegundos depois da palavra "palmas" ter sido escutada.

4. **Os psicólogos variam o tempo entre o priming e o alvo.** O objetivo é ver como afeta o tempo levado para tomar a decisão lexical.

LEMBRE-SE

Esse projeto engenhoso faz medições precisas. Com muita estatística, os pesquisadores descobriram o que acontece quando as pessoas encontram uma palavra ambígua em um contexto específico. Durante um breve período depois de ser ouvida, a palavra "palmas" ativa o significado inapropriado de "flor", mas esse efeito desaparece rapidamente. Por outro lado, se os pesquisadores apresentarem "palmas" em um contexto como: "No aniversário de minha namorada comprei um buquê de palmas vermelhas", o priming de "flor" continua ativo por mais tempo.

Formando Frases Coerentes

As pessoas formam frases sem esforço consciente, e os psicólogos cognitivos estão interessados nos mecanismos envolvidos. Por exemplo, quando uma pessoa gaga fica "travada" no início das palavras, a maioria dos modelos psicológicos cognitivos de formação da fala analisa os mecanismos em vez das emoções (mesmo assim, sem dúvida, o estresse e a ansiedade pioram tudo, exigindo cada vez mais do cérebro, fazendo ser mais difícil para o falante se conectar com a fala).

Nesta seção, discutimos as dificuldades de pesquisa nessa área e alguns modelos que, até certo ponto, prevalecem.

> ## GULA DE BODE
>
> A *antístrofe* é um erro no discurso no qual o falante troca partes de duas palavras e produz palavras diferentes que alteram o significado padrão, frequentemente para um efeito cômico, por exemplo "bola de gude" se torna "gula de bode". O reverendo Charles Spooner, da Universidade de Oxford, ficou famoso por criar estas trocas linguísticas: "The lord is a loving shepherd" se tornou "The lord is a shoving leopard" e "You've wasted a whole term" virou "You've tasted a whole worm".
>
> A antístrofe e as trocas linguísticas têm um papel importante na psicologia cognitiva da produção da fala. Embora talvez "trocas no cérebro" seja uma expressão mais adequada, porque o cérebro é a fonte desses erros.

Produzindo uma frase

Quando os psicólogos estudam a percepção da linguagem, normalmente estabelecem tarefas em que as pessoas têm que identificar palavras ou frases levando em conta diferentes condições. No entanto, estudar o processo de produção da linguagem é mais difícil em condições de laboratório. Por exemplo, algumas das evidências mais intrigantes sobre os processos envolvidos na produção da fala se originam do estudo dos erros de fala, que tendem a ocorrer em conversas normais quando as pessoas misturam palavras. Instigar erros tão naturais sob condições de laboratório é difícil. Em vez disso, a maioria dos estudos utiliza um método diário menos controlado, no qual os pesquisadores simplesmente anotam todos os erros de fala que encontram no seu dia a dia.

LEMBRE-SE Esse tipo de abordagem talvez seja menos confiável do que um estudo com base laboratorial, e talvez seja mais propício ao viés seletivo por parte dos pesquisadores (a respeito do que percebem ou escolhem registrar). Apesar dessas limitações, alguns padrões interessantes têm surgido, revelando muito sobre a sequência complexa de processos envolvida na elaboração de uma frase.

Observando os modelos de elaboração de frase

Merrill Garrett usou um método diário para coletar erros da fala. Ele utilizou padrões observados a partir dos erros da fala para projetar um modelo de elaboração de fala que tente identificar a série de processos separados envolvidos na ação de falar.

LEMBRE-SE

No modelo de Garrett, uma frase passa pelos três níveis de representação a seguir antes de ser falada:

» **Nível da mensagem:** A representação do significado que você quer transmitir. Se for um falante bilíngue, esse nível pode ser o mesmo independente da linguagem em que quiser se expressar. Os falantes bilíngues geralmente trocam de idioma no meio da frase sem alterar o significado da mensagem original.

» **Nível da frase:** A mensagem desejada é transformada em determinadas palavras e formas gramaticais que você quer usar para expressá-la. Existem dois processos independentes aqui: os níveis funcional e posicional.

» **Nível articulatório:** A frase construída é trabalhada em uma sequência precisa de processos articulatórios necessários para dizê-la. Uma complexa mistura de movimentos musculares é requisitada para produzir os sons.

ALERTA DE JARGÃO

O modelo de Garrett propôs que o nível da frase engloba a construção de uma estrutura funcional contendo os *morfemas funcionais* (palavras pequenas ou partes de palavras que carregam a estrutura gramatical da frase). Essa estrutura contém lacunas nas quais os morfemas lexicais que levam a carga de semântica da frase são inseridos. Por exemplo, Garrett relata o erro: "Quantas tortas são necessárias para se fazer uma maçã?" Aqui, "torta" está dentro da estrutura "Quantas ____s" e "maçã", na estrutura "uma ____".

EXPERIMENTE

A falecida linguista norte-americana Victoria Fromkin foi pioneira nos estudos dos erros da fala. Sua base de dados de erros da fala pode ser acessada online no endereço: http://www.mpi.nl/dbmpi/sedb/sperco_form4.pl [conteúdo em inglês].

CAINDO NO LAPSO FREUDIANO

Os textos de Sigmund Freud sobre os erros da fala deram origem ao termo *lapso freudiano* ou ato falho. Ele se refere à ideia de que o erro revela algo sobre os significados ocultos que a pessoa tenta reprimir.

Gerald Ford se referiu uma vez a seu cargo como presidente dos Estados Unidos como "uma sentença única de quatro anos" (em vez de "termo"), querendo dizer que ele via o cargo como uma pena de prisão. Enquanto a interpretação freudiana se limitava ao significado oculto ou reprimido, os psicólogos cognitivos notaram que "termo" e "sentença" são intercambiáveis quando seguidas da palavra "prisão", e, portanto, já deveriam estar associadas no "dicionário" mental de Ford. Quando ele procurou por uma palavra para descrever a duração da presidência, "sentença" deve ter sido ativada junto a seu significado relacionado.

> Quando o psicólogo Gary Dell foi informado de outro lapso de Ford, ele disse: "Ouvi Freud cometer um lapso fordiano." Curiosamente, o falante trocou "Freud" e "Ford", unidades da fala com muitas propriedades duplicadas: ambas são nomes próprios, começam com "F", terminam com "d" e contêm uma sílaba. Esse erro é um exemplo de troca de morfema, porque são os morfemas e não as palavras que são trocados. Seria improvável escutar alguém dizendo: "Ouvi freudiano cometer um lapso Ford", já que o final "iano", de "freudiano", permanece no lugar e está ligado à palavra fora de lugar, "Ford".

Reconhecendo a Linguagem como Linguagem

Depois de pensar no que vai falar, você precisa colocar em prática manipulando os músculos do seu sistema vocal da maneira correta, a fim de dar vida às palavras faladas.

Distinguindo diferentes significados do mesmo som

Algumas frases ditas em um discurso fluente normal soam praticamente idênticas. Isso se resume a dois fatores: os fonemas que formam essas frases devem ser quase idênticos e as pessoas tendem a não dar pausas entre as palavras. Uma mesma parte da fala pode ser interpretada como uma expressão de duas ou quatro palavras.

Comparamos algumas palavras homófonas, que possuem a mesma pronúncia, mas grafia e significado diferentes:

Palavras
ASCENDER / ACENDER
CONSERTO / CONCERTO

Segmentando o discurso

LEMBRE-SE

A questão de como o cérebro humano divide a linguagem em palavras é a *segmentação do discurso*. Você pode achar que exemplos de frases com fonéticas semelhantes são incomuns e que, normalmente, as pausas entre as palavras são claras. Mas, na verdade, o discurso normal raramente contém pausas entre as palavras.

A psicóloga Jennt Saffran e seus colegas reproduziram a gravação de uma linguagem sem sentido para crianças e descobriram que, aparentemente, elas aprendem as associações estatísticas entre as sílabas da língua. Para criar uma linguagem nonsense, eles combinaram sílabas sem significado, para produzir palavras como "pabiku" e "golatu", e, então, as juntaram sem qualquer pausa ou espaços para produzir alguns minutos de fala nonsense monótona e computadorizada.

As crianças ouviram o discurso. Não receberam recompensas ou qualquer feedback e, no final, foram testadas em pares de palavras nonsense. Por serem crianças, os pesquisadores não podiam pedir que escolhessem uma palavra e, assim, as palavras eram reproduziam aos pares; os pesquisadores gravaram quanto tempo as crianças demoravam em cada palavra. Por exemplo, a criança ouviu uma sequência como esta:

"tupirogolabubidakupadotitupirobidakugolabupadotibidakutupiropadotigo labutupiro..."

Os pesquisadores colocaram palavras nonsense juntas: "Tupiro golabu bidaku padoti tupiro bidaku golabu padoti bidaku tupiro padoti golabu tupiro."

Em seguida, as crianças ouviram dois estímulos — uma palavra da linguagem, como "bidaku" e outra "meia-palavra" contendo o final de uma palavra seguida do início de outra, como "pirogo". Saffran e os pesquisadores descobriram que as crianças passaram mais tempo dando atenção às meias-palavras do que às inteiras, indicando que estavam mais familiarizadas com as palavras — as meias-palavras pareceram mais fora do comum para elas, logo, mais interessantes. Por sua vez, isso sugere que as crianças usam os padrões estatísticos entre palavras para ajudá-las a perceber onde uma palavra termina e a outra começa.

LEMBRE-SE Sem espaços entre as palavras, como as crianças aprenderam a diferenciar as palavras das meias-palavras? Os pesquisadores alegam que as crianças devem registrar com que frequência uma sílaba é seguida de outra — dentro de uma palavra, cada sílaba é sempre seguida da mesma, mas, no final de uma palavra, a escolha da próxima sílaba varia mais. As crianças registram essas probabilidades transicionais e as usam para formar o discurso com as palavras constituintes.

Analisando Problemas da Linguagem

A maior parte deste capítulo diz respeito a como a psicologia cognitiva ajuda as pessoas a entenderem problemas com a linguagem, mas os problemas com a linguagem também ajudam as pessoas a desenvolverem a psicologia cognitiva. Existem diversos tipos de problemas de linguagem devido a uma série de fatores, incluindo lesão cerebral, mutações genéticas e aprendizado. Analisamos agora quatro tipos de problemas.

Perdido nas palavras: Afasias

A *afasia* é a insuficiência da linguagem. Dois tipos são conhecidos desde o século XIX e foram nomeados de acordo com seus descobridores:

» **Afasia de Broca:** Descoberta por Paul Broca, é causada por danos à área do lobo frontal (agora chamada de *área de Broca*), responsável pelo controle motor da fala. A afasia de Broca é caracterizada pela dificuldade verbal e a tendência a cortar os morfemas gramaticais: o paciente usa frases com estruturas bem simples e falta de entonação. As pessoas com a afasia de Broca achariam fácil de entender a frase "Peter deu a Mike cerveja", mas encontrariam dificuldade com "A cerveja foi dada para Mike por Peter".

» **Afasia de Wernicke:** Descoberta por Carl Wernicke, é causada por danos à área dos lobos parietal e temporal (agora chamadas de *áreas de Wernicke*), que parecem ser responsáveis pelo entendimento do significado. Os pacientes geralmente são fluentes, mas com tendência a produzir palavras erradas e, até mesmo, criar novas (*neologismos*). Uma pessoa diria: "Vou reparar o jantar", em vez de "Vou preparar o jantar".

Esses problemas parecem afetar aspectos diferentes da linguagem, que às vezes são usados como exemplos de *associação dupla*: duas partes separadas do cérebro lidam com aspectos diferentes de uma tarefa de modo independente. Em termos gerais, a afasia de Broca é caracterizada pela semântica intacta, mas pela sintaxe e fluência prejudicadas; a afasia de Wernicke está associada com o padrão quase oposto — fala fluente, com sintaxe correta, mas com a semântica prejudicada.

Geralmente, esses dois tipos de afasia são produzidos pelo dano no lado esquerdo do cérebro. Danos às áreas correspondentes do lado direito produzem problemas de linguagem diferentes, tais como os problemas complementares com a produção (dano na área de Broca) e a compreensão (dano na área de Wernicke) da emotividade da linguagem.

Sequenciando os genes: Distúrbio específico de linguagem

O *Distúrbio Específico de Linguagem* (SLI, do inglês Specific Language Impairment) é uma condição rara, que aparenta ser genética. Os portadores tendem a ter problemas específicos com a gramática, fazendo com que algumas pessoas encarem isso como prova da existência de um "gene da linguagem".

No entanto, pesquisas mais recentes mostram que a SLI pode não ser específica da linguagem, mas que a diferença genética subjacente a essa condição é responsável por um mecanismo mais geral para lidar com sequências. Por exemplo, o mesmo gene ocorre em outros mamíferos, como os ratos. Quando esse gene sofre mutação, os ratos têm problemas em organizar uma sequência de ações.

Falando em línguas estrangeiras

O dano cerebral também afeta a pronúncia da fala: algumas pessoas que sofrem lesões cerebrais começam a falar com sotaque estrangeiro. Esse problema indica que as regiões do cérebro processam as formas específicas da pronúncia e da fala. Essas regiões cerebrais controlam o sistema motor da fala e se danificadas alteram a forma de falar. Para um ouvinte, pode ser que esse novo padrão de fala soe como um sotaque.

Problemas com a leitura: Dislexia

As pessoas normalmente são classificadas como disléxicas quando suas habilidades de leitura ficam aquém de suas outras capacidades cognitivas. Mas essa definição é complicada pelo fato de que a dislexia não é uma condição única. Ela está presente em pessoas com uma deficiência neurológica específica que afeta a leitura e em pessoas que, por algum motivo, não aprenderam as habilidades de decodificação específicas necessárias para ler.

Na prática, existe pouca evidência de um problema genético ou neurológico específico sobre a maioria dos casos de dislexia. A psicóloga cognitiva Diane McGuinnes destaca em seu livro *O Ensino da Leitura* os resultados de diversos estudos sugerindo que as pessoas diagnosticadas com dislexia simplesmente podem não ter adquirido as habilidades de decodificação necessárias. Essa situação pode ser redimida com o programa de ações corretivas, e essas pessoas podem aprender a ler corretamente.

Essa pesquisa sugere que, em muitos casos, o diagnóstico de dislexia não implica em uma inabilidade permanente de ler. Em vez disso, o problema reflete o fato de a pessoa ter aprendido a ler de uma forma que não destacou o mapeamento correto entre as letras e os sons necessários para se tornar um leitor apto. Ao treinar essas pessoas com as habilidades de decodificação fonológicas corretas, esses adultos constroem um nível de leitura mais compatível com seu nível de inteligência.

> **NESTE CAPÍTULO**
>
> » Verificando se a linguagem afeta o pensamento
>
> » Perguntando se o pensamento pode existir sem a linguagem
>
> » Contrastando dois pontos de vista diferentes

Capítulo 16
Descobrindo as Ligações entre Linguagem e Pensamento

Pare por um momento e pense sobre o seu café da manhã hoje (esperamos que tenha se alimentado; caso contrário, esta introdução vai despertar aquela fome). Embora você tenha evocado algumas imagens mentais quando pedimos que pensasse sobre um conceito em especial — por exemplo, manteiga derretida escorrendo por uma fatia de pão e sobre seu casaco limpo —, predominantemente utiliza linguagem e palavras para articular seus pensamentos.

Esse uso vital das palavras significa que todos os processos de pensamento dos seres humanos são baseados em uma língua? Se achar que sim, isso significa que as pessoas que falam línguas diferentes pensam diferente e aquelas que não sabem um idioma não conseguem pensar (o que é muito improvável).

O experimento do pensamento sobre o café da manhã é fruto de um debate longo e acirrado na psicologia: a linguagem afeta ou realmente orienta o pensamento? O pensamento direciona a língua? Claramente, os dois aspectos estão relacionados (e neste capítulo muitas vezes descrevemos a linguagem e o pensamento juntos), mas qual é a natureza dessa ligação?

Estas são as duas linhas de pensamento rivais:

» **Realistas:** Acreditam que linguagem e pensamento não estão relacionados.
» **Construcionistas:** Acreditam que a linguagem influencia o pensamento. Muitos pensadores tradicionais acham que, pela lógica, o pensamento vem antes da linguagem, mas essa opinião vem sendo contestada.

Neste capítulo, discutimos as ligações entre a linguagem e o pensamento, incluindo a teoria mais famosa nesse campo (a hipótese Sapir-Whorf) e as vastas provas que a embasam. Também vemos as provas igualmente extensas contrárias a ela. Ao longo do capítulo, tentamos elaborar uma resposta coerente para a pergunta: O pensamento precisa da linguagem?

Analisando a Ideia de que Você Precisa de uma Língua para Pensar

Muitas provas sugerem que a linguagem afeta o pensamento de forma profunda. Nesta seção, defendemos a teoria de que existe uma ligação essencial e íntima entre linguagem e pensamento. Vemos as diferenças entre linguagem, percepção de cores e como as crianças pensam, entre outros aspectos.

Unindo a linguagem ao pensamento

O psicólogo russo Lev Vygotsky acreditava que a linguagem e o pensamento são interligados e que essa relação muda durante o desenvolvimento infantil. No início da vida, o pensamento e a linguagem não estão relacionados; mas, conforme as crianças crescem, a linguagem e o pensamento começam a se relacionar, com comportamentos antecedendo a descrição verbal. Posteriormente, expressar-se se torna um discurso interno, permitindo que as pessoas criem pensamentos complexos.

O principal defensor da ideia de que as pessoas precisam da linguagem para pensar e que ela impõe o modo de fazê-lo foi o linguista norte-americano Benjamin Whorf (não confunda com o oficial Worf, o personagem de *Star Trek*!).

A hipótese de Whorf é comumente conhecida como *hipótese Sapir-Whorf* (ou *relativismo linguístico*). A ideia é que a estrutura da linguagem de uma pessoa determina como ela vê o mundo — como elabora conceitos e categorias, memoriza e pensa sobre o que está a seu redor.

Os psicólogos têm em mente duas visões da hipótese Sapir-Whorf:

» **Visão forte:** A linguagem afeta o pensamento em todos os casos. Na verdade, não há pensamento sem ela. Alguns conceitos expressáveis em uma língua nunca poderão ser descritos em outra, e existe uma grande quantidade de frases intraduzíveis: apresentando a questão da *tradutibilidade*. Pouca evidência foi gerada para essa visão.

» **Visão fraca:** A linguagem influencia o pensamento. Muitas evidências suportam essa forma de relatividade linguística (ou seja, a linguagem gera diferenças nos processos mentais). A forma da linguagem afeta como as pessoas pensam (chamado de *determinismo linguístico*). Essa visão é parecida com a perspectiva de Vygotsky, na qual o pensamento precisa da linguagem.

Considerando as diferenças interculturais da linguagem

Aqui, apresentamos a prova para a visão fraca da hipótese Sapir-Whorf, apresentada na seção anterior. A primeira parte da evidência é a dificuldade de tradução entre as línguas. No entanto, esse aspecto é de difícil análise, porque as traduções literais não necessariamente transmitem traduções conceituais. Assim, os pesquisadores elaboraram estudos mais precisos.

Muitos desses estudos envolvem a descrição das cores por pessoas em idiomas diferentes e revelam que a linguagem afeta a percepção e, por dedução, o pensamento.

Os experimentos de reconhecimento de cores mostram que a falta de uma palavra para uma cor específica torna mais difícil para as pessoas se lembrarem da cor. Por exemplo, os membros de uma tribo nativa norte-americana que usa somente uma palavra para descrever o amarelo e o laranja (*luptsinna*) cometeram mais erros ao visualizar tons amarelos e laranjas do que os falantes de inglês. Igualmente, membros de uma tribo da Nova Guiné com somente duas palavras para as cores demonstraram uma memória de reconhecimento pior do que os falantes de inglês. (Você pode ler mais sobre essa pesquisa na seção a seguir, "Enxergando igual: Percepção universal".)

> **CONSIGO PENSAR, MAS NÃO FALAR**
>
> *(PAPO DE ESPECIALISTA)*
>
> Alfred Bloom, psicólogo norte-americano, sugere que, por causa da estrutura gramatical do mandarim, os falantes nativos são incapazes de processar suposições e raciocinar hipoteticamente. Por exemplo, uma frase envolvendo uma declaração "se" seguida de algo que não seja um fato claramente relacionado, tal como "teria" — em "se eu tivesse revisado, teria passado na prova". Essa frase é hipotética, porque, às vezes, até mesmo as pessoas que revisam suas provas são reprovadas. Os dados de Bloom foram criticados porque apenas a estrutura gramatical é incomum: usar uma estrutura gramatical alternativa permite esses pensamentos para os falantes de mandarim.

Em outro experimento, que testou somente falantes de inglês, os participantes tiveram que atribuir ou não um nome a pedaços de papéis coloridos. Em seguida, suas memórias foram testadas. Atribuir nomes aos papéis coloridos fez com que fossem reconhecidos com menos precisão do que aqueles sem nome, novamente, mostrando como a língua interfere na percepção.

Diferenciando uma coisa de outra: Percepção categórica

(ALERTA DE JARGÃO)

A *percepção categórica* se refere às pessoas acharem mais fácil discriminar dois estímulos parecidos quando pertencem a categorias diferentes (*entre categorias*) do que se fossem da mesma (*intracategoria*). Essa tendência é encontrada na percepção de cor, fonemas (sons falados, veja o Capítulo 13) e na expressão de emoções.

A percepção categórica é a mais indicada para demonstrar os efeitos da linguagem afetando a percepção. Um bom exemplo é que no japonês o som do "r" e o do "l" não são diferenciados (o que rende inúmeras piadas). Não existem limites categóricos entre esses dois sons, porque o idioma não faz essa diferenciação.

Existem efeitos parecidos na percepção categórica intercultural da cor. Os falantes de tarahumara não possuem nomes diferentes para azul e verde; já o português, sim. Os falantes de português mostram um limite categórico entre o verde e o azul, enquanto os falantes de tarahumara, não.

Apresentando a prova a partir do desenvolvimento infantil

Mais evidências de que a língua é necessária para a percepção vêm dos estudos com crianças. Por exemplo, elas aparentam precisar da competência linguística para expressar as diferenças entre dois itens relacionados, a fim de resolver problemas associados a tais relações (veja o box "Estabelecendo as relações entre as coisas" para mais detalhes).

> **PAPO DE ESPECIALISTA**
>
> ## ESTABELECENDO AS RELAÇÕES ENTRE AS COISAS
>
> Se estiver familiarizado com a psicologia do desenvolvimento, já deve ter ouvido falar de Jean Piaget, um psicólogo desenvolvimentista francês. Piaget criou uma teoria para explicar como as crianças se desenvolvem através de uma série de etapas.
>
> Uma dessas etapas é baseada no entendimento dos conceitos e das relações pelas crianças (a etapa *pré-operacional*). Nesse nível, as crianças que são capazes de verbalizar relações entre duas coisas (como "maior do que") podem resolver problemas que envolvem tais relações. Em contrapartida, crianças que não conseguem verbalizar a relação não conseguem resolvê-los. Portanto, a capacidade cognitiva necessária precisa da linguagem.
>
> No entanto, a competência linguística e o desenvolvimento cognitivo geral se dão ao mesmo tempo, logo, é difícil separá-los. Piaget acreditava que a língua se desenvolve por causa do desenvolvimento cognitivo, sugerindo uma relação cíclica entre a linguagem e a cognição.

Um método muito útil para avaliar como o idioma afeta o pensamento é testar pessoas que não possuem uma linguagem. Os recém-nascidos não desenvolveram uma linguagem ainda, portanto, são os participantes mais indicados.

As pesquisas com crianças pretendiam explorar a percepção de cor e a categórica (veja as duas seções anteriores). Muitos estudos mostram que as crianças acham mais difícil a diferenciação entre cores que ainda não possuem nomes. Além disso, os limites da percepção categórica não são identificados tão prontamente pelas crianças.

Embora algumas mudanças no desenvolvimento da percepção de cores existam, as *cores focais* (os termos usados para as 11 cores básicas em inglês, incluindo vermelho e azul; veja o Capítulo 5) parecem ter sido aprendidas antes sem palavras.

Abordando outras habilidades cognitivas

Agora, mostramos mais evidências do quanto a língua afeta o pensamento.

DICA

A maneira como as pessoas atribuem os nomes aos objetos afeta a precisão com que são reconhecidos. Em um experimento, os participantes foram apresentados a uma série de objetos ambíguos com e sem nome. Os nomes ajudaram sua memorização, sugerindo que a linguagem auxilia a memória.

Ao serem apresentados a um conjunto de formas para serem lembradas, os participantes apresentaram maior probabilidade de se lembrarem dos nomes baseados em rótulos distintivos (por exemplo, crescentes) do que de nomenclaturas mais comuns (por exemplo, quadrado). Isso é consistente com a visão fraca da hipótese Sapir-Whorf, porque a linguagem usada afetou a memória (veja a seção anterior, "Unindo a linguagem ao pensamento").

ALERTA DE JARGÃO

Um exemplo parecido de como a língua afeta a memória é o *efeito do ofuscamento verbal*. Ele ocorre quando a utilização da linguagem para descrever um objeto dificulta sua posterior memorização. Ocorre com frequência com rostos: depois de verem um rosto, os participantes em um experimento deveriam descrevê-lo. Em seguida, tinham que identificá-lo em uma fila de reconhecimento. Os participantes não tiveram um bom desempenho na tarefa — se saíram pior do que quando não o descreveram. Esse resultado evidencia que a linguagem altera a maneira como as pessoas se lembram dos rostos, o que é consistente com a hipótese Sapir-Whorf.

Outro exemplo semelhante é a pesquisa da falsa memória. Elizabeth Loftus, psicóloga norte-americana, acreditava que a memória para os acontecimentos pode ser substancialmente alterada depois de as pessoas ouvirem perguntas direcionadoras. Os resultados indicam que a linguagem afeta a memória das pessoas e, portanto, seus pensamentos.

Alguns psicólogos sugerem que a *fixação funcional* (ou seja, a incapacidade de desassociar o uso comum de um objeto em particular para resolver um problema de percepção; veja o Capítulo 17) é consequência da linguagem. Em outras palavras, se as pessoas não tivessem uma palavra para os objetos, saberiam usá-los para outras funções.

Uma maneira de mostrar como a linguagem afeta a cognição é explorar os estereótipos culturais em pessoas bilíngues. Por exemplo, no português, existe o estereótipo de um indivíduo artístico (inconstante, boêmio e um pouco estranho). Mas esse estereótipo não existe nos falantes de mandarim. Quando solicitadas a oferecerem interpretações livres, as pessoas são capazes de fornecer mais detalhes se encontrarem um estereótipo usado no idioma falado pelo participante. Ou seja, as pessoas fazem inferências com base na língua que estão falando. Quando bilíngues falam em determinado idioma, pensam de maneira diferente do que quando falam em outro.

ALERTA DE JARGÃO

Evidências sugerem que o desempenho em uma tarefa de raciocínio espacial (tal como a leitura de um mapa) é afetado pelo idioma do falante. Os participantes cujo idioma emprega *codificação espacial relativa* (ou seja, um objeto é descrito como sendo próximo a ou à esquerda de, e assim por diante, de outro) têm um desempenho completamente diferente daqueles cujo idioma emprega o sistema de *codificação espacial absoluta* (quando um objeto é descrito de acordo com as posições fixas, tais como norte e sul). Portanto, pense bem antes de explicar um endereço para um amigo, se quiser que ele chegue ao destino!

Pensar sem a Linguagem: É Possível ou Não?

Os pensadores vistos na seção anterior, "Unindo a linguagem ao pensamento", acreditam que a cognição direciona o desenvolvimento da linguagem. Porém, outros pensam o oposto — que a linguagem e a cognição são competências independentes.

Nesta seção, apresentamos a pesquisa que indica que o pensamento é possível sem a linguagem. Mostramos as evidências da consciência, da percepção universal, da especialização e do trabalho com crianças.

Trazendo a consciência ao debate

Os psicólogos cognitivos estudam como diferentes processos funcionam no cérebro para possibilitar o comportamento humano (veja o Capítulo 1). Por exemplo, quando você constrói uma frase, uma cadeia complexa de eventos precisa ocorrer — envolvendo muitas áreas distintas do cérebro e etapas diferentes de recuperação da informação, planejamento e um complexo controle motor — antes de se pronunciar uma palavra. Mesmo assim, você ainda não está completamente consciente de todos esses processos.

ALERTA DE JARGÃO

Algumas vezes, os psicólogos usam o termo *cérebro zumbi* para diferenciar os muitos processos apartados e os pensamentos conscientes.

A mente consciente humana é como um cisne flutuando com elegância na superfície da água enquanto suas patas, abaixo dela, se movem rapidamente para gerar esse movimento. Essa situação levanta a seguinte questão: Se os pensamentos conscientes estão na linguagem e ela é o resultado de vários processos ocorrendo em áreas do cérebro em que não se tem consciência, será que os seres humanos realmente pensam por si mesmos — ou é o cérebro zumbi que pensa e informa ao cérebro consciente a resposta?

Agora, analisamos a consciência para explorar se o pensamento inconsciente, que geralmente não é baseado na linguagem, existe e qual seria sua natureza.

Como você sabe que existe?

O filósofo francês René Descartes escreveu a famosa frase: "Cogito ergo sum." (Penso, logo existo.)

Isso foi bem antes do conceito de realidade virtual ou do tipo de experiência ilusória retratada em filmes como *Matrix*, mas Descartes questionava o que as pessoas conseguem saber que é real. Ele imaginou uma situação na qual o sentido das pessoas seria enganado por demônios, de modo que o que parecesse realidade fosse, na verdade, uma ilusão. Ele questionou o que as pessoas conseguiriam ter de certeza em relação a essas circunstâncias e chegou à conclusão de que, embora todos os seus sentidos possam ser enganados, a única coisa que as pessoas poderiam ter certeza de ser real era a própria consciência. Ainda assim, até mesmo o próprio corpo pode ser uma ilusão — você talvez seja um cérebro em um recipiente recebendo cargas de informações sensoriais ilusórias de um computador (ou demônio). (Ah, "informações sensoriais ilusórias", como diria Homer Simpson, babando.)

As pessoas têm certeza de que seus pensamentos são reais — ou seja, quem são, e, portanto, pensam antes de existir. O lado oposto dessa ideia é que as pessoas só são capazes de conhecer a própria consciência — nunca saberão se outra pessoa é um ser consciente ou se a experiência de outra pessoa é igual à sua.

Pare! Quem está aí? Eu ou um iPad?

Na década de 1950, o pioneiro da computação e decifrador de códigos na época da guerra, Alan Turing, levantou uma questão relacionada ao tema — como as pessoas sabem se um computador é inteligente? O problema é parecido com saber se outra pessoa está consciente — o que, de fato, não é possível saber; em vez disso, é preciso deduzir o que está acontecendo internamente com base no comportamento exterior. Portanto, Turing propôs uma medida comportamental de inteligência, conhecida como teste de Turing, em sua homenagem

No teste de Turing, um juiz humano se comunica com duas ou mais entidades, que podem ser pessoas reais ou computadores fingindo ser uma pessoa, por meio de texto apenas — hoje, via mensagens de texto ou um aplicativo de bate-papo no celular. Assim, a pessoa julga as entidades com base no que disseram e no modo que interagem, em vez de julgar pela aparência ou voz. O teste consiste em conversar com as entidades sobre quaisquer assuntos que o juiz escolher e, com base nas interações, decidir se é um ser humano ou um computador.

Um concurso anual (o prêmio Loebner) implementa uma forma restrita do teste de Turing — os pesquisadores apresentam programas conhecidos como chatbots, que competem com os seres humanos e convencem os juízes humanos de que são pessoas. Os juízes têm permissão para conversar sobre tópicos restritos, mas, apesar disso, nenhum programa de computador ganhou o prêmio por ser um ser humano convincente, o que indica que o pensamento vai além da linguagem.

Enxergando igual: Percepção universal

Anteriormente neste capítulo, descrevemos como a língua afeta a percepção das cores (na seção "Considerando as diferenças interculturais da linguagem"). No entanto, nem sempre são encontradas diferenças interculturais da linguagem na percepção das cores. Eleanor Rosch Heider acredita em algo chamado *percepção universal*, no qual as pessoas percebem a mesma coisa independente do idioma.

Eleanor Rosch Heider testou a percepção das cores em uma tribo, chamada Dani, da idade da pedra das florestas tropicais da Nova Guiné. Eles possuíam palavras muito diferentes das usadas pelos falantes de inglês para as cores. Na verdade, só possuíam duas (*mola* para tons quentes e vívidos e *mili* para tons frios e escuros). Mas eram capazes de diferenciar duas cores mostradas a eles com a mesma precisão que os falantes de inglês. Dada a existência das diferenças de memória para estímulos de cor entre os falantes de inglês e de Dani, isso sugere que a linguagem afeta a memória, mas não a percepção.

Os estudos também revelaram que a memória de reconhecimento para as palavras que designam cores foi melhor para as *cores focais* (os termos usados para as 11 cores básicas usadas no inglês) comparadas às cores não focais nos falantes de inglês e de Dani. No entanto, os falantes de Dani foram melhores ao se lembrar de cores especiais, mesmo não tendo palavras para expressá-las, mas não se saíram tão bem quanto os falantes de inglês.

Resultados parecidos foram obtidos com a memória para formatos focais. Os falantes de Dani não possuem as mesmas palavras para os formatos que os de inglês, e ainda assim são capazes de diferenciá-las.

Brent Berlin e Paul Kay também acreditam nos universais da percepção e sugerem que uma hierarquia de nomes de cores (preto e branco no início, seguidos de vermelho, como mostra a Tabela 16-1), com aquelas na escala mais alta da hierarquia existindo em todas as línguas e as mais abaixo cada vez menos focais. Apesar disso, todas as pessoas conseguem diferenciar as 11 cores focais. (Veja a seção a seguir "Comparando Argumentos Opostos" para descobrir alguns ajustes feitos nessa pesquisa.)

Tabela 16-1 Hierarquia das Cores Básicas

Preto	Branco		
Vermelho			
Amarelo	Azul	Verde	
Marrom			
Roxo	Rosa	Laranja	Cinza

Com base nos resultados de Rosch Heider e de Berlin e Kay, que mostram que todo ser humano percebe as mesmas cores (exceto os daltônicos, obviamente!), os pesquisadores concluíram que a percepção é biologicamente derivada; como as pessoas possuem uma fisiologia específica (somente têm três receptores de cores; veja o Capítulo 5), percebem as cores de maneira particular. Por exemplo, você pode diferenciar o tom do verde de uma folha de manjericão do de uma folha de espinafre (estivemos no jardim hoje, como já deve ter percebido!), porque os receptores nos seus olhos permitem que veja essa diferença. As pessoas cujos idiomas não contêm a palavra "verde" ainda podem fazer essa diferenciação, porque a biologia do seu sistema visual lhes permite ver o verde.

Assim, a percepção é determinada por meio da biologia e não do idioma. Além disso, outros processos mentais, incluindo o pensamento, não são determinados pela linguagem.

"Bem, eu apenas fiz": Especialização

Se pedir para jogadores de futebol descreverem suas jogadas passo a passo, eles encontrarão dificuldade. Ser especialista em alguma coisa altera os processos mentais envolvidos, portanto, descrever como tal atividade é feita é bem difícil.

O fato de os especialistas acharem difícil verbalizar suas atividades é a prova da existência de processos do pensamento além da linguagem. No entanto, isso ainda vai além: é mais difícil quando os craques do esporte têm que descrever como planejam suas jogadas. Essa dificuldade surge porque eles precisam usar a linguagem para descrever uma atividade feita sem ela. Em outras palavras, o comportamento existe sem a língua.

Automaticidade é uma outra forma de pensamento sem linguagem. As tarefas executadas automaticamente são feitas sem a necessidade da linguagem e, portanto, evidenciam que ela não é um requisito para o pensamento.

Da mesma forma, as pessoas podem facilmente descrever um rosto, mas as pesquisas mostram que suas descrições nem sempre correspondem a como se lembram deles; ou seja, na verdade, as pessoas não conseguem descrever os processos mentais envolvidos no reconhecimento de rostos. As palavras certas nem sempre estão disponíveis para representar o processo de pensamento com precisão.

Começou com um pensamento: Mentalês

O termo *mentalês* se refere a uma linguagem especial do cérebro. A ideia é de que quando as pessoas produzem um pensamento, ele começa na forma de um tipo de linguagem do cérebro, que é então convertida em língua falada para permitir sua comunicação para os outros. Da mesma forma, quando as pessoas falam com você, sua linguagem é convertida em mentalês antes que possa entender.

Veja diversos argumentos a favor da teoria segundo a qual as pessoas pensam em mentalês, e não no idioma que falam:

» As pessoas frequentemente têm dificuldades de colocar as ideias em palavras — se elas já existissem em palavras, isso não seria um problema.

> As pessoas conseguem imaginar palavras ou expressões novas para conceitos novos, sugerindo que as ideias antecedem a linguagem necessária para expressá-las.

> As crianças e os animais pré-linguísticos parecem ser capazes de algum grau de pensamento anterior à língua. Helen Keller, que era cega e surda desde muito nova, descreve ter pensamentos sem uma linguagem.

> O significado de uma frase pode ser ambíguo quando o significado esperado não é, sugerindo que os pensamentos são menos propensos à ambiguidade do que a linguagem usada para os expressar. Por exemplo, a manchete de jornal "Prostitutas se encontram com o Papa" pretende ter um significado, mas você pode fácil (e vergonhosamente) interpretar de uma forma bem diferente.

"Não me lembro de ter feito isso — Sinceramente!"

Se as pessoas precisassem de um idioma para pensar, a conclusão natural é que, antes de saberem falar, não conseguiriam pensar. Porém, as crianças têm cognição e pensamentos, e sua linguagem se desenvolve a partir disso, sendo consistente com a visão segundo a qual a cognição precede o desenvolvimento da linguagem.

As provas vêm de estudos sobre a capacidade cognitiva em crianças assim que desenvolvem o conceito de *permanência de objeto* (isto é, mesmo quando um objeto não pode ser mais visto, ainda existe), elas são capazes de usar a linguagem para descrevê-lo.

ALERTA DE JARGÃO

Pense em quando era criança, antes mesmo de conseguir falar; tenho certeza de que você acreditava que era capaz de pensar. O conceito de que não somos capazes de pensar em algum ponto de nossas vidas é difícil de acreditar. No entanto, as pessoas não parecem ter nenhuma memória antes de desenvolverem a linguagem (chamado de *amnésia infantil*; veja o Capítulo 10). Portanto, talvez os seres humanos precisem da linguagem para criar as memórias.

Comparando Argumentos Opostos

As seções anteriores discutem duas visões opostas: se o pensamento *é* ou *não é* dependente da linguagem.

Se você está procurando por uma resposta definitiva em artigos acadêmicos publicados, talvez se decepcione. Os pesquisadores apresentam cada vez mais provas de que a linguagem afeta o pensamento *e* também de que não afeta. Na verdade, as discussões ficam bem agitadas com pesquisadores de uma visão criticando os métodos usados pelos adversários!

Agora comparamos os argumentos em uma visão equilibrada (para ser honesto, não temos uma opinião formada sobre isso — mas pode ser que até o final desta seção tenhamos!).

Apresentamos os argumentos gerais na Tabela 16-2.

Tabela 16-2   Argumentos Contra e a Favor da Hipótese Sapir-Whorf

O Pensamento e a Linguagem Estão Ligados	O Pensamento Não Requer Linguagem
A memória de reconhecimento deficiente para as cores não está na linguagem (veja a seção "Considerando as diferenças interculturais da linguagem")	Memória de reconhecimento melhor para cores focais mesmo sem palavras
A discriminação das cores é igualmente boa sem palavras (veja a seção "Enxergando igual: Percepção universal")	
Efeito de ofuscamento verbal (veja a seção "Abordando outras habilidades cognitivas")	Mentalês (vá para a seção "Começou com um pensamento: Mentalês" para saber mais)
Amnésia infantil (veja a seção "Não me lembro de ter feito isso — Sinceramente")	A consciência (veja a seção "Trazendo a consciência ao debate")
Fixação funcional (também discutimos na seção "Abordando outras habilidades cognitivas")	

LEMBRE-SE

Há duas distinções entre os resultados das diferenças de percepção em razão de linguagens diferentes que valem ressaltar:

» **A linguagem parece mesmo afetar a memória de reconhecimento.**
Porém, quando duas cores são apresentadas simultaneamente ou logo em seguida, sua discriminação não é afetada pela língua. Portanto, a linguagem talvez não afete a percepção por causa do sistema fisiológico básico, mas afeta a memória, pois ela é baseada em cultura e experiência.

Outro problema com a pesquisa conduzida nesse campo é a frequente falta de controle nesses estudos. Por exemplo, algumas pesquisas sobre os universais da percepção da cor fracassaram reiteradamente em aplicar os critérios usados para definir uma cor focal. Tais problemas sugerem que os resultados universais da percepção (tais como vimos na seção "Enxergando igual: Percepção universal") provavelmente decorrem de métodos ruins.

» **O ambiente influencia a exposição a certas cores e a fisiologia indica quais são mais prováveis de serem reconhecidas.** Em relação a essa descoberta, há o fato de que embora um linguista possa alegar que isso ocorre por um idioma não ter uma palavra para uma determinada cor, frequentemente aqueles que o falam possuem uma forma para descrevê-la. Por exemplo, os falantes de idiomas que usam a mesma palavra para azul e verde (linguistas alegaram isso sobre o galês, mas os falantes de galês dizem que têm uma palavra para verde) talvez usem outra para diferenciá-las (por exemplo, unindo-a com a palavra "céu" ou "grama" para distinguir entre as duas cores). Dê uma olhada no box "Muito além do Tio João!" para outro exemplo.

O ambiente faz com que as pessoas inventem palavras diferentes: ou seja, a linguagem e o pensamento sofrem uma influência parcial do ambiente. Separar os efeitos do ambiente e da cultura na linguagem é praticamente impossível.

Para resolver essa discussão, os pesquisadores propuseram o *método computacional cognitivo*, que ressalta que diferentes idiomas transmitem informações distintas com mais facilidade do que outros. A ideia é que quando há flexibilização em uma tarefa em especial é mais provável que a linguagem afete o desempenho; mas, sem a flexibilização, a fisiologia, a biologia e o ambiente assumem o controle. Quando as pessoas têm uma palavra para representar um conceito único, não há sobrecarga em seus recursos cognitivos. Mas se precisarem de mais palavras para representar o mesmo conceito (porque sua língua não possui aquela palavra), a memória de trabalho sofre mais pressão.

MUNDO REAL

Essa pressão tem efeitos em cadeia sobre os processos de pensamento. Por exemplo, o mandarim tem palavras únicas para os números 0–10, 100, 1.000 e 10 mil, mas, diferentemente do português, não tem para 11, 12 ou entre 13 e 19. Portanto, quando um falante de português diz 11, o de mandarim precisa de duas palavras, 10 e 1 juntas, necessitando de mais esforço cognitivo (mesmo que só um pouco!).

LEMBRE-SE

Então, às vezes, o pensamento é dependente da língua e, às vezes, não (não é sempre assim em psicologia?!). Isso é exatamente o que Lev Vygotsky disse na década de 1930 (que alguns pensamentos não precisam da língua porque são predeterminados biologicamente, mas os mais complexos precisam): veja a seção anterior "Unindo a linguagem ao pensamento" para saber mais.

Qualquer que seja a verdade, a relação entre linguagem e pensamento é bastante complexa.

MUITO ALÉM DO TIO JOÃO!

A prova da existência de muitas palavras para um conjunto especial de conceitos em uma língua, mas não em outras, sugere que o sujeito precisa de mais pensamentos. Por exemplo, a língua hanuxoo, das Filipinas, possui 92 nomes para arroz, o que indica que eles são capazes de distinguir mais tipos de arroz do que os falantes de português. Mas esse uso pode ser somente o resultado do ambiente: as pessoas comem mais tipos de arroz nas Filipinas do que nos países falantes de português.

5 Refletindo sobre o Pensamento

NESTA PARTE...

Veja como as pessoas resolvem problemas de forma racional, lógica ou com visão e criatividade.

Desvende os processos cognitivos envolvidos na tomada de decisões.

Descubra as regras da lógica e da racionalidade e veja como os seres humanos são irracionais.

Analise como suas emoções afetam sua capacidade cognitiva — não é tão simples quanto pensa!

> **NESTE CAPÍTULO**
>
> » Revelando os processos mentais com a terapia Gestalt
>
> » Resolvendo problemas com computadores e especialistas
>
> » Considerando a pesquisa cognitiva no aprendizado

Capítulo 17
Descobrindo como as Pessoas Resolvem Problemas

O filme *Apolo 13* mostra uma história real de um desastre nessa missão lunar. Uma explosão forçou a equipe a se refugiar no pequeno módulo de comando da espaçonave e usá-lo como "nave salva-vidas" para voltar para a Terra. Mas o módulo precisava de um filtro de ar melhor para que sobrevivessem à viagem, e eles não tinham um que se encaixasse em seu sistema.

Uma cena famosa no filme mostra de forma dramática os engenheiros da NASA na Terra utilizando os materiais disponíveis na espaçonave, na tentativa desesperada de construir um filtro de ar. Eles conseguem e ensinam os astronautas a construírem um a partir de um par de meias, fita adesiva e mangueiras (dentre outras coisas) dos trajes espaciais que não precisavam mais.

Esse é um exemplo marcante de resolução de problemas, mas o pensamento inovador não está limitado aos engenheiros da NASA (não é algo reservado a gênios da engenharia espacial...): você vê ou usa essa habilidade no dia a dia. As pessoas resolvem problemas o tempo todo, embora muitas vezes essa habilidade seja vista como algo natural e as pessoas nem percebam quando a empregam. Quando alguém lhe pergunta como resolve seus problemas, pode ser difícil descrever em palavras. Tente agora: pense nos processos mentais enfrentados quando está tentando resolver um problema.

Por exemplo, nosso problema atual é escrever este parágrafo e o seu é entender a psicologia da resolução de problemas. O fato de você estar lendo este texto sugere que está empenhado em resolver esse problema. Os meios que temos à nossa disposição são as palavras e somos livres para organizá-las como quisermos — embora somente algumas ordens específicas funcionem. O problema é *mal definido*, porque não existe um único parágrafo correto ou processo simples para a resolução. Por esse motivo, os psicólogos focam os problemas *bem definidos* — aqueles com objetivos fixos e regras claras e específicas.

A habilidade de resolver problemas é importante para lidar com as demandas da vida cotidiana. Este capítulo cobre as principais perspectivas de como as pessoas desenvolvem meios para resolver problemas simples e complexos. Veremos os métodos que os psicólogos usam para estudar a resolução de problemas e algumas das teorias que surgiram para explicar como as pessoas agem a respeito desse assunto.

Fazendo Experiências para Revelar Processos do Pensamento: Psicologia Gestalt

Antes de os psicólogos cognitivos surgirem, na metade do século XX, havia duas escolas de pensamento importantes para a resolução de problemas:

» **Behavioristas:** Limitavam seus estudos ao comportamento observável; suas explicações para a resolução de problemas focavam os conceitos de tentativa e erro e fortalecimento.

» **Gestaltistas:** Não concordavam com os behavioristas sobre o estudo dos processos e representações mentais. Procuravam explicar as atividades psicológicas por trás da resolução de problemas. Nesse sentido, são como os antecessores dos psicólogos cognitivos e, portanto, o foco desta abordagem.

TENTATIVA E ERRO VERSUS PENSAMENTO

O psicólogo comportamental norte-americano Edward Thorndike estudou como os gatos aprendem a abrir portas em caixas quebra-cabeça especialmente criadas através de um processo que parecia se basear em tentativa e erro. Os gatos experimentaram diversas ações aparentemente aleatórias e repetiram todas as que produziram um resultado positivo. As ações que não geraram um resultado positivo se tornaram menos frequentes. Como resultado, Thorndike propôs a *Lei do Efeito* — a noção de que as pessoas experimentam ideias, e as que funcionam são reforçadas e usadas com mais frequência. Mais tarde, a teoria do psicólogo norte-americano BF Skinner de *condicionamento operante* desenvolveu essa ideia, usando recompensas ou punições para moldar o comportamento.

Em contrapartida, a escola Gestalt criou engenhosos experimentos que revelaram detalhes dos processos mentais subjacentes, o que permitiu que estudassem o papel do insight e dos padrões de pensamento na capacidade de solução de problemas em seres humanos e animais.

Definindo o problema

Karl Duncker, psicólogo gestaltista alemão, disse que "um problema surge quando um ser vivo tem um objetivo, mas não sabe como será alcançado. Toda vez que não se pode ir de uma certa situação à desejada com uma única ação, deve-se recorrer ao raciocínio".

Quando se fala sobre um problema, a situação desejada é chamada de *meta estabelecida* e sua posição de partida, de *estado inicial*. Você tem à sua disposição uma variedade de ações (ou *operadores*). Um problema pode exigir que você supere alguns obstáculos ou elabore uma solução eficiente, tal como alcançar o objetivo com poucas ações.

Os problemas bem definidos são aqueles em que a meta estabelecida, o estado inicial e os operadores são todos bem definidos. Muitos quebra-cabeças, como o Cubo de Rubik (cubo mágico), se encaixam nessa categoria, mas muitos problemas da vida real variam na extensão de sua definição.

Divertindo-se com a percepção

Wolfgang Köhler, outro psicólogo alemão gestaltista, acreditava que os animais e as pessoas eram capazes de aprendizados mais complexos, envolvendo visão e pensamento, do que o método de tentativa e erro proposto pelos behavioristas. Ele estudou a resolução de problemas com chimpanzés em uma estação de pesquisa com primatas na ilha de Tenerife, e publicou essa pesquisa no famoso livro *The Mentality of Apes* ["A Mentalidade dos Macacos", em tradução livre], em 1917.

Köhler discutia que os quebra-cabeças de Thorndike (veja o box "Tentativa e erro versus pensamento") não eram naturais e se distanciaram tanto da experiência de um animal que os gatos não conseguiram usar seus processos de pensamento normais. Ele queria testar os animais com quebra-cabeças mais adequados a seu intelecto natural para poder observar suas habilidades mentais.

Köhler elaborou vários quebra-cabeças nos quais chimpanzés tinham que usar objetos para recuperar bananas fora de seu alcance. Em um exemplo, um chimpanzé que já sabia usar um bastão recebeu dois bastões para alcançar uma banana; nenhum dos dois era longo o suficiente. No início, o chimpanzé tentou usar os dois e desistiu quando nenhum funcionou. Mas, depois de um tempo emburrado, ele prendeu um bastão no final do outro para deixá-lo longo o bastante para recuperar a tão desejada banana. Um resultado delicioso!

Os behavioristas discordariam do uso de palavras como "emburrado" e "desejada". Eles as veem como muito *mentalistas*, porque se referem a conceitos que não podem ser observados e que não deveriam ser presumidos; mesmo assim, ainda encontram problemas ao explicar esse breve momento de "insight" do chimpanzé. Não existiu aprendizado de tentativa e erro antes de ele juntar os dois bastões, e é improvável que o animal tenha tido uma experiência prévia com esse tipo de problema. Portanto, parece ter chegado àquela conclusão somente com o raciocínio.

O desentendimento entre as escolas behaviorista e gestaltista foi além dos animais não humanos. Os behavioristas não apenas contrariam o *antropomorfismo* (atribuir características de seres humanos aos animais); também se opuseram às explicações do pensamento humano que se referiam aos estados ou processos mentais. Sidney Morgenbesser, filósofo norte-americano famoso pelo senso de humor, perguntou a BF Skinner: "Deixe-me ver se entendi sua tese: você acha que não deveríamos antropomorfizar as pessoas?"

Ficando preso na rotina: Fixação funcional

Karl Duncker identificou uma limitação específica que geralmente impede as pessoas de atribuírem novos usos para objetos comuns. Ele chamava isso de *fixação funcional*, porque a ideia dos seres humanos sobre como os objetos funcionam é fixada por sua experiência prévia. Por exemplo, talvez você já tenha estado em uma festa ou piquenique em que todo mundo levou garrafas de cerveja, mas ninguém tinha um abridor. As pessoas criativas procuram por outra coisa para abrir as garrafas enquanto outras entram em pânico ou se aborrecem. Suas habilidades de enxergar usos alternativos para os objetos foram limitadas pela fixação funcional.

EXPERIMENTE Para ilustrar essa ideia, Duncker propôs um problema. Você recebeu uma caixa de tachinhas, uma vela e uma caixa de fósforos. Sua tarefa é fixar a vela na parede. Tente resolver o enigma antes de continuar lendo.

A solução é retirar as tachinhas da caixa, usá-las para prender a caixa na parede e usar a caixa como suporte para a vela. Geralmente as pessoas encontram dificuldade para solucionar esse problema porque não enxergam além do uso da caixa para guardar as tachinhas nem percebem possibilidades mais abrangentes.

DICA Pode ser que tenhamos o direcionado para chegar à solução certa ao conversar sobre enxergar funções alternativas para os objetos, mas os participantes de Duncker não tiveram essa dica. No geral, uma boa dica para resolver esses tipos de problemas é questionar sua tendência natural de presumir como as coisas podem ser usadas ou como suas ações são limitadas.

Assistindo à Ascensão dos Computadores: Abordagens de Processamento de Informação

LEMBRE-SE Apesar de os experimentos dos psicólogos gestaltistas (veja a seção anterior) mostrarem que os processos e as representações cognitivas, como a percepção e a fixação funcional, ocorrem na resolução de problemas, eles não lidaram com o modo como isso acontece. Tal assunto foi deixado de lado até a revolução cognitiva (veja o Capítulo 1) apresentar um relatório da resolução de problemas e uma tentativa de responder com precisão que processos ocorrem no cérebro quando uma pessoa ou um animal resolve um problema.

Ainda assim, como estudar o pensamento é um problema para a psicologia cognitiva; apesar do que a cultura popular acredita, não é possível observar pensamentos.

LEMBRE-SE O que os psicólogos fazem é usar a tecnologia, como a imagem por ressonância magnética funcional (fMRI, do inglês Funcional Magnetic Ressonance Imaging), para observar a atividade física no cérebro associada aos pensamentos. Podem detectar diferenças entre diferentes tipos de pensamento para que, por exemplo, ao pedir para uma pessoa pensar sobre uma situação ou outra, visualizem padrões distintos de atividade. (Tais técnicas foram usadas para testar pacientes em estado vegetativo permanente.) Os psicólogos também conseguem observar o efeito que os danos a áreas diferentes do cérebro têm na capacidade de resolução de problemas da pessoa. Por exemplo, os pacientes com danos no lobo frontal do cérebro geralmente apresentam problemas com planejamento e resolução de problemas.

Computadores: Os novos aliados na luta

ALERTA DE JARGÃO

Os computadores ofereceram uma maneira nova de analisar o pensamento, e logo foram adicionados ao estudo da psicologia. Nesse novo *método de processamento da informação*, a resolução de problemas foi desmembrada em seus processos constituintes básicos, que foram então simulados em computador pelos psicólogos.

Os ganhadores do prêmio Nobel, Allen Newell e Herbert Simon, dedicaram-se ao desenvolvimento de programas de computador para simular os processos que uma pessoa emprega ao resolver um problema. De um lado, eles desenvolviam maneiras de programar os computadores para resolver problemas e, assim, contribuíram com a ciência da computação. Por outro, tentavam reproduzir os processos empregados quando uma pessoa resolve um problema; ao entender isso, eles também contribuíram para o estudo da psicologia. Em outras palavras, eles usaram computadores para demonstrar como os seres humanos resolvem problemas.

Newell e Simon trabalharam em um método abrangente para resolver problemas bem definidos (com objetivos e regras claras), como o mostrado a seguir. Experimente, mas também pense no que torna sua resolução tão complicada.

EXPERIMENTE

Um fazendeiro tem que atravessar um rio com um lobo, uma cabra e um repolho. (Não fique imaginando o porquê ou nunca resolveremos o problema. Digamos que ele é um pouco esquisito e vamos parar por aqui!) Ele tem um barco a remo em que pode levar com ele um desses três itens de cada vez. Ele tem que levá-los para o outro lado do rio, mas não pode deixar o lobo sozinho com a cabra, porque senão ele vai devorá-la, nem a cabra sozinha com o repolho, pelo mesmo motivo. Como o fazendeiro vai fazer para atravessar os três itens?

Veja a solução:

1. **Leve a cabra do lado 1 para o lado 2.**
2. **Retorne para o lado 1.**
3. **Leve o repolho para o lado 2.**
4. **Retorne para o lado 1 levando a cabra.**
5. **Leve o lobo para o lado 2.**
6. **Retorne para o lado 1.**
7. **Leve a cabra para o lado 2.**

DICA

Como você fez? A dificuldade nesse problema está na necessidade de tomar atitudes que parecem contrariar a solução. Quando o fazendeiro leva a cabra do lado 2 de volta para o lado 1, parece desfazer suas ações. No entanto, você não retorna para seu estado inicial, porque o repolho não está mais no lado 1. Então, agora você pode deixar a cabra no lado 1 enquanto atravessa com o lobo.

Analisando a abordagem do espaço de estados

ALERTA DE JARGÃO

Para lidar com problemas bem definidos, Newell e Simon propuseram o *espaço do problema*. Começando com a meta estabelecida, considere o que aconteceria se você executasse todos os passos possíveis. O resultado é o diagrama de espaço de estado mostrando todos os passos possíveis, permitindo que encontre o menor caminho entre o estado inicial e a meta (veja a Figura 17-1).

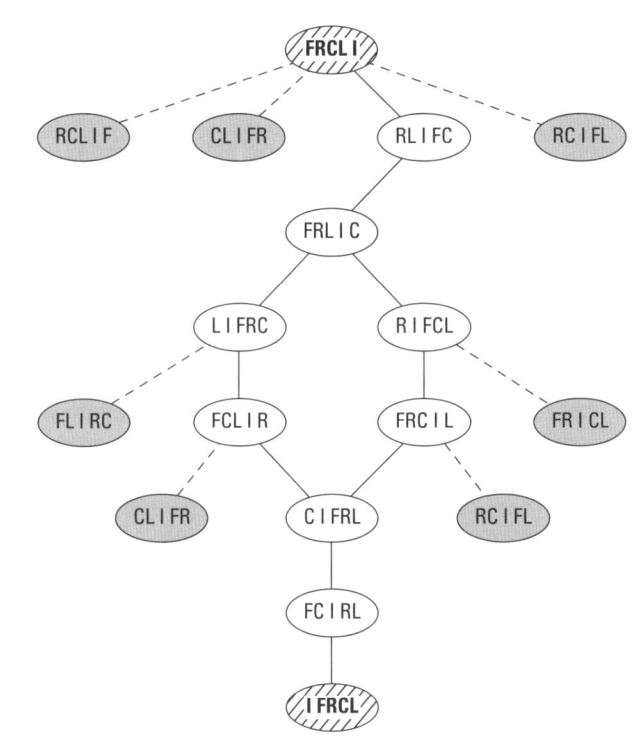

FIGURA 17-1: Diagrama de espaço do estado para o problema do repolho (R), cabra (C), lobo (L) e fazendeiro (F).

Observações: Os cenários em cinza são estados inválidos em virtude de violação às regras do jogo.

© John Wiley & Sons, Inc.

Examinando a análise de protocolo

ALERTA DE JARGÃO

Newell e Simon também utilizaram uma técnica chamada de *análise de protocolo*, em que pediram aos participantes para descrever seu processo de pensamento enquanto resolviam problemas bem definidos. A análise de protocolo estabeleceu que as pessoas usam com frequência a *análise de meios e fins*: começam com um objetivo desejado (o fim) e vão em sentido inverso, identificando quais métodos (os meios) estão disponíveis para alcançar os fins.

Investigando a Resolução de Problemas Especializada

Além dos estudos sobre como as pessoas resolvem problemas individuais, os psicólogos cognitivos também estão interessados em como as pessoas desenvolvem a competência para resolver problemas de um tipo específico.

Analisando as memórias de jogadores profissionais de xadrez

ALERTA DE JARGÃO

A memória de curto prazo dos seres humanos tem capacidade limitada para armazenar unidades de informação, chamadas de *blocos* por George Miller (veja o Capítulo 8). Miller estima que as pessoas conseguem se lembrar de aproximadamente sete blocos de informação, embora estudos mais recentes sugiram que essa capacidade é menor do que isso.

Pesquisas com jogadores de xadrez de alto nível revelaram essa habilidade. Uma pista do que é alterado no cérebro e no processamento quando uma pessoa se torna especialista em xadrez é fornecida por um estudo sobre suas memórias para as posições do tabuleiro. Os jogadores de xadrez de alto nível são melhores em se lembrar das disposições diferentes das peças em um tabuleiro do que os novatos. Mas essa vantagem só funciona para arranjos válidos das peças de jogos reais. Quando testados usando disposições aleatórias das peças, os mais experientes se saíram um pouco melhor do que os novatos.

LEMBRE-SE

Jogadores de xadrez de alto nível conseguem se lembrar de mais posições não porque sua capacidade de memória seja aumentada, mas porque acumularam uma "biblioteca" maior de posições, que são capazes de reconhecer e armazenar como blocos únicos. Enquanto um novato precisa se lembrar de cada uma das peças como um bloco separado, um veterano reconhece sua configuração como um bloco único. Assim como com o aprendizado de um novo idioma, os novatos tratam cada peça como letras separadas, enquanto os veteranos reconhecem "palavras" maiores envolvendo suas disposições comuns.

Aprendendo para ser um especialista

O trabalho revolucionário de Newell e Simon sobre a resolução de problemas por seres humanos (veja a seção anterior "Computadores: Os novos aliados na luta") estabeleceu alguns princípios gerais, como a análise de meios e fins, pelos quais os especialistas resolvem problemas. John Anderson desenvolveu a *teoria ACT**, que incorpora não apenas um mecanismo para solução de problemas gerais, mas também trata da questão da aquisição de habilidades — como as pessoas constroem o conhecimento que lhes permite aprimorá-las?

ALERTA DE JARGÃO

Basicamente, o modelo de Anderson tem uma *regra de produção*, uma unidade básica de competência procedural composta de duas partes: uma condição que oferece o contexto em que a regra se aplica e uma ação que especifica o que fazer. Por exemplo, se alguém bate à sua porta (a *condição*), a ação é levantar e abri-la (a menos que seu programa favorito esteja passando na TV!).

O modelo de Anderson permitiu que construísse modelos de computador de como os alunos desenvolvem habilidades em áreas como matemática e programação de computadores. Esse modelo simulou o aprendizado de uma habilidade como desenvolvimento gradual e fortalecimento de regras de produção específicas, e identificou os erros decorrentes da má aplicação de tais regras. Portanto, no exemplo anterior, você ouve uma batida na porta e a ação é abri-la. Mas o aprendizado diz que é preciso especificar a condição (por exemplo, não é seguro abrir a porta à noite, então você não abre; ou durante o dia pode ser um vendedor, e você finge que não ouviu). Com a experiência, a regra de produção é aperfeiçoada.

Imitando os especialistas para aprimorar sua resolução de problemas

Mesmo que não queira se tornar um exímio jogador de xadrez, você ainda pode se tornar um especialista em resolução de problemas seguindo estas dicas bastante úteis:

» **Pratique:** O aprendizado se desenvolve lentamente, parte por parte. Para ser especialista, você precisa acumular uma grande quantidade de blocos de experiência relevante. Algumas pesquisas mostram que aproximadamente 10 mil horas de prática são o habitual (embora haja ressalvas relacionadas à frequência e ao tipo de habilidade praticada); porém, você pode se tornar proficiente com menos prática em diversas habilidades menores.

» **Diversifique sua experiência:** Se lida com muitos problemas do mesmo tipo, pode acabar "viciado" a certos padrões de pensamento repetidos (veja "Ficando preso na rotina: Fixação funcional", anteriormente neste capítulo). Em vez disso, construa uma memória rica com diferentes padrões (leia a pesquisa na seção "O aprimoramento para a resolução de problemas vem com a experiência", mais adiante).

» **Agrupe os problemas de modo lógico:** Ao fazer isso, você lida com estruturas similares e promove o desenvolvimento de analogias úteis e padrões abstratos (veja a seção "Usando analogia na resolução de problemas", a seguir).

> » **Mantenha a mente aberta:** Não presuma que existem limitações; em vez disso, considere como um problema novo se assemelha a um já conhecido. Pode haver analogias entre situações que a princípio parecem diferentes.
>
> » **Relaxe:** Depois de ter feito o trabalho pesado, descanse um pouco. Muitas pessoas relatam que soluções úteis e novas para os problemas surgem após terem parado de trabalhar, relaxado, dado uma caminhada ou, até mesmo, dormido. Um processo inconsciente parece se esgueirar pela memória procurando por algo que corresponda à estrutura de um problema atual.
>
> Um exemplo é o sonho do químico alemão Friedrich August Kekulé. Depois de se esforçar para descobrir a composição química de uma molécula específica, ele foi dormir. Em sonho, ele viu átomos dançando e se transformando em cadeias, movendo-se como uma cobra. A cobra feita de átomos formou um círculo e parecia estar comendo a própria cauda. Como sua mente relaxou e se desviou de um pensamento fixo, Kekulé conseguiu descobrir a estrutura cíclica do benzeno.

Modelando o Aprendizado Natural com Sistemas Tutores Inteligentes

Os *sistemas tutores inteligentes* visam modelar os processos de pensamento de alunos e aprendizes enquanto desenvolvem uma habilidade e identificam lacunas ou falhas de compreensão em seu conhecimento. Por exemplo, modelos de computador, como o ACT-R, são usados em diversas áreas.

Os psicólogos britânicos Richard Burton e John Seely Brown estudaram como as crianças resolvem problemas matemáticos básicos, como adição, subtração, multiplicação e divisão. Fazer com que os computadores façam uma soma corretamente é fácil, mas Brown e Burton queriam reproduzir os processos de pensamento errôneos que resultavam em respostas incorretas. Por exemplo, uma criança pode se esquecer de adicionar a dezena ao somar dois números.

Brown e Burton levaram as respostas das crianças para um conjunto de cálculos simples e usaram um modelo de computador para simular o padrão de respostas corretas e incorretas que produziram. Os psicólogos simularam os processos de pensamento das crianças usando um conjunto de regras de produção, cada uma direcionada a estágios diferentes em um cálculo (como adicionar as dezenas). Em seguida, substituíram sistematicamente essas regras por versões "defeituosas", simulando um determinado erro que a criança cometeria. Experimentando combinações diferentes de regras corretas e defeituosas, encontraram a combinação que recriou as respostas das crianças. Isso permitiu que o modelo diagnosticasse quais erros em específico cada criança cometia.

O trabalho de Brown e Burton foi pioneiro na década de 1980, mas essa modelagem cognitiva do aprendiz está nas principais pesquisas recentes sobre educação online. A capacidade de testar automaticamente o entendimento dos alunos e diagnosticar os motivos para seus erros aprimora a avaliação online. Isso permite que um programa de computador esteja mais atento às necessidades dos alunos, identificando as falhas de compreensão.

O aprimoramento para a resolução de problemas vem com a experiência

Os psicólogos são capazes de produzir um modelo de aprendiz humano que identifica as áreas em que a pessoa não tem conhecimento ou possui conceitos errôneos. Harriet Shaklee e Michael Mims estudaram a maneira como pessoas associam eventos. Nessa fascinante área de estudo, você encontra todos os tipos de questões interessantes sobre as experiências do dia a dia. Por exemplo, as pessoas geralmente formam *correlações ilusórias* entre eventos (veja o Capítulo 10), quando o cérebro associa eventos que raramente ocorreriam juntos.

Shaklee e Mims inventaram a hipótese de que as pessoas usam estratégias cada vez melhores conforme se desenvolvem. Eles criaram uma série de problemas cuidadosamente elaborados para diferenciar diversas estratégias cognitivas distintas na formação de associações. Em seguida, entregaram esses problemas para grupos de diferentes idades e registraram os erros cometidos por cada grupo. Eles encontraram evidências do aumento do uso de estratégias cognitivas com a idade. Todos os grupos lidaram com as versões mais simples, mas somente os mais velhos, indivíduos mais qualificados, responderam corretamente aos problemas mais difíceis.

Usando analogia na resolução de problemas

Se já vivenciou e resolveu um problema, é mais provável ser capaz de resolver um dilema com a mesma estrutura subjacente, mesmo que a princípio pareça diferente. Pondo em prática a análise de espaço de estado de Newell e Simon (veja a seção anterior "Analisando a abordagem do espaço de estados"), você identifica a estrutura de base. Os psicólogos chamam de *isomórficos* dois problemas com estrutura idêntica.

Por exemplo, o problema de atravessar uma cabra, um repolho e um lobo para o outro lado do rio tem a mesma estrutura de uma quantidade de outros quebra-cabeças populares, incluindo a raposa, o ganso e o saco de feijões (no qual você não pode deixar a raposa e o ganso ou o ganso e os feijões sozinhos). Se desenhar o diagrama de espaço de estado para as duas versões diferentes do quebra-cabeça, verá que têm estruturas iguais e o caminho adequado do estado inicial para a meta estabelecida é o mesmo.

LEMBRE-SE Assim, depois que sabe resolver o problema do lobo, da cabra e do repolho, consegue usar a mesma técnica para a raposa, o ganso e o saco de feijões. Você precisa reconhecer como o problema novo se conecta àquele já vivenciado. Isso é chamado de *resolução analógica de problema*, a solução de um novo problema pelo reconhecimento dos pontos semelhantes de um anterior. Assim, você tem uma solução ou, ao menos, um método, para resolver o problema sem ter que passar por um longo processo de aprendizado sobre como lidar com o problema pela primeira vez.

DICA No entanto, no mundo real, os problemas têm tantas variações que um problema novo raramente corresponde a um já vivenciado e, portanto, é melhor procurar por similaridades em vez de partes idênticas.

Os psicólogos Mary Gick e Keith Holyoak usaram um conjunto de problemas relacionados para estudar como as pessoas usam o conhecimento adquirido na resolução de um problema para resolver outro parecido. Particularmente, estavam interessados em como as pessoas encontram analogias entre dois problemas como parte da criatividade e como criam ideias ou soluções novas com base no conhecimento existente.

EXPERIMENTE Considere esses dois cenários conectados. O primeiro trata de um cirurgião tentando remover um tumor de um paciente usando raios potentes sem danificar o tecido saudável em volta. A solução é mirar no tumor com múltiplos feixes fracos que convirjam para um ponto concentrado. O segundo problema trata de um exército marchando para um ataque a uma fortaleza, mas ele deve evitar ativar as minas na estrada, que explodem se forem pressionadas com muita carga. A solução é dividir o exército em grupos pequenos que convirjam na fortaleza.

Nenhum desses problemas é bem definido, mas é possível identificar uma similaridade básica — ambos os problemas envolvem dividir uma força maior em menor, que se converge em um alvo.

Gick e Holyoak queriam saber se, e como, seus participantes usariam a resolução de problema analógica. Para fazer isso, os participantes precisavam perceber a relação e então mapear os elementos análogos entre o problema original e o novo (por exemplo, fortaleza = tumor, raios = exército, e assim por diante). Logo, eles precisariam usar a solução existente na situação nova.

LEMBRE-SE Gick e Holyoak descobriram que as pessoas em geral não são muito boas em perceber analogias, a menos que estejam razoavelmente evidentes. Dar uma dica aos participantes de que há uma relação entre os problemas ajuda consideravelmente. A tarefa de mapear os problemas também exige bastante esforço, porque envolve pessoas lidando com diversos itens simultâneos em sua memória operacional. Depois que a analogia é encontrada, as pessoas devem implementá-las, o que também resulta em uma grande carga cognitiva.

> **NESTE CAPÍTULO**
>
> » Mostrando as falhas da lógica humana
>
> » Pensando lógica e ilogicamente
>
> » Demonstrando como as pessoas raciocinam

Capítulo **18**

Pensando Logicamente sobre o Raciocínio

O raciocínio é a capacidade humana de pensar lógica e racionalmente. Neste capítulo, analisamos questões do tipo: "Como você sabe se alguém está pensando logicamente?" Para falar sobre esse assunto, exploramos modelos de lógica formal e computacional e os modelos cognitivos usados para explicar a racionalidade. Também discutimos se somente a lógica racional é apropriada para utilização pelos seres humanos ao lidarem com problemas do mundo real.

Para mostrar o que os psicólogos querem dizer com pensamento lógico e regras de lógica, usamos exemplos de problemas que foram amplamente usados nos experimentos de psicologia cognitiva.

Testando a Lógica Humana

Os psicólogos cognitivos adotaram um longo histórico de teorias da lógica formal (a partir da filosofia, matemática e, mais recentemente, da ciência da computação) como ponto de referência de comparação ao raciocínio humano.

Nesta seção, veremos o quão lógicos os seres humanos realmente são.

Apresentando o ser humano: Animal racional?

No passado, muitas pessoas gostavam de pensar que os seres humanos eram animais racionais — capazes de pensar sobre coisas por meio da lógica. Mas os psicólogos cognitivos estouraram essa bolha ao demonstrar que as pessoas não pensam com lógica. Pesquisas indicam que o raciocínio humano muitas vezes é ilógico e que a maioria das pessoas não é boa em raciocinar de forma abstrata. Estudos posteriores se uniram em defesa dos seres humanos, sugerindo que embora não pensem logicamente, pensam de uma forma adequada aos problemas importantes do mundo real.

O fato é que as pessoas possuem um melhor desempenho quando os problemas são apresentados de forma mais familiar. Muito do raciocínio humano parece estar ligado a experiências específicas já vivenciadas, e uma grande parte da capacidade de lidar com problemas novos é determinada pela capacidade de identificar as similaridades com os anteriores (veja o Capítulo 17 para saber mais sobre resolução de problemas).

Validando o viés de confirmação com dois problemas

Nesta seção, descrevemos o erro de lógica que as pessoas cometem em experimentos, chamado de *viés de confirmação*. Essa é uma tendência de buscar a evidência *confirmatória* — exemplos que se encaixam às regras — e não as evidência de *falsidade* — exemplos que quebram as regras.

Apresentamos dois problemas que gostaríamos que você lesse antes de ver as explicações. Tome notas de suas respostas, pois as usaremos para explicar as teorias propostas sobre como e por que os seres humanos pensam da forma que pensam.

Truque de quatro cartas

O truque de quatro cartas é baseado em um problema famoso da psicologia cognitiva — o Teste de Seleção de Wason. O psicólogo britânico Peter Wason usou essa tarefa para testar se as pessoas cometeriam erros de lógica do viés de confirmação.

EXPERIMENTE

Imagine que você tenha quatro cartas à sua frente (como na Figura 18-1). Cada carta tem uma letra em um lado e um número no outro. Sua tarefa é testar a regra "se uma carta tem uma vogal de um lado, tem um número par do outro". Qual é o número mínimo de cartas que você precisa virar para testar essa regra, e quais cartas ou carta deveria virar?

Depois de ter escrito sua resposta, considere esta pergunta: Você acha que a maioria das pessoas teria a mesma resposta que você? Em caso negativo, escreva a resposta que acha que a maioria das pessoas daria.

FIGURA 18-1: Quatro cartas mostrando dois números e duas letras.

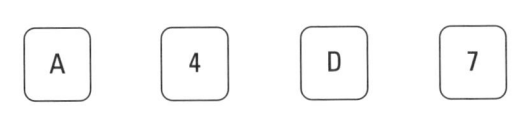

| A | 4 | D | 7 |

© John Wiley & Sons, Inc.

Antes de vermos as respostas, veja o próximo problema.

O problema da bebida lógica

EXPERIMENTE

Você está encarregado de verificar as restrições de idade para o consumo de bebidas alcoólicas em um bar. Você deve aplicar a lei local que ninguém abaixo de 18 anos pode beber álcool. Há quatro cartas representando os quatro clientes no bar (como na Figura 18-2). Cada carta tem a idade do cliente de um lado e o que a pessoa está bebendo do outro.

FIGURA 18-2: Quatro cartas mostrando duas bebidas e duas idades.

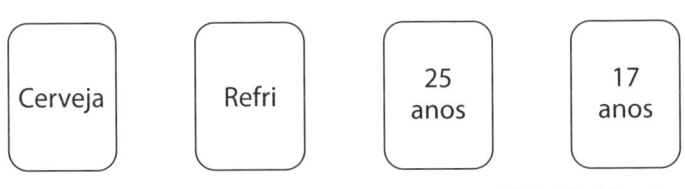

| Cerveja | Refri | 25 anos | 17 anos |

© John Wiley & Sons, Inc.

Você precisa testar a regra "se a pessoa está bebendo álcool, precisar ser maior de 18 anos". Qual é a quantidade mínima de cartas que você precisa virar a fim de testar essa regra, e quais cartas ou carta deveria virar? Pergunte-se mais uma vez se você acha que a maioria das pessoas teria uma resposta igual à sua e, caso contrário, escreva qual a resposta seria a mais provável.

Dois problemas, a mesma estrutura

LEMBRE-SE

Apesar de parecerem diferentes de início, o truque das quatro cartas e o problema da bebida lógica têm a mesma estrutura de base (discutimos essa situação com mais detalhes no Capítulo 17). Os experimentos revelam que as pessoas não têm sucesso ao escolher as cartas certas no primeiro problema (abstrato), mas têm melhor desempenho no segundo (do mundo real) sobre bebida e idade. Veja se você acha o mesmo. Ambos os problemas têm uma regra com a mesma estrutura: se alguma coisa for verdadeira, então a outra também é. Você pode escrever uma fórmula como "se P então Q" usando o "código" desta tabela:

Símbolo	*Teste de Seleção de Wason*	*Teste da Cerveja*
P	Vogal	Cerveja
Q	Número par	Maior de 18
~P	Consoante	Refrigerante
~Q	Número ímpar	Abaixo de 18

Por exemplo, no problema da cerveja, P = beber álcool e Q = maior de 18 anos. Os opostos são escritos com o símbolo (~P e ~Q), que correspondem a não ter mais de 18 e não beber álcool, respectivamente. Você precisa verificar se a pessoa menor de 18 anos (~Q) não está bebendo álcool e se a pessoa que está (P) não tem menos de 18 (~Q).

Para explicar o truque das quatro cartas, trabalhamos na ordem inversa da resposta certa. Você foi perguntado sobre quais cartas virar para testar a regra se uma carta tem uma vogal de um lado, então ela tem um número par do outro. A resposta é que você precisa virar duas cartas: a letra A e o número 7. Mas quando Wason perguntou aos participantes, a maioria das respostas foi a letra A e o número 4. Esse padrão é um exemplo do viés de confirmação: os participantes viram as cartas a fim de confirmar, e não de refutar, a regra.

A questão é que a regra informa somente que Q deve ser verdadeiro para P ser também, e não o contrário. Se você virar o número par 4 e não tiver uma vogal do outro lado, isso não diz nada sobre a regra. Para o problema da bebida e da idade, o equivalente de virar o número 4 seria virar a carta do refrigerante.

Um grande número de experimentos usando variações do Teste de Seleção de Wason confirma essas interessantes descobertas:

» A maioria das pessoas obtém a resposta errada quando se depara com a versão abstrata e lógica do problema.

» As pessoas são melhores em escolher as cartas logicamente corretas quando o teste é incorporado a um contexto social específico.

"É Apenas (Formalmente) Lógico, Capitão"

Os filósofos e matemáticos tentaram desenvolver sistemas formais de pensamento durante séculos. O objetivo é criar sistemas de lógica que são a garantia de produzir a resposta certa para uma questão (se existir uma).

LEMBRE-SE

O pensamento lógico tende a ser bastante mecânico, de modo que cada passo seja a continuação do anterior de modo previsível, sem incertezas — as regras da lógica dizem às pessoas o que fazer em cada passo. A simples natureza mecânica da lógica a tornou ideal como a base para a construção de programas de computador. Por exemplo, quando você toca o ícone "página inicial" em um telefone celular, o software segue um padrão: "Se o usuário tocar o ícone da página inicial, vá para a tela inicial."

A lógica formal foi inspirada pelo pensamento humano e, portanto, por muitos anos, as pessoas achavam que ele era, em muitos casos, racional e que seguia as regras ditadas pela lógica. Porém, uma série de resultados a partir dos experimentos da psicologia cognitiva nas décadas de 1960 e 1970 destacou que nem sempre esse era o caso: em algumas situações, a grande maioria das pessoas se comportava de modo ilógico.

Identificando os quatro princípios da razão

ALERTA DE JARGÃO

As pessoas podem alcançar quatro tipos específicos de conclusão segundo os lógicos. Dois são logicamente válidos e dois, inválidos:

» **Modus ponens (afirma pela afirmação):** Um tipo de argumento lógico válido no qual você sabe que duas coisas *sempre* coocorrem e uma está presente, portanto, a outra também deve estar.

» **Modus tollens (nega pela negação):** Um tipo de argumento válido no qual você sabe que duas coisas *sempre* coocorrem e uma não está presente, portanto, a outra também não deve estar.

» **Afirmação do consequente:** Um argumento inválido em que um resultado é observado que pode coocorrer com outra coisa, mas que também pode sem ela.

» **Negação do antecedente:** Um argumento inválido em que a premissa do argumento implica no resultado e quando a premissa não está presente, o resultado ainda pode estar presente, porque talvez tenha outras causas.

LEMBRE-SE

A Tabela 18-1 ilustra essas regras com exemplos para a declaração: "Se uma pessoa é um pirata, então tem barba." As pessoas são melhores no raciocínio com *modus ponens*, mas têm mais dificuldade com *modus tollens*. No geral, fazem inferências inválidas, tal como os dois últimos exemplos do raciocínio incorreto na tabela.

Tabela 18-1: Quatro Tipos de Argumentos Lógicos Formais com Exemplos e Suas Validades

Regra	Forma	Exemplo	Validade
Modus ponens	Se P então Q; P, portanto, Q	Se uma pessoa é um pirata, então tem barba.	Correto!
		John é um pirata, portanto, John tem barba.	
Modus tollens	Se P então Q; não Q, portanto, não P	Se uma pessoa é um pirata, então tem barba.	Correto!
		John não tem barba, portanto John não é um pirata.	
Afirmação do consequente	Se P então Q; Q, portanto, P	Se uma pessoa é um pirata, então tem barba.	Errado!
		John tem barba, portanto, John é um pirata.	
Negação do antecedente	Se P então Q; não P, portanto não Q	Se uma pessoa é um pirata, então ele tem barba.	Errado!
		John não é um pirata, portanto, John não tem barba.	

Entendendo a importância do contexto

LEMBRE-SE

Como descrevemos anteriormente na seção "Validando o viés de confirmação com dois problemas", as pessoas são melhores em resolver problemas com lógica quando são apresentados em contextos sociais (mundo real) em vez de apenas em modo abstrato. As pessoas parecem ter capacidades lógicas especiais que somente entram em ação quando estão em uma configuração realística. Mas muitos debates existem sobre o porquê esse pode ser o caso:

» **Teorias evolutivas:** A visão da psicóloga norte-americana Leda Cosmides e do antropólogo norte-americano John Tooby é que as pessoas evoluíram seus mecanismos de raciocínio para a tarefa específica de entender as relações sociais. Os seres humanos vivem em grupos sociais e esses grupos mantêm a coesão por meio de vários contratos sociais que asseguram que cada um contribua com sua parte no trabalho e tenha benefícios iguais.

» **Visões baseadas em experiência:** Uma visão alternativa é que as pessoas gradualmente aprendem a usar a lógica em contextos especiais. Junto com a psicóloga norte-americana Diana Shapiro, Wason comparou o desempenho da forma abstrata do Teste de Seleção de Wason com uma expressa no contexto de transporte, na qual cada carta tinha um destino de um lado e um meio de transporte no outro, e os participantes tinham que verificar a regra "toda vez que vou a Manchester vou de carro":

Manchester   Leeds   Carro   Trem

Nesse formato, as pessoas foram capazes de virar as cartas corretas para Manchester (para verificar se tinha um carro do outro lado) e Trem (para verificar se não tinha Manchester do outro lado). Isso fez com que os psicólogos concluíssem que o pensamento lógico dos seres humanos surge a partir de suas experiências em situações específicas. Ainda assim, as pessoas também são capazes de raciocinar sobre situações fictícias nas quais não possuem experiências específicas.

» **Esquemas de raciocínio pragmático:** Os psicólogos Patricia Cheng e Keith Holyoak propuseram essa teoria (um *esquema* é uma representação mental da essência do tipo de situação ou objeto). A ideia é que com reiteradas experiências de um tipo específico as pessoas podem desenvolver um esquema para tal situação. Cheng e Holyoak sugeriram que uma teoria baseada em esquema talvez explique o padrão dos resultados observados nos experimentos no Teste de Seleção de Wason (veja a seção anterior "Validando o viés de confirmação com dois problemas").

Por exemplo, você passou por várias situações em que encontrou restrições a idades para beber, dirigir, votar etc. A partir dessas experiências, você extrai um princípio geral da lógica de restrições de idade que pode ser aplicável a situações novas (como restrições de idade não conhecidas em outras culturas) sem exigir uma experiência direta de cada situação específica.

Uma variedade de engenhosos experimentos demonstrou que o fator em comum entre as versões do teste que as pessoas conseguem resolver facilmente é o conceito de *permissão*. Isso ocorre quando os participantes devem estabelecer se alguma coisa é permitida no sentido do mundo real. Quando consideram a permissão, eles são melhores na resolução de problemas lógicos.

A capacidade das pessoas de lidar com a lógica abstrata é afetada porque os exemplos usados para a pesquisa não existem no mundo real. O problema com a lógica é que é tudo ou nada, enquanto no mundo real as coisas raramente são tão simples. Por exemplo, uma regra para dirigir, como: "Se virar à esquerda na próxima esquina, você deve sinalizar à esquerda", mostra como *deveria* ser, não o que realmente ocorre. Um motorista pode virar sem sinalizar; assim, você não *deveria* presumir que se o carro não está sinalizando não vai virar em uma rua. O mundo real contém mais incertezas do que a lógica permite, e, portanto, há uma dificuldade com as implicações tudo ou nada nas regras lógicas que não ficam claras para as pessoas naturalmente.

Argumentando com a Incerteza: Heurísticas e Bases

A lógica formal (veja a seção anterior) é ótima para situações simples nas quais tudo é conhecido e determinado. Mas suas regras definidas, baseadas no tudo ou nada, dificultam lidar com a incerteza. Quando os resultados são incertos, os psicólogos procuram teorias de raciocínio alternativas que levam em consideração incertezas ao ligar as probabilidades aos eventos.

Os psicólogos israelenses-americanos Daniel Kahneman e Amos Tversky aprofundaram a ideia de que o raciocínio humano é defeituoso em relação a respostas envolvendo probabilidades ou incertezas. Eles fizeram uma série de experimentos nos quais apresentaram a seus participantes uma variedade de problemas envolvendo a avaliação das probabilidades relativas de eventos diferentes.

Kahneman e Tversky encontraram uma coerência nos erros dos participantes, com pessoas diferentes dando as mesmas respostas erradas para as perguntas. Eles suprimiram a racionalidade humana usando atalhos mentais, chamados de *heurísticas*. Essas heurísticas podem ser úteis, porque, no geral, permitem que você produza respostas rápidas e fáceis, mas, em algumas situações, induzem a erros de julgamento.

Pegando um atalho — Para a resposta errada!

As heurísticas fazem com que as pessoas priorizem em demasia as coisas com as quais estão mais familiarizadas ou as mais recentes. Como consequência, agem ilogicamente. Experimente o exercício a seguir, que demonstra o pensamento heurístico em ação.

No idioma inglês, há mais palavras que começam com a letra K ou que têm a letra K na terceira posição?

A maioria das pessoas acha que mais palavras começam com a letra K, enquanto, na verdade, no inglês há mais palavras com a letra K na terceira posição do que na primeira. O que é interessante não é a resposta, mas *como* as pessoas respondem. Kahneman e Tversky propuseram que quando as pessoas são apresentadas a perguntas desse tipo, tentam pensar em exemplos de cada categoria.

Agora, devido à forma que o cérebro das pessoas representa as palavras enfatizando as primeiras e as últimas letras, e também porque as pessoas têm mais experiência em usar as primeiras letras quando fazem buscas em listas alfabéticas, imaginar um conjunto de palavras que começam com uma determinada letra é mais fácil do que aquelas contendo a letra na terceira posição. As pessoas também são capazes de ler frases que têm palavras com as letras em ordem aleatória, desde que a primeira e a última letra estejam nas posições certas. As pessoas conseguem acessar com facilidade essas palavras, o que faz elas estarem mais disponíveis e, portanto, influenciarem as respostas — elas presumem que como conseguem pensar em mais palavras que começam com K, mais palavras devem começar com K, mas isso não é verdade.

Um processo parecido parece afetar a percepção de risco das pessoas. Depois do filme *Tubarão* (sobre um tubarão assassino que ataca banhistas) ser lançado, os pesquisadores registraram uma perceptível queda no número de pessoas nadando na costa da Califórnia. O lançamento do filme não fez com que o risco de ataques a tubarões aumentasse, mas as imagens vívidas tornaram o evento prontamente disponível na mente das pessoas, fazendo com que superestimassem o risco e a probabilidade de ataques reais de tubarões. (A propósito, estima-se que o risco de uma pessoa ser assassinada por um tubarão é quase a metade do risco de ser assassinada por uma máquina de vendas automáticas!)

Sobrecarregando o pensamento das pessoas: Ancoragem

Ancoragem, processo em que as opiniões e ações das pessoas são fixadas por uma declaração ou evento anterior, é outro efeito do uso de heurísticas.

Em um experimento de Kahneman e Tversky, um pesquisador girou uma roda contendo porcentagens impressas em suas bordas. A roda parou em um determinado valor e os participantes tinham que responder a uma pergunta sobre probabilidade, como: "Qual é a proporção de países africanos membros da ONU?"

Kahneman e Tversky descobriram que as respostas dos participantes eram altamente influenciadas por qualquer número em que a roda parasse. Se parasse em 10%, as pessoas dariam palpites menores do que se tivesse parado em 90%. Parecia que as pessoas "ancoravam" no número "inicial" mesmo sabendo que a roda produzia um número aleatório.

Os efeitos da ancoragem vêm à tona quando duas pessoas negociam um preço: o comprador e o vendedor se "ancoram" no preço inicial. O mesmo acontece com o rótulo dos alimentos, os fabricantes frequentemente enfatizam um valor baixo, como "0% de gordura", e não mencionam o alto teor de açúcar, na esperança de que o teor do açúcar seja "ancorado" no baixo teor de gordura.

Ignorando a taxa de referência

Outro erro com base nas heurísticas é a *taxa de referência* — a informação estatística básica sobre a probabilidade dos eventos. Todas as pessoas tendem a ignorar prontamente a taxa de referência. Em um experimento, Kahneman e Tversky apresentaram o seguinte problema relacionado à confiabilidade das provas apresentadas em um tribunal.

Um táxi estava envolvido em um acidente de atropelamento e fuga à noite. Duas companhias de táxi, Verde e Azul, operam na cidade. Oitenta e cinco por cento dos táxis na cidade são Verde e 15%, Azul. Uma testemunha identificou o táxi como sendo Azul. O tribunal testou a confiabilidade da testemunha sob as mesmas circunstâncias existentes na noite do acidente e concluiu que a testemunha identificou corretamente cada uma das duas cores em 80% das vezes e errou em 20%.

Qual é a probabilidade de o táxi envolvido no acidente ser Azul em vez de Verde, sabendo que a testemunha o identificou como Azul?

A resposta mais comum é 80%; parece lógico, porque a testemunha disse que era Azul e, nos testes, ele mostrou estar certo 80% das vezes. Mas espere um instante. Para obter a resposta correta você tem que levar em consideração não somente a precisão da testemunha, mas também a probabilidade relativa de o táxi ser de uma cor em especial. Essa é a taxa de referência, e Kahneman e Tversky descobriram que as pessoas tendem a ignorá-la.

As chances reais de o táxi ser Azul são consideravelmente abaixo de 80%, porque você precisa levar em consideração a precisão da testemunha e a probabilidade de o táxi ser Azul para começar. Táxis verdes são muito mais comuns e, portanto, há uma boa chance de um táxi Verde ser confundido com um Azul.

Explicando o Raciocínio com Modelos

Psicólogos e outros pensadores criaram diversas teorias e modelos para investigar o raciocínio humano. Descrevemos algumas que representam duas abordagens básicas: uma que confirma que os seres humanos algumas vezes possuem um raciocínio deficiente, mas para por aqui; e, uma segunda, que visa lidar com essas deficiências e aprimorar a capacidade de raciocínio das pessoas.

Usando probabilidades e raciocínio bayesiano

Nos últimos anos, houve o ressurgimento do interesse no trabalho matemático de um pastor e matemático britânico nascido em 1701, Thomas Bayes. O *Teorema de Bayes* é uma abordagem estatística usada para avaliar a probabilidade de um evento ocorrer ou de algo ser verdadeiro, já que outro evento ocorreu ou alguma outra coisa é verdadeira. Há algumas evidências de que as pessoas usam a própria intuição para estimar probabilidades de ocorrência de eventos; assim, a psicologia cognitiva precisa entender como isso se aplica ao raciocínio humano.

O teorema de Bayes permite que as pessoas respondam a perguntas tal como o problema do táxi (pegue uma carona na seção anterior, "Ignorando a taxa de referência") e tem muita importância em campos como o diagnóstico médico. Seu trabalho também é a base para filtros de spam — um software que automaticamente detecta e remove e-mails de propaganda de sua caixa de entrada.

Infelizmente, o teorema de Bayes é complicado e trabalhoso para a maioria das pessoas. Essa complexidade não é importante se os problemas forem abstratos, matemáticos e sem relevância no mundo real, porém, é relevante quando o teorema é aplicado no raciocínio e na tomada de decisões médicas em situações de vida ou morte.

MUNDO REAL

Um ramo da pesquisa cognitiva estuda o raciocínio humano com profissionais elaborando diagnósticos médicos. Com frequência, médicos e enfermeiros precisam explicar os resultados dos testes aos pacientes, e fazer isso da forma certa envolve o raciocínio Bayesiano, pois ele não ignora a informação da taxa de referência e possibilita resultados precisos (sem o raciocínio Bayesiano, o diagnóstico seria bem menos preciso). Geralmente as pessoas não se dão bem nesse tipo de raciocínio e muitos estudos mostram que profissionais da área médica cometem os mesmos erros que a população geral.

Em um estudo, os pesquisadores propuseram aos médicos perguntas baseadas no diagnóstico de um câncer de mama a partir de exames de mamografia: "Se uma paciente tem um exame de mamografia positivo, qual é a probabilidade de que tenha câncer de mama com base nos seguintes fatos":

- A probabilidade de que a paciente tenha câncer de mama é de 1%.
- A probabilidade de obter um exame de mamografia positivo se a paciente tem câncer de mama é de 80%.
- A probabilidade de obter um exame de mamografia positivo se a paciente não tem câncer de mama é de 10%.

Apenas 1 entre 20 médicos chegou perto da resposta certa, que é em torno de 7,5%: a maioria atribuiu valores próximos a 75%! (Descrevemos o processo de resolução na próxima seção.) Assim como os participantes no problema do táxi, muitos médicos pareceram ignorar a taxa de referência, que, nesse caso, é de 1 em 100. Mesmo a taxa de falso positivo sendo bem baixa, há muito mais chances de ocorrer e, portanto, os falsos positivos podem superar os verdadeiros, que são relativamente raros.

Se a história terminasse aqui, você chegaria a uma conclusão pessimista de que os médicos não são bons em interpretar os resultados dos exames médicos. Mas a psicologia cognitiva procura destacar os aspectos positivos, tal como usar o conhecimento dos psicólogos sobre o raciocínio humano para melhorar isso — como vemos na próxima seção.

Resolvendo problemas com estruturas semelhantes

O psicólogo alemão Gerd Gigerenzer estudou como os psicólogos ensinam as pessoas a aprimorarem seu raciocínio e resolverem problemas relacionados à taxa de referência, como o do táxi (na seção anterior, "Ignorando a taxa de referência") e o do diagnóstico.

Esses problemas são exemplos *homomórficos*: possuem a mesma estrutura de base e podem ser resolvidos com o mesmo método. (O Capítulo 17 trata dos problemas *isomórficos* — aqueles com a estrutura de base *idêntica*.) É possível resolver problemas homomórficos de duas maneiras — a maneira difícil usa o teorema de Bayes, e a fácil, o método de Gigerenzer. Analisamos esse último, que ainda requer um pouco mais de explicações.

A abordagem de Gigerenzer é baseada na ideia de que as pessoas desenvolveram a habilidade de pensar sobre coisas reais em vez de conceitos abstratos e, portanto, para resolver tais problemas com mais facilidade as pessoas deveriam convertê-los em um formato baseado em frequência. O segredo para o *formato de frequência* é se livrar de medidas abstratas, como as probabilidades e as porcentagens, e, em vez disso, usar números reais. Portanto, quando você receber um problema como o do diagnóstico médico, siga estes passos:

1. **Converta as probabilidades da taxa de referência em números reais.** Nesse caso, imagine uma amostra real de 1.000 mulheres sendo testadas com o exame de mamografia. Use a taxa de referência para determinar quantas teriam a doença. No exemplo do diagnóstico, isso seria 1%, logo, 10 mulheres teriam a doença e as 990 restantes, não.

2. **Calcule os acertos corretos e as taxas de falso negativo.** Nesse caso, os médicos sabem que 80% das mulheres com a doença têm o exame de mamografia positivo (8 de 10 mulheres com a doença obtêm um resultado positivo preciso e duas, um falso negativo).

3. **Calcule os acertos falsos e as taxas de diagnóstico certas.** Pegue a quantidade restante de mulheres que não possuem a doença e determine quais receberão um exame negativo correto ou um falso positivo. Das 990 mulheres, você esperaria que 10% (99 mulheres) obtivessem um falso positivo.

4. **Compare o número obtido no Passo 2 com a soma daqueles obtidos nos Passos 2 e 3.** Nesse caso, o resultado determina quantas pessoas com um exame positivo de fato têm a doença.

> ## RESTRINGINDO A TRIAGEM AOS GRUPOS DE ALTO RISCO
>
> O fato de os resultados dos exames médicos serem inseguros quando a taxa de referência é relativamente pequena é o motivo pelo qual a triagem médica para algumas condições como câncer de mama não é disponibilizada para toda a população. Ela é reservada para os grupos de alto risco (em que a taxa de referência esperada é maior). Se os hospitais fizessem a triagem em toda a população, a quantidade de falsos positivos criaria tanta ansiedade e requereria tantas repetições de testes que ela não seria considerada viável, a menos que o teste fosse bastante preciso.

Colocamos os resultados em uma tabela para ficar mais claro:

	Tem a Doença	*Não Tem a Doença*	*Total*
Positivo	8	99	107
Negativo	2	891	893

A amostra de 1.000 mulheres teria 107 testes positivos, dos quais somente 8 são precisos. Nesse caso, você divide a quantidade de positivos verdadeiros pela quantidade total de exames positivos para obter 8/107, ou um pouco menos de 7,5%.

Gigerenzer e seus colegas produziram tutoriais matemáticos para ensinar esse método da resolução de problemas Bayesianos para os novatos em duas horas. Dada a importância desse tipo de problema no entendimento de resultados de exames médicos e o fato de as pessoas não serem boas em resolvê-los, pelo menos elas aprendem como fazê-lo corretamente.

Usando heurísticas com sucesso no mundo real

Gigerenzer e seus colegas observaram como as pessoas usam heurísticas na vida real e chegaram a conclusões diferentes das pesquisas anteriores. Enquanto Kahneman e Tversky mostraram como as heurísticas direcionam as pessoas a cometerem erros (vieses; veja a seção "Pegando um atalho — Para a resposta errada!"), a pesquisa de Gigerenzer enfatizou os benefícios do uso das heurísticas em muitos problemas da vida real.

Em um experimento, ele pediu a grupos de especialistas e não especialistas financeiros nos Estados Unidos e na Alemanha para escolherem ações para comprar determinadas empresas norte-americanas e alemãs. Ele descobriu que as ações com melhor desempenho foram aquelas de companhias escolhidas pelos não especialistas em um país diferente.

LEMBRE-SE: Gigerenzer e seus colegas explicaram esses resultados em termos de *reconhecimento heurístico* — as pessoas escolhem o que lhes é mais familiar. Ser reconhecido por um membro do público é uma boa previsão do perfil de crescimento e provável sucesso de uma empresa; uma pessoa que reconhece somente algumas empresas pode escolher justamente essas, as mais prováveis de obterem sucesso. Um especialista financeiro está familiarizado com todas as empresas e, portanto, não consegue usar o reconhecimento como uma heurística útil.

Gigerenzer e seus colegas demonstraram muitos outros casos em que simples heurísticas produzem resultados melhores do que métodos mais complicados de tomada de decisão. Uma dessas heurísticas é a chamada de *take the best* ["escolha o melhor", em tradução livre], que significa fazer escolhas com base em uma única característica diferencial. (Para saber muito mais sobre tomada de decisão, veja o Capítulo 19.)

Criando modelos mentais

De acordo com o psicólogo escocês Kenneth Craik, para compreender a realidade humana, o cérebro constrói os "modelos de realidade de pequena escala". Esses *modelos mentais* permitem que as pessoas façam previsões sobre os prováveis resultados de uma situação e os adaptem às novas. No entanto, como a realidade é complexa e os modelos simples, é inevitável que sejam incompletos e não reflitam as situações do mundo real. Dessa forma, os modelos mentais são bem-sucedidos em situações que podem ser simplificadas sem perder detalhes importantes.

MUNDO REAL: Os modelos mentais são um conceito importante no projeto de interfaces do usuário para um programa de computador. Para um usuário conseguir usar um aplicativo, deve ter um modelo mental do aplicativo que combine com o projetado para um melhor "ajuste" entre ele e a forma como o sistema funciona. Um dos métodos é usar metáforas para objetos do mundo real, como imagens de documentos, pastas e latas de lixo como metáforas para seus equivalentes no mundo real. Outro método é usar convenções preexistentes, como copiar o que é usado pelo software mais popular.

NESTE CAPÍTULO

» Tomando decisões no mundo real

» Assistindo a seu cérebro tomar decisões

» As influências em suas decisões

Capítulo 19
Decida-se: A Tomada de Decisões

Uma anedota da psicologia cognitiva envolve um pesquisador pioneiro em tomada de decisão tentando decidir se deve aceitar um novo emprego ou não. Aconselhado a simplesmente usar as técnicas da teoria de tomada de decisão, o especialista disse: "Não seja bobo, isso é importante!"

Essa história bem que poderia ser verdadeira: muitas pessoas adeptas da psicologia cognitiva não usam seu conhecimento do dia a dia. Ainda assim, a tomada de decisões é social e cognitivamente importante.

Nos Capítulos 17 e 18, vimos como as pessoas resolvem problemas e lidam com testes de raciocínio. Mas, quando falamos sobre tomada de decisão, também devemos considerar outros fatores, como percepção de risco, emoções e como as pessoas julgam o valor de diferentes resultados possíveis. Além disso, ao tomar decisões importantes no mundo real (fora dos experimentos formais), as pessoas não sabem o que o futuro reserva e que outras opções existem.

A pesquisa que apresentamos neste capítulo foca os processos cognitivos envolvidos na tomada de decisões. Os psicólogos cognitivos identificaram muitos desses processos e alguns problemas que as pessoas podem enfrentar. Estar ciente dessas questões afeta suas decisões, ajudando a descobrir como tomar decisões melhores e evitar ser atraído para decisões ruins.

Analisando Tomadas de Decisão no Mundo Real

Os diversos experimentos e testes discutidos nos Capítulos 17 e 18 focam problemas abstratos com um certo valor no mundo real. Tais estudos dirigidos lhe dizem muito sobre os mecanismos subjacentes dos processos de pensamento, mas, assim como a pesquisa experimental, não têm *validade ecológica*: ou seja, não representam o mundo real (veja o Capítulo 1).

LEMBRE-SE Algo que falta nas decisões tomadas em um cenário artificial de laboratório é a importância do resultado. Os pesquisadores às vezes oferecem pequenos prêmios para os participantes por fazerem a escolha certa, mas os desafios nunca são tão grandes quanto o das decisões no mundo real. No laboratório, as pessoas não têm muito a ganhar ou a perder e, assim, não encaram o problema com a mesma seriedade que fariam se as consequências fossem significativas.

Dessa forma, quando as pessoas têm algo em jogo, os psicólogos não consideram suas decisões somente em termos de lógica ou processos mecânicos. Em vez disso, precisam considerar os efeitos da emoção e da complexidade do ambiente do mundo real.

Por exemplo, uma decisão importante diz respeito a como as pessoas escolhem seus parceiros — "a pessoa ideal" para elas —, pois raramente é possível saber o suficiente sobre uma pessoa que conhecem e não há como saber quem poderiam conhecer no futuro. Então, como as pessoas decidem, se não é possível tomar uma decisão ideal? Como é de se esperar, os cientistas tendem a ter uma visão não muito romântica sobre esses assuntos.

ALERTA DE JARGÃO Como você sabe que encontrou o amor que procurava? A resposta está na palavra estranha *satisfiente* — uma mistura das palavras "satisfatório" e "suficiente" —, que descreve como as pessoas procuram por algo que satisfaça suas necessidades básicas, mas desistem de esperar pelo melhor resultado possível. Uma pessoa que esperasse até ter toda a informação necessária para escolher o parceiro perfeito morreria de velhice antes de conseguir fazê-lo.

Pensando rapidamente

O resultado de um tipo de teste ajudou os psicólogos a descobrir mais sobre por que as pessoas tomam decisões erradas — por sorte, na segurança do laboratório! Esse teste tem mais validade ecológica, porque não é baseado em problemas de lógica estranhos e abstratos e porque a formulação é mais familiar.

EXPERIMENTE

Esse exercício é chamado de *teste de reflexão cognitiva*, porque testa algo sobre o seu estilo de pensamento. Dê uma olhada nestas três perguntas de dificuldades diferentes. Responda o mais rápido que puder:

» Um bastão e uma bola custam R$1,10 no total. O bastão custa R$1,00 a mais que a bola. Quando custa o bastão? ____ centavos

» Se cinco máquinas levam cinco minutos para fabricar cinco ferramentas, quanto tempo 100 máquinas levam para fabricar 100 ferramentas? ____ minutos

» Um lago contém um tufo de lírios. Todos os dias, o tufo dobra de tamanho. Se leva 48 dias para os lírios cobrirem o lago inteiro, em quanto tempo cobririam metade do lago? ____ dias

Você foi bem? Verifique as respostas no final deste parágrafo. Se acertou todas as três — parabéns! Se chegou às respostas óbvias, porém erradas, não se preocupe, você não está sozinho. A ideia é que para obter a resposta certa em cada caso, é preciso inibir a parte do seu cérebro que quer sair falando as respostas óbvias em vez de "pensar" sobre elas. As respostas são 5 centavos, 5 minutos e 47 dias (e não 10 centavos, 100 minutos e 24 dias).

LEMBRE-SE

Em seu livro *Rápido e Devagar — Duas Formas de Pensar*, o ganhador do prêmio Nobel de Economia, Daniel Kahneman, divide o cérebro em duas partes:

» **O sistema 1 executa o "pensamento rápido":** Ele opera automática e rapidamente com pequeno esforço consciente ou controle. Em alguns casos, reflete o conhecimento enraizado da inteligência "cristalizada".

» **O sistema 2 executa o "pensamento devagar":** Esse sistema mais deliberado utiliza processos difíceis e conscientes e aloca os recursos de sua memória de trabalho para resolver problemas.

Se respondeu a duas ou três perguntas corretamente, ele sugere que você tende a utilizar mais o sistema 2; se obteve as respostas óbvias, porém erradas, está usando o sistema 1.

Esse exercício não é um teste de inteligência. O economista americano Shane Frederick testou diversos alunos universitários e a maioria obteve as respostas óbvias, porém erradas. Até mesmo no Instituto de Tecnologia de Massachusetts (renomado centro de grandes cientistas), menos da metade dos participantes obteve todas as três respostas corretas. O placar médio de todos os alunos universitários testados foi apenas 1 de 3.

DICA

Um dos motivos de as pessoas rapidamente chegarem às respostas erradas é que elas parecerem óbvias. Curiosamente, você consegue melhorar o desempenho das pessoas nesse teste imprimindo as perguntas com fontes difíceis de entender. Ao fazer isso, o cérebro parece ir mais devagar e com mais cuidado e, portanto, trabalha em um estilo de pensamento mais analítico.

Estudando como as pessoas tomam decisões: Teorias normativas

Para estudar a tomada de decisões cientificamente, os psicólogos precisam de uma maneira concreta de avaliá-las. Eles precisam da teoria *normativa*, que oferece uma "regra" para comparar as habilidades das pessoas na tomada de decisão e permite que avaliem se ela é boa ou ruim. Uma ferramenta normativa é a *teoria da utilidade*, que fornece um método racional para tomadas de decisão, que leva em consideração a probabilidade de sucesso, assim como suas vantagens relativas, e os custos do fracasso. De acordo com essa teoria, a melhor escolha é aquela que maximiza as vantagens esperadas.

Porém essa abordagem tem problemas. Talvez o mais sério seja o fato de as pessoas raramente saberem todas as informações relevantes para tomar a decisão; produzir valores precisos para a probabilidade do sucesso ou o preço do resultado nem sempre é possível.

No Capítulo 18, descrevemos a pesquisa influente de Kahneman e Tversky, que destaca como o pensamento humano é cercado de erros devido ao uso de atalhos mentais (heurísticas) que frequentemente levam a respostas erradas. Também explicamos o ponto de vista contrastante de Gigerenzer de que as heurísticas são "uma caixa de ferramentas" — extensivamente adaptada às necessidades do mundo real — e o poder do *reconhecimento heurístico*: ou seja, para escolher entre duas coisas, as pessoas tendem a escolher o que é mais familiar.

Gigerenzer oferece um bom exemplo de heurística de tomada de decisão do mundo real. As pessoas costumavam achar que um jogador correndo para pegar a bola (em um jogo como o beisebol, por exemplo) fazia cálculos matemáticos complexos sobre sua velocidade e ângulo em relação à bola, implementados pela parte do cérebro inacessível à introspecção consciente. Mas Gigerenzer mostra que, na verdade, as pessoas usam um método heurístico muito mais simples:

1. **Correr atrás da bola, fixando seu olhar nela.**

2. **Tentar manter sua cabeça em um ângulo constante enquanto corre.**

3. **Correr mais rápido se você tiver que *abaixar* sua cabeça, a fim de manter a bola no centro, mas ir devagar se tiver que *levantar* sua cabeça, a fim de manter a bola no centro.**

Essa estratégia surpreendentemente eficaz não requer cálculos matemáticos ou conhecimento das leis da física (ao contrário da visão apresentada no Capítulo 4!).

Entendendo por que as heurísticas funcionam quando as teorias normativas falham

Uma descoberta surpreendente e aparentemente contraintuitiva da pesquisa de Gigerenzer mostra que as heurísticas não apenas são capazes de igualar o desempenho das teorias normativas, como também de superá-las.

Como é possível? Uma teoria normativa que leva em consideração todas as informações possíveis deveria superar uma heurística que somente usa um ou dois pontos relevantes para fundamentar sua decisão? Na verdade, se os modelos são baseados em todas as informações disponíveis de ocorrências passadas, podem se tornar muito específicos para tais eventos e não tão aplicáveis à decisão atual.

Um segundo problema é que os métodos normativos geralmente requerem que você tenha um perfeito conhecimento do estado do mundo, o que raramente é o caso. Em experimentos que colocam os especialistas contra os amadores (como quando escolher ações de empresas para comprar; veja o Capítulo 18), os especialistas levam em consideração muito mais fatores, mas sem acrescentar muitas informações relevantes: seus modelos nunca estão completos, apenas mais complexos.

Se desenvolver um modelo bastante complicado do mundo baseado em uma experiência anterior, você termina com uma visão de mundo muito específica para a própria definição de experiência. Quanto mais fatores levar em consideração, mais sua visão fica associada aos eventos específicos que vivenciou.

Enquadrando o problema

Outro fator que afeta a tomada de decisões é o *efeito framing*, quando as pessoas alteram suas decisões dependendo de como são apresentadas; por exemplo, como uma perda ou um ganho. Normalmente, as pessoas evitam decisões de risco quando a escolha é apresentada de forma positiva, mas aceitam mais riscos quando é apresentada de forma negativa.

Kahneman e Tversky fizeram a dois grupos de participantes a seguinte pergunta:

> *Imagine que os Estados Unidos estejam se preparando para uma epidemia de uma doença asiática incomum, que deve matar 600 pessoas. Dois programas alternativos para combatê-la foram propostos. Presuma que as estimativas científicas exatas das consequências dos programas sejam as seguintes:*

Um grupo recebeu os seguintes dados:

- Se o Programa A for adotado, 200 pessoas serão salvas.
- Se o Programa B for adotado, há a probabilidade de um terço de as 600 pessoas serem salvas e uma probabilidade de dois terços de que ninguém seja salvo.

O segundo grupo recebeu os seguintes dados:

- Se o Programa A for adotado, 400 pessoas morrerão.
- Se o Programa B for adotado, há a probabilidade de um terço de que ninguém morrerá e de dois terços de que as 600 pessoas morrerão.

LEMBRE-SE Na verdade, as opções possuem as mesmas consequências: o número de mortos é o mesmo para os Programas A e B em ambas as versões. Porém, o primeiro é definido em termos de vidas salvas e o segundo, de vidas perdidas. É mais provável que as pessoas que viram a primeira versão escolham o programa A, o qual garante 200 pessoas salvas, enquanto as que viram a segunda, o Programa B.

Decidindo Olhar Dentro do Seu Cérebro

Nesta seção, pedimos para você entrar no seu cérebro e observar as partes envolvidas na tomada de decisão. Por exemplo, o córtex pré-frontal é uma região associada ao *funcionamento executivo*, incluindo todos os tipos de resolução de problemas que vimos nos Capítulos 17 e 18. Também discutimos o desenvolvimento do cérebro e os estudos de pacientes com dano neurológico. Isso tudo ajudou os psicólogos a entenderem como as diferentes regiões do cérebro estão envolvidas na avaliação das consequências das decisões.

Lidando com questões irritantes: O sistema de múltipla demanda

Muitas pesquisas associam as áreas do cérebro humano a uma *arquitetura modular*, em que áreas específicas desempenham funções específicas. Por exemplo, certas áreas são destinadas a aspectos diferentes da percepção visual, como o movimento, a cor e o formato, e outras, a aspectos auditivos específicos, como os sons de determinado tom musical.

Porém o *sistema de demanda múltipla* (um conjunto de áreas no cérebro) é diferente: ele é destinado a lidar com qualquer problema que o perturbe. John Duncan identificou esse sistema, consistindo em partes do córtex pré-frontal e o sistema parietal do cérebro. Seus neurônios não conseguem se dedicar a funções específicas, mas devem ser capazes de lidar com situações novas de modo dinâmico. Os neurônios nessa área são recrutados para propósitos diversos, dependendo da demanda da situação atual.

Algo em comum sobre as situações nas quais os sistemas de demanda múltipla estão ativos (como mostram os exames de imagem por ressonância magnética funcional) é que fazem uso da *inteligência fluida*: ou seja, a capacidade de resolução de problemas associada a novas situações está mais relacionada à memória de longo prazo (a sabedoria da experiência). Essa evidência mostra aos psicólogos que a tomada de decisão, o pensamento e o raciocínio são processos complexos, que requerem a utilização de diversas áreas do cérebro. Ela também mostra que uma característica básica da inteligência é a capacidade de tomar decisões lógicas.

Analisando como as lesões cerebrais afetam as tomadas de decisão

Se você acha que o pensamento é algo único, talvez espere que um paciente que sofra um dano no córtex pré-frontal (terá a capacidade de resolver problemas ou tomar decisões prejudicada) pareça um tanto debilitado. Talvez você não espere que a pessoa seja capaz de agir normalmente ou manter uma conversa.

Porém pacientes com dano localizado conseguem ter um comportamento normal, com suas deficiências apenas se tornando perceptíveis com os tipos de problemas que exploram a inteligência fluida: eles são capazes de manter uma conversa, assistir à televisão e seguir instruções. Mas a normalidade aparente do comportamento da pessoa vem acompanhada de escolhas estranhas em situações de resolução de problemas ou decisões no mundo real.

Os experimentos de tomada de decisão que envolvem testes de aposta são importantes aqui. As escolhas dos participantes são monitoradas sob condições diferentes, em que a probabilidade de vários resultados é manipulada e o efeito de suas escolhas subsequentes, medido. Prêmios reais de pequenas quantidades de dinheiro ou outras recompensas podem ser usados para motivar os participantes.

Pacientes com dano no córtex pré-frontal produzem um padrão de resultados nessas tarefas consistente com a evidência relatada em seus problemas em decisões da vida real. Eles demostram pouca capacidade de analisar prováveis consequências negativas de muitas escolhas e exibem uma maior tendência a basear as decisões em recompensas de curto prazo e associações positivas.

Os psicólogos forenses usam esses testes para mostrar que muitos criminosos seriais exibem padrões semelhantes de desempenho em testes de resolução de problemas que as pessoas com dano no córtex pré-frontal. Isso destaca como o córtex pré-frontal é importante para tomar decisões apropriadas.

Monitorando o desenvolvimento da tomada de decisões

Tradicionalmente, as pessoas acham que as mudanças mais interessantes no cérebro ocorrem na infância e que as diferenças no pensamento na tomada de decisão dos adolescentes são atribuídas a efeitos hormonais, maturidade sexual e ao mundo social em que vivem, o que resulta em efeitos como a pressão do grupo social. Mas uma visão emergente sugere que as diferenças no pensamento de adolescentes decorrem de diferenças físicas fundamentais na estrutura de seus cérebros.

Analisando o cérebro do adolescente

A neurocientista cognitiva Sarah Jayne Blakemore pesquisa importantes mudanças no cérebro ao longo da vida. O córtex pré-frontal passa por um desenvolvimento considerável durante a adolescência, e Blakemore estudou como esse fato deveria influenciar a maneira como os adolescentes são educados.

Nessa perspectiva, as pessoas têm dois sistemas concorrentes:

- **Límbico:** Proporciona a sensação de entusiasmo quando se envolvem em comportamentos de risco.
- **Córtex pré-frontal:** Presente na tomada de decisões eficazes; inibe o comportamento se for muito arriscado.

De acordo com Blakemore, o cérebro do adolescente possui diferenças físicas de um cérebro adulto. Essas diferenças são causadas pelo fato de o sistema límbico alcançar um estado maduro completo antes do córtex pré-frontal. Nessa corrida entre o impulso do sistema límbico e o cada vez mais ponderado e sensato córtex pré-frontal, o sistema límbico ganha; até que o córtex pré-frontal esteja plenamente desenvolvido, o cérebro dos adolescentes está mais propenso a decisões impulsivas e comportamento de risco. Na verdade, o córtex pré-frontal não alcança a maturidade até meados dos 20 anos, o que explica o final da adolescência até os vinte e poucos anos como sendo a idade média para a criminalidade (desde direção perigosa a participações em terrorismo).

Desvendando o cérebro do adolescente

Se você é um adolescente, não se ofenda — obviamente você já possui um córtex pré-frontal mais maduro, tendo em vista a ótima decisão de ler este livro! Se ainda se sentir ofendido, é porque está prestando muita atenção a seu sistema límbico — em vez disso, permita que seu córtex pré-frontal assuma o controle.

Uma maneira que a saúde pública e as campanhas de segurança encontraram de penetrar na mente dos adolescentes é por meio de anúncios comoventes e impactantes. Por exemplo, um anúncio mostrou os perigos de digitar no telefone celular enquanto dirige com uma reconstrução vigorosa de uma batida de carro, incluindo o foco angustiante nos ferimentos físicos e o dano emocional em longo prazo causado pelo acidente.

Ao associar o comportamento a um forte conteúdo visual e emocional, esse anúncio se adéqua a adolescentes. A forte associação emocional negativa com o comportamento de digitar enquanto dirige explora mais os mecanismos associados e primitivos utilizados pelo sistema límbico — seu instinto básico sobre uma situação.

Os anúncios impactantes são menos apelativos para pessoas com o córtex pré-frontal bem desenvolvido. Elas tendem a achar a mensagem muito sensacionalista e preferir evidências de que digitar enquanto se dirige prejudica a atenção e a reação do motorista, como um anúncio mostrando o tempo de reação de um motorista que usa o telefone celular comparado a alguém concentrado em dirigir. Ambos são eficazes, dependendo do público-alvo.

Lembrando o papel das experiências

Os psicólogos devem ficar atentos a como interpretam as mudanças de desenvolvimento no cérebro. Pensar sobre essas mudanças seguindo algum programa biológico, ativando algumas mudanças em certos estágios da vida, é natural, mas uma visão alternativa é que são as experiências que as determinam.

As pessoas assumem mais riscos quando são mais novas, porque construir um catálogo de experiências que acabam mal leva tempo. Somente com mais experiência e conhecimento dos riscos em potencial é que começam a inibir essas decisões arriscadas. O sistema de recompensa límbico é reforçado por emoções de curto prazo, e leva tempo acumular o número suficiente de raros (mas necessários) resultados negativos a partir das tomadas de decisão arriscadas para acionar os processos inibitórios do córtex pré-frontal.

Alterando as Decisões das Pessoas

As descobertas da psicologia cognitiva de como as pessoas tomam decisões podem ser usadas para influenciar tais decisões para que as pessoas tomem decisões melhores — ou para ajudá-las a resistir à manipulação negativa e inapropriada.

Auxiliando as informações de saúde pública

LEMBRE-SE Algumas vezes, o raciocínio lógico das pessoas está correto, mas suas premissas, erradas. A lógica só funciona para ajudar as pessoas a tomarem a decisão certa quando têm o modelo mental correto da situação. Nessa situação, a solução é estruturar melhor o problema com linguagem adequada e exemplos.

MUNDO REAL Um problema médico crescente é o surgimento da resistência a antibióticos em germes. Isso acontece, em parte, porque as pessoas tomam mais antibióticos do que deveriam para condições em que seu uso é ineficiente, como infecções virais. Além disso, as pessoas param de tomá-los antes de completar o ciclo devido, geralmente porque os sintomas desaparecem e elas presumem que estão melhores; infelizmente, o antibiótico pode ainda não ter matado os germes persistentes. Logo, o organismo infeccioso tem tempo de se reagrupar. Repetido em muitos pacientes diferentes, esse processo dá mais tempo ao organismo para desenvolver cepas resistentes ao antibiótico.

A entidade de assistência médica The Wellcome Trust pesquisou a atitude e crença das pessoas sobre os antibióticos para determinar o porquê de pararem o tratamento antes do tempo e como os médicos podem vencer esse comportamento. Eles descobriram que muitas pessoas acreditam que a resistência ao antibiótico ocorre em seu corpo em vez de na bactéria (onde a resistência de fato se desenvolve). Se você acha que seu corpo se tornou resistente aos germes, faz sentido parar o ciclo de tratamento, mas, na verdade, isso contribui para que os germes adquiram resistência.

DICA Uma estratégia eficaz é mostrar aos pacientes com infecções uma imagem do organismo que causa a infecção e dizer: "Esse camarada vai ganhar resistência ao antibiótico que você está tomando, e não você... a menos que complete o ciclo de tratamento." Uma outra sugestão é mudar a linguagem, usando uma terminologia que promova o entendimento correto das relações. Por exemplo, em vez de falar sobre a "resistência ao antibiótico", os médicos poderiam dizer "os germes resistentes ao antibiótico", porque isso se conecta ao germe em vez de ao paciente.

Lidando com a manipulação no supermercado

Assim como pelas grandes decisões que toma, sua vida também é drasticamente afetada pelos efeitos cumulativos de todas as decisões menores tomadas todos os dias.

LEMBRE-SE

As pessoas nos países desenvolvidos tendem a ter o luxo da escolha, mas essas escolhas frequentemente deixam muito a desejar. Muitos desses países têm problemas com dietas deficientes, que levam a níveis crescentes de obesidade e resultam em problemas de saúde. As decisões sobre o que comer são afetadas de maneiras diferentes por processos cognitivos distintos:

- » **Reconhecimento:** Os anunciantes focam o aprendizado associativo e as heurísticas mais simples das pessoas. Certificando-se de que seu logo seja visível sempre que possível para o maior número de pessoas possível, as grandes marcas exploram o *efeito da mera exposição* — a sensação de familiaridade na ausência do efeito negativo que leva a um sentimento positivo em relação à marca (e o reconhecimento da marca é um bom preditor de sucesso).
- » **Associação positiva:** Os anunciantes também promovem ativamente as associações positivas com a marca: por exemplo, mostram pessoas jovens e saudáveis se divertindo usando uma marca. Esse tipo de associação foca a resposta associativa do sistema límbico em vez do processo lógico e mais racional do córtex pré-frontal (veja a seção anterior "Monitorando o desenvolvimento da tomada de decisões").
- » **Disponibilidade:** Grandes marcas têm mais dinheiro para gastar em propagandas do que campanhas de saúde pública, e, portanto, conseguem passar sua mensagem de modo mais fácil. Os consumidores se recordam de mensagens dos anúncios com mais facilidade em comparação a avisos de saúde pública.
- » **Efeito halo:** Uma única característica positiva afeta como as pessoas julgam outras informações na situação. Por exemplo, uma alegação de efeitos positivos para a saúde faz com que as pessoas negligenciem mais aspectos negativos. Às vezes o efeito halo pode levar a resultados não convencionais: as estimativas de calorias em uma refeição são mais baixas quando uma salada saudável é adicionada à imagem de um prato de um lanche de fast-food. Mesmo que a quantidade de fast-food seja a mesma em ambos os pratos, a estimativa de calorias das refeições é menor para o prato com a salada do que para aquele somente com fast-food, como se as pessoas considerassem que a salada acrescenta calorias negativas!
- » **Percepção de unidade:** As pessoas parecem estimar o tamanho de uma porção com base no recipiente. Por exemplo, tendem a comer menos em um buffet quando as porções, pratos, tigelas ou conchas são menores, mesmo quando podem voltar ao buffet para pegar o quanto quiserem.

DICA: A psicologia cognitiva ajuda a saúde pública a criar sistemas para a rotulagem nutricional que levam em consideração como as pessoas tomam decisões.

Deliberando sobre a tomada de decisões dos júris

Seguindo o exemplo do efeito halo da seção anterior, os estudos de tomada de decisão de júris descobriram que as pessoas são influenciadas em seus julgamentos pela beleza física do acusado.

Além disso, a teoria dos psicólogos norte-americanos Nancy Pennington e Reid Hastie sugere que os jurados constroem um tipo de modelo mental simples da sequência de eventos descritos em um caso. É mais provável que os jurados acreditem em uma declaração se puderem incorporá-la a um modelo de história plausível do que aconteceu e é mais provável que acreditem nas evidências da acusação ou da defesa quando é apresentada em forma de história em vez de ordem de testemunhas.

LEMBRE-SE: Essa teoria se encaixa na descoberta universal de que as pessoas encontram algumas representações mais fáceis de serem trabalhadas do que outras: em especial, acham as representações consistentes com seus esquemas internos mais fáceis de usar (veja o Capítulo 22). O importante não é a informação apresentada, mas *como* é apresentada.

> **NESTE CAPÍTULO**
>
> » Definindo o papel que as emoções desempenham na psicologia cognitiva
>
> » Emocionando-se com a memória, a atenção e o pensamento
>
> » Debatendo como as emoções afetam a cognição

Capítulo **20**

Pensando com Clareza sobre o Papel das Emoções

Os experimentos mostram que as pessoas se lembram de eventos emocionais com mais precisão e vivacidade do que daqueles sem emoção. Se, digamos, você tentar se lembrar de um acontecimento de sua própria vida de três anos atrás, é provável que seja uma memória emocional — talvez seu primeiro beijo, uma prova difícil ou a morte de um animal de estimação querido. Essa descoberta de que o humor aprimora a memória é uma das formas pelas quais a emoção influencia a cognição, mas a história é mais complicada do que isso.

As emoções também afetam outros processos cognitivos. Por exemplo, quando está de mau humor (quando o professor lhe deu uma bronca ou teve que levar seu animal de estimação ao veterinário), você não funciona de forma eficaz. As pesquisas sugerem que quando as pessoas estão em um estado emocional, parecem se concentrar em coisas emocionalmente relevantes. Em especial, quando está triste, você não se concentra tão bem quanto quando está feliz.

Entender o papel importante que as emoções desempenham no processamento cognitivo é primordial quando consideramos condições clínicas que afetam as emoções, como a depressão e o distúrbio de ansiedade. Na verdade, estar ciente dessas questões mostra de modo generalizado o quão "quente" sua capacidade cognitiva pode ser. Elas não são estáveis ("frias"), mudando lentamente somente quando aprende coisas novas. Em vez disso, o efeito que o estado emocional tem sobre a cognição mostra que mudanças constantes de ambiente afetam suas capacidades. Em suma, as emoções têm uma importância *no que* você pensa e *como* pensa.

Neste capítulo, mostramos como as emoções e os humores afetam a forma como as pessoas se comportam, aprendem, se lembram e tomam decisões. Observamos como a emoção influencia como as coisas são detectadas (*codificadas*) e percebidas, e como as pessoas respondem de forma diferente a estímulos emocionais (objetos, palavras, pessoas e sons) do que a não emocionais. Também descrevemos como as pessoas tendem a se lembrar das coisas devido a seu estado emocional — porque o estado é o mesmo de quando tomaram conhecimento da informação ou porque a informação corresponde à emoção. Também vemos dois exemplos de casos clinicamente relevantes que afetam a cognição.

Em outras palavras, este capítulo mostra como a emoção afeta tudo o que discutimos neste livro!

Como Você Se Sente? Apresentando as Emoções

Você pode achar que sabe exatamente o que é a emoção, mas, como cientista, precisa dar um passo para trás e questionar quaisquer premissas simplistas demais.

Considere este exemplo: em Star Trek IV, o computador pergunta ao Dr. Spock: "Como você se sente?" Essa pergunta intrigou o vulcano, porque ele não possui emoções e está sempre confuso com seus amigos "humanos sentimentais defeituosos". Se, de repente, ele sentisse uma emoção, como Spock saberia o que era? Essa é uma pergunta complicada! Você sabe quando está feliz, mas o que é a felicidade? A resposta para essa pergunta vai muito além do escopo da psicologia cognitiva ou, até mesmo, da psicologia (tente a filosofia!).

Nesta seção, descrevemos o que os psicólogos cognitivos querem dizer quando se referem à *emoção*, mostramos como as pessoas as aprendem e exploramos os processos de pensamento envolvendo emoções.

LEMBRE-SE

Emoções, humores e estados afetivos são semelhantes, porém, são conceitos distintos:

- **Emoções:** Experiências curtas, porém intensas.
- **Humor:** Experiências de baixa intensidade e prolongadas.
- **Afeição:** Conjunto de experiências, incluindo as emoções, o humor, as preferências e a *excitação* (a reação corpórea ao estímulo, como mãos suadas e o aumento da frequência cardíaca).
- **Valência:** Qualidade subjetiva de um acontecimento em especial, como achar que algo é bom ou ruim.

Procurando por formas de definir a emoção

Em linhas gerais, os psicólogos descrevem as emoções como uma combinação do seguinte:

- **Mudanças fisiológicas e excitação:** Como seu corpo se transforma de acordo com o estímulo. Por exemplo, quando você está com medo, sua frequência cardíaca aumenta e suas pupilas se dilatam.
- **Expressões faciais:** Quando você sente uma certa emoção, seu rosto se contorce para um padrão específico. Por exemplo, quando está feliz, os cantos de sua boca sobem e, se estiver muito feliz, abre sua boca e mostra seus dentes — em outras palavras, você sorri!
- **Avaliações cognitivas:** Quando sente uma emoção, você avalia o acontecimento cognitivamente e decide se é positivo ou negativo. Por exemplo, se alguém que está paquerando o chama para sair, é provável que você conclua que deveria estar feliz.

Nesse momento, você deve estar pensando que as pessoas exibem as emoções e avaliam seus sentimentos de formas diferentes. Na verdade, inúmeros especialistas acreditam que diferenças multiculturais existem em expressões faciais — se conhecer alguém de uma tribo da Papua Nova Guiné e ele mostrar os dentes, seria difícil saber se está feliz ou com fome.

LEMBRE-SE

O psicólogo norte-americano Paul Ekman relata que seis emoções básicas e suas expressões correspondentes são *universais*. Elas são as mesmas em todas as pessoas do mundo porque são genéticas: felicidade, surpresa, ódio, tristeza, medo e aversão. É possível classificá-las relacionando-as com a reação de lutar ou fugir, desta forma:

- **Abordar as emoções:** Felicidade, surpresa e ódio fazem com que queira se aproximar do que causa a emoção.
- **Afastar as emoções:** Tristeza, medo e aversão fazem com que queira se distanciar do que causa a emoção.

Você também pode usar a resposta do *sistema nervoso simpático* (parte do sistema nervoso que controla as respostas fisiológicas básicas ao estímulo) para classificar essas emoções. Por exemplo, felicidade, ódio, surpresa e medo resultam no aumento da atividade, enquanto a tristeza causa uma diminuição dos recursos emocionais.

Ai! Desenvolvendo respostas emocionais

As emoções são extremamente misteriosas. Por que algo se torna emocional para você? Por que algumas pessoas desenvolvem fobias? Lugares, objetos, músicas e pessoas possuem valor emocional — algumas mais do que outras, dependendo da pessoa e de sua experiência.

Um de nossos autores tem fobia de elásticos — não queremos nos alongar nesse ponto, mas ele fica ansioso quando vê um. Por outro lado, dirigir na rua na qual seu primeiro amor morou sempre o deixa feliz. Como essas conexões — entre a rua e a emoção — são desenvolvidas?

Uma teoria para explicar como as pessoas descobrem que algo em particular tem um valor emocional é por meio do *condicionamento clássico*. Simplificando, um valor emocional pode estar ligado a um objeto. As pessoas aprendem a associar um lugar ou coisa específicos com um sentimento ou emoção especiais.

Ivan Pavlov foi um dos primeiros cientistas a testar esse fenômeno sistematicamente, tendo percebido que os cachorros em seu laboratório salivavam com o som do carrinho que levava a comida, em vez de somente com a visão dela. Os cachorros pareciam estar ligados ao som da comida que receberiam.

Da mesma forma, o condicionamento clássico foi usado para explicar como algumas fobias se desenvolvem. O *medo condicionado* é quando um estímulo neural em especial (como uma palavra) está ligado a um choque elétrico. O desagradável choque elétrico causa excitação e medo, mostrados pela elevada *resposta galvânica da pele* (um leve suor nas mãos). No devido tempo, os participantes associavam o estímulo ao choque, e o estímulo por si só produzia excitação.

Liz Phelps, neurocientista norte-americana, identificou que a amídala (uma parte do cérebro com aproximadamente 5 centímetros, atrás de cada olho) é importantíssima no medo condicionado. Ela testou uma paciente, SP, com dano na amídala. SP era capaz de lembrar de um experimento e relatar o recebimento de choques elétricos. No entanto, nunca mostrou o reflexo psicogalvânico associado com o medo do estímulo. Então, Phelps concluiu que a amídala era vital no processamento do medo.

> **PAPO DE ESPECIALISTA**
>
> ## OLHE E TENHA MEDO... MUITO MEDO
>
> Um estudo demonstrando o aprendizado do medo observacional usou dois grupos de macacos: um criado na floresta e outro em cativeiro. O primeiro grupo tinha um medo natural de cobras, enquanto o grupo criado em cativeiro nunca tinha visto uma. Os dois grupos foram colocados em uma jaula e tinham que passar por uma cobra para pegar comida. O grupo da floresta não saiu do lugar, mas o criado em cativeiro chegou à comida, indicando que as fobias não são genéticas.
>
> Porém quando os macacos criados em cativeiro viram que os da floresta demonstravam medo da cobra, passaram a demonstrar também, e se recusaram a ir pegar a comida. A conclusão é que os macacos adquiriram o medo ao observar os outros.

Embora o medo condicional seja de fácil demonstração — é possível ligar quase qualquer estímulo neutro anterior a uma resposta ao medo —, alguns estímulos são condicionados ao medo com mais facilidade. Cobras, aranhas e outras fobias comuns com objetos (o que não é o caso dos elásticos) são condicionadas ao medo com mais rapidez e mais facilidade do que estímulos menos aterrorizantes (como um porquinho-da-índia fofinho). Portanto, os seres humanos talvez tenham uma predisposição genética para ter medo de alguns animais, e somente o mínimo é necessário para desenvolver esse medo (mesmo assim, verifique o quadro "Olhe e tenha medo... muito medo"). Como alternativa, esses medos podem ser esperados mais de forma social e cultural; logo, as pessoas esperam ter mais medo deles.

Os anunciantes usam uma maneira semelhante de condicionamento clássico emocional (evolutivo, em vez de baseado em medo) quando associam um produto como algo desejável. Um exemplo antigo e sexista é ligar mulheres seminuas a carros velozes. Os anunciantes também usam o patrocínio de (supostas) celebridades populares a fim de ligar a preferência da celebridade pelo produto. Eles também conseguem produzir propagandas engraçadas a fim de ligar seu divertimento e a simpatia da propaganda com o produto.

DICA

As pessoas também podem adquirir o medo, ao extrapolar todas as formas de condicionamento, por meio da observação. Você não precisa receber um choque elétrico para ter medo de um objeto específico; apenas presenciar outra pessoa levando um choque é suficiente para ligar o estímulo a ele.

Pensando sobre a emoção

Esta é uma questão interessante que fascina os psicólogos cognitivos. Quando tem respostas psicológicas que geralmente são associadas com uma emoção, você precisa saber o que está acontecendo para sentir uma emoção? Em outras palavras, você consegue ter uma emoção sem a consciência cognitiva?

ALERTA DE JARGÃO

De um lado do debate, o psicólogo social americano-polonês Robert Zajonc diz que você consegue experimentar emoções sem nenhum conhecimento consciente de por que as tem: isso é chamado de *hipótese da primazia afetiva*. Ele sugere que a afeição (o conjunto de todas as suas experiências emocionais) e a cognição são baseadas em dois sistemas separados.

Como evidência, Zajonc demonstrou o *efeito da exposição simples*, no qual as pessoas avaliam as coisas como agradáveis se já a viram antes, independente de se lembrarem de ter visto o objeto.

Com uma visão oposta, Richard Lazarus, psicólogo norte-americano, diz que a *avaliação cognitiva* desempenha um papel importante: você não consegue ter uma emoção sem pensar sobre o objeto ou o acontecimento. O indivíduo carrega uma avaliação primária da situação, seja ela positiva, negativa ou irrelevante. Então, eles realizam segundas avaliações para analisar sua habilidade de superação, indicando alguém como responsável e estabelecendo a expectativa de o evento ocorrer no futuro. Assim, eles reavaliam e monitoram essas conclusões.

Para dar suporte à avaliação cognitiva, Lazarus apresentou vídeos emocionalmente inspiradores, depois dos quais os participantes receberam instruções para racionalizar ou negar os acontecimentos dos vídeos. Essas instruções reduziram a resposta fisiológica aos vídeos em relação à condição de controle, indicando a importância de pensar sobre os acontecimentos e a resposta emocional.

Então, qual visão é mais precisa? É necessário pensar antes de ter uma emoção ou não? Bem, a neurociência fornece algumas respostas: o notório neurocientista norte-americano Joseph LeDoux identificou dois circuitos neurais relacionados à emoção:

» **Circuito de ação lenta:** Envolve detalhes conscientes do processamento cognitivo de uma emoção, segundo Lazarus.

» **Circuito mais rápido:** Evita o processamento consciente e o córtex, segundo Lazarus.

DICA

Portanto, ambos estão certos! Respostas emocionais rápidas não precisam de pensamento, enquanto as mais lentas, sim — esse é o motivo de você contar até dez quando está irritado!

Examinando o Alcance da Emoção

A maior parte dos estudos experimentais mostra que o mau humor é prejudicial quando as pessoas realizam testes cognitivos. Ele impede o desempenho do raciocínio, do pensamento, da memória e do reconhecimento facial, enquanto o bom humor tende a ser benéfico em muitos desses testes. Mas as coisas não são tão simples assim (elas nunca são na psicologia!). Essas diferenças no humor tendem a ocorrer somente durante testes complexos ou difíceis. Existem poucas diferenças entre pessoas felizes e tristes em testes simples.

As emoções afetam a cognição em diversos níveis. Nesta seção, explicamos como impactam todos os processos básicos que descrevemos neste livro, desde percepção e atenção até memória, linguagem e pensamento.

Compreendendo emoções e percepção

O humor afeta como você percebe o mundo e participa de seus acontecimentos. Aqui, descrevemos como isso acontece.

Percepção emocional

Em algumas ocasiões, a emoção afeta sua percepção. Quando recebem estímulos ambíguos, as pessoas tristes tendem a interpretá-los de forma negativa, enquanto as felizes os interpretam de forma positiva. Por exemplo, quando os participantes veem um rosto neutro e são solicitados a avaliar suas emoções, os participantes tristes o avaliam como triste e os felizes, como feliz.

Também existem diferenças em relação ao que as pessoas felizes e tristes observam ao visualizar cenas. Durante os testes de percepção de rosto, as pessoas tristes observaram outras características, e não os olhos, enquanto as felizes focaram mais os olhos. Outros experimentos mostram que as pessoas tristes observam mais o ambiente como um todo do que a pessoa com quem estão falando.

Emoção e atenção

Em geral, materiais emocionais atraem mais sua atenção do que não emocionais. Essa tendência faz sentido, porque é provável que as emoções retratem informações importantes para sua sobrevivência ou seu bem-estar.

No Capítulo 7, apresentamos o efeito Stroop — quando nomeamos a cor da tinta na qual a palavra está escrita, leva mais tempo quando o significado da palavra não combina com a cor: por exemplo, "vermelho" escrito com tinta verde.

O teste emocional, semelhante ao Stroop, usa palavras emocionais ou relacionadas a fobias a cores diferentes (por exemplo, "cobra" para aqueles com medo de cobras). As palavras emocionais interferem mais na hora de indicar a cor da impressão do que as palavras neutras, mostrando que a emoção interfere na atenção.

Os pesquisadores também usaram o *paradigma de dicas de Posner* — no qual uma dica antecede o local do alvo em experimentos válidos e não o do alvo nos inválidos (veja o Capítulo 7) — para examinar como a emoção afeta a atenção.

Quando a dica é um estímulo ameaçador (como um rosto irritado), o efeito de uma dica inválida é maior do que quando é neutra. Em outras palavras, os participantes se fixam no estímulo da irritação e não conseguem se desligar dele. As dicas emocionais atraem a atenção.

Porém, em vez de somente mostrar que a emoção afeta a atenção, a pesquisa também revela que emoções específicas atraem a atenção de maneiras diferentes. Nos testes de busca visual, as pessoas acharam os rostos irritados mais fáceis de identificar, mesmo em uma multidão com outros rostos. Mas o mesmo efeito não acontece com rostos felizes, destacando como a valência (veja a seção anterior "Como Você Se Sente? Apresentando as Emoções" para ver uma definição) influencia a cognição.

Os experimentos descobriram outro efeito em pessoas tristes e depressivas: a *atenção desfocada*, quando é difícil fixar a atenção em alguma coisa. Em vez de ser focal, a atenção é mais dispersa. Há bastante tempo, os cientistas sabem que a depressão está associada a inúmeros pensamentos invasivos. Se as pessoas deprimidas conseguem focar sua atenção em um teste específico e bloquear tais pensamentos, são mais capazes de realizá-lo.

Em um experimento, foram mostradas a participantes tristes palavras rodeadas de uma moldura colorida no lado direito ou esquerdo de uma tela de computador. Quando executaram um teste de reconhecimento de palavras, participantes tristes e felizes tiveram o mesmo bom desempenho. Para cada palavra que reconheceram, tinham que dizer a posição e a cor da moldura. Os participantes felizes não conseguiram lembrar quaisquer informações extras, ao contrário dos tristes. O mau humor parece fazer com que as pessoas prestem mais atenção a informações extras, indesejadas e irrelevantes.

A emoção do estímulo e a do observador afetam a probabilidade de alguma coisa ser percebida. Vemos mais atenção tendenciosa causada pelas emoções na seção mais adiante "Preocupando-se com a ansiedade".

Lembrando-se de incluir a memória e o humor!

O humor afeta como os participantes se lembram da informação, qual informação é lembrada e o que dela é lembrado. Descrevemos esses efeitos nesta seção.

Dependência do humor

Muitas pessoas se lembram de coisas com mais eficácia quando estão no mesmo estado emocional de quando as vivenciaram (o *princípio da especificidade da codificação*, do Capítulo 9). Uma versão desse efeito foi descoberta com o uso das emoções: se as pessoas realizam alguma coisa com um determinado humor, são mais capazes de se lembrar da informação quando estão com o mesmo humor (conhecido como *memória dependente do humor*). Portanto, se revisar a matéria para uma prova quando estiver feliz, você terá um melhor desempenho durante a prova se estiver do mesmo jeito.

Em um estudo da memória dependente do humor, os participantes tinham que estar em um humor específico: nesse caso, feliz ou triste (chamado de *indução de humor*). Em seguida, elas aprenderam uma lista de palavras. Metade dos participantes se lembrou das palavras no mesmo humor, enquanto a outra metade, no humor oposto. Os participantes cujo humor combinou com a lista do teste se lembraram de mais palavras do que aqueles cujo humor não combinou.

A pesquisa também mostra os efeitos da memória dependente do humor nas lembranças da memória de infância: quando felizes, as pessoas se lembram aproximadamente quatro vezes mais de memórias de infâncias felizes do que tristes. Pacientes com depressão clínica tendem a avaliar os próprios parentes como sendo mais distantes e apáticos quando eram crianças; mas, quando não estão depressivos, os mesmos pacientes os avaliam como gentis e carinhosos.

Embora a lógica da memória dependente do humor seja simples e convincente, não é consistente. Inúmeros pesquisadores não conseguiram comprová-la, fazendo com que algumas pessoas a achem um efeito não confiável. Na verdade, existem três princípios para obter efeitos de memória dependente do humor:

» **A emoção deve ser vista como uma ligação com o material.** Ou seja, a informação deve estar relacionada com a emoção de alguma forma.

» **É mais provável que a memória dependente do humor esteja ligada a estímulos menos significativos ou ambíguos.** Ou seja, o humor afeta as memórias que não são tão importantes.

» **Sem nenhuma outra ligação com a memória, o humor pode ser válido.** Então, é mais provável que os efeitos da memória dependente do humor estejam livres de se lembrarem dos experimentos do que a lembrança e os testes ligados a ela.

Apesar de não ser vista como consistente, os efeitos da memória dependente do humor são mais prováveis se o humor for intenso e estável e se for usado ao aprender a informação. Estar em um humor específico não significa que você se lembrará de coisas experienciadas quando estava naquele mesmo humor — você lembra somente se estiverem relacionadas. Por exemplo, pacientes depressivos geralmente apresentam pensamentos negativos intrusivos: ou seja, o humor negativo faz com que memórias negativas reapareçam.

A congruência do humor

A *memória congruente com humor* é semelhante à dependência do humor, e ocorre quando seu humor atual ajuda a lembrar a informação congruente com ele, independente do seu humor na hora em que a informação foi aprendida.

No entanto, pessoas que estão felizes tendem a se lembrar de acontecimentos felizes mais do que de tristes e pessoas que estão tristes, mais de coisas tristes do que felizes.

Os efeitos da memória congruente com humor foram encontrados em pacientes com depressão clínica. As pessoas depressivas que receberam uma lista de palavras para ser memorizada tenderam a se lembrar mais de itens negativos do que de positivos. Além disso, a congruência do humor está presente na *quantidade* de esforço cognitivo dedicado a um estímulo específico. É mais provável que os participantes com mau humor prestem mais atenção e passem mais tempo visualizando o estímulo triste do que os participantes com bom humor.

Esses efeitos de congruência de humor se dão em razão da congruência do humor durante a absorção da informação, os processos de codificação ou armazenamento ou uma melhor recordação da congruência do humor. Os pesquisadores testaram esse efeito ao fazer com que os participantes absorvessem material emocional depois ou antes de uma indução de humor. Normalmente, os efeitos da congruência de humor são mais intensos na absorção do que na recuperação.

Codificação em estado emocional

No Capítulo 9, apresentamos os níveis de estrutura do processamento, identificando quando você está mais propenso a processar as coisas mais a fundo e, então, lembrá-las da melhor maneira. Quanto mais elaborado e semântico o aprendizado for, maior a probabilidade de que você se lembre de algo. Algumas pesquisas investigam como a elaboração é afetada quando está em um estado emocional.

Usando a indução do humor, os pesquisadores descobriram que os participantes tristes não se beneficiam da codificação intensa (ao menos quando há um tempo limitado para processar a informação). As conclusões são que o mau humor prejudica a memória para a codificação elaborativa e somente sob uma alta carga cognitiva. Outros pesquisadores descobriram que as pessoas com mau humor tendem a achar a codificação intensa mais desafiadora do que aquelas com bom humor: ou seja, não mostram o mesmo nível de efeitos de processamento cognitivo. Os participantes de mau humor, ou depressivos, se lembram de palavras que não deveriam ter codificado profundamente no mesmo nível das codificadas superficialmente. Conclui-se que o mau humor interrompe a codificação profunda.

Organização do pensamento quando em estado emocional

Os participantes tristes parecem ser incapazes de organizar o material a ser lembrado. Por exemplo, quando as pessoas emocionalmente neutras, felizes e tristes recebem as listas de palavras, as tristes geralmente se lembram de poucas. No entanto, se as listas de palavras forem organizadas de maneira significativa (ou seja, se as palavras relacionadas a conceitos semelhantes ficam próximas), todos os participantes têm o mesmo desempenho nesses testes de lembrança. Quando a lista de palavras é altamente desorganizada, os participantes tristes demonstram um deficit maior ainda na recordação.

Embora as pessoas tristes consigam se lembrar melhor da informação organizada, é mais provável que se lembrem de palavras associadas erroneamente quando usam o paradigma DRM (veja o Capítulo 12). Aqui, os participantes são apresentados a um conjunto de palavras relacionadas a conceitos especiais (por exemplo, "médico", "enfermeira" e "remédio"). As pessoas tristes também são mais prováveis de fazer reconhecimentos errôneos quando os pesquisadores apresentam palavras iscas em um teste de reconhecimento (palavras relacionadas ao conceito; por exemplo, "hospital"). A palavra isca não foi apresentada na primeira vez e por isso não deveria ser reconhecida, mas as pessoas tristes tendem a se lembrar de ver mais palavras iscas do que as pessoas neutras.

Outro método para demonstrar organização na memória é observar a ordem na qual as palavras são lembradas. No geral, as pessoas se lembram de palavras em agrupamentos — tendem a se lembrar de palavras relacionadas a um conceito semelhante ao mesmo tempo. Os participantes tristes não demonstram esse efeito. Portanto, o humor depressivo afeta a capacidade das pessoas de organizar o material.

Falando sobre a língua e a emoção

O humor também afeta como as pessoas absorvem informações. Em um estudo, os participantes leram uma passagem que foi difícil de entender sem um título para oferecer o contexto. A passagem ambígua descreve, digamos, a lavagem de roupas sem usar a palavra "lavando" ou "limpando" (experimente isso no Capítulo 12). Os participantes tristes entenderam e se lembraram bem menos do que os participantes neutros e foram menos confiantes ao considerar do que se lembrariam.

Em tarefas de decisão lexical (nas quais os participantes têm que identificar se uma palavra é uma palavra ou não), os participantes felizes são mais rápidos quando as palavras são relacionadas à felicidade do que quando são relacionadas à tristeza, mostrando como o humor afeta os estágios inicias da codificação. Alguns graus de precisão se aplicam a esses efeitos também. No entanto, a tristeza não acelera as decisões sobre palavras negativas gerais, somente as palavras relacionadas especificamente à tristeza.

Outra análise de como o humor afeta a leitura vem dos testes de nomeação das palavras, nos quais os participantes devem apenas lê-las. Mais uma vez, a pesquisa mostra congruência de humor na velocidade de nomeação das palavras: pessoas felizes leem palavras relacionadas à felicidade mais rápido do que as relacionadas à tristeza.

Achando que você está de mau humor

O humor tem efeitos abrangentes sobre como as pessoas pensam. Imagine alguém que esteja se sentindo triste ou depressivo. Se você disser algo inócuo, a pessoa imediatamente associa a algo ruim. Essa reação não é apenas uma pessoa depressiva se lamuriando, mas uma consequência da rede emocional e semântica.

O humor e como você pensa

Os pesquisadores mostram que se você pedir a pessoas depressivas para nomearem um tipo de clima começando com a letra "n", geralmente elas descrevem climas menos agradáveis, como "nevasca". Se fizer o mesmo com pessoas felizes, elas dirão algo como "nublado". Logo, o humor afeta o que chega à mente. Tente com seus amigos e veja quem são o Zé Tristeza e o João Feliz!

O humor também influencia nos gostos e preferências. Quando você está feliz, a tendência é ser mais ativo e ficar ao ar livre; quando está triste, a preferência é por ambientes internos e permanecer sedentário. O bom humor também faz com que você integre seu conhecimento a unidades maiores e mais inclusivas. As pessoas incluem mais coisas em categorias positivas quando estão felizes.

Tomada de decisão emocional

O humor também afeta a forma como você codifica as mensagens. As pessoas tristes processam o mundo de modo muito diferente das felizes.

Ao apresentar mensagens persuasivas para pessoas felizes e tristes, é mais provável que as tristes sejam influenciadas por um argumento fraco do que as felizes. As pessoas tristes tendem a processar a informação profundamente usando o processo cognitivo mais elaborativo (o que parece ser contraditório com o que dizemos no início desta seção, mas não é, eu juro!), um caso no qual o mau humor beneficia o processamento cognitivo.

As pessoas felizes tendem a utilizar o processamento cognitivo mais simples e rápido, caracterizado pelo uso de *heurísticas* (atalhos mentais baseados em esquemas e estereótipos; veja o Capítulo 12) e a codificação superficial. Elas observam mais a essência das situações, sem focar os detalhes, e tendem a usar o processamento mais aberto, flexível e criativo.

O processamento das pessoas tristes tende a ser mais devagar, sistemático e analítico. Elas focam mais os detalhes das cenas, são mais atentas a seu processamento e menos flexíveis na resolução de problemas. Talvez sejam deliberadamente mais precisas nessas tarefas para melhorar seu humor por se saírem melhor.

Além da Realidade: Como o Humor Interage com a Cognição

Inúmeras teorias explicam como o humor interage com a cognição. Nesta seção, revisamos quatro desses modelos. A maioria foi desenvolvida com a intenção de explicar os deficits cognitivos em pessoas com depressão.

Ativando sentimentos: Rede emocional

ALERTA DE JARGÃO

Em 1981, Gordon H Bower, psicólogo cognitivo norte-americano, utilizou um *modelo de rede neural* para explicar como as emoções afetam a memória e outras estruturas cognitivas. Simplificando, o conhecimento é representado na memória por meio de um conjunto de nós (veja o Capítulo 12). Cada nó representa uma ideia ou uma construção e se conecta a outros nós, que representam construções relacionadas. Os nós emocionais também estão conectados aos sistemas fisiológicos. Toda vez que uma emoção está ativa, todos os nós ligados a ela também estão (chamado de *dispersão da ativação*). Quando a ativação alcança um certo limite, as ideias se tornam conscientes. Na verdade, um nó pode estar ativo devido a causas externas ou internas.

Resumimos essa teoria na Figura 20-1. Os ovais representam os nós de informação semântica, memórias autobiográficas, respostas fisiológicas e comportamentos. Os pentágonos representam a emoção.

Então, se o nó emocional "feliz" está ativo, o rosto produz um sorriso e o sistema fisiológico libera endorfina. Ela ativa a memória conectada aos nós de momentos felizes (digamos, um feriado específico ou um ótimo encontro) e também a quaisquer itens observados durante o estado de felicidade. Ativar esses nós torna mais fácil levá-los para a mente consciente: ou seja, a afeição (veja a seção anterior, "Como Você Se Sente? Apresentando as Emoções", para mais informações) prepara todos os nós conectados.

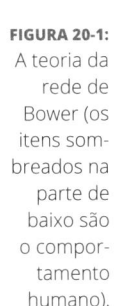

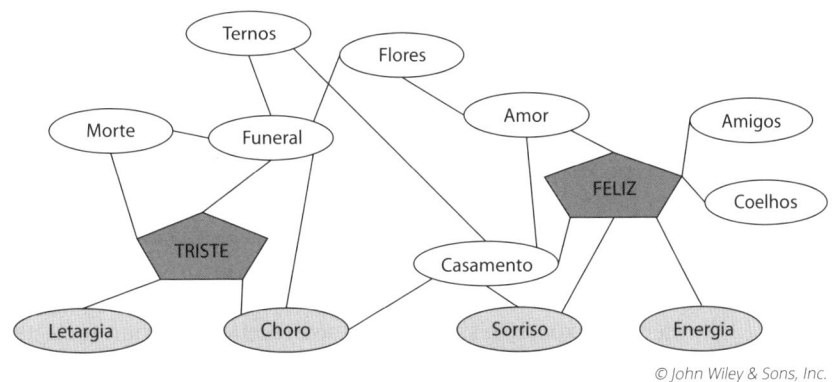

FIGURA 20-1: A teoria da rede de Bower (os itens sombreados na parte de baixo são o comportamento humano).

© John Wiley & Sons, Inc.

Esse modelo simples explica os efeitos da dependência e da congruência do humor (os quais descrevemos antes, na seção "Lembrando-se de incluir a memória e o humor"). Para a memória dependente do humor, a ideia é que as listas de palavras são observadas quando ligadas ao nó emocional. Se esse elo for forte, a conexão entre a lista de palavra e a emoção é mais forte. Portanto, quando a emoção é reintegrada, as palavras também são. A congruência de humor é explicada porque, quando uma emoção é ativa, todos os nós ligados também são, facilitando seu acesso.

Mantendo o foco: Modelo de alocação de recursos

Os psicólogos norte-americanos Henry C. Ellis e Patricia Ashbrook identificaram que, com base na teoria de rede (veja a seção anterior "Ativando sentimentos: Rede emocional"), é mais provável que os participantes que vivenciaram uma emoção especial tenham seus pensamentos relacionados ativos. Esse efeito é bastante perceptível em pacientes depressivos com pensamentos invasivos. Os pensamentos emocionais extras que entram na mente significam que o sistema de atenção (veja o Capítulo 7) precisa trabalhar mais para bloquear pensamentos distrativos, o que não é fácil. Portanto, o material emocional indesejado exige demais da memória de trabalho.

Esse *modelo de alocação de recursos* (RAM, do inglês *resource allocation model*) é baseado no princípio de atenção limitada e/ou nos recursos da memória de trabalho. Os estados emocionais regulam a quantidade de recursos disponíveis para outras tarefas, mas assumem alguns como informação irrelevante.

Esse modelo sugere que os efeitos da memória congruente com humor ocorrem porque a emoção faz com que o sistema de atenção aloque mais recursos a seu estímulo. Isso explica por que o humor provoca deficits na informação do processamento cognitivo, mas falha por completo ao descrever os efeitos da memória dependente do humor.

Confiando nos seus sentimentos: Emoções informativas

O *modelo do afeto como informação* sugere que quando apresentadas a um estímulo específico, as pessoas simplesmente decidem como se sentem sobre ele e essa decisão guia suas cognições. (Definimos "afeição" na seção anterior "Como Você Se Sente? Apresentando as Emoções".) Em um experimento com a memória, as pessoas veem uma palavra e decidem se elas "se sentem" bem ou não (um tanto subjetivo para falar a verdade). O conhecimento subconsciente do efeito da exposição simples (que descrevemos anteriormente na seção "Pensando sobre a emoção") significa que se a pessoa se sente bem, é provável que ache que já viu aquela palavra antes.

Esse modelo requer o estabelecimento de como você se sente naquele momento específico e sua ligação ao estímulo apresentado. As pessoas consultam suas emoções para criar uma opinião rápida e não tão pensada sobre algo, sugerindo que as opiniões não são baseadas nos detalhes da codificação elaborativa.

Uma parte da evidência para esse modelo vem de uma pesquisa telefônica. Os pesquisadores ligaram para uma seleção aleatória do público e pediram opiniões rápidas sobre seu humor e satisfação geral sobre a vida durante a conversa. Em dias ensolarados, os participantes tendem a dizer que estão mais felizes e satisfeitos com suas vidas. Em dias chuvosos, menos. Mas quando os pesquisadores fizeram com que os participantes estivessem conscientes de sua provável fonte de humor, perguntando a eles sobre o clima, esses efeitos desapareceram. Portanto, as pessoas tendem a basear suas opiniões sobre seu humor no clima, a menos que saibam que isso é uma influência.

O modelo do afeto como informação explica os efeitos da memória congruente com o humor ao sugerir que o humor guia o processo de busca pela cognição. O humor orienta como as pessoas observam seus sistemas de memória, mas só afeta a cognição na ausência de um motivo justificável para a emoção. Se a emoção se origina de um estímulo não relacionado, é ignorada.

Embora essa teoria seja simples e geral, inúmeros estudos descobriram que sua premissa básica (que apenas emoções sem uma causa óbvia são usadas para guiar as cognições) é falsa. A teoria também prevê que o humor afeta as opiniões (se avaliativas ou baseadas no reconhecimento) e, ainda assim, muitos dados mostram que o humor causa impacto no aprendizado e na codificação. Portanto, a afeição parece ser usada somente como informação sob um conjunto limitado de condições quando o processamento rápido e baseado em esquemas é necessário.

Escolhendo um tipo de processamento adequado: O modelo de infusão dos afetos

Incorporando os modelos anteriores, o psicólogo australiano Joseph Forgas desenvolveu o *modelo de infusão do afeto*. Ele traz à tona a proposta de que as emoções afetam a cognição de diversas maneiras e que esse efeito é altamente dependente do contexto. O modelo é baseado na ideia de que os seres humanos colocam o mínimo de esforço cognitivo ao desempenhar um teste, achando que é a estratégia mais fácil para obter sucesso. No entanto, testes diferentes precisam de estratégias e níveis de efeito diferentes. Vários tipos de processamento cognitivo existem, e a emoção está infundida no processamento de apenas alguns.

Os tipos diferentes de processamento são baseados nos seguintes:

- » **Características da informação:** Por exemplo, familiaridade e complexidade.
- » **Características da pessoa:** Por exemplo, nível de motivação, capacidade cognitiva.
- » **Características da situação:** Por exemplo, expectativas, pressão sobre o tempo.

LEMBRE-SE

Esses fatores se combinam e possibilitam quatro possíveis tipos de processamento:

- » **Acesso direto:** Esse tipo mais simples está *cristalizado* (não pode ser alterado): você se decidiu sobre opiniões e fatos. Essa forma de processamento é utilizada para testes altamente familiares, como dizer seu nome ou onde você cresceu. Esses fatos estão disponíveis tão de imediato que você não precisa de processamento elaborado, e são tão sólidos que resistem à influência das emoções.
- » **Motivado:** Quando você tem uma vontade forte de procurar por uma parte específica da informação. Esse processamento é direcionado por metas, significando que você pode usá-lo para buscar uma informação específica. São necessários muitos recursos cognitivos.
- » **Heurístico:** Depende de informação mínima e é usado quando não há relevância ou motivação presentes para o processamento mais profundo. Em outras palavras, é um atalho. Por esse motivo, o processamento pode ser baseado em fatores sociais irrelevantes ou, de fato, fatores internos irrelevantes, como a emoção. Quando o heurístico é usado, as pessoas podem dizer: "Eu me sinto feliz; logo, isso deve ser bom."
- » **Substantivo:** O tipo de processamento mais elaborado e extensivo é usado somente quando estratégias mais fáceis não podem ser usadas. Ele é mais suscetível à influência da emoção e é utilizado toda vez que um teste é complexo, pessoalmente relevante ou quando você precisa de precisão. O humor afeta muitos subprocessos diferentes dentro desse tipo, e é por isso que é o mais provável de ser afetado pelas emoções.

PAPO DE ESPECIALISTA

Os processamentos substantivo e motivacional são aqueles utilizados quando uma codificação mais elaborada é necessária. No entanto, é provável que a afeição tenha influência sobre os processamentos heurístico e substantivo mais do que sobre outros.

Muitos fatores podem afetar quais processamentos a pessoa utiliza. A Tabela 20-1 resume um pouco dessas influências e como devem funcionar.

Tabela 20-1 Fatores que Afetam o Tipo de Processamento Cognitivo Utilizado Dentro do Modelo de Infusão do Afeto

Tipo de Processamento	Características	Grau de Infusão do Afeto
Acesso direto	Familiar	Sem infusão de afeto
	Irrelevante	
	Sem importância	
Motivado	Relevante	Baixa infusão de afeto
	Importante	
	Motivação específica	
Heurístico	Objetivo comum	Alta infusão de afeto
	Processamento simplesmente	
	Capacidade cognitiva baixa	
	Estado emocional positivo	
	Sem necessidade de precisão	
Substantivo	Objetivo atípico e incomum	A mais alta infusão de afeto
	Processamento complexo	
	Capacidade cognitiva alta	
	Estado emocional negativo	
	Motivação alta por precisão	

Enfrentando Emoções Desconfortáveis

Às vezes, emoções intensas afetam a cognição. Descrevemos dois desses casos aqui: excitação (nesse contexto, definimos o termo na seção anterior "Procurando por formas de definir a emoção") e ansiedade.

Estimulando excitação para a memória

Um dos autores se lembra de uma pequena ocorrência: ele tentava chamar a atenção de sua professora falando seu nome, mas, por alguma razão, gritou: "Mãe!" Todo mundo olhou para ele e começou a rir. Ele queria ir embora e chorar, e ainda se envergonha ao se lembrar desse acontecimento. A pergunta é: Por que as memórias vergonhosas permanecem tão vívidas por tanto tempo?

O motivo parece ser a sequência emocional que causa a excitação e ativação da amídala, que ajuda o hipotálamo (necessário para o armazenamento de

memórias; veja o Capítulo 9) a consolidar memórias. Portanto, a excitação ajuda a construir memórias mais fortes fazendo com que seu centro funcione melhor.

A excitação também ajuda a evitar as memórias de serem esquecidas. Enquanto as pessoas tendem a esquecer o estímulo de baixa excitação de imediato após a observação, se lembram do estímulo de alta excitação eficientemente por 24 horas e por mais tempo ainda após a observação.

DICA

Existe um limite para os efeitos que a excitação tem sobre a memória. Quando as coisas são moderadamente excitantes, a memória é mais eficiente. Mas, para acontecimentos de excitação intensa, a memória geralmente é pior. Como as ideias de repressão de Freud diziam — acontecimentos altamente emocionais são muito dolorosos para serem mantidos na memória e, portanto, são impedidos de serem recuperados. Da mesma forma, Tim Valentine, psicólogo cognitivo britânico, demonstrou que os participantes altamente assustados na London Dungeon (um museu de horror) se lembraram de menos informação precisa do que aqueles menos assustados. Por isso, a memória é melhor para estímulos de excitação moderados do que neutros ou altos.

Preocupando-se com a ansiedade

As pessoas socialmente ansiosas demonstram uma convergência entre humor e valência de estímulo (veja a seção anterior "Como Você Se Sente? Apresentando as Emoções"). Elas detectam o estímulo ameaçador (por exemplo, um rosto bravo) mais rápido do que as pessoas sem ansiedade social. Quando detectadas, as pessoas socialmente ansiosas evitam continuar olhando para a ameaça.

ALERTA DE JARGÃO

Juntos, esses dois padrões de desempenho formam uma base de atenção conhecida como *prevenção da hipervigilância*.

Os pacientes com fobia social reconhecem expressões faciais críticas com mais precisão do que expressões mais calmas. Também é mais provável que achem que viram uma expressão facial crítica antes e acreditam que obtiveram mais críticas do que a realidade. Enquanto os participantes do grupo controle demonstram uma memória aprimorada para expressões felizes em relação às tristes, os participantes com fobia social, não.

6
A Parte dos Dez

NESTA PARTE...

Conheça dez famosos estudos de caso de participantes cujos transtornos ensinaram muito sobre a psicologia cognitiva.

Evite os erros comuns que os alunos cometem quando escrevem relatórios de pesquisa.

Refute os mitos que a mídia divulga sobre a psicologia cognitiva.

NESTE CAPÍTULO

» Usando casos de estudo para entender a psicologia cognitiva

» Cuidando de casos clínicos

Capítulo 21
Estudando Pacientes com Lesões Cerebrais

No Capítulo 1, mencionamos que o que a psicologia cognitiva sabe sobre cognição é oriundo da *neuropsicologia*: o estudo dos pacientes com formas diferentes de lesão cerebral. Vamos apresentar dez estudos de caso famosos e o que revelam sobre problemas complexos da psicologia cognitiva.

Nos estudos de caso, os neuropsicólogos coletam e analisam as anotações de evidências de fontes diferentes: históricos médicos, informações de neurocirurgiões e neurocientistas sobre estrutura cerebral, histórico familiar e quaisquer acontecimentos relevantes. Os neuropsicólogos usam essas informações, muitos testes de psicologia cognitiva e avaliações neuropsicológicas para estabelecer a causa do dano cerebral, do diagnóstico e, em alguns casos, tratar o paciente.

Sentindo Mais Cheiros que o Normal

Robert Henkin, médico norte-americano, relatou o caso de uma mulher com *hiperosmia* (sentido aguçado do olfato). Ela foi exposta a gases tóxicos extremos e sofreu danos em sua cavidade nasal, o que fez com que seu nariz recebesse mais sinais do que o normal. Ela era capaz de sentir cheiros com mais vividez do que antes e mais do que outras pessoas. Seu sentido de olfato era tão preciso que ela podia distinguir todos os perfumes em uma perfumaria!

Seu limite para detectar cheiros foi reduzido: ou seja, ela precisava de menos partículas de olfato a fim de conseguir sentir o cheiro de alguma coisa. Normalmente, a hiperosmia desaparece com o tempo porque o cérebro não está acostumado a processar tantos cheiros.

LEMBRE-SE Esse estudo diz que o olfato das pessoas é capaz de sentir muito mais cheiros do que o normal. Na verdade, seu cérebro evita que a mente consciente detecte tantos cheiros. Um motivo é que o olfato é considerado um sentido "básico". Os seres humanos são civilizados: não precisam do olfato. Em vez disso, preferem usar sentidos mais "avançados", como a audição e a visão, ou a própria linguagem, para a comunicação.

Perdendo a Noção dos Movimentos

O neuropsicólogo alemão Josef Zihl descreveu a paciente LH em 1983. Ela sofria de dores de cabeça e se sentia trêmula e enjoada com altura (*vertigem*). O problema era causado por um dano incomum aos vasos sanguíneos no cérebro, que podia levar a um derrame (chamado de *trombose do seio sagital superior*), na parte de trás de sua cabeça, em uma área do cérebro chamada de V5 (um pouco acima da orelha).

Zihl e seus colegas testaram LH extensivamente e descobriram que sua visão era normal e perfeita — exceto pelo fato de que ela não conseguia enxergar profundidade ou movimento. Essas deficiências estavam somente em sua visão central, mas ela não era capaz de atravessar ruas, servir xícaras de chá ou assistir à televisão; ela entendia que as coisas estavam se movendo ao ouvir os sons característicos. LH descreveu sua experiência como ver o mundo em fotos. Era como desenhos em um papel no qual uma imagem leva à outra, mas com uma grande diferença na posição dos objetos.

EXPERIMENTE Use um programa de reprodução de vídeos em um computador e assista a um filme com apenas 2 quadros por segundo (em vez dos típicos 24 por segundo) e você verá como era a vida da LH.

LEMBRE-SE Esses e muitos outros estudos de caso mostram que essa parte do cérebro em específico processa o movimento. Se danificada, as pessoas não conseguem enxergar o movimento rápido dos objetos. Ele também mostra que a periferia (o limite da visão) envia um sinal visual para partes diferentes do cérebro para detectar mais movimentos globais (movimento que não é parte dos objetos).

Infelizmente, não há tratamento para a acinetopsia (a inabilidade de enxergar movimentos). Os psicólogos deram dicas para ajudar LH a se adaptar: usar sons mais acessíveis para detectar movimentos (o ruído de um líquido enchendo um copo fica mais alto quando chega à borda) e sua visão periférica para enxergar se as coisas estão se movendo.

Fracassando no Reconhecimento Facial

O neurologista britânico-americano Oliver Sacks fala sobre Dr P, professor e músico notável, em seu livro *O Homem que Confundiu Sua Mulher com um Chapéu*. Os primeiros sinais do problema apareceram quando Dr P não conseguia reconhecer seus alunos pelo rosto. Conforme seus sintomas pioravam, ele não distinguia o rosto de uma pessoa de um relógio de pé. Ele começou a interagir com hidrantes e maçanetas achando que eram rostos. Uma vez, tentou pegar a cabeça de sua esposa achando que era um chapéu.

Dr P não tinha sinais de demência ou problemas mentais. Sua acuidade visual era perfeita, embora ele fizesse alguns movimentos estranhos com os olhos: seus olhos pareciam se fixar em pequenos pontos em vez de processar as coisas como um todo. Quando se concentrava, conseguia descobrir para o que estava olhando, mas não os rostos. Ele reconhecia algumas pessoas se tivessem características bem diferentes: Winston Churchill, com seu charuto, ou Einstein, com seu cabelo doido.

Dr P mostrou um padrão clássico de *prosopagnosia* (a incapacidade de reconhecer rostos) severa. Mais especificamente, ele parecia ser incapaz de ligar todas as características de um rosto, fornecendo evidências de que o rosto é um estímulo específico que requer um *processamento configurado* (a capacidade de codificar o rosto inteiro de uma vez só; veja o Capítulo 6).

Infelizmente, a prosopagnosia não tem cura.

(Quase) Rejeitando o Mundo

No Capítulo 7, apresentamos a condição neuropsicológica da *negligência espacial*. Dos muitos casos reportados desse distúrbio debilitante, vimos os neuropsicólogos britânicos John Marshall e Peter Halligan estudarem a paciente PS.

O córtex parietal direito da paciente PS foi danificado por uma lesão cerebral. Ela manifestou dois deficits:

» **Hemianopia:** Perda da visão de uma metade do mundo visual (veja o Capítulo 4). A hemianopia de PS foi do lado esquerdo.

» **Negligência:** A paciente PS apresentou negligência do lado esquerdo, significando que não conseguia ver o lado esquerdo dos objetos mesmo se virasse sua cabeça para olhá-los. Se você lhe pedisse para assinalar objetos, ela marcava apenas aqueles no lado direito. Ela só comia a comida do lado direito do prato. Quando copiava objetos, desenhava somente o lado direito.

A paciente PS tinha um interessante padrão de negligência. Demonstrava não conhecer o lado esquerdo dos objetos conscientemente, mas tinha um discreto conhecimento (inconsciente) dele. Quando viu imagens de duas casas, uma à esquerda, com fogo na janela, e uma à direita, sem fogo, ela disse que as duas imagens eram idênticas. No entanto, quando perguntaram qual preferia, ela escolheu a casa da direita, sugerindo um conhecimento inconsciente do fogo.

A maneira como o cérebro humano codifica a lateralidade não é simples. As pessoas codificam os lados esquerdo e direito de acordo com o espaço relacionado a eles. Também codificam a lateralidade dos objetos. Esses dois tipos de lateralidade têm processos diferentes no cérebro.

Nenhum tratamento está disponível para a negligência hemiespacial. Os psicólogos somente conseguem oferecer maneiras de adaptação para a impossibilidade de ver o lado esquerdo dos objetos, como certificando-se de que os objetos sejam virados de tempos em tempos para mostrar os dois lados.

Esquecendo-se do que Você Aprendeu

O paciente HM é a pessoa mais procurada na história da psicologia. Em 1953, passou por uma cirurgia cerebral para tratar uma epilepsia severa que envolvia remover o hipocampo. Embora sua epilepsia tenha sido curada, ele sofreu efeitos colaterais devastadores: era incapaz de transferir informação da memória de curto prazo para a de longo prazo. Ele não aprendia o nome de pessoas novas, não entendia assuntos atuais e não conseguia gravar a morte de seu pai. Para ele, todos os dias eram como o dia anterior ao de sua operação.

A memória de trabalho e a habilidade linguística de HM eram perfeitamente normais. Sua lembrança das pessoas que conheceu antes da operação estava intacta e ele era capaz de aprender novas habilidades — mas sem conhecimento de que as tinha. Ele sempre se surpreendia com o fato de saber fazer algo que achava que nunca tinha feito.

LEMBRE-SE: O hipocampo é essencial para a informação da memória de longo prazo, e existe uma diferença entre saber das coisas e saber como fazê-las: uma capacidade pode ser danificada enquanto a outra, permanecer intacta.

Como muitas outras lesões cerebrais, esse tipo de *amnésia anterógrada* não é tratável. A única coisa a ser feita é assegurar ao paciente de que ele não perdeu nenhuma habilidade e experiência antes da lesão, para ajudá-lo a não sofrer de depressão (o que é bastante comum).

Descobrindo que o Conhecimento Está Desaparecendo

Karalyn Patterson, neuropsicóloga britânica, e seus colaboradores relataram diversos casos de pacientes com danos no lobo temporal esquerdo. Uma foi PP. Por dois anos, a memória de PP de nomes de pessoas, lugares e coisas foi piorando. Quando perguntaram se já tinha ido aos Estados Unidos, sua resposta foi: "O que são Estados Unidos?" Ela não sabia nem o que era comida.

Mesmo com esses problemas severos de memória, ela era capaz de lembrar acontecimentos e compromissos. Ela cozinhava, limpava, se cuidava e sua capacidade visual era normal. Infelizmente, saber dos seus problemas fez com que desenvolvesse depressão.

Embora sua gramática e a consciência de acontecimentos pessoais parecessem normais, PP tinha problemas para encontrar as palavras certas quando falava (*anomia*) e mostrava sinais de dislexia superficial. Sua condição foi ficando cada vez pior; ela não conseguia mais fazer compras ou cozinhar, porque não sabia quais itens escolher.

LEMBRE-SE: Essa condição, chamada de *demência semântica*, não possui tratamento. Isso demonstra que o conhecimento semântico e as palavras estão armazenados no cérebro em algum lugar diferente da linguagem. A gramática e a sintaxe estão localizadas em áreas diferentes das palavras.

Crescendo sem Linguagem

Susan Curtis, linguista norte-americana, foi uma das primeiras cientistas a investigar o trágico caso da Genie. Ela era gravemente abusada quando criança e permaneceu trancada em um quarto sem nenhum contato humano desde os 20 meses de vida até ser descoberta pelas autoridades, aos 13 anos. Evidências sugerem que Genie era uma criança normal até os 20 meses.

Genie era bastante selvagem. Ela não teve um bom desempenho em todos os testes sociais e cognitivos. Não falava uma palavra sequer.

Depois de alguns meses de interação com psicólogos e médicos, Genie começou a progredir. Ela era capaz de desenvolver alguma capacidade cognitiva e comunicar suas necessidades e preferências; até começou a pronunciar algumas palavras, mas nunca foi capaz de entender a estrutura gramatical.

LEMBRE-SE O trabalho com Genie revelou muito sobre como a linguagem se desenvolve. Isso sugere um período crítico entre a infância e a puberdade, quando o aprendizado da língua precisa ser formado. Não é possível compreender por completo a língua fora desse período.

Lendo sem Entender as Palavras

Myrna Schwartz e seus colaboradores na Universidade Johns Hopkins estudaram a paciente WLP no final da década de 1970. WLP chegou ao hospital com sintomas de demência, que pioraram gradualmente nos 30 meses seguintes. Ela possuía um raro problema em entender o significado das palavras, o que forneceu algumas das primeiras evidências de *rota lexical* na leitura (na qual os leitores reconhecem as palavras somente pela visão, sem precisar falar em voz alta). WLP conseguia ler as palavras com fluência e mostrava pouca evidência de dislexia superficial, mas tinha dificuldade em entendê-las. Por exemplo, ela conseguia ler uma lista com nomes de animais e pronunciá-los corretamente, mas tinha dificuldade em relacioná-los com as imagens dos animais.

O caso de WLP forneceu evidências que suportam a existência de um caminho no cérebro que relaciona a forma visual de palavras escritas ao conhecimento de como aquelas palavras soam, o que não passa pelo conhecimento do que significam. Ela também fornece suporte à *visão modular* da linguagem, com processos distintos para lidar com o significado e os sons das palavras.

LEMBRE-SE Seu caso foi documentado, e agora é chamado de demência semântica. Um ponto importante é que nem todos os pacientes que sofrem dessa condição demonstram o mesmo padrão de dificuldades. Essa condição terrível pode danificar algumas capacidades mentais e poupar outras.

Lutando para Falar Gramaticalmente

Em seu livro *Fractured Minds* ["Mentes Fraturadas", em tradução livre], a neurocientista Jenni Ogden descreve o caso do paciente Luke. Ele sofreu uma hemorragia cerebral que danificou uma parte pequena do lobo frontal do cérebro, chamada de *área de Broca* (Paul Broca identificou essa região no século XIX).

Luke demonstrava um padrão de sintomas cognitivos característicos de lesão nessa área. Ele entendia o significado de palavras e frases simples, mas tinha dificuldade com a gramática. Em um teste de compreensão padrão, ele viu diversas imagens e tinha que responder qual correspondia à frase. Quando viu a frase: "O gato está embaixo da cadeira", escolheu a imagem de um gato em cima da cadeira, em vez de embaixo.

Quando falava, Luke conseguia pronunciar palavras léxicas significativas, mas tinha dificuldades com as palavras de função gramatical. Ele dizia coisas como "Ligar mãe. Roupas, hmm, casaco, preto, hmm". Esse discurso é descrito como *agramatical* (por sua falta de gramática) e faz parte da *afasia de Broca* (o nome dessa condição).

Esse estudo de caso e o caso anterior suportam a ideia de que processos separados no cérebro lidam com o significado e a gramática da língua. Luke também sofria de um grau de *apraxia* (a incapacidade de executar ações intencionais), o que não é muito incomum: a área de Broca está localizada na parte do cérebro que lida com o planejamento de sequências complexas de movimentos físicos, assim como a língua falada.

Mudança de Personalidade

Um dos primeiros estudos de caso neuropsicológico foi o de Phineas Gage, trabalhador ferroviário, no século XIX. Em 1848, enquanto usava explosivos para limpar a área para uma nova linha férrea, uma barra de metal atingiu seu crânio, lesionando o lobo frontal do cérebro.

Os sintomas resultantes eram comuns ao que agora é conhecido como uma forma de lesão cerebral. Tais pacientes não pareciam estar prejudicados e incapazes de se comportar de maneira normal, exceto pelas mudanças em seu comportamento e personalidade. As pessoas que conheciam Phineas Gage antes do acidente diziam que ele não era mais o mesmo.

Os lobos frontais armazenam áreas executivas do cérebro, que tomam as decisões de alto nível, decidem o que você vai fazer a seguir e suas prioridades. Eles também são importantes para inibir as partes mais impulsivas do cérebro. As pessoas com o lobo frontal lesionado começam a se comportar de maneira diferente e, às vezes, socialmente inadequada. Elas têm problemas em controlar seu comportamento e evitar decisões de última hora. Podem desenvolver problemas com jogos de azar, perder seus empregos e ter dificuldade em manter relacionamentos.

> **NESTE CAPÍTULO**
>
> » Estruturando relatórios de pesquisa adequadamente
>
> » Sabendo o que criticar e o que deixar para lá

Capítulo 22
Dez Dicas para Escrever Relatórios de Pesquisa com Sucesso

Como aluno de psicologia cognitiva, você certamente espera escrever um relatório de pesquisa. Esses relatórios são projetados para apresentar as próprias descobertas experimentais: ou seja, você precisa projetar, desenvolver e executar o próprio experimento. Afinal de contas, a psicologia cognitiva é uma ciência.

Você deve seguir algumas regras ao escrever esses relatórios, como o padrão do *Manual de Publicação da APA (American Psychological Association)*. A APA desenvolveu essas regras durante os anos para assegurar que todos os cientistas produzam trabalhos semelhantes e que todos consigam entender. Algumas dessas regras podem parecer pedantes ou até mesmo bobas, mas você deve segui-las.

Mesmo que não tenha que escrever relatórios de pesquisa, saber como são desenvolvidos é bastante útil. Devido ao aumento de acessos online a publicações científicas, mais pessoas são expostas à pesquisa de psicologia cognitiva do que antes. Os jornalistas leem os relatórios científicos e escrevem matérias sobre eles. No entanto, com frequência, cometem alguns erros ou interpretam os relatórios de forma errada. Portanto, ser capaz de ler os relatórios de pesquisa corretamente é imprescindível.

Neste capítulo, apresentamos oito dicas sobre o que fazer e duas do que não fazer sobre escrever relatórios de pesquisa. Mostraremos ferramentas para ler e escrever relatórios de pesquisa adequadamente. Estas dicas são baseadas no que os pesquisadores profissionais (como nós) fazem. No entanto, verifique com seus professores se as dicas são as mesmas para seu curso específico.

Usando a Formatação Correta

As regras da APA para escrever os relatórios informam qual fonte usar, como configurar as margens, quais subseções incluir e como escrever cientificamente.

A fonte escolhida precisa ser de fácil leitura em termos de design e tamanho. Fontes como Arial e Times New Roman são conhecidas por terem legibilidade melhor do que, por exemplo, Comic Sans ou Bush Script. O tamanho deve ser grande o suficiente para ler, mas não tão grande a ponto de desperdiçar papel. Então use Times New Roman tamanho 12. Além disso, sempre use o espaçamento entrelinhas de 1,5 no seu texto. A leitura é mais fácil quando se usa espaçamento extra, dando espaço para seu professor fazer anotações no seu trabalho!

Os relatórios de pesquisa precisam conter estas sete seções, nesta ordem:

- » **Título:** Informa ao leitor o assunto do estudo.
- » **Resumo:** Um breve resumo do relatório (não mais do que 120 palavras).
- » **Introdução:** Informa ao leitor o motivo do estudo.
- » **Metodologia:** Descreve *exatamente* o que você fez... com detalhes... isso mesmo, mais detalhes do que você está pensando, então adicione ainda mais detalhes!
- » **Resultados:** O que você descobriu (a parte importante).
- » **Discussão:** O que suas descobertas significam.
- » **Referências:** Lista todos os pesquisadores que você leu para ajudar a escrever seu próprio relatório.

DICA: Coloque somente o título, o resumo e as referências em páginas separadas. Todo o resto deve seguir normalmente para economizar papel.

Tabelas e figuras são ótimas para exibir resultados, mas coloque uma legenda direta e clara e não utilize imagens coloridas. Para as figuras, nomeie todos os eixos e coloque uma legenda embaixo (os leitores precisam entendê-las sem ler o texto). Não use linhas verticais nas tabelas, porque elas desorganizam os espaços e dificultam a leitura.

LEMBRE-SE: Dentro do formato correto, use linguagem científica concisa e adequada. Cientistas gostam de frases simples, diretas e claras. Eles não gostam de frases longas, com muitos termos e várias vírgulas. Forneça a informação em termos simples. Use frases pequenas. Certifique-se de usar palavras e expressões científicas corretamente (em geral, isso significa que você não precisa defini-las). Apenas escreva o que for necessário para concluir seu ponto de vista — não é necessário mais do que isso.

Incluindo Referência Bibliográfica

Na introdução do relatório, justifique tudo que tenha a ver com seu estudo, incluindo o porquê de o estar fazendo: ou seja, explique o propósito usando um ponto de vista científico. Ser interessado em um tema não é o bastante (embora ajude!); sua pesquisa precisa de aplicação prática.

O começo de uma introdução geralmente estabelece o cenário para a pesquisa. Explique o porquê de a pesquisa ser útil para a sociedade e qualquer outro motivo prático para conduzi-la. A pesquisa de memória é útil para entender e aprimorar o testemunho ocular, por exemplo.

No restante da introdução, descreva os tipos de trabalho que foram publicados anteriormente. Essas descrições devem incluir estudos importantes e relevantes — e não tudo o que você leu. Na verdade, inclua somente o mínimo necessário para expressar seu ponto de vista.

LEMBRE-SE: Vise uma progressão lógica na pesquisa de base que descrever. Apresente todos os lados de uma discussão, se houver mais de um. Além disso, explique o que seu trabalho acrescenta à discussão, o que é diferente sobre ele e por que é o melhor no assunto.

Criticando Pesquisas Existentes

Parte da diversão em escrever relatórios de pesquisa e ser um psicólogo cognitivo é criticar o trabalho existente. Nenhum relatório publicado é perfeito (exceto o seu, claro!), portanto, procure sempre criticar. O criticismo forma a base para incentivar a ciência e estabelecer maneiras novas e melhores de testar as coisas.

ALERTA DE JARGÃO: Algumas coisas boas para criticar são a adequação dos métodos e procedimentos. Com frequência, os pesquisadores conduzem um estudo e têm uma *variável de confusão* (uma segunda variável pode explicar suas descobertas, mas não é a descrita). Por exemplo, recentemente, lemos um artigo dizendo que o humor afetava o reconhecimento de expressões faciais, mas não sua identidade. Mas os pesquisadores disseram aos participantes para lembrarem a identidade do rosto e não mencionaram as expressões. Logo, há uma *confusão* existente entre o reconhecimento de expressão/identidade e as instruções do aprendizado.

Você também pode criticar a adequação das ferramentas usadas para medir um certo efeito. Uma variável experimental em especial realmente mede o que deveria? Em outras palavras, tente explicar os resultados de outra pessoa de outra forma. Desenvolva as próprias explicações dos resultados deles.

Além disso, ser a favor do criticismo é uma abordagem estatística usada em um estudo em especial — embora isso provavelmente requeira que você entenda estatística (talvez o *Estatística Para Leigos*, de Deborah Rumsey, o ajude!).

Desenvolvendo Testes de Hipóteses

Certifique-se de que sua hipótese experimental cumpre estas quatro exigências:

- » **Simplicidade:** É necessário descrever como uma coisa afeta a outra (possivelmente sob certas circunstâncias). Não produza um conjunto complicado de premissas antes de chegar a uma sugestão (isso não é filosofia). Como vimos no Capítulo 18, a lógica de uma hipótese simples é que se uma coisa acontece, então outra deveria acontecer como consequência.
- » **Clareza:** É necessário ser óbvio sobre o que você está falando, ou seja, a clareza identifica quais variáveis está investigando. Esse aspecto talvez seja o mais difícil para os alunos pegarem de primeira. Você precisa transformar uma construção hipotética complexa (por exemplo, personalidade) em algo simples e fácil de medir. É preciso afirmar com clareza como tais variáveis afetam alguma outra coisa. Sua hipótese também deve derivar da literatura de base que você resumir.
- » **Controle:** Muitos pesquisadores profissionais obedecem a esse quesito. Um experimento controlado não possui espaço para confusões (veja a seção anterior) ou erro. Uma hipótese deve ser específica para definir as circunstâncias sob investigação. A partir do seu experimento, você é capaz de extrair as inferências pretendidas sobre o conceito, porque pode comparar com as condições de controle importantes. Uma *condição de controle* é como uma condição neutra ou uma linha de base para a qual tudo o mais é relativo.
- » **Testável:** Não há porque elaborar uma hipótese sobre algo que você não consegue testar (tal como os seres humanos terem evoluído dos macacos — como você poderia testar isso experimentalmente?). Uma hipótese deve ter conceitos definidos, possíveis de medir ou manipular com facilidade. É fácil de medir o desempenho da memória ao administrar um teste de memória, por exemplo, mas não há como medir o poder do cérebro. Com hipóteses testáveis, você afirma com exatidão como vai medir e manipular tudo no seu experimento e descreve amplamente os paradigmas e procedimentos que pretende usar.

Fornecendo Métodos Detalhados

LEMBRE-SE

Na seção de métodos, você descreve exatamente o que fez: relate tudo o que aconteceu — e, então, adicione mais informações. No geral, as seções de métodos de autores se esquecem de mencionar alguma coisa. Certifique-se de apresentar seus métodos aos leitores para que repitam seu experimento com precisão.

As seções de métodos geralmente são divididas em quatro subseções:

» **Participantes:** Descreva os participantes, como os recrutou e por que aceitaram participar, porque as evidências sugerem que pessoas diferentes têm desempenhos distintos. Por exemplo, homens e mulheres produzem resultados diferentes no paradigma DRm de memória falsa (veja o Capítulo 11), e os participantes pagos, resultados diferentes nos questionários pessoais em relação aos voluntários.

» **Materiais:** Descreva tudo o que utilizou com *muitos* detalhes. Se fez um experimento sobre a memória com palavras, descreva quais os tipos. As evidências mostram que palavras menores são lembradas com mais facilidade do que as grandes, assim como palavras incomuns, de alta frequência e assim por diante. Você também deve justificar o porquê de ter escolhido esse material.

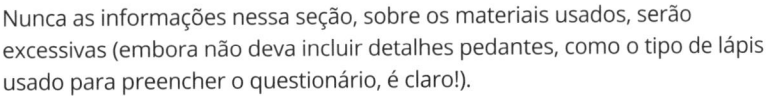

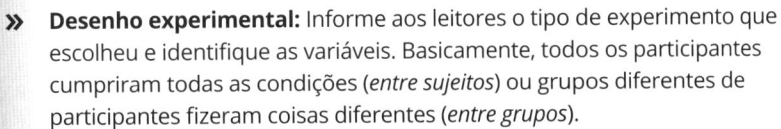

DICA

Nunca as informações nessa seção, sobre os materiais usados, serão excessivas (embora não deva incluir detalhes pedantes, como o tipo de lápis usado para preencher o questionário, é claro!).

» **Desenho experimental:** Informe aos leitores o tipo de experimento que escolheu e identifique as variáveis. Basicamente, todos os participantes cumpriram todas as condições (*entre sujeitos*) ou grupos diferentes de participantes fizeram coisas diferentes (*entre grupos*).

» **Procedimentos:** Detalhe com exatidão o que aconteceu com os participantes durante o experimento. Geralmente, os procedimentos descrevem os ensaios e as fases:

- **Ensaio:** Sequência de acontecimentos que resultam na resposta de um único participante.
- **Fase (ou bloqueio):** Quando grupos de ensaio semelhantes são postos juntos em uma sequência. Experimentos de reconhecimento, por exemplo, contêm uma fase de ensaio de aprendizado (em que os estímulos são apresentados pela primeira vez) e, então, uma de teste envolvendo os ensaios de reconhecimento (em que o estímulo do aprendizado e o estímulo novo estão presentes e os participantes dizem se já os viram antes ou não).

LEMBRE-SE: Não podemos deixar de destacar a importância crucial dos detalhes na seção de metodologia. Os artigos geralmente contradizem outros devido às diferenças sutis nos métodos, incluindo o tamanho médio das palavras usadas ou se os participantes se sentaram a 60 ou 100 centímetros do computador!

Apresentando Seus Resultados com Clareza

A ideia central dos relatórios é coletar dados e exibi-los. No entanto, a seção de resultados de um relatório básico é uma das mais importantes — clareza e compreensão são essenciais. Certifique-se de que qualquer pessoa entenderia seus resultados e que estejam relacionados à sua hipótese.

Sempre descreva quais são seus números e o que significam. Basicamente, até onde a pontuação varia? Além disso, descreva as tendências e padrões nos dados (ou seja, qual condição produz uma média maior do que a outra?). Então vem a melhor parte: a tabela ou a figura (é um gráfico, mas os guias da APA sempre se referem a "figuras", portanto, não use a palavra "gráfico" em seus relatórios de pesquisa).

A tabela ou figura apresenta o *significado* dos seus resultados, os quais resumem os dados de todos os participantes sucintamente. Ao longo deste livro, nos referimos aos efeitos experimentais em que algo era "maior do que" outra coisa. Isso vem dos resultados dos relatórios de pesquisa. A beleza das figuras é que mostra visualmente as diferenças entre os números com clareza — porém, não são tão precisos quanto os números em tabelas.

LEMBRE-SE: Certifique-se de que seus resultados reflitam sua hipótese (veja a seção anterior "Desenvolvendo Testes de Hipóteses"). As variáveis em sua análise devem ser aquelas que você descreve na introdução (muitas pessoas fazem estatísticas sem pensar no que representam).

Interpretando Resultados Dentro das Teorias

Você precisa interpretar seus resultados dentro de uma estrutura teórica. Refira-se novamente às teorias e pesquisas gerais apresentadas na introdução: Elas são apoiadas? Se não, por quê?

LEMBRE-SE: Ao interpretar resultados inconsistentes, tenha certeza de se referir aos motivos teóricos de por que isso pode ter ocorrido. Talvez o motivo seja a diferença entre seus estudos e àqueles conduzidos por outras pessoas. Certifique-se de que qualquer motivo que sugerir para a obtenção de resultados diferentes tenha base em alguma forma de teoria científica.

Certifique-se de que sua interpretação dos resultados considera qualquer questão válida ou potencial viés decorrente, incluindo a imprecisão de medidas. Você quer explicar os mecanismos psicológicos que apoiam o efeito que está investigando. Esses mecanismos precisam ser *causais* sempre que possível — ou seja, tente explicar por que algo aconteceu da forma que aconteceu.

Tente interpretar seus resultados dentro de outras perspectivas teóricas além daquela em que realmente acredita — para mostrar que você é um gênio!

Sugerindo Pesquisa Futura

Com seus resultados interpretados em várias estruturas teóricas (veja a seção anterior), você consegue realmente se destacar ao descrever como os leitores podem testá-las na prática. Dessa forma, pode sugerir investigações novas e significativas baseadas em teoria e leitura complementar. Não sugira algo apenas porque acha que seria interessante: apenas sugira trabalhos com base em algum uso teórico importante.

Você também pode propor um trabalho futuro que talvez torne seus resultados mais fundamentais para outro grupo de pessoas, ou, até mesmo, para o mundo real. Em outras palavras, você pode dizer por que seus resultados são realmente importantes e o que pode ser feito para causar uma revolução no mundo inteiro e na maneira como olhamos para a psicologia. Não tenha medo de ser um pouco audacioso!

No geral, os pesquisadores profissionais usam a sugestão de pesquisas futuras como uma maneira de revelar que os psicólogos deveriam ter mais dinheiro para fazer mais pesquisas! Pense nisso como uma solicitação de trabalho!

Evitando Criticar a Amostra

Com frequência, os alunos produzem críticas vagas e generalizadas dos próprios estudos publicados, como: "O tamanho da amostra é muito pequeno", "A amostra envolveu somente alunos de psicologia" ou "Uma amostra aleatória teria sido melhor". Todas essas críticas estão erradas. Veja o porquê.

Quando os psicólogos conduzem, experimentam e encontram um resultado estatisticamente relevante, o tamanho da amostra é ideal. E fim. Essa prática é uma regra dentro da estatística, porque toda vez que você testa um participante novo, muito dinheiro está envolvido. Testar a menor quantidade possível de participantes é melhor do que encontrar um resultado significativo. No entanto, se não encontrar um, seu experimento pode perder *poder* (a qualidade estatística necessária para encontrar um resultado significante) e requerer mais participantes — mas existem maneiras melhores de aumentar o poder do que somente testar mais pessoas.

Não critique o fato de que você testou somente alunos de psicologia. Eles teriam um desempenho diferente de outras pessoas em seus testes cognitivos? A resposta é quase sempre não. Se tiver evidências de artigos publicados que digam o contrário, você pode usá-los, mas deve ter uma teoria. Se acha que os alunos de psicologia podem saber o que é um experimento, e os participantes puderem influenciar os resultados, você tem um experimento ruim e precisa projetá-lo melhor antes de executá-lo.

Também não critique a falta de amostras aleatórias. Embora sejam tecnicamente melhores do que as de oportunidade, alcançá-las é quase impossível, assim como é caro demais e difícil de organizar. Visto que você descreveu os participantes testados, os leitores precisam determinar se seus resultados generalizam outros grupos.

Não Critique a Validade Ecológica

Os alunos tendem a cometer o erro de criticar os próprios artigos publicados por falta de *validade ecológica*, que é quando os resultados obtidos no experimento são improváveis de serem reproduzidos no mundo real.

Embora muitos experimentos sejam conduzidos em laboratório, essa é a única forma de criar ambientes controlados para explorar processos específicos. Isso não é um problema, mas algo bom.

Você pode dizer que seus resultados atendem a um intervalo limitado de condições, e trabalhos subsequentes podem usar as descobertas experimentais, portanto, podem elaborar uma maneira nova de ajudar as pessoas com dislexia e testá-las no mundo real. Sem o trabalho de laboratório original, a técnica nova relevante não teria sido elaborada.

NESTE CAPÍTULO

» Desvendando dez mitos

» Descobrindo a verdade

Capítulo **23**

Desvendando Dez Mitos da Psicologia Cognitiva

Muitas pessoas acham que sabem uma coisa ou outra sobre psicologia cognitiva — e uma parte dela é senso comum. Mas a maioria, como você descobriu ao longo do livro, é um pouco mais técnica e (esperamos que você concorde) mais interessante.

Aqui, veremos os dez mitos mais comuns relacionados à psicologia cognitiva. A maior parte deles se conecta ao cérebro (como se as pessoas não soubessem!). Algumas vezes mostramos a utilização do mito (em geral por Hollywood ou pela televisão) e apresentamos a ciência por trás do porquê está errado.

Usando Todo o Seu Cérebro

No filme *Lucy*, a personagem principal toma uma droga que permite que use 100% do seu cérebro e desenvolva poderes, francamente, esdrúxulos. A ideia apresentada é que os seres humanos usam somente 10% do cérebro.

Esse mito está bastante errado. Certamente, o aprendizado aumenta a quantidade de conexões no cérebro e de massa encefálica — e as pessoas somente usam partes do cérebro de uma vez. Por exemplo, você está lendo isso agora, portanto, as partes de leitura do seu cérebro estão ativas. Porém, a parte do seu cérebro que reconhece expressões faciais e controla os movimentos de uma partida de futebol não é necessária e não está ativa.

LEMBRE-SE

A varredura cerebral, como a fMRI, mostra que a maior parte do cérebro está ativa o tempo todo (mesmo durante o sono), mesmo se algumas partes estiverem mais ativas do que outras. Além do mais, danificar alguma parte do cérebro ocasiona um tipo de deficit cognitivo — cada parte é usada para alguma coisa. Algumas partes são mais usadas para tarefas e comportamentos do que outras (chamado de *localização da função do cérebro*).

A base do filme *Sem Limites* é que se os seres humanos usassem o cérebro todo, teriam superpoderes. Ridículo! Se seu cérebro todo estivesse igualmente ativo de uma vez, você estaria agindo e pensando ao mesmo tempo e ele entraria em um tipo de sobrecarga sensorial. Na verdade, o autismo é visto dessa forma. A superestimulação nas partes sensoriais do cérebro faz com que as pessoas com autismo se recolham e evitem qualquer sensação extra (tal como o estímulo social).

Vendo Profundidade com Dois Olhos

No Capítulo 5, descrevemos as diversas fontes de informação necessárias para enxergar em três dimensões. Apenas uma fonte, a *estereopsia*, requer a comparação de imagens através dos dois olhos, significando que é possível obter muitas fontes de percepção de profundidade a partir de um olho. Portanto, você não perde a percepção de profundidade se possuir somente um olho (estou me referindo a você, Leela do *Futurama*).

Sem dúvida, perceber a profundidade somente com um olho é mais difícil, especialmente se nunca viu o objeto antes ou se estiver olhando para algo em área aberta (tal como um grande campo ao ar livre, longe das árvores). É evidente que essas situações são raras.

Se você perde um olho, no entanto, perde apenas a estereopsia. Para a grande maioria das situações, há como perceber qualquer diferença.

A Incapacidade de Ver Cores, em Homens

Existem diversos tipos de daltonismo (como descrevemos no Capítulo 5) e um mito diz que apenas homens podem ser daltônicos. Deixando de lado o mito de que pessoas com daltonismo não enxergam cor nenhuma (elas apenas as confundem), ele afeta homens e mulheres.

A principal causa do daltonismo depende de um gene especial no cromossomo X. Os homens possuem apenas um; enquanto as mulheres, dois. Portanto, para serem daltônicas, precisam herdar o problema em ambos os cromossomos, enquanto os homens necessitam em apenas um. O daltonismo também resulta de diabetes ou lesão cerebral (*acromatopsia*).

Embora os homens possuam dez vezes mais chances de serem daltônicos do que as mulheres, há também o fator do tipo de daltonismo. As mulheres têm mais probabilidade de ter *deuteranopia* (a deficiência na qual as cores vermelho e amarelo se confundem) do que *protanopia* (a deficiência na qual as cores verde e vermelho se confundem), enquanto as porcentagens para os homens são as mesmas. No geral, aproximadamente 8% dos homens e 0,5% das mulheres são daltônicos.

Além do mais, desmitificando mais dois mitos, o daltonismo não é passado de pais para filhos (apesar de que, se a mãe for daltônica, os filhos também serão) e os cachorros não são daltônicos.

Apaixonando-se por um Rosto Simétrico

A simetria é agradável para o olho humano. Esse "fato" e algumas pesquisas científicas levam à teoria segundo a qual rostos simétricos são atraentes. A pesquisa em questão envolveu uma série de rostos que foram igualmente ditos como mais simétricos e atraentes. Mas os cientistas foram além dessas descobertas para explorar essas *variáveis de confusão* — tudo que ocorreu ao mesmo tempo dentro do experimento não foi medido.

Se os rostos simétricos fossem atraentes, ao fazer uma foto do seu rosto e o tornar completamente simétrico (espelhamento lateral), ele seria mais atraente do que seu rosto normal. Mas não: as pessoas não classificam os rostos artificialmente simétricos como atraentes.

Na verdade, a variável de confusão da simetria são rostos normais. Rostos atraentes são normais. Os rostos normais não possuem imperfeições, marcas ou características estranhas. Aparentam boa saúde. No geral, rostos normais são simétricos — mas nem sempre. Eles são mais atraentes do que os simétricos.

Memorizando como um Gravador

Em *The Big Bang Theory*, o personagem Sheldon Cooper alega ter *memória eidética*: se lembra de coisas com alto grau de precisão. Ele apenas precisa ver ou ouvir alguma coisa uma vez e poderá lembrar com perfeição. Essa habilidade é parecida, mas não idêntica, à *memória fotográfica* (a qual alguém olha para uma página de um texto e instantaneamente se lembra do texto todo).

Alguns casos de memória eidética foram encontrados em crianças, que podem lembrar, por curto período, algo que lhes foi contado quase com exatidão. Mas a compreensão do que ouviram talvez não seja bastante precisa e, portanto, isso não está relacionado à inteligência.

LEMBRE-SE

Porém não há casos de pessoas com memória eidética. O resultado de cada caso é de alguém que alega ter, mas não foi diagnosticado. Essas pessoas são muito boas em lembrar o ponto principal de todas as situações e, com frequência, criar falsas lembranças. Talvez se lembrem de mais detalhes do que a maioria (pessoas com a *síndrome da hipermemória*), mas sua memória não é considerada eidética (se alguém que estiver lendo isso acredita ter memória eidética, entre em contato conosco!).

Ouvir Mozart o Deixa Mais Inteligente

Um mito muito comum é que escutar Mozart torna a pessoa mais inteligente: conhecido como o *efeito Mozart*. Uma empresa nos Estados Unidos vende materiais com base nesse mito, e alguns líderes políticos recomendam ouvir Mozart nas escolas e, até mesmo, fazer com que os bebês o escutem.

Esse mito se baseia em um estudo conduzido nos Estados Unidos no qual um grupo composto em sua maioria por pessoas brancas de classe média escutou Mozart enquanto executava uma série de tarefas espaciais. Embora suas performances tenham melhorado nessas tarefas (apenas), nenhum efeito durou mais do que 15 minutos. Outros estudos mostram que as habilidades espaciais melhoram quando tocamos Mozart ao piano em comparação com nenhum treinamento (obviamente), cantando (de novo, obviamente) e jogando no computador.

O principal problema é com o que ouvir Mozart é comparado — normalmente, dobrar papel ou alguma outra tarefa entediante. Se as pessoas tiverem chance de ler ou assistir a algo de que gostem antes de realizar essas tarefas, geralmente se saem melhor do que se fizerem algo de que não gostam. No estudo original, os participantes provavelmente gostavam de Mozart. Quando a BBC refez esse estudo com pessoas do Reino Unido (e não somente com a classe média branca), seus QIs apresentaram melhoras ao escutar música pop, mas não Mozart. De fato, os resultados do estudo original não foram reproduzidos quando ele foi refeito com maior cuidado.

Na verdade, os pesquisadores originais esclareceram que não tinham dito que ouvir Mozart tornava alguém inteligente. As pessoas interpretam e relatam o trabalho de forma equivocada (sempre tenha cuidado com o que lê sobre ciência na mídia). Qualquer coisa que as pessoas recebam que as deixem relaxadas e felizes faz com que desempenhem melhor tarefas espaciais (veja o Capítulo 20).

Ficando Agressivo com Jogos de Computador

Muitas pessoas dizem que as crianças que jogam jogos de videogame violentos ou assistem a programas de televisão violentos possuem mais tendência à violência. Esse mito é um dos mais controversos na psicologia, devido à quantidade de dinheiro investida na pesquisa e a todas as opiniões fortes e controversas.

Uma grande parte da pesquisa foi conduzida nesse tópico e muitos estudos mostram uma correlação entre a quantidade de violência e agressão assistidas na televisão. Um bom exemplo é o de Albert Bandura, psicólogo social canadense. Ele mostrou para algumas crianças pessoas na televisão batendo em uma boneca grande chamada Bobo, e, então, deixou as crianças em uma sala com ela. Muitas crianças bateram na boneca.

Essa descoberta pode ter sido um pouco óbvia e é onde as pessoas que acreditam nesse mito param. Mas, ao olhar com mais atenção, você encontrará diversos problemas com essa pesquisa. Por exemplo, as crianças quase sempre esperavam que o pesquisador lhes dissesse o que fazer quando estivessem na sala com a boneca: já que não havia muito para fazer na sala, de qualquer maneira, batiam nela. Além do mais, o experimento foi conduzido pela influência do governo tentando mostrar que a violência na mídia acarreta problemas.

A maioria dos estudos que mostram tal correlação apresenta problemas:

» A maior parte da pesquisa foi conduzida por pessoas que tentam provar que essa ligação existe, o que não é adequado para os cientistas.
» Os estudos precisam de milhares de participantes para surtir algum efeito (sugerindo que, se um efeito existe, é muito pequeno).

> Os estudos quase sempre ignoram o papel dos pais, excluindo eventuais agressões por parte deles. Mas a agressão dos pais é um excelente preditor de agressividade em crianças e é mais influente do que qualquer outra coisa. As pessoas que vivenciam agressão em casa têm mais probabilidade de buscá-la na mídia, dando a impressão de que a violência na mídia leva à agressão (enquanto, na verdade, é consequência de outra coisa).

LEMBRE-SE A violência na mídia talvez altere a *natureza* da agressão naqueles que a assistem. Para alguns, assistir a um tipo de agressão alivia os sentimentos agressivos e, portanto, é algo benéfico. Para as pessoas que são agressivas naturalmente, a violência na mídia apenas mostra um caminho.

Buscando o Livre-arbítrio

O livre-arbítrio é uma das ideias mais controversas deste capítulo. A maioria das pessoas acredita possuir *livre-arbítrio* — a liberdade de escolher como devem agir — e que sua mente consciente decide como.

Ainda assim, Benjamin Libet, psicólogo norte-americano, conduziu um estudo inovador (que já foi refeito muitas vezes), no qual os participantes decidem quando pressionar um botão para parar um relógio de mão. Libet mediu a atividade no cérebro da pessoa ao tomar a "livre" decisão. Ele também pediu ao participante para anotar o tempo em segundos, quando decidiu pressionar o botão.

LEMBRE-SE Libet encontrou atividade cerebral no córtex motor do cérebro (que começou o movimento da mão) *antes* de o participante decidir pressioná-lo (e essa decisão ocorreu antes de a pessoa fisicamente tocar o botão). Isso significa que a decisão de quando pressioná-lo foi feita inconscientemente pelo cérebro e não pela consciência da pessoa.

O cérebro começa a mover as mãos um tempo tão longo (aproximadamente 300–500 milésimos de segundos) antes de a pessoa decidir movê-la, que os pesquisadores conseguem identificar qual mão a pessoa vai usar! Os psicólogos podem ler a mente das pessoas porque elas não têm livre-arbítrio.

Comunicando-se Diferente como Homem ou Mulher

Muitas pessoas acreditam que homens e mulheres se comunicam de formas diferentes, ideia reforçada por livros populares, tais como *Homens São de Marte, Mulheres São de Vênus*, de John Gray. No entanto, a visão da psicologia cognitiva é bastante diferente.

LEMBRE-SE

O cérebro de machos e fêmeas é muito similar na função e ligação, e quaisquer diferenças que surjam tendem a ser resultado de experiências culturais em vez de diferenças biológicas inatas. Janet Hyde, psicóloga na Universidade de Wisconsin, e seus companheiros examinaram indícios de diferenças de gênero na habilidade verbal. Eles descobriram que em cada procedimento da habilidade verbal, pouquíssimas, se alguma, diferenças existem entre os gêneros.

Hipnotizando Você para Fazer Qualquer Coisa

Geralmente, filmes e programas de televisão exibem hipnose, mostrando que uma pessoa pode ser hipnotizada para matar: por exemplo, no filme *Zoolander*. Ainda mais realistas são os programas nos quais os hipnotizadores chamam pessoas da plateia para ir ao palco fazer alguma coisa boba. Esse mito tem origem na incompreensão do que a hipnose faz e como ocorre.

Mesmo por meio da meditação, leitura, pensamento profundo ou orientação, a hipnose coloca as pessoas em um estado de hipervigilância, um transe de relaxamento extremo e imaginação intensificada, algo como sonhar acordado. Nesse estado, estão sugestionáveis, porque estão relaxadas. Se alguém lhe disser uma coisa, você acredita de forma semelhante a como acredita em algo durante o sonho acordado.

Embora você fique menos inibido, um hipnotizador não é capaz de fazer com que você faça coisas que não queira. Como em um sonho acordado, as ações de autopreservação do seu corpo são mantidas. A hipnose também não afeta seu senso de moral — você só fica mais propenso a se comportar de maneira tola. Além disso, ela só ocorre em pessoas dispostas a isso, relaxadas o suficiente para deixar acontecer e acreditar que vai funcionar. Você não pode ser hipnotizado se não quiser.

Índice

A

abordagem
    espaço-tempo 37
    neuropsicológica 16
    top-down 229
acesso léxico 232
acinetopsia 25, 317
acromatopsia 78
adaptação 78
afasia
    de Broca 239, 321
    de Wernicke 239
Alan Baddeley 108, 172, 180
Alan Turing 248
alça fonológica 122
Alfred Bloom 244
Allen Newell 24, 262
alternância entre códigos 207
Alzheimer 174
ambiguidade sintática 217
amnésia
    anterógrada 319
    infantil 181
    retrógrada 152
Amos Tversky 24, 276, 286
análise
    de meios e fins 38, 263–264
    de protocolo 263
ancoragem 78, 277
Andy Young 96
Anne Treisman 107
anomia 319
ansiedade 312
antropomorfismo 260
apraxia 321
aprendizado 30
arbitrariedade 201
área de Broca 320
armazenamento 12
arquitetura modular 288
associação
    dupla 239
    positiva 293

atenção 12, 28, 99, 105, 130, 301
    desfocada 302
    executiva 130
    sustentada 131
atributos 161
automaticidade 250
avaliação cognitiva 300
avaliações cognitivas 297

B

Barbara Wilson 180
behavioristas 258
Benjamin Libet 336
Bill Bailey 38
bloco de notas visuoespacial 124
Brent Berlin 74, 249
Bruno Rossion 112
buffer episódico 108, 122
busca visual 100

C

campo receptivo 48
canal auditivo vocal 200
Carol Dweck 38
Carolyn Goren 90
catastrofização 25
cegueira
    estéreo ou exotropia 70
    inatencional 100–101
célula complexa 51
células
    ganglionares da retina 48
    hipercomplexas 51
    simples 51
Charles Hockett 200
Charles Scott Sherrington 56
Christopher Chabris 106
Claude Shannon 224
code-switching 207
codificação
    espacial absoluta 246
    espacial relativa 246
compreensão 230
computação 78

conceitos 154
condicionamento clássico 298
confabulação 174
conhecimento armazenado 171
constância de cor 78
constituinte sintático imítrofe 223
construcionistas 242
contextos dinâmicos 161
cor 63
cores focais 249
correlações ilusórias , 159
córtex
    entorrinal 139
    parietal 318
    parietal inferior esquerdo 124
    perirrinal 139
    pré-frontal 289
    visual primário 51
criptomnésia 176
cubo de Necker 67
custo de alternância 131

D

Daniel Kahneman 24, 276, 285–286
Daniel Simons 102, 106
David Godden 172
David Hubel 48
David Lee 58
decisões lógicas 289
decodificação 230
decomposição hierárquica 37
deficits de categorias específicas 164
demência semântica 140, 158
desenhando o mundo 87
detector de atraso e comparação 57
determinismo linguístico 243
Diana Shapiro 275
dicas 169
    de profundidade 72
dinamização de frequência 209
discriminação de categoria cruzada 79
dispersão da ativação 307
disponibilidade 293
dissipação rápida 201
dissociação 16
distância de objetos familiares 64
    egocêntrica 64
    específico de linguagem 239

Donald Broadbent 11, 106
Donald Thompson 185
dupla dissociação 16

E

Edwain Land 78
Edward Thorndike 259
efeito coquetel 106
efeito
    da exposição simples 300
    da face composta 96
    da fala irrelevante 30
    de desinformação 186
    de inversão facial 90
    de mera exposição 293
    de ofuscamento verbal 177, 252
    de primazia 119
    de teste 169
    framing 287
    halo 293
    Mozart 334
    oblíquo 51
    Stroop 301
Eleanor Rosch Heider 249
eletroencefalograma 17
Elizabeth Loftus 186, 246
emoção 296, 301
Endel Tulving 172
entrada 12
entrevista
    cognitiva aprimorada 190
    de memória autobiográfica 180
espaço do problema 263
especialidade 89
especialização 201
    funcional 52
especificidade
    de domínio 16
    de paradigma 18
esquecendo as coisas 168
esquecimento
    direcionado 173
    motivado 173
esquema 185, 275
esquemas de raciocínio pragmático 275
estado inicial 259
estereogramas de pontos aleatórios 70
estereopsia 70, 332

estimulação
    magnética transcraniana repetitiva 17, 164
    transcraniana por corrente contínua 17
estratégias metacognitivas 33
estrutura
    de processamento de informação 11
    do movimento adquirido 59
estruturas sintáticas 202
estudo
    da janela móvel 231
    de limite 232
Ewald Hering 76
executivo central 108, 126
experimentos de psicologia cognitiva 269
expressões faciais 297

F

falsa memória 246
falseabilidade 9
falta de validade ecológica 18
feedback completo 201
feito de recência 119
Ferdinand de Saussure 214
fixação 231
    funcional 246, 252, 260
fluxo
    dorsal 52
    parietal 52
    temporal 52
    ventral 52
foco
    de expansão 57
    na arma 187
fonema 212, 229
    abstrato 229
fotorreceptores 47, 50
frequência espacial 82
Friedrich August Kekulé 266
funcionamento executivo 288
funções executivas 37, 127

G

George Miller 264
Gerald Ford 236
Gerd Gigerenzer 24, 280, 286
gestaltistas 258
gradiente temporal 152
Graham Hitch 108

Graham Pike 187
Gunnar Johansson 59
Gustav Fechner 44

H

habilidades cognitivas 245
Hadyn Ellis 92, 188
Harriet Shaklee 267
hemianopsia 50
Henry C. Ellis 308
Henry L. Roediger III 175
Herbert Simon 24, 262
Hermann Ludwig Ferdinand von Helmholtz 56
heurística 24, 276, 306
heurística take the best 282
hiperosmia 316
hipocampo 182
hipótese da primazia afetiva 300
hipótese Sapir-Whorf 243, 246, 252
    relativismo linguístico 243

I

ilusão
    da cachoeira 61
    de Müller-Lyer 66
    de Ponzo 65
impureza da tarefa 18
indução de humor 303
inibição do retorno 102
inteligência
    artificial 15
    fluida 289
interferência 32, 171
    proativa 171
    retroativa 171
intermutabilidade 201
Irving Biederman 86
Ivan Pavlov 298

J

James Deese 175
Janet Hyde 337
Jean Berko Gleason 214
John Anderson 265
John Bransford 160
John Duncan 289
John Marshall 317
John Seely Brown 266

John Tooby 274
Jonathan Schooler 177
Josef Zihl 316
Joseph Forgas 309
JR Lishman 58
justificativa
    de experiência perceptiva 94
    sociocognitiva 94

K

Karalyn Patterson 165, 319
Karl Duncker 259–260
Karl Lashley 204
Karl Popper 9
Kathleen McDermott 175
Keith Holyoak 268, 275
Keith Rayner 23, 231
Kenneth Craik 282
Korbinian Brodmann 17

L

lapso freudiano 236
layout central-periférico 48
Leda Cosmides 274
lei de Prägnanz 84
lei de Ribot 152, 182
Lev Vygotsky 242
linguagem 13, 23, 27, 35, 200, 211, 227, 242
livre-arbítrio 336
Liz Phelps 298
localização da função do cérebro 332

M

magnetoencefalografia 17
mapeado por retinotopia 51
mapeamentos letra-som 23
Marcia Johnson 160
Martin Eimer 92
Mary Gick 268
Max Coltheart 16
memória 12, 27, 168, 174, 303
    associações 118
    blocos 264
    consolidação 152
    reconsolidação 152
    recuperação 174
    semantização 152
memória associativa 140
memória autobiográfica 180, 182
memória congruente com humor 303
memória de curto prazo 13, 117
memória de trabalho 122
memória episódica 180
memória espacial 124
memória fotográfica 334
memória impactante 179, 183
memória não associativa 140
memória primária 118
memória priming 140
memória procedural 140
memória secundária 118
memória semântica 140, 183
memórias falsas 175
memória visual 124
mentalidade 38
    de crescimento 39
    fixa 39
meta estabelecida 259
método científico 9
    limitações 9
método
    computacional cognitivo 253
    de Gigerenzer 280
    de processamento da informação 262
    fonético 23
    global 23
Micah Edelson 176
Michael Koppelman 180
Michael Mims 267
modelagem computacional 15
modelo
    de afeição como informação 308
    de alocação de recursos 308
    de atenuação 107
    de infusão do afeto 309
    de memória de trabalho 108
    de multiarmazenamento 118
    de rede 233
    de rede neural 307
    radial 157
modelos
    conexionistas 15
    de lógica computacional 269
    de lógica formal 269
    de produção 15
    mentais 282
modularidade 16
    anatômica 16

morfema 212
    de classe aberta 215
    de classe fechada 215
    funcionais 236
morfologia
    criativa 214
    derivacional 213
    flexional 213
Morton Ann Gernsbacher 223
movimento 55
    biológico 59
    sacádico 231
movimentos oculares
    conjugados 48
    de perseguição suave 49
    de vergência 48
    sacádicos 49
mudança de personalidade 321
mudanças fisiológicas e excitação 297
Myrna Schwartz 320

N

Nancy Pennington 294
negligência espacial 112
nervo óptico 50
neurociência cognitiva 17
neurogênese 182
neuropsicologia 315
    cognitiva 16, 227
Nicky Towell 187
Noam Chomsky 24, 202
núcleo geniculado lateral 50

O

oclusão 67
Oliver Sacks 317
ordem serial 204
ortografia
    profunda 229
    rasa 230

P

padrões de pensamentos 25
palavras
    de classe aberta 214
    de classe fechada 214
paradigma
    de dicas de Posner 301
    Deese-Roediger-McDermott 175
    de preferência visual 89
    de sombreamento 106
    pausa-sinal 114
paradigmas 9
parafoveal 232
paralaxe de movimento 71
Patricia Ashbrook 308
Patricia Cheng 275
Paul Ekman 297
Paul Kay 249
pensamento 13, 27, 241–242
    devagar 285
    rápido 285
percepção 28, 44
    categórica 79, 244
    de unidade 293
    direta 54
    emocional 301
    universal 249
perspectiva
    aérea 67
    linear 65
Peter Halligan 317
Peter Norvig 24
pico de reminiscência 181
ponto de fixação 100
potenciais de eventos relacionados 92
prática
    distribuída 28
    massiva 28
prevenção da hipervigilância 312
priming 100, 233
    multimodal 233–234
princípio
    alfabético 23, 229
    da especificidade da codificação 172, 302
princípios Gestalt 84
problemas
    homomórficos 280
    isomórficos 267, 280
procedimentos
    de dupla tarefa 127
    bottom-up 11
    configurado 97, 317
    da linguagem 24
    de acesso direto 310
    de características 97
    heurístico 310
    motivado 310

substantivo 310
top-down 11
processando cor 77
processo de ensaio 169
processos cognitivos 293
profundidade 63
prosopagnosia 317
psicofísica 44
psicologia cognitiva 18
    limitações 18

Q

quiasma óptico 50

R

raciocínio , 27, 12
    Bayesiano 279
    dedutivo 9
rastreamento suave 56
realistas 242
reconhecimento 81, 293
    facial 81
    heurístico 282, 286
recursividade 203
redundância 224
referência bibliográfica em relatórios 325
refutabilidade 9
registro
    de uma célula individual 17
    sensorial 118
regra de produção 265
regras para escrever relatórios 323
Reid Hastie 294
relações entre coisas 245
relativismo linguístico 243
relógio biológico 28
repressão 173
resolução analógica de problema 268
resposta galvânica da pele 107, 298
ressonância magnética funcional 17
restrição de equivalência 207
retrato falado 188
Richard Atkinson 118
Richard Burton 266
Richard Kemp 187
Richard Lazarus 300
Richard Shiffrin 118
ritmo circadiano 28
Robert Addams 61

Robert Fantz 89
Robert Henkin 316
Robert Zajonc 300
rostos 90
roteiro de vida 182
roteiros 160

S

Sarah Jayne Blakemore 290
segregação figura-fundo 81
semântica 201
sensação 44
Shane Frederick 285
Sidney Morgenbesser 260
Sigmund Freud 236
síndrome
    da hipermemória 334
    de Capgras 92
    de Korsakoff 152
    disexecutiva 133
Siri 23
sistema
    de capacidade limitada 108
    de demanda múltipla 289
    de escrita alfabética 229
    de linguagem 202
    do córtex pré-frontal 290
    límbico 290
sistemas
    cognitivos 25
    tutores inteligentes 266
Stevan Harnad 80
subtarefas 37
subtratividade 16
Susan Carey 91

T

tarefa
    de alternância 130
    de atenção de Posner 100
taxa de referência 278–279
teorema de Bayes 278
teoria
    ACT* 265
    da utilidade 286
    de seleção precoce 107
    do fluxo 56
    do influxo 56
    normativa 286

teorias
    do protótipo 162
    evolutivas 274
terapia cognitivo-comportamental (TCC) 25
terceiro fluxo de consciência 33
teste
    cores focais 249
    de decisão lexical 232
    de efeito 32
    de escuta dicótica 106
    de reflexão cognitiva 285
    de seleção de Wason 270, 275
    de Turing 248
testes de hipóteses 326
Tim Dalgleish 182
Tim Valentine 187
tipos de memória 118
tomada de decisão 24, 289
tomografia computadorizada por emissão de pósitrons 17
Torsten Wiesel 48

tradutibilidade 243
transferência inconsciente 186
transmissão difundida e recepção direcional 200
trombose do seio sagital superior 316

U

uniformidade da arquitetura funcional 16

V

validade ecológica 85, 284
variáveis de confusão 333
viés de confirmação 270, 272
visão primária 51
visões baseadas em experiência 275

W

Wilhelm Wundt 44
Willard Van Orman Quine 204
William James 118
Wolfgang Köhler 259

ROTAPLAN
GRÁFICA E EDITORA LTDA
Rua Álvaro Seixas, 165
Engenho Novo - Rio de Janeiro
Tels.: (21) 2201-2089 / 8898
E-mail: rotaplanrio@gmail.com